中国书籍学术之光文库

人类生命活动探思

邱燕青 | 著

中国书籍出版社
China Book Press

图书在版编目（CIP）数据

人类生命活动探思 / 邱燕青著 . -- 北京：中国书籍出版社，2020.1

ISBN 978-7-5068-6662-0

Ⅰ. ①人… Ⅱ. ①邱… Ⅲ. ①社会人类学—研究 Ⅳ. ① C912.4

中国版本图书馆 CIP 数据核字（2020）第 022584 号

人类生命活动探思

邱燕青　著

责任编辑	朱　琳
责任印制	孙马飞　马　芝
封面设计	中联华文
出版发行	中国书籍出版社
地　　址	北京市丰台区三路居路 97 号（邮编：100073）
电　　话	（010）52257143（总编室）　（010）52257140（发行部）
电子邮箱	eo@chinabp.com.cn
经　　销	全国新华书店
印　　刷	三河市华东印刷有限公司
开　　本	710 毫米 ×1000 毫米
字　　数	384 千字
印　　张	23.5
版　　次	2020 年 1 月第 1 版　2020 年 1 月第 1 次印刷
书　　号	ISBN 978-7-5068-6662-0
定　　价	98.00 元

版权所有　翻印必究

序

  人类从未停止过对地球生命的演化和人类进化、发展的研究，冯友兰先生曾经说过："每一个时代思潮都有一个真正的哲学问题成为讨论的中心。"达尔文的进化论是生物学上的一次革命变革，而爱因斯坦的相对论则成为人类研究宇宙强有力的工具。在各个领域，都有众多学者从不同角度对其进行深入研究，但是能整合众多研究领域，对人类生命活动进行整体探究的却鲜有其人。现在，摆在书桌上的这本《人类生命活动探思》让我眼前一亮，作者在书中创造性地提出人类社会整体学思想，以"人类生命整体"在自然世界的生存演化、发展为研究中心，将人类视为自然生物来研究。

  作者说这是一个庞大的、枯燥乏味的论题。的确，这本书涉及的内容广、跨度大，有的内容晦涩，光是看看诸如达尔文的《物种起源》、霍金的《时间简史》和《大设计》、爱因斯坦的《相对论》等参考文献，就足以让很多人望而却步，而作为一名教师，作者在繁重的教学之余，能以30余载的激情持续探究这个论题，没有丰富的学识，没有坚韧的毅力，没有耐得住寂寞、守得住清贫、经得住打击的定力，是不可能完成这样的论题的，况且，作者在前人的研究成果上，提出了自己独出心裁的见解，令人耳目一新。

  作者在书中提炼了几个人类生命运动过往的几个闪光结点。一是约五六万年前，"夜空火光效应"塑造了人类社会，使人类"生物人类"向"社会人类"飞跃。二是约1万年前，当人类在丛林生态中不断以血缘家庭的形式扩散、迁徙分布已经达到狩猎、采集形式的饱和状态时，或已经有了生存危机时，开展了农业革命并伴随着新石器制造和第一场人类认知革命。三是约6000年前至5000年前，人类文字、国家组织在尼罗河三角洲首先出现，相继伴随进入金属器时代，它既是第二场具有明确、规范互动传播意义的认知革命，又是一场更有实践效益的农业革命。四是近代的工业革命（能源动力革命）制造了一个巨大无形的"需求"依存网络，使社会个人不得不从自给自足、分散、独立的状态进入一个密切依存的网络中。五是现代的电子互联网使地球世界成为一个互联互通的世界，现代人类社会已经完全处于一个大系统的网络依存生态，而这也是地球人类生命共同体的本质。

  本书中，作者站在人类整体论的思维高度，对人类进化过程中的一些现象提出了新的见解。例如，作者认为一切考古挖掘出的人类化石和人类生态遗迹，都只是"生物"人类遗留的历史痕迹，因为天然的洞穴是有限的和固定的，不同时空的人类都可能在里面居住。又如，作者将人类创建文明的生长发育地用三大古文明板块来加以概括：西亚共同体古文明、华夏古文明、南亚次大陆古文明。书中丰富的知识和新颖的观点，都值得一读。

  是为序。

张金海[①]

2020年1月

[①] 广告学博士，现任教于武汉大学新闻与传播学院，主要从事广告学、媒介产业与媒介经济研究

目录
CONTENTS

绪 论 ·· 1

第一篇　人类自然生命认知哲学

第一章　人类时空观 ·· 17
第一节　共想共用，无中生有 ·· 17
第二节　分解客体，编码事物 ·· 22

第二章　人类宇宙观 ·· 27
第一节　塑造认知背景 ·· 27
第二节　可包容的宇宙定义 ·· 30
第三节　可理解的变态模型 ·· 33

第三章　地球生命演化逻辑 ··· 40
第一节　地球生命机制 ·· 40
第二节　地球生命演化条件 ·· 45

第二篇　人类进化逻辑新悟

第一章　进化时空推想 ··· 53
第一节　进化感悟方法 ·· 53
第二节　考古学术和进化推想 ·· 57

1

第三节	石器工具线索	62
第四节	社会机制发育与进化终结	64

第二章　自然状态与飞跃突变 70
第一节	进化初始感悟	70
第二节	单纯的自然生物	72
第三节	夜空火光效应	78
第四节	进化中的农业革命	84

第三章　人类认知革命 91
第一节	原始认知状态	91
第二节	从事物印象到事物概念	95
第三节	认知革命核心——发明文字	99
第四节	认知加工厂——国家机器	105
第五节	"文明""思想""文化"的历史内涵	108

第三篇　人类古文明发源盘点

第一章　自然地理与古文明发源 115
第一节	社会原始分布猜想	115
第二节	原始社会中心摇篮	119
第三节	同一基因库里的三色人种	121
第四节	古文明三大板块说	124

第二章　西亚共同体古文明回放 131
第一节	古埃及文明诸例	131
第二节	古西亚文明典例	137
第三节	古希腊文明典范	147
第四节	古希腊社会思想家与思想点滴	156

第三章　南亚古印度文明概况 165
第一节	自然人文塑育古文明	165

第二节　古印度意识文化 … 168
   第三节　古印度宗教演化 … 172
   第四节　繁荣的孔雀王朝 … 175

第四章　华夏古文明概况 … 178
   第一节　黄色人种摇篮 … 178
   第二节　封闭独大的文明发育 … 180
   第三节　华夏古文明特征 … 180
   第四节　华夏古文明精神内质 … 182
   第五节　华夏古文明自然科技 … 187

第五章　人类古代战争与宗教 … 192
   第一节　奴隶制形态与封建制形态 … 192
   第二节　战争与帝国 … 194

第六章　人类封建形态感悟 … 197
   第一节　人类封建化感悟 … 197
   第二节　纯体力消耗的分散社群 … 199
   第三节　大不列颠的封建形态 … 203
   第四节　古中国封建价值观 … 206

第四篇　人类近代文明进行曲

第一章　人类能源动力革命 … 211
   第一节　从体力到蒸汽动力 … 211
   第二节　内燃机动力革命 … 214
   第三节　电力——能源动力通项式 … 216
   第四节　能源动力革命交响乐 … 219

第二章　近代人类社会改变与重塑 … 222
   第一节　奇妙的社会机制 … 222
   第二节　平衡与不平衡的追想 … 225

第三节	欧洲地理大发现	228
第四节	欧洲文艺复兴	232
第五节	近代工业革命起源于英国	235
第六节	人类社会的金钱动力	240
第七节	近代工业革命塑造魔力	246
第八节	近代工业革命中的美国	252
第九节	近代暂时沉沦的中国	256
第十节	塑造近代社会的终极动力	258

第五篇　人类现代生态塑型整合

第一章	**现代人类社会标志**	**269**
第一节	感悟现代	269
第二节	现代化准备	271
第三节	奇怪的机器	279
第四节	互联网机制　现代标志	283
第二章	**现代人类社会特征**	**287**
第一节	信息海洋共创共享	288
第二节	网状依存共同生命体	289
第三节	现代国家功能	291
第四节	现代社会事物的整体循环机制	293
第五节	从人类社会能力演化看现代文明	296
第三章	**人类大系统规范工程**	**305**
第一节	人类社会关系新思考	305
第二节	互联网引发全球互动	308
第三节	互联网络塑造全新网状生态	309
第四节	网状生态黄金支点——规范	315
第五节	自然科学与社会科学共融共同	319

第四章　现代人类命运共同体的危机及其整合 ································ 325
第一节　现代人类社会危机 ·· 325
第二节　整合危机的强大现代社会机制 ·· 328

第五章　人类文明奇观　中华文明 ·· 332
第一节　恒稳、厚重、博大的中华文明 ·· 332
第二节　独具匠心的中华文明 ·· 336

第六章　人类未来探望 ·· 342
第一节　新一轮工业革命及其前景 ·· 342
第二节　人类未来整体网状生态社会 ·· 347
第三节　人类未来没有规模战争 ··· 352
第四节　人类未来可以控制经济危机、金融危机 ······························ 357
第五节　人类未来的平衡惯性 ··· 360

参考文献 ·· 363

绪 论

一

本书在我近30年的酝酿、感悟、构想中，终于正式开题了。这是我发自内心的舒叹。虽然我非常清楚，相对于这个论题本身的内涵而言，我所表达的一切只不过是极其粗糙的框架而已。

这是一个庞大的、枯燥乏味的论题。在我酝酿、构建这个论题的过程中，所有知晓我做这件事的人都会非常直爽地摇头置疑，没有人愿意参与互动，这决定了我要在封闭、安静的环境中独立完成这一论题。

我，一名社会经历简单、学术经历平淡的普通教师，为什么会走进这样一个庞大的论题中，而且还坚持了二十多年？

我是在自然、自发的好奇感悟中走进这个论题的，就如同古代太平洋近海中的渔民出海打鱼不知道是在太平洋中漂荡一样，我没有去考虑过自我思想的宽度和广度，就像野马一样疯狂前冲。

当然，我能与这个庞大的论题结缘，也因为我有一个独特的思想感悟经历：确实有一个突如其来的"灵感"猛然将我的社会思想认知推向了如此庞大论题的大门口；确实有一个特定的情景将我大力地推入这个论题的好奇与构想中。而一旦我的思想在这个庞大的天地中游荡，"人类道路"的逻辑理性真的在我的主观思想中一篇篇展现。所以，我才能在绝对的孤立、寂寞中充满激情地坚守。

那个奇特的"灵感"出现在我正在大学政治系学习时的某个夜晚。那时我正坐在电视机前，当我看着电视正在播出的新闻联播时，脑海里突然闪现出一个奇特的念头——"我坐在这里能看到这个场景，同学们坐在各自的电视机前也同时看到这样的场景，全国各大学每一个正在看电视的学生也会在同时看到这同样的场景，全国上下十几亿双眼睛几乎也在这同一时刻盯在这同一个场景上。这是多么神奇的信息传播机制！在电视机没有被发明之前，肯定没有这种信息传播机制，这就意味着电视机的到来已经彻底打破了思想观念传播的时空局限。观念在汇聚中碰撞、震荡、混乱、失调……"

在这种"灵感"的冲击中，我豁然感悟到电视机和改革开放国策就是两台塑型改造社会思想、文化传播互动新机制的功能发动机，仿佛在二者的驱动下，社会思想观念的循环流动就如同千里决堤的洪流，它正在冲破一切时空局限的阻隔，使更广大地域的思想汇流、碰撞、整合。

在这种理解感悟中，我有了一个心得：以电视机为主体的信息时代同社会改革开放洪流的呼应，已经彻底打破社会思想观念传播的时空局限，不同文化特质、不同价值观念的中西方思想文化都将在社会思想互动循环的河流中碰撞合流，中国文化正处于发展融合阶段，一些非理性社会现象的出现在所难免，但中国社会也正处在史无前例的飞速发展阶段，对于一切社会现象、问题，我们不能局限于现实现象的漩涡而人云亦云，更不能以个人的情感、利益去胡猜乱评，而应该站在时代特征的高度，站在历史整体演化过程的高度，真正理解和解读这个特殊伟大时代的理性本源。或许，正是这些灵感顿悟将我的主观思想有力地推到了这个论题的大门口。

那个时候，我正在写毕业论文，于是在这个灵感的牵引下，我顺理成章地写出了毕业论文——《论现代中国文化失调问题》。在学士论文答辩会上，几乎所有参与答辩的老师、教授们都夸奖：一这不是一篇学士论文，而是一篇优秀的博士论文。他们纷纷推荐我到全国一流的大学深造，并语重心长地鼓励我参加学术交流，一定要我坚持研究社会学等。时隔近三十年，再来体会这场论文答辩的情景对于我后期思想的深刻影响，我不能不说——正是这场答辩会给予了我此后感悟这个大论题的思想自信和精神力量。或者说，正是它们的发生将我推入这个大论题的深入研究中。

在此后的二十几年中，自信、好奇的思想惯性不断推动着我对人类社会事物进行感悟，而我的感悟思想与现代社会所展现出来的画面、节奏发生一次又一次的共鸣，才真正是我坚守这一论题的原动力。在我的感悟理论中，社会机制的发展变化是社会现象问题、画面发生改变的最核心根源。中国社会的改革开放使社会机制沿着理性优化的方向改变，所以中国社会有了文明进步的巨大变化。2001年，中国加入世界贸易组织，又是社会机制向着文明进步方向发展的一大变化，因此中国社会又发生着重大改变。此后，国际互联网在现代社会中一步步发挥着推动社会机制发生全面改变的影响，因而中国乃至世界正在发生着全球一体化、大系统网状依存的生态变化。我的思想感悟与现代社会的内在精神产生共鸣，这使我无法停止钻研这一庞大主题的脚步。

二

现代社会思想发展最缺失也急需建立的不是专业领域思想，而是要有一块基础的、可靠的人类社会整体学思想模板（因为专业领域思想已经处在自由自发的创建过程之中）。

人类认知革命的历程实际上可以看作是在两大客体范畴内开展着的：一是优化改造客观自然事物的认知（包括自身身体）；二是优化改造自身种群社会行为关系的认知。我们将前者不断优化积累的认知体系称为自然科学体系，后者不断优化积累的常识性认知体系称为社会科学体系。显然，还有一种认知超越了这两类客体，它是以人类思想、思维活动为客体对象的，那就是哲学或细化为逻辑学。当然，我们可以将哲学看作是前两种思想认知的公用指导性认知思想。

人类社会机制就像滚雪球一样不断优化、积累，推动着社会演化发展。我们通常感受到的是自然科学体系才是真正拥有像滚雪球一样累积爆胀的机制，而社会科学却处于丰富、混乱、难以梳理控制的境地。

为什么人类到了现代社会对于自然科学体系的构建会如此登峰造极，而对于社会科学体系的认知构建却相对滞后？

首先，人类对于自然科学体系的认知构建是人类文明创建、传播、积累自然惯性的推动，在客观改造上体现着人类共同一致的利益。好的充满理性优化的认知就必然得到传播、积累、应用，没有人拒绝、没有人能阻止。例如，爱迪生发明的电灯充满了进步性，它就一定会在全世界应用普及；瓦特发明的蒸汽机充满了进步性，它就很快成为全世界采用的基本能源动力。而关于社会行为关系事物的认知则包含着人类社会群体内具体情感的利益纷争，无论什么样的思想体系都无法统一构建一致的利益格局。因为社会就是个人利益、情感、需求在差异中表达的动态画面。

其次，现代人类社会处于电子互联网催化下观念、事物互联互通，共振、共鸣、共创的大系统网状依存社会。自然科学技术在电子信息化中获得了最充分的综合生成应用，它仿佛一匹脱缰的野马在飞速发展着。而社会的思想观念、行为关系在这个互联互通的循环互动中，因为几十亿人、几十亿个大脑同处于一个平台但思想观念却走向了空前的丰富，亟须调整中，所以，在现代社会中，难以构建出可以统一的社会行为关系与事物认知思想。

显然，当今时代是人类最为密切的大合作时代，处于同一个网状依存的大系统中，从大环境、大利益上讲，完全就是"你就是我，我就是你"。然而，正是在这样一个行为关系极其密切的社会生态中却缺失了可以统一共识的社会思想，就如同在高速公路飞奔的汽车缺失了方向的牵引，那是非常危险的事情。

显然，宗教无法理顺这种混乱的思想秩序，电子智能和枪炮战争也无法解除这种由利益欲望引发的思想混乱，唯一能解救的还是人类自身的思想。

一种能成为公共思想平台、尺度、基础和公理的思想模板，只能从远离具体情感利益、远离现实事物的人类生命活动中最原始、最根源的常识定义中去构建。这些看起来与现实毫不相干的框架内涵恰恰成为现代思想由此生发的思想模板。其实一切现实事物、现实社会现象，只要我们将它们置于人类生命活动的大过程之中，置于人类社会发展的大逻辑机制之中，是不需要强调理解却能达到理解，不需要强调共识共通却可以共识共通的。所以，一个人类生命活动过程的原始整体框架可以胜过任何充满激情的说教，可以像一面庞大的镜子清晰地映射出一切社会事物的逻辑。或许这就是这几十年来我精心努力地创作本书的全部动力和意义。也就是说，在人类已经处于网状依存大系统的今天，这面镜子就是一套完善的人类整体学思想，而本书就是这种整体学思想的试验品。

在这个全球一体化共鸣、共振、共生、共创、共享的现代社会，建立人类整体学以形成共识的认知基础平台，其价值、意义是毋庸置疑的。事实上非常有趣，建立人类生命整体学的方法就如同我们看待大自然动物世界的生命现象那样，将人类也视为自然生物来研究，这时候，人类也就是自然生物的客体而已，所以完全等同于自然科学研究。两千多年前的欧几里得几何学现在依然被用于教学，就因为它的理性与人类的情感利益毫无关系，才成为理性最坚固的原始模板。那么，只要人类整体学始终以"人类生命整体"在自然世界的生存演化、发展为研究中心，对这个"自然客体"（从动物和"外星人"的角度来看人类，人类就是与动物世界毫无区别的自然客体）加以整体研究，研究它的起源，研究它进化中的逻辑，研究它产生文明现象的机制，研究它发展壮大的根源，研究它形态特征的变化以及发展的必然方向等。这种研究超越了对具体情感利益的纠缠。即便这种研究必然涉及战争、宗教、国家、习俗文化，这些现象也只是这个"自然客体"伴随的现象而已，就如同我们在研究动物时，它们也会伴随着雄性之间的争风吃醋。

中国有句老话"不识庐山真面目，只缘身在此山中"，当人们的思想一直纠缠在纷繁复杂的现实事物漩涡里，就如同身陷山林之中，怎么可能看到全山的整体面貌？反言之，只要我们以建立人类整体学的思维方法形成一个人类生命活动过程的整体观，将任何时代的社会场景置于这个整体大过程中，其来龙去脉就会一目了然。此可谓"一览众山小"。

三

无论本书是否具有较明显的人类"整体学"意义，人类整体学理论本身都是可以建立起来的。因为人类在地球自然世界的生命活动过程是客观的，而且生命活动行为能力的提升也是有序的、充满逻辑的。就人类生命活动过往的客观性而言，与非洲动物世界生命演化的客观性没有区别。到现在为止，人类社会对于事物的认知思想已经精细、庞大得无边无际，只是它们分散沉积在百科书海之中而已。只要有一种"整体学"框架的合理组合形式，人类整体学思想就可以建立。

我写本书有两个目的：一是全力突出"人类整体学"这一现代社会思想学术论题；二是站在一系列伟大思想巨匠们的肩膀上别出心裁地构建一个"整体学"的粗糙框架。

人类社会思想学术发展至今，为什么还没有构建出比较完善且合理的人类整体学思想呢？我以为有以下几大原因。

其一，在过去的人类文明时代里（能源动力革命、电子互联网时代之前），人类社会的生态受限于社群分散、孤立的客观现实，社会认知就没有"整体学"的意识和需要。但在这几千年的文明思想史长河中，有许多伟大思想家的思想体系也包含了人类整体学的合理元素。例如，苏格拉底、柏拉图、亚里士多德、康德、黑格尔、马克思等的思想著作都涉及人类整体学思想的合理内涵。但从总体上讲，过去的时代并不具有现代人类生态生命共同体的特征，因而人类整体学思想只有现代社会更迫切需要。

其二，当人类社会到了利用能源动力开展工业革命的时代，特别是到了电子互联网时代，社会思想几乎都聚焦在新兴学科、边缘学科、综合学科上。人们创建了纷繁灿烂的学科思想，从而推动着人类认知改造的飞速发展。然而，他们无暇顾及他们认为毫无实际意义的人类整体学思想的发展。也就是说，无论是思想创建者个人被具体事物的功利心所缠绕，还是他们完全置身于纷繁复杂的具体现实事物的漩涡之中，他们的思想精力都难于进入人类整体学这个大论题中。

其三，人类整体学本身就是一个完全脱离实际、与具体情感利益事物没有联系的思想框架。要构建这样一个庞大的思想体系是需要思维精力、思维方法和思维耐力的，因而几乎所有人都会视之为空洞抽象的"高、大、上"理论而不屑顾之。

其四，当人类看待自然客观事物时，总会有客观、明确、可推论的认知心态，而认知自身种群的行为关系时总会受到具体情感利益纠缠的影响，将对这个"客体对象"的认知变得非常迷糊茫然。

这就是人类生命活动整体学体系难以建立的症结所在。人类对自身种群从何而来，地球自然生命由何而来，宇宙世界如何变化，人类生命活动经历了哪些进化、积累、历程等都是非常茫然的。

当然，从人类几千年文明积累的认知思想以及现代人类已经如此博大精深的认知水平来看，构建人类整体学思想是非常可靠的，关键在于社会学术思想有无这种共识。

四

任何事物的整体性（或完整独立性）总是在与其相关联的其他事物的区别之处、界线中显现出来的。如果地球自然没有明确的"球形"概念以及它确定的半径数据，它的"整体性"就会令人难以想象。那么，人类在地球自然世界生命活动过程的整体性应该怎样才能明确表达出来呢？

显然，我们所言的"人类生命活动"存在着一个自然环境（包括一切自然生命）、时空的大背景，只有当我们能理解这个"大背景"创生、演化的由来以及它们的逻辑顺序，"人类生命活动"包容其中的真实大背景，人类生命活动的整体性才能表现出来。

我们通常所指某个具体事物存在自然人文背景，因为它是具体的、局部的，所以只是一个短暂相对的静态画面而已。但人类的生命活动是一个随时空的动态大过程，这个"大背景"也是一个动态的大自然生态。所以，人类生命活动过程中的"大背景"，实际上是我们思想感悟中的认知"大背景"。它是使我们对于人类在地球自然世界中生命活动的认知感悟上获得"整体意义"的"大背景"。就如同无论我们在认知感悟上如何细致入微地将地球大自然的山、水、草、木、生物一遍又一遍认知，只要不知道地球是"球形"，不能用数据表达其半径，一切的认知都将归于茫然一样，假如我们不能塑造出人类生命活动过程这一认知"大背景"，人类整体学就无法建立。

实际上正是如此，无论现代学科多么精细、精准地在对事物的认知中前进，无论现代的文明体系是否已登峰造极，只要没有这样一个认知"大背景"可以在共知统一中稳定存在，一切认知都将是分裂的存在。因为，在人类的主观世界中并不存在人类生命活动过程的整体观念理论。

现代的考古挖掘将人类最早的生存时间追溯到了400万年前。当然，人类学已将最早的人类生存时间追溯到了700万年前。那么，700万年前人类种群的生存形态又是什么呢？最早人类的生命是怎样演化而来的呢？显然这个问题应该研究地球自然生命演化的大过程才能真正地理解。而当我们要真正理解地球自然生命存在的机制条件就必然要涉及"地球的创生"，要理解地球的创生又必然涉及"宇宙观"这一更庞大的主题。

反言之，我们要理解地球自然是如何创生而来的，就必然触及大宇宙怎样演化这一主题；我们要理解人类生命是怎样在地球自然世界创生起源就只能放到地球自然生命创生起源的大过程中才能理解清楚。

所以，地球自然生命观、宇宙演化观就是人类在地球自然世界生命活动过程最大的"认知背景"。如果它们能够有一个稳定的思想模型，人类生命活动的整体过程就会有一个更合理的认知环境。

而这个"大背景"的塑造始终要受到"时空"的纠缠和困惑，其实"时空"是人类共同想象的产物，所以构建人类整体学认知的"大背景"首先就要从最原始的定义中打破我们已经习惯固守的"时空观念"。

五

关于人类"进化"的思想构建也是与构建人类整体学认知"大背景"同样重要的。因为社会思想认知在人类几百万年的生命活动进化时空上都是一个空白盲区。虽然达尔文的《进化论》可以作为权威的认知思维来穿透这个盲区，但除了考古挖掘的化石、遗址而外，确实已经没有可供人们想象和理解的逻辑。所以，构建人类进化时空思想也成为构建人类整体学的关键。

本书在构建人类整体学认知"大背景"——自然——生命——时空追溯的基础上，做了填补"空白盲区"的努力。虽然人类几百万年进化时空确实难于找到人类生态的实证，但人类生态总处于地球自然世界自然生命的大过程演化之中，在这自然生命的长河与人类文明时代生态之间是可以找到生态转化的逻辑线索的。只要这条"逻辑线索"足够合理明确，"空白盲区"就会呈现出人类生命活动合理进化的清晰轨迹。或者说，我们是可以在以下几个判断命题中找到人类进化过程中存在的逻辑线索的（你看见过长江的"提篮桥"吗？江中并不立支撑柱，仅靠两个端点的提拉力，桥面照样坚固通畅，这就如同我们所要建立的人类进化逻辑线索的状况）。

1. 在漫长人类进化时空中，人类种群与动物世界的生态是完全相同的。它们都处于个体之间分离独立的自然状态，所有群类集结活动的行为都只是本能。

2. 数万年前，人类真正有了集体生存互动的生态。他们已经处于自觉认知互动之中。他们使用火，继而又发明了弓箭，创建了"社会"。所以他们的生态与动物世界不同了，已经超越了生物本能的范畴。

3. 人类在进化通道中，肯定存在一个从"生物人"转化为"社会人"的时空界面，不然人类种群的生存状态怎么可能从与自然动物的"相同"变成了"不同"呢？具体来说，就是从种群个体之间分离独立的自然状态变成了自觉互动、集体生存的社会状态。

4. 人类在漫长的进化过程中，是在与自然动物的"同中塑异"。在没有发生转化飞跃时，无论在脑容量、语言机能上孕育着多少"异"，都始终处于生物框架内的"同"。只有在一个特定的群类与大自然互动的情景中，才彻底表现出了"集体自觉互动"的"异"。这种特定情景与人类用火紧密关联。

总之，只要我们站在人类整体论的思维高度，人类进化时空中的逻辑性是能够建立的。特别是在对人类进化的感悟中，我们或许可以猜想到如下一些命题的合理性：

1. 到现在为止，一切考古挖掘出的人类化石和数万年前的人类生态遗迹，都只是"生物"人类遗留的历史痕迹。如我们所习惯排列的南方古猿、能人、直立人、智人等化石、遗迹，它们与现代人类并没有直接的"线线"关系。或者说，它们都可能是被某一优势群类消灭或同化了。因为一切考古挖掘出来的化石、遗迹物只能证实它们是类同于后世人体的时空存在，无法反映出它们的动态联系。比如有一个普遍的疑问，在农耕时代之前，无论人类是处于"生物人"的状态还是处于原始"社会人"状态，他们几乎都过着采集、狩猎的山林生活，所以他们都住在天然的洞穴之中。这些天然的洞穴是有限和固定的，因而几百万年时空的过往中，往来变化种群的"居所"会有重叠现象发生，所以我们考古挖掘出来的遗迹物除人体化石外，其他遗迹完全可能发生不同时空遗迹的混同。

2. 在地球自然世界即便处于相同时空域，各大地域会并存着较为相似的多个"人类"种群。它们所处自然环境各异，与大自然互动生存的具体情景可以完全各异。在这些众多种群中总会有生存能力突出的优势种群。它们优先获得了语言生理机能（在喉部生成了可以发出复杂语音的"喉结"）；它们在天然火、大自然、人类种群的特定互动情景中优先有了集体生存形态并破天荒有了自觉认知互动。这样，这一具体的人类种群首先创建出了"社会"从而走向了"社会化"征程。因而，他们获得了其他任何群类无法比拟的生存优势，他们会非常自然地同化或消灭其他群类。他们经过数万年发展，成功形成了后来的世界人类社会。

本书在感悟人类进化这一漫长时空的环节中，除了塑造人类进化从"生物人"向"社会人"转化的逻辑线索思想外，构建人类怎样从"社会化"归零、认知"思想"归零的蒙昧状态过渡到"文明创建机制确立"这一逻辑理论，又是另一个探讨的主题。显然，这依然是我们思想认知的盲区。在传统的习惯认知中，我们或许会认为，人类开始了自觉认知、互动就意味着人类的思维活动机器在不停有效运转，因而思维活动就会不断产生出"思想"。实际上无论优良的机器如何转动，如果它没有加工的原料、程序、目标，一切转动都是无效的"空转"。人类虽然开启了思维活动的机器，但一切自然事物和自身种群关系事物在他们的反映意识中都只是笼统模糊的客体印象，人们的认知互动只能依赖具体的情景在小群体中开展，语音、肢体动作紧密结合才能完成。当情景消失了，认知互动的过程很容易随之消失，无法具有传播积累的意义。所以，我们所谓思维活动产生"思想"在那个时空的思维意识中是不成立的，因为人们的头脑中还没有可以明确的"概念"存在。那时人们的思维活动就如同一台没有加工原料、程序"空转"的机器。明确这一点对理解原始人类的认知状况非常重要。

我们可以推想，人类生物种群于数万年前的某一具体自然地域的具体人类种群首先创建了自觉认知互动的"社会"。他们以非常强大的生存优势，从血缘家族不断分解、复制、迁徙的分布扩散形式中通过数万年努力，形成了后来世界人类社会的格局。在这个数万年的过程中，他们依然以采集、狩猎的生存方式同时开展着集体生存、认知互动的生态。因为他们始终重复着单一的采集、狩猎生存形式，所以在对自然事物的认知上还停留在事物印象的表层。或者说，他们的思维活动并没有将客体事物进行分解、分类区分独立。因而，原始人类在事物认知上的革命已经推迟到了1万多年前的农业革命时代。也就是说，只有当人类进入农业革命时代，人类在认知上才真正开始分解他们所面对的客体事物。

当然，只有人类文字才是人类认知革命真正有效的发动机。因为只有"文字"才可能明确、规范、统一地分解事物，建立事物概念。有了它才谈得上人类具有可以表达的明确"思想"；有了它人类的思维活动才有了明确的内容和形式；有了它才谈得上人类社会在认知上有了传播、积累的有效社会机制。所以人类文字既是人类文明重要的标志，又是人类文明最重要的创建机制。

然而，仅仅是人类文字的发明是无法保证人类社会生态持续保持文明创建机制的。它必须依靠与国家强制、规范功能的结合。所以，真正的人类文明时代，是人类文字与人类国家组织双重到来的时代。

六

人类文明是"人类道路"中的精华所在。虽然它在人类的主观认知中非常熟悉，但这一"精华"是怎样形成和演化，依然没有清晰的认知逻辑。本书将从整体学的角度对其进行解读。

人类文明的本质就是人类生命活动与自然动物世界相比所具有的不断刷新、理性优化的生存状态。当然这种不断刷新的理性优化状态是通过人类生命活动不断认知、改造（实践）的轨迹表达出来的。所以，本书在理解感悟人类文明时空事物时，不断感悟人类文明本质也是一个重要的内容。

正因为人类文明的本质就是人类生命活动在认知、改造上不断理性优化的状态刷新生成，因而不断形成的社会机制（社会生态格局）就是推动人类文明创建的核心力量。而显然，人类的社会机制是一个从不间断的动态过程（如同不断奔腾的河流），在这一过程中，认知改造的理性优化体系在传播积累中如同滚动的雪球不断壮大，成为社会发展持续不断的推动力量。

也就是说，自人类创建了"社会"，走上了"社会化"道路就注定了人类种群在地球自然世界的生命活动必然会走向发展壮大。至于发展壮大的进程完全要取决于这个过程中认知改造理性优化的积累状态。例如，只有当人类发明和应用了文字，自觉认知互动的思维活动才真正获得了明确的内容和形式，认知互动才会走向明确有效，才可能在思维活动中产生能明确交流表达的"思想"，才能使人类的认知改造活动真正具有传播、积累的机制；而只有在一个地域社会出现了真正意义的国家组织之后，这个地域社会在生态秩序上才会形成稳定有序的局面，在国家强制、规范功能与文字功能的配合中才能建立起稳定有序的主观交流互动公共平台，文明传播、积累的机制才能真正形成。

本书在对人类文明时空的思想感悟上也遵从认知习惯，将人类文明分为古代文明、近代文明、现代文明三大部分进行感悟。不过，与传统的"人类文明观"相比有以下明显的特征：

其一，感悟人类文明的重心放到了对人类文明发展机制的逻辑链条上去了。而博大精深、如山似海的具体文明事物及文明现象只是作为推论感悟中的素材和例证。

按传统的人类文明叙论,常常依据时间为线索,将文明事物一一罗列叙述,再加上分析、评论才算是人类文明史书列。但本书如果对于人类文明的感悟依然是将人类文明事物、现象按某种取舍选材一一罗列再加上分析评论,也不过就是在众多的书海中多了一本完全雷同的书而已。凡现代接受过大学文科教育的人,毫无疑问都读过一系列的人类文明历史书,但又有多少人能清晰理解人类文明发展的逻辑呢?道理很简单,因为太多太多的人类文明事物,诸如时间、国家名称、战争、改革、政党、宗教、人物、思想等充塞和淹没我们的认知思想,其结果是人们对一切脉络、逻辑反而茫然。所以,在本书的文明感悟构建中,许许多多非常重要的具体文明事物、思想、人物都被舍弃了,只剩下了一个逻辑的框架。

其二,跨越大时空、寻求大逻辑、注重大时代生态环境转型变化,是本书感悟文明脉络演化的特征。

将人类社会踏入古文明发育的星星点点文明归纳为三大板块古文明——中东古文明、远东古文明、南亚古文明,有利于对人类古文明发展的整体认知。

建立人类三色人种塑造成因假说,有利于对人类演化发展的逻辑脉络感悟。

赋予人类社会"近代""现代"内涵的新意义,有利于对人类演化发展的逻辑脉络的感悟。

其三,从对"人类文字""国家组织"的社会功能作用、社会个体认知互动功能作用的解析中,进一步塑造"原始社会"与"文明社会"区分的整体界线;从对"奴隶制形态特征"与"封建制形态特征"的比较论述中,感悟人类古文明阶段的文明机制演化进程;特别是在古代奴隶制形态向封建制形态的转化认知中,引入了一神论宗教对社会思想统一的巨大作用,使这种"转化"更具有逻辑意义。

总之,人类文明历史是何等的辉煌灿烂,即便是书山书海也道之不尽但对人类古文明发展进程的感悟做如此叙论已经有一个明显的框架了。

七

本书关于人类近代文明的发展演化,实际上都是紧紧围绕着一个中心开展的，这个中心就是"人类能源动力革命"。

当然，按照传统的思想习惯，我们常把人类近代化的标志理解为"工业革命"，而且这个名词与"农业革命"对称呼应。但鉴于以下两点原因，其实用"能源动力革命"作为近代化标志更为贴切。

一是与"工业革命"相似相近的称谓太多了，如"产业革命""交通运输革命""科技革命""资产阶级革命""物价革命"等。这样使"工业革命"作为近代化标志在认知上会笼统模糊、失去特色。二是无论自人类社会从公元17世纪以后发生了多少社会变革，其实都是源于一个中心点展开的，那就是人类的生存活动中有了"能源动力"这一神奇的事物。工业革命、产业革命、交通运输革命、资产阶级革命、资本主义革命、科技革命等形式，都是因为有人类"能源动力革命"的推动。

近代人类的社会生态都是伴随"能源动力革命"的进程而发生改变的，它直接引发了工业革命、产业革命、运输革命，直接塑造了规模化大生产和工人阶级。

我们通常会认为人类所发明制造的一系列事物诸如蒸汽机、内燃机、发电机、电动机、电能、核能等都在为解放人类的体力服务，其实最根本的是找到了体力、精力与资源、资本更充分结合的形式，使人类的客观改造向规模化、高效能的方向前进。实际上，它对于人类社会生态的改变不是在解放体力上，让人们过上悠闲、安静、舒适的生活，而是将原有分散、孤立的社群生态调度、卷入一种规模和网状的大生态中。所以，能源动力革命所引发的人类社会"近代化"，实际上就是人类社会生态大集结的"冲锋号"。当然，它包含着人们无可抗拒的文明发展理性。

人类能源动力革命的号角首先是在英国吹响的，西欧社会各国是同一古文明体演化的产物，所以它们很快连为世界工业革命的大本营。与此同时，英国又培育出了庞大的北美后花园——美国。所以，近代人类"能源动力革命"几乎是专属欧美资本集团所主导开展的社会生态革命。它们在大本营建立起网状依存的社会生态（经济危机也成为它们专利的文明病）。它们的庞大殖民体系和资本扩张几乎塑造了全球一体化概念。但是无论是它们自私、掠夺的本性，还是广大殖民体系封建等级制君主、贵族养尊处优固守的本性，都注定了"工业化"无法植入整个世界。因此，从近代人类的社会形态看，除了欧美工业革命大本营塑造了网状依存的社会生态，广大的亚、非、拉殖民地域依然是分散、孤立、自给自足的社群生态，世界没有实现全球化。

<h1 style="text-align:center">八</h1>

  本书对人类现代文明的感悟紧紧围绕着一个中心——"电子互联网革命"对人类社会生态的深刻影响以及它对人类未来方向的推动。

  人类整体社会，"近代"与"现代"最合理、明确区别的标志应该是什么？如果仅仅是"时间"，这种区分就几乎没有意义。"能源动力"供人类使用，为人类的客观改造提供难以想象的规模效能是最大的"近代"意义。而"智能电子运动"为现代人类一切社会实践活动以及一切社会事物的高效组合，提供打破时空局限的颠覆性便捷服务，就是最大的"现代"意义。

  近代"工业革命""工业化"的主题即便是欧美的大本营也是没有彻底完成的。对于庞大的亚、非、拉地区，20世纪末"电子互联网"时代的到来才是它们真正开启的时代。所以，21世纪的人类社会，正是"工业化"在全球以新面貌新一轮全面开展的时代，"人类道路"进入全球社会生态共鸣、共振、共创、共享的时代。"互联网"机制和"工业化"联姻必然使社会向全球大系统网状依存生态过渡。原有的一切事物的孤立存在被彻底打破，人类社会在电子互联网机制中将被塑造为全球大系统网状依存的共同生命体社会。战争、经济危机、金融危机等不良的生态因素将在这强大的系统循环机制中得以消除。

  总之，人类在地球自然世界的生存发展道路是从种群优势到社会发展机制优势所推动前行必然发展的道路。人类的发展就是社会机制一步步累积成熟的推动发展，社会个人、社会具体事物只是这个"大机制"中细微的"细胞"。人类道路中的每一个人、每一件事就如同大海里的一滴水。我们感叹人类生命活动的奇观，我们赞叹人类道路所拥有的规律和机制！

第一篇 01

人类自然生命认知哲学

第一章　人类时空观

事物都在具体的时空中存在，这是现代人的常识认知。或者说，我们都会毫不犹豫地认为，时空就是客观事物存在的基本属性，任何事物都不能离开时空而存在。真是如此吗？

确实，现代人类的社会思想认知就是用具体明确的时空将事物联结起来的，就连我们要谈论的事物也无法摆脱时空的纠缠。时空观念已经全面渗透到我们的思想体系中，它已构成我们思想的框架、筋骨。我们要表达和揭示事物本质，又怎么可能摆脱时空观念的束缚呢？

那么，对人类而言，时空究竟是什么？

第一节　共想共用，无中生有

人类在日积月累的自然客观观察和体验中，从景象的状态和动态中逐步在神经意识中形成了事物的空间感。也就是说，我们后来所谓的"空间感"（不仅是虚空，也包括物体的状态、动态及其本身）是人们在体验现实自然状态中就如同想象金钱一样发明出来的，这完全是认知的需要。

人类最初的状态是能直立行走，两手空闲多用，身子比其他动物更灵活多变，后逐渐进化为有了思想目的和不同需要的优秀动物。他们对自然状态的探索完全超出了动物本能的机械反映，他们对客观自然状态动态的反映在脑神经中逐步形成了一个又一个印象体系。例如，山水草木、植物、动物的状态，太阳、月亮、水中鱼儿的动态，夜空景象的图案，尼罗河水涨水退的水位，田埂、道路的形状……这些不断出现在眼前又浮现在脑海里的印象体系是什么呢？就是空间感。

人类对客观自然事物的感知，最自然、直接、直观的就是对自然客观存在的状态、动态、情景的描摹和表达。因而，人类关于空间感、空间观的构建一直就是一切事物认知思想的重心、优先对象和核心。人类最初起源的空间感只是些朦朦胧胧的印象，后来逐渐上升为天文、地理、几何、数学、物理等自然科学体系。人类的思想就是在不断观察、体验自然客体中，不断从空间感观出发，将这个客体不断分解成一个个小的客体，并一一赋予它们名称、属性，从而逐步建立起客观存在的事物思想体系。这就是我们通常所说的思想模型。

人类在观察体验自然客观中最初感悟到令他们最满意和印象最深刻的是"圆"或"球"状体———每天升起和落下的太阳，不时出现在夜空中的满月，挂在树上的核桃、苹果……于是他们就有了"圆"和"球"形的感观。当然，他们将苹果从中间切开或将树干切断又发现了"圆"的形状，并且开始发现了"球"和"圆"的关系。也许在大自然中，人类最初能直接感受到的空间形状就只有"圆"和"球"了。所以他们对"圆"和"球"都非常崇拜。在人类后世的建筑物设计中就包含了很多的"圆"和"球"的理念。而在他们理解幸福、完满的思想中，都保留对"圆""球"的崇尚："花好月圆""圆满完成""完整圆满""阖家团圆"。

然而在这个世界上，人类创建了太多"方""直"的建筑和构建了太多"方""直"的几何思想。但在大自然的原始客观存在中，我们却很难找到"方""直"的原形。这种现象既充分表明人类后世所谓的空间几何都是人类共同想象构建起来的，又表明人类的大脑思想在适应环境和优化环境方面是何等的优秀。

为什么人类会一步步走向一个充满着"方""直""对称"概念的现实世界呢？或许就是因为人们在生活感悟中觉得"方""直"的客体存在更好制造、更适用罢了。

首先，人们不论是在山林里奔跑，还是在草原上奔跑，都能充分感觉到要到达目的地，跑直线是最轻松的，因为这样身子不会转来转去。虽然他们一点也没有时间和距离的概念，但是在长期实践中他们在山林或草原踏出的路逐渐变成了直的。

有了这种长期以来的体验，他们在农耕时所建造的农田也就成了"方直"的形状。虽然他们崇拜"圆形"，但在很长一段时间却造不出"圆形"（后来才感悟到一条线段绕着一个端点旋转一周即成"圆"）。

当他们纷纷走出山洞，在自己的农田阔地处修建房屋以遮风避雨、放置农具、堆放食物和休息、睡眠时，修建出来的房屋也是方直形的。当然，在他们开始修建房屋时，设计方案也总是会变来变去，但经过长期的体验会发现，方和直的房屋建造有太多好处：所需石料、木棒等材料在种类上非常简单；这样的组合非常牢固结实，遮风避雨非常理想；这样造出来的房屋能得到有效利用空间，可以奢侈地放一张"床"，而身子本身就是一个方直的结构，可以在睡觉时滚来滚去。如果想得更远，要坐在屋内休息，就需要一张方直的木凳；再理想一点，还需要一个喝水放杯子的地方，那就需要一张方直的桌子……如此一来，房屋、房内家具就成了方直的世界。

可以说，人类的认知和对于客观世界的改造就是在方、直、圆的理念中进一步拓展。而在这个漫长的过程中，有些人类的建筑和设计的认知思想对人类的空间观念影响深远，成为思想塑造中的标本。这里举两个例子：一个是4000多年前的埃及胡夫金字塔，一个是欧几里得的《几何原本》。

古埃及胡夫金字塔是迄今发现的埃及110座金字塔群中最大的金字塔，被称为古代世界七大奇观之首。金字塔在阿拉伯语中意为"方锥体"，是一种方底、尖顶的石砌建筑物，因为它规模宏大，从四面看都呈等腰三角形，很像汉字中的"金"字，故译为"金字塔"。

胡夫金字塔就是一个标准的正四棱锥体。底面为正方形，边长为230.35米；高度为146.5米，大致相当于现代40层楼房那么高。4个等腰三角形斜面分别正对着东、南、西、北四个方向，误差不超过3分。胡夫金字塔通身由近230万块巨石砌成，每块石头重量在1.5~160吨，石块的接合面经过认真打磨，表面光滑，角度异常准确，以至于石块间都不用任何黏合物，全部自然拼接，在没有被风蚀、破坏的地方，石缝中连薄薄的刀片也难以插入。

胡夫金字塔已经在古埃及那片浩瀚沙漠中高傲屹立了4000多年，吸引了太多太多的世人敬仰和朝拜，因而它已经成为全人类空间想象的标本，方和直的几何造型深入人心。

现代人类世界之所以成了一个彻底方、直、圆的世界，更应该归功于欧几里得的《几何原本》。

公元前300年，古希腊著名科学家欧几里得根据前人的经验，经过自己的计算推理，写出了一本共13篇的《原本》，又称《几何原本》。

欧几里得的13篇《几何原本》中共有467个命题和推理。这些命题和推理所建立起来的几何学体系是相当严谨和完整的。像现代学校教科书上的直线、线段、射线、圆、角等定义、定理、公理、推论几乎就是原汁原味的欧几里得理论，以至于连20世纪最伟大的科学家爱因斯坦都这样说：当一个人最初接触欧几里得几何学时，如果不曾为它的明晰性和可靠性所感动，那么他是不会成为科学家的。从《几何原本》的出现到现在，这部书的出版达1000次以上，几乎世界上所有的数学家都是读着《几何原本》成长起来的。

欧几里得的《几何原本》至今已有2300年之久了，但为什么人类对自然事物的认知诸如天文、生物、物理等理论早已不断翻新，它却如同胡夫金字塔一样巍然坚挺呢？这源于《几何原本》所阐述的道理：我们所谓的空间几何都是思想的设计，它作为我们认知的指导与具体事物的属性和变化是无关的。既然欧几里得设计的思想模型是严谨和完整的，何不直接运用呢？

这种思想模型我们已经运用了2000多年，以这种理念作为自然科学体系创建的基石。如果某一天说"这个体系不用了"，那不等于说，原来创建的一切自然科学体系要重新洗牌？在这里，我们似乎还可以悟出一个道理：无论是从胡夫金字塔中折射出来的几何理念，还是欧几里得《几何原本》反映出来的几何理论，如果它们真是如同生物学、物理学中所表达的客观事物固有的属性，恐怕它们就难以被人类运用到今天了。总之人类的一切空间感、空间观都是人类自我的思想设计。

现在，我们来谈一谈人类的时间感和时间观。

人类生存在这个自然世界能看到和感受到的就是客观自然活生生的状态和动态。在原始社会，即使在山林或草原放一个时钟，人们也无法知道那是什么意思。

人类最初感觉到的就是自然景象在顺序上的轮回。当然，这样的轮回不是人类一开始有了自觉认知意识就发现了的，而是他们不断观察互动后得出的结论。最明显的景象顺序轮回就是白天和黑夜的交替轮回，其次就是更为广泛的自然景象轮回：花开花落、草枯草荣、冷热交替；尼罗河的河水泛滥与消退；天上的候鸟飞走又飞回；夜空中星象的图案周期复现等。当人们更进一步地去理解这种自然景观出现的顺序轮回时,就非常自然地将这些顺序轮回现象"从思想上"联系起来,相互比较(就如同将一根短的木棒和长的木棒比较),从而产生了时间的概念。

显然,人们对白天和黑夜的印象最深刻。在构建"时间"观念的问题上,原始人类很可能将一个昼夜(连续的白天加黑夜)作为一个顺序轮回单位(一天),并自然成为最基本的"时间"单位。而以后他们以这个单位"一"发明了"礼拜""月""季度""年"……并将这个单位"一"细化为"上午""下午""晚上""小时""分钟""秒"。

当人类进入农耕时期,对土地、水源、农作物的生长等变得越来越关注,他们非常希望能准确把握或理解像尼罗河泛滥、退潮这种自然景象顺序轮回的因果联系。于是他们非常用心地观察,从第一次尼罗河水开始泛滥到第二次这种现象重复出现,经过了多少个白天黑夜的轮回。他们将观察的每一天刻记在石头上,于是他们会数出365天这样的结果,后来把这个结果称为"一年"。

当然,在古代人们这样构建时间(天文历法)的办法是多样的,但他们都是以一个白天加黑夜作为度量单位开展的。例如,他们通过星象图案在天空中的轮回复现建立了"一年"的时间概念。人们在观察到尼罗河开始泛滥时,也观察到了这个清晨,被称为天狼星的星体正好也位于地平线上,这一点天文学上称为"偕日升",即它与太阳同时升起。而且人们还观察到天狼星与太阳同时升起的现象也是一个轮回现象,恰恰只有在尼罗河水泛滥时才能看到这种现象。当然这个轮回也同样包含了365个昼夜。因此,人们又将看到这种现象的那一天称为一年开始的第一天。

从上面的叙述我们可以体会到,在这个人类生存的自然世界本来只有自然时间永恒的静默流逝,并没有每天的刻度和时间。时间只不过是人们用思想去解读自然存在的动态景象的顺序轮回时发明的度量方法。

实际上,人类的时间观念一向是非常淡薄的。除了"一天"和"一年"这个时间观念比较清楚外,"小时""分钟""秒"的概念在很久以后才逐步建立。例如,中世纪的欧洲,一个大的城市通常是全城共享一个时钟。在城市的中央广场建起一座高塔,上面就有个巨大的时钟,而这些塔钟几乎从来没有准时过。那时的亚洲、美洲、非洲几乎没有钟。时间观念是人类工业革命后才逐步出现的产物。英国的第一条商业铁路在1830年正式启用,连接利物浦和曼彻斯特。10年后，终于首次公布火车时刻表，因为火车的速度比传统马车快得多，所以各地时间的微小差异就造成巨大的困扰。1847年，英国各地铁路从业者齐聚一堂，协调统一所有火车时刻表，一概以格林尼治天文台的时间为准。

因此，时间就是人类共同想象设计的协议，主要是希望借此将人类不断认知、互动、改造出来的事物有一个有序的安排。

第二节 分解客体，编码事物

当我们真正梳理人类生存发展所走过的道路时，会深切感悟到：人类生物种群的持续发展壮大就在于他们自觉认知、互动和社会化的机制成功开辟了一条自我思想体系设计、完善的道路。不仅将自然客体（除自然静默流淌外，一切都不清楚的空白）不断分解成一个一个小的清晰的客体存在，而且将它们一步步进行富有逻辑顺序的排列。这就好比我们不但创建了一个又一个大商场里的商品实物，而且用一套规范的方法将一切商品货物陈列得整齐明了。这就是人类思想对于自然世界认知最成功的改造，而这一改造得益于人类成功发明的文字和时空。

用文字去分解大自然的事物客体，从而确立出一个个明确、规范，可以通用互动的事物概念，是以千百万年人们对自然状态体验中的约定俗成为基础的。只有文字的表达形式才是明确的、规范的，可以留传、复制、验证的（除文字外，人类只有"语音"的认知互动，但它是会马上消失的、不明确和无法验证复制的，能够记录声音的录音机等是后来才出现的）。文字才是真正可以使人类把对自然事物的分解认知予以编码、登记造册，从而形成事物清晰明确的概念体系。人类发明了文字，并不需要每一个人都要书写、认识文字，文字的功能结合国家本身强制、规范的功能，社会的认识思想就会被它们的功能牵引、整合。所以，人类文字就是使人类将自然事物（包括人类行为关系自身的事物）逐一登记造册和明确塑造，在人类主观世界中发挥重要作用的一台最优秀的文明发动机。

就如同商场的商品，如果仅仅将它们混合堆放在商场中，顾客就不可能明白有什么商品，更不会有选购的欲望。仅仅靠文字的编码命名塑造事物概念就像我们只造出了一件件的商品，那么，人类又是怎样建立起繁星似海的语言文字系统而且在人们心中还具有动态、顺序、逻辑体系呢？那就是我们自行设计了事物的时空，将一切事物像商品货物按设计的区域、类别、品名顺序排列一样，将它们装入我们的时空。这样，一切事物就明朗有序了。

另外，更值得强调的是，在制造商品时，它们所具有的性能、名称可以作为商场里商品陈列、分布的依据。我们在整体梳理事物前，所认知的每一个事物的存在、发生都已经注入了具体的时空元素，因而一切事物只要时空对应，看起来总是前后有序，而且具有唯一性。

在人类所想象设计的一系列"时空"概念中，"空间"的想象设计是人类对自然客观状态、动态、景象，观察、体验更自然、直接的想象设计。例如，山川河流、植物、动物、山林、平原、苹果、南瓜都是各具形态的"空间"，就如同管道的"虚空"，只不过它分布和装载着鲜活的人和物。但我们所看到的"时空"（时间和空间）中的"空"，如果非要说它就是"空间"，那它的真实内涵就是现实的包括状态、动态、景象在内的一切自然客观存在本身。"空间感"并不是虚空的存在感，如果茫茫虚空本身有什么"感观"，那就是空白，因为我们感受不到任何差别。人类的"空间感"，一则来源于人类成了有自觉认知思想的动物，如果没有自觉认知思想，就没有"空间感"，二则来源于自然客观本身存在的状态和动态的差异性。如果一切的自然存在是虚空的，即便人类有自觉认知的思想，也不会观察和感受到什么。当然，正因为人类生活在千态万姿、绚丽多彩的自然世界中，而人类的社会化思想又开启了自身强烈的好奇心，人类才不断塑造带有理念和思想体系的"空间感"。人类地理学、天文学、几何学是人类"空间感"直接的反映。

人类在生命活动中所萌芽和想象设计出来的"时间"观念远远在人类"空间观"的想象设计之后，同时它的形成节奏要缓慢得多，观念内容要单一简单得多，而且"时间观"就是"空间观"发展的产物。显然，如果我们每个人都只面对毫无差异的自然存在，如一直面对虚空或大海，没有各种差异的事物进入我们的思想，就不会有"空间感"和"时间感"。而恰恰涌现于我们思想中的全都是充满着形形色色的差异性的真实存在，一切的状态、动态景象都会在人类充满需要、好奇的目光中慢慢被分解出理性的意义。白天和黑夜的轮回景象，其实一切动物们都能感受得到，但它们只有本能的反应，没有自觉认知和事物联系的意识；花开花落是大自然最普遍的轮回现象，动物们也不可能在意；尼罗河的水会泛滥，也会在泛滥后退潮，然后再泛滥，再退潮……人们看到这些自然景象的轮回实质上也是"空间感"，在对这种自然轮回的观察理解中产生了"时间感"。例如，他们把交替轮回中的一个白天和黑夜的景象叫作"一天"；他们把尼罗河泛滥、退潮的轮回景象称为"一年"，或将天狼星与太阳同时升起的轮回景象称为"一年"。同时，人们将"一天"作为一个度量单位，通过观察记数，知道"一年"有365"天"。后来，人们进一步揭示，"一年"就是地球绕太阳转了一圈。在这里我们可以看到，人类的所谓"时间"观念，就是人类在感受空间动态及轮回中的想象，如果没有差异的景象轮回，就没有"时间"观念。

在本书中，我们要同时树立两个观点：一是人类的一切时间观念都是人类自我想象设计出来的；二是人类想象设计出来的时空观是人类文明思想体系的核心和精华，没有它们的存在，人类的自然科学体系就不会得以构建和存在。

人类的一切认知最精华的部分就是自然科学体系，自然科学体系的框架和脉络就是人类时空观念的"组装"。人类有了自行的时空体系就一步步走进了奇妙的境地，人类的思想如果脱离了时空的元素，思想就无法表达。

我们在此可以粗略回想一下一些具有时代代表性的科学家，他们的头脑思想与人类自创"时空"有多么密切的关系。

约公元前640年出生在古希腊米利都的泰勒斯是古希腊第一位哲学家和科学家，他创立了人类第一个哲学学派——米利都学派，提出了"水是万物本"的哲学思想，并第一个指出"这个世界是可以用人的思想理解的"。他也是一个天文学家，第一个成功预言了公元前585年5月28日发生的日食；他还是一个几何学家，开启了人类数学命题的历史，著名的毕达哥拉斯就是他的弟子。因此我们可以认为泰勒斯也是一位人类时空理论设计大师。

有一种说法是阿拉伯数字和代数由古印度人发明于古印度"吠陀时代"，因为"吠陀"的原义就是"知识"。当然，这种伟大的发明创造不是源于某个具体的人，而是一个互动的群体，他们在向世人传递一个强烈的信号——这个世界的状态是可以计算和度量的。他们发明的时间比泰勒斯时代还要早几百年。可以说，古印度人发明的阿拉伯数字和代数为人类找到了创建时空、创建自然科学体系的金钥匙，这也是人类将这套符号和方法沿用至今的原因。

古埃及胡夫金字塔之所以令人惊叹，一是因为它具有穿越4000年时空的持久度；二是它折射出人类伟大的天文、几何、数学思想精髓；三是它反映出人类自有了认知思想以来，天生就具有空间想象和数学能力，人类自发的想象体验比理论本身的构建要早得多。

如果说古代印度人创建的阿拉伯数字和代数理念是计算和度量这个世界最有效而明确的"刻度直尺"，那么欧几里得的《几何原本》则创立了如何计算和度量这个自然世界的"模具和标本"。世界的客观存在理解和改造设计就沿着这个方向前进。代数、几何、客观现实的结合形成了美妙的认知机制。

亚里士多德和托勒密都是"地心学说"的创建者，他们的思想在西欧社会统治了一千多年。可以说，"地心学说"就是他们思想体系的核心。"地心学说"将宇宙时空坐标的原点定位在地球，它所构建的天体系统至今依然可作为我们认知构建宇宙天体系统的基础。既然我们从古至今都在进行无休无止的空间想象设计，以地球、太阳或银河系为宇宙时空坐标原点其实都没有关系，只要是我们的空间想象会互为基础、不断发展即可。

哥白尼是人类文艺复兴时期划时代的人物，他的突出之处并不在于他的日心学说有多么神奇和奥妙，关键在于他的思想体系动摇和瓦解了西欧的神学理论体系。因此，日心学说打败的不是地心学说本身，而是他用更新、更庞大的天文学眼光瓦解了神学思想。几百年过去了，对那个时代的思想斗争，人们还会记忆犹新。可见，人类的时空观念与人类的思想发展关系多么密切。

牛顿是近代人类科学家的代表人物，他所创立的微积分、运动三大定律、万有引力等是其最伟大成就，今天依然被应用在各个领域。他的一切所作所为从来没有离开过对时空的想象和设计，如由苹果落地引发联想，进而发现万有引力定律。他思想的伟大之处就在于他将时空想象得更广、更细，并且全部用数字符号表达了这一切。

爱因斯坦是现代最伟大的科学家，"相对论"（无论是狭义相对论，还是广义相对论）是他科学思想体系的集中表达，当然还包括他的量子力学思想体系。从本质上讲，他的"相对论"所表达的思想就是对人类传统中所想象设计出来的时空观思想模型的重组，当然也包括牛顿经典力学所应用和遵循的时空秩序。显然，是因为爱因斯坦看到和想到了牛顿时代人们无法看到和想到的一切。那是什么呢？在牛顿去世一百多年之后，法拉第才发现了电磁现象，等到爱因斯坦长大成人时，人类在高倍显微镜观察微观世界时，相继发现了原子、电子、中子、介子、夸克等微观物质，当然"量子"的名称也由此而来。人们惊奇地发现，像电子、中子、介子等微观物质的运动变化根本就不遵循牛顿经典力学的规则，而且特殊物质原子的裂变，看起来发生在微观之中，但它们所产生的能量又足以销毁宏观中的存在。这些都是爱因斯坦能对传统时空观进行重组的依据。这里我们不谈牛顿和爱因斯坦的科学思想究竟有什么区别和联系，只是想表达一点：科学家们的思想都是在时空的想象和认知设计中推演着科学的未来。爱因斯坦没有否认人类时空的设计对认知的帮助，但他强调了时空可以卷曲设计而且非常相对。即我们的思想不要被传统的时空观所固化，我们应该有全新的思想模型。

最后，我们引用现代伟大的物理学家霍金在他的《大设计》中，金鱼感知金鱼缸外的自然存在的故事来结束对时空意义的讨论：

一只圆形曲面的金鱼缸里装着清水和金鱼，金鱼在鱼缸里悠然漫游。我们将鱼缸放置在阳台上，屋外有小区圆形的花台和平直的走道，走道上铺满了方直规范的地砖。当金鱼透过曲面玻璃向外看时，它会看到什么景象？显然它看到的花台并不是圆形的，而是方直的；而它看到的走道、地砖不是方直的却是圆曲的。那么，像花台、走道、地砖这些真实的自然存在，其形态是人类看到的真实，还是金鱼看到的真实呢？假若现在又从天外飞来了一个三只眼而且光学结构离奇的"外星人"，他又会看到金鱼缸外面是怎样的景象呢？显然由于他眼睛的光学结构光怪离奇，他所看到的景象又大不相同，说不定地面上还游动着金鱼呢。请问，三者所看到的景象何为真实？人类会说，当然我们看到的才是真实的，他们看到的都是假象。其实，三者看到的都是真实，只是他们观察的工具、角度不同，所以才有了不同的结果。一切自然客观的存在，唯一的属性就是"存在的真实性"，至于对它存在状态的描述和表达，不同的观察或不同的思想模型是可以不同的。但如果没有观察者和思想者，就只有静默永恒的流淌而无法有描述和表达的形式。当然，"存在就是被感知"这句话并不合理，应该改为"当存在，被感知，才能表达出来"。

我们之所以引用故事，是因为它可以形象寓意：人类的一切时空观念都是人类共同的想象设计，而正是这种传奇精心的设计才使我们把自然事物（包括自身行为及其关联事物）表达、描绘、雕琢得尽善尽美。

第二章　人类宇宙观

我们每个人生活在这个自然世界里，基本上是在顺其自然的社会生活中观察体验有限自然世界的存在。但总有一群人如同古希腊研究原子论的德谟克利特那样充满着对大自然的热情和好奇。他们惊奇于这个世界的自然现象，不断提出一连串的问题，并努力寻求答案。例如，我们究竟生存于一个怎样的自然世界？它是圆的还是方的？它是一个有限的世界还是一个无限的存在？它从哪儿来？它的外面的外面又是什么？也许诸如此类的问题，我们中的绝大多数人并没有认真思考过，但我们几乎每个人都在脑海里闪现过类似问题。

第一节　塑造认知背景

我们究竟是什么？是这个自然世界中普通的生物个体。如果将我们同我们用高倍显微镜才能发现的微生物相比，我们就是庞大而稳定的生命宿主；如果将我们同无限宽广的地球相比，我们就渺小得如同我们眼中的微生物。但地球在茫茫天宇中，也不过就是如同微生物一样的细小微尘。虽然今天的人类拥有70亿的种群数，已经超过了包括猪、牛、羊在内的动物数的总和。但在茫茫天宇中，我们也只不过是附着在细小微尘上繁衍生命、演绎历史的"微生物"。唯有一点值得称道的是：只有人类这一普通的生命种群才有了观察理解宇宙世界的思想，并能拥有文化和思想，站在自然生物链的顶端生活。

现代人习惯将地球之外的一切存在统称为宇宙。人类认知宇宙是一个前赴后继、从小到大、从粗到细的历史过程，或者说它就是一个时空感观不断设计的过程。无论是地球，还是地球之外的天体、空域，对于人类而言，它们都是"自然存在"。人类有了思想认知后才慢慢将它们——感知、分解、表达。当然，我们没有必要再去回味人类是怎样发现了地球是球体，也没有必要去回味人们怎样发现了地球是绕着太阳周而复始地公转。我们只想说，人们会前赴后继地提问：地球在宇宙的哪里？地心学说认为地球就在宇宙的中心（它将空间坐标系原点设在地球，太阳虽然比它大130万倍，但在宇宙坐标系中依然可以当作一个点）。日心学说认为地球在太阳旁边，太阳居于中心（它回答了地球绕着太阳公转的事实，并且将宇宙空间坐标系原点移到了太阳）。后来，人们发现，围绕着太阳转动的星体不只有地球，还有金星、木星、水星、火星、土星等，于是有了"太阳系"的命名。因此，关于地球在宇宙的哪里这个问题，借助天体参照物来回答就有了答案——地球在太阳系里。后来，随着天文望远镜倍数的增大，人类发现像太阳这类自身发出光热的星体难以计数，人们将这个庞大的天体系统命名为银河系。因而又有了这样的答案——太阳系在银河系里。再后来，人类发明了哈勃这类太空高倍望远镜，它能观测到200多亿光年外的天体世界，又发现了数以万计类似银河系这样的星系，取名为河外星系，这些星系统称总星系。于是，关于宇宙，又有了这样的答案——银河系在总星系里。那么，人们不禁又要问：总星系在宇宙的哪里呢？由于人类还没有足够的发现，以及还没有一个更大天体系统的命名，我们只能这样作答——总星系在无法穷尽的宇宙里。也许在人类的不懈认知努力中，会不断发现一个又一个无限拓宽的天体系统，或许人类生命种族的灭亡会成为这种认知拓宽的极限。

　　宇宙是一个极简单又极其复杂、深奥的概念。其简单与复杂区别的关键在于我们使用和理解这个概念时相对应的思想用途。当我们使用或理解"宇宙"一词只作为思考其他事物所需的概念背景时，"宇宙"是可以简单明确的——宇宙就是包括地球在内的一切自然存在。但是，如果"宇宙"一词作为天文学研究的客体对象概念时，它又显得非常复杂高深了。这时需要面对一系列的问题：宇宙由何而生？怎样构成？怎样运动、变化？地球、太阳系、银河系、河外星系等存在怎样的运动变化关系？宇宙有大小和边际吗？宇宙大爆炸是怎样发生的？大爆炸前的初始状态又是什么？

　　关于什么是宇宙，在人类的思想认知中经历了两个不同的阶段：第一个阶段是依赖神灵来解释自然现象的人类幼稚阶段；第二个阶段是用人类自身创建的思想模型来解释自然宇宙的阶段。

数万年前，智人种群冲破了纯生物演化的属性框架，塑造了原始社会并开始了自觉思维认知，直到2600年前的古希腊泰勒斯时代，为人类认知自然宇宙的第一阶段。在这个漫长的阶段里，人类观察体验了大自然数万年之久，但他们仍停留在对客观事物认知蒙昧的印象阶段，社会化水平低，认知互动积累少，几乎处于神话、传说的神灵崇拜中。他们将对大自然现象的解释权都交给了各种神灵。所以，这个阶段没有人类自身的世界观和宇宙观。

从2600年前的古希腊泰勒斯时代到今天的电子互联网时代，属于人类认知宇宙自然世界的第二个大阶段。在这个人类自然认知阶段里，人们依照各种阶段性变化的思想理论模型不断拓展宇宙自然认知。如"地心学说"模型、"日心学说"模型、"万有引力"模型、"量子能量"模型、"宇宙大爆炸"模型等。总的来说，宇宙自然世界在人们心目中越来越大、越来越清晰，但量子力学的问世也使宇宙的运动变化越来越充满着神奇要素。本来，人类的许多探讨只局限在学术界领域，但卫星上天、原子弹爆炸、互联网创建等吸引了更多普通人的参与，越来越多的社会个人开始相信学术认知的真实性。所以，今天当我们再一次讨论何为宇宙时，再也没有人会像古希腊雅典人责难德谟克利特一样说我们是疯子。

宇宙究竟是什么呢？就如同我们不能将金鱼所看到的金鱼缸外面的景象作为外面自然存在的唯一标准答案，我们也不能将看到的景象作为唯一标准答案，同时不能将外星人看到的景象作为唯一标准答案。答案是可以并存的。我们用了许多的思想模型描述和表达同一个客体对象——宇宙。我们无法确定其"外延"范围的答案，就如同金鱼缸外面的景象本来就不应该有答案。如果它们有一个明确描述的答案，就表示它们落到了一个具体的思想模型中去了。显然，各种思想模型是具体的、各异的，无法协调统一的。但如果我们这样想，似乎可以协调统一起来，那就是——金鱼缸外面的景象就是不需要具体描述和表达的"自然存在"。同样，承载和包容一切生命的自然大宇宙，既然我们已经非常确定它是变态和无态的，那么我们为什么要费尽心机地去刻画它的某一个"态"呢？现代伟大的物理学家霍金在他的《大设计》中谈到了一个M理论，他说这个理论可以协调和包容各种思想模型。但是，即便存在M理论，它也无法协调和包容各种具体描述的思想模型，除非它的思想内容已经彻底去掉了对宇宙形态、格局的具体描述。这样，人类对于自然宇宙的认知进入了两难的境地：一方面，人类思想认知的天性或使命就在于对客体对象不断分解认知并从中找寻定律为人类所用；另一方面，自然宇宙本身的真实性就在于变态、无态的自然存在，一切具体描述其实都是对这种真实性的限制和违背。当我们不去做刻画描述时，就叫作思想不作为，当我们在好奇和热情中努力刻画描述时，就叫作违背真实的乱作为。所以，霍金主张的 M 理论只能是一种哲学逻辑理论。人类一直都在进行这样的思想认知，他们所建立的一个个思想理论模型都朝着一个方向——有用、适用、共鸣。也就是说，人类所建立起来的认知思想体系模型在真实性上是有级别的，决定这种级别要求的是"有用、适用"本身。就如同各种机器零件都有一个尺寸的精确范围一样，如果一切都需要绝对就只能不作为。因此，一切事物认知要靠共同想象来加以构建，就如同时空、金钱、帝国、股票等都是靠我们共同想象在推动一样，我们正在构建并不绝对真实但却实用的思想体系。

我们的认知思想越来越向真实靠近，像"地心学说""日心学说""万有引力""量子力学""相对论""宇宙爆炸论"等都是在一步步向自然宇宙的真实状况靠近。

我们是否可以这样设想，自然宇宙本来就是一个变态、无态的自然存在，"宇宙"这个概念是否本来就应该没有外延？如果有了"外延"，它就是一个可以具象化的"态"，与它的本性是背离的。

第二节　可包容的宇宙定义

我们可以把宇宙定义为包含一切自然存在在内的客观整体存在。这样的定义看起来是空洞的仅存哲学意义的定义，但正是需要我们如此理解和看待宇宙，才能永保它的真实性和对其他思想理论模型的协调包容性。

"整体自然存在"是独立于一切感观意识（包括各种认知思想理论）之外的，无论是否感知到它的存在形态，它都真实地自然存在着。像"地心学说""日心学说""万有引力""量子力学""相对论""宇宙爆炸论"等思想模型都只是以观察思考者对这个"整体自然存在"在某种角度、某种时空想象的具体态的表达描述。但是，无论人们将宇宙刻画成多么精彩的状态和动态的蓝图，它都是处于变态的、无态的整体自然存在之中。这个定义使我们对宇宙的认知思想更为稳定和更加安宁。就如同我们只要有一个稳定的家，无论在外面怎样劳累奔波、风吹雨打，总有一个回归的港湾一样，只要我们塑造了这样一个稳定的"宇宙"概念，一切具体的刻画描述都是对它局部的解析和阅读，我们的思想会变得有序和安宁。

事实上正是如此，当我们回顾人类对于宇宙世界的几大认知阶段时，会深深感觉到人类思想的骚动和不安，当然，过去之后就是共振、共鸣了。其中日心学说反对地心学说引发的骚动最大，当然并不是来自这两种思想体系本身的对抗，而是政治力量的对抗。以万有引力为核心的牛顿经典力学开启了对宇宙自然世界描述的新篇章，这种对于宇宙观的改变一点也不亚于日心学说所引起的改变，而现代的量子力学、相对论、宇宙大爆炸等颠覆性地创建了自然宇宙观思想模型，引发了人类宇宙认知思想更大的骚动。

现代量子力学和相对论都是从微观领域的观察、实验、推导中建立起来的思想体系，它们失去了杠杆、滑轮的直观可感性。人们为什么会"坚信"量子力学、相对论、宇宙大爆炸理论所表达出来的结论呢？是因为他们已经充分感受到了这些理论全方位改变了他们的生活。他们感受到了原子弹爆炸的震颤，感受到了智能化互联网对人们生活的改变。因此，虽然他们确实不知道电子、量子究竟是什么，但他们坚信这些改变与电子、量子的行为密切关联。

上述定义是否适用可靠，关键在于它是否可以首先击破"宇宙大爆炸理论"。对于这个理论，本书的总观点是：宇宙的变态是量子能量变化的行为，宇宙在不断爆炸中演化着它的历史；但它的大爆炸不是整体的一次性大爆炸，而是局部的周期循环的大爆炸；大爆炸只是整体宇宙变态中无数种态（无态）的一种态。因为我们为了继续认知可以确定这个"态"的发生。

宇宙大爆炸理论认为，前宇宙（大爆炸前的宇宙）是一个密度能量极高的奇点团，这个奇点团集中了宇宙的一切能量。这个高能奇点团就如同传说中的"黑洞"（当然比"黑洞"更高强无穷）将一切能量（如光、电磁波、粒子流等）统统归入其中。除它外就再没有其他存在了。大约在137亿年前，这个高强奇点团的能量聚积演化到了极限，于是开始了连续不断的大爆炸膨胀过程……这

31

个奇点团的爆胀过程一直在持续，无数宇宙年后才有了我们今天看到的宇宙景象。目前，我们还可以用哈勃望远镜看到许多恒星正在远离地球而去，距地球越远，速度越快。这表明，大爆炸后的宇宙依然处于膨胀之中，这个"奇点团"的强大威力还在发挥作用。

宇宙存在和变态的行为就是物质能量的转化过程。既然宇宙是物质的客观存在，它存在的变态形式就是物质能量不断地分布、流动转换。其实，"物质"和"能量"是一回事，物质的存在就是能量的存在。只是由于人类在使用、适用和理解上，常常将二者分开了。当然也由于物质能量的转化形式和途径太复杂，以至于我们将同样的东西认知为两个不同的东西。

在人类还没有发现电磁现象和量子力学以及相对论没有问世之前，人们确信自然世界的运动变化完全可以依照牛顿的经典力学加以理解。显然，那时在人们的理解中，除了人力、机械、万有引力、动物本能力而外，一切自然本身的存在都是安静运行的。因为我们确实不知道微观世界（我们看到的一切客观物质本身）在发生着变化和能量交换。地球自然世界如此，天体宇宙世界也是如此。

人类社会对于物质能量的认知发生根本变化的时代是从原子弹爆炸开始的。而电脑、手机、互联网等发明更使人们坚信，这个自然世界的物质运动变化绝非牛顿理解的那么简单，它充满着更为神奇的运动力。这是一种真实存在的事实，而且是物质能量（如电子）运动的结果。显然，人们只是在认知中知晓了宇宙自然能量运动中的一点点方式而已，但可以归结为一点：宇宙自然变态存在，就是物质能量交换、分布、流动变态的存在。

宇宙的变态存在，归根结底，就是一个量子能量流动交换的变态存在。这也表明宇宙的总能量是不变的，它只在分布、形态上发生改变。它很像地球自然世界包括大气层在内的水态的变化。地球自然世界的水态若除去物理、化学、生物的生成分解转化，我们最能感悟到的就是它的蒸发、凝结、气态、液态、固态无限循环的机制。其实在相对的范围，我们会认为它的总量没有变化。当然，我们理解宇宙能量总循环转化实际上还有更简单的一面，因为水态的转化总是与自然存在相联系的，而宇宙能量的转化不论为哪种态，我们都称为自然存在。

第三节　可理解的变态模型

我们的宇宙既然是一个能量态流动、分布、交换的自然存在，爆炸扩张或收缩聚积都可以是它变态的形式。如太阳和其他无数恒星体每天都在发射光热，实质上它每时每刻都在进行着如同氢弹爆炸的核变。我们无法观察到的"黑洞"或暗物质，也在不停地吸收和扩散……因此，"大爆炸"就是我们的认知已经捕捉到了的一种宇宙变态的形式。

但是，要把宇宙的一切能量归结到一个高强能的"奇点团"，并且把一切宇宙变态的行为归结到一次大爆炸的推演展示，在推理逻辑上就会出现很多漏洞，而且难以让人类接受。

首先，将137亿年前的整个宇宙归于一个高能"奇点团"，有悖于物质观、运动观（即使是用量子力学形成的物质观、运动观）。如果说137亿年前整个宇宙是一个"奇点团"，那么138亿年前、139亿年前，它是否还是那个"奇点团"呢？如果说"是"，一直"是"，永恒"是"，就等于说，"在此之前，宇宙是静态恒存的一个具体态"。这有悖于我们最起码的运动观，也有悖于宇宙是能量物质变态演化存在这一基本观点。如果说"不是"，138亿年前不是，139亿年前更不是……它以前是一个大的存在和更大的存在。"之前那个庞大的自然存在到哪里去了呢？"当然，可以这样回答："因为它们在能量转化中变成了一个'奇点团'。"这种回答表面上看起来没有问题，但宇宙的自然存在性或者说它的物质性在于：它的具体存在形态是变态的和可以改变的，而它的存在性是无法改变的。因为它的存在本身就是一个流动的态。例如，你屁股下坐着的凳子被拿走了，只能说"凳子消失了"，不能说那个地方消失了。尽管它是空气物质或是"真空"，它也是"存在"。即一切的自然存在都不是某种具体的存在，形式总是在流动中变化的。我们既然建立了物质能量流动变态分布这一核心观点，那么我们就必须承认：自然存在在流动变态中是不能取消的。当然，无论我们的时空观在量子行为面前会发生什么扭曲现象，但最基本的物质时空观是我们应该坚持的。

整个宇宙变成奇点团后，原有的自然存在不应该叫"不存在"，而是另一种形式的存在。显然，我们也十分怀疑宇宙有这种变态的行为。就算是这样，我们也不能说，"整个宇宙就是一个高能的奇点团"，因为原有的存在，也是宇宙自然存在。

其次，"宇宙大爆炸理论"将137亿年前的宇宙归结为一个高能奇点团大爆炸的推演，不仅对"大爆炸"前的宇宙史无法自圆其说，而且对"大爆炸"后的爆胀过程也无法推演。道理很简单，如果整个宇宙只归为一个高能奇点团，那么它的大爆炸爆胀向何处扩张呢？难道它的膨胀不需要自然存在的空间吗？而这个被扩张占领的空间是不是宇宙自然存在本身呢？它们又真是单纯的无能量物质的空间吗？"宇宙大爆炸理论"虽然充满了量子力学宇宙观的先进性，并培养了我们如何走出传统局限用微观能量物质运动尺度理解宇宙变态的行为，但它依然存在着局限性。

本书认为"宇宙大爆炸理论"的局限性在于它充满了太理想化的学术主义。因为，若这个理论是彻底成立的，无疑，我们对于自然宇宙认知的大框架上就可以画上一个句号，剩下的思想工作就是在细节上的描绘和完善。宇宙的一切物质能量都是由那个"奇点团"分配散发出来，然后再不断调整变化……这是多么完美的想象设计。当然，尽管这种设计还不够真实，但人类对于自然宇宙认知应该有这种想象的精神。

我们希望塑造宇宙新定义：宇宙，就是包含一切自然存在在内的整体自然存在。由此我们推导出宇宙的第一个属性：宇宙是一个没有大小，没有边际的整体自然存在。

如果宇宙有大小，宇宙就有边际，"有边际"就有边际"内""外"之分，既有"边际之外"存在，那么"边际之外"也是自然存在。既然是"自然存在"，那么"边际之外"就在"整体自然存在"的宇宙之内。所以，宇宙是没有大小和边际的整体自然存在。

到目前为止，人类能够观察感知到多宽多远的天体范围呢？一般认为哈勃望远镜代表着人类观测天体宇宙的最高水平，它能捕捉到距离地球达134亿光年的GN–Z11星系发出的微光。后来中国人在中国贵州省建造的500米口径球面射电天文望远镜（FAST）又将人类的观察力提高了数倍，人类可以由此看到距地球更远的世界，而且通过FAST还发现了许多暗物质。当然，这也是极小一部分宇宙领域，因为宇宙没有边际。

我们每个人在一生中都会多次无意地闪现这样的念头——这个宇宙世界是一个有限的存在还是一个无限的存在？其实，问题的关键在于如何确定"宇宙"本身的定义。如果我们始终坚持要用具体的刻画描述来表达"宇宙"的定义，我们就会无法找到答案。因为宇宙存在本身，我们是无法一览无余的，或者说就算它有范围、形态，我们也无法尽然知晓。例如，今天我们就发现了过去未曾发现的暗物质。实际上，即使我们用更加先进的仪器看到了比今天看到的范围而言无穷远的世界，我们也不能说"那就是宇宙的边际"。很简单，边际之外仍然是存在。所以还是那句话——对于宇宙而言，具体的存在，可以是有形有限的，"自然存在"是无形无限的。它的客观实在性根本无法用想象将其抹去。一切回归到定义上来，宇宙就是包含一切自然存在在内的整体自然存在。它是无限的，没有大小的，没有边际的。它可以充分供我们阅读、分析、理解，使我们获得有用的思想养分。

现在我们来谈论宇宙的第二个属性：宇宙是能量物质变态、流动、转化不断持续的自然整体存在；它存在着相对独立的单元自然存在，能量物质爆炸、扩散和收缩、聚积可能是单元存在演化的循环形式；宇宙的整体自然存在可以这样类推理解。

以上这个宇宙属性认知，可以说是对"宇宙大爆炸理论"的心得体会。如果我们总结出来的这一"属性"具有真实合理的成分，应该完全归功于"宇宙大爆炸理论"本身。

现在我们可以想象，宇宙大爆炸的行为是发生在无限宇宙中相对独立的大单元中（就相当于我们正在认知的这个大系统）。

我们可以认为，这个相对独立的宇宙大单元系统，在无限遥远的空域外，有一个更大的如同"虚空"一样的自然存在连接着其他的宇宙单元体系。这样，我们所处的这个相对独立体系，在物质能量的变态、流动、转化上就可以相对独立。即我们同样可以认为，总能量在转化中是不变的。

那么，在这个独立的大单元体系中的物质能量在变态、流动、分布、转化上是否存在某种定律呢？显然，人类已经从中找寻出许许多多的自然定律。其中，牛顿的经典力学在表述人类日常生活事物的物体运动变化时是有效的。但是，在宇宙的变态运动中，"万有引力"只是其中一种，是一种非常粗略的宇宙运动变化理解尺度。牛顿定律无法表述电力场、磁力场、核力场，更无法表述电子、中子、介子、量子的微观变化等。我们可以观察到天宇中的星体以各种轨迹不停转动，却无法知晓包括空间的一切存在的本质每时每刻都归于电子、中子、介子、夸克等不停地变动。在我们没有建立电磁现象、量子力学等基本观点时，天空就是静态空无的天空，星体的存在就是除了它转动而外一切归于静态的存在。一旦这些观念（电磁学、量子力学）成为我们观察宇宙变化的尺度，茫茫天宇就不再是宁静的空无了，它的存在是物质能量变化的存在。也就是说，一切宏观的格局都是我们无法看到的微观能量物质的流动变化在进行塑造。我们所能明显感知到的宇宙变化，如天体碰撞、新天体诞生，都已经是这种微观能量变化塑造最终的结果了。

我们可以观测和理解到的是所有恒星体都在发光发热，输出和消耗着自身的物质能量并将这些能量源源不断地扩散到宇宙中。恒星发射的光、热、波、粒子流都是物质能量的形式，它们以我们看不见、感知不到的任何其他状态在茫茫天宇中变化。在宇宙变化的存在中，物质能量的存在有一个不断扩散又不断聚积的循环流动基本框架。如果只有扩散消耗没有吸收聚积，能量物质会到哪里去呢？而如果只有吸收聚积没有扩散消耗，能量物质又是从哪里来的呢？

当我们可以认为，扩散消耗和吸收聚积就是宇宙在相对独立的单元中物质能量变化存在的两种基本框架形式（我们之所以说它们只是"框架形式"，是因为任何物质能量的自然存在都不是只处于绝对的扩散消耗和绝对的吸收聚积。例如，"黑洞"是以吸收聚积为主，但同时它也必然参与天体运行的推动消耗；地球以吸收太阳能为主，但它依然要在运动中消耗能量）。这样"大爆炸理论"的真实性就更向我们接近了。

现在，我们可以这样推想：我们今天所看到的太阳和一切恒星体都在无休止地扩散消耗着物质能量，而我们所能观测到的恒星体离地球越来越远，速度越来越快的膨胀现象也在表明我们所处的独立单元宇宙的某处还存在一股强大的爆胀推力，即"它"也在持续扩散消耗着能量。任何消耗都存在着极限（因为它是物质的，具有定量）。例如，科学家通过计算得出：我们的太阳正处于中年时期，再经过四五十亿年它就会进入老年期。同样，我们还有许多不能明确的能量物质，它们在持续塑造和推动单元宇宙的平稳格局，假若某一天它们突然改变了，单元宇宙就会崩塌、收缩聚积、重组，会出现如"大爆炸理论"那个高能奇点团的景象。

因此,"宇宙大爆炸"现象就是单元独立宇宙能量扩散消耗、吸收聚积的循环现象。当然我们无法计算出这种循环的周期,更无法预想下一次大爆炸是否可能衍生出像地球这样适合生命繁衍的星体。

宇宙的爆炸和坍塌是两回事。爆炸是从一个高能奇点团开始的爆炸,它是单元宇宙天体格局塑造的开始,是物质能量的扩张消耗(分布)。单元宇宙的坍塌是那个高能奇点团的爆胀推力消失(它已经没有持续爆胀的能量了,但它本身依然存在),能量耗尽后宇宙单元格局的重组。显然,宇宙发生爆炸时,单元宇宙能量集中于这个"奇点团";而单元宇宙天体格局坍塌时,物质能量就充盈在空际中被奇特的自然存在域(如这个"奇点团"虽然爆胀,但它始终都存在,或者说我们所讨论的"黑洞"说不定就是这个"奇点团")收缩吸收聚积。就如同人体的呼气和吸气总是在循环一样,那个高能奇点团在爆炸扩张中一直在消耗能量,因而在宇宙坍塌之后它的能量处于亏欠。但在这个单元宇宙中只有它才有能力收拾残局,把充盈在空际中的能量物质一一收缩吸收,从而又一次塑造出一个高能的"奇点团"。显然,单元宇宙的坍塌就是天宇内天体毁灭、格局消失,一切变为各种能量流粒子形态。而那个"奇点团"(黑洞)就如同如来佛张开的口袋,尽数将能量物质收缩吸入,只剩一些能量级别最低的渣尘。

在我们认知天宇空际时,宇宙单元无论是处于"奇点团"状态,还是处于如现在这般正常的爆炸扩张状态,"天宇空际"都不会是"虚空"。它充满着低级渣尘类的能量物质,科学家们曾将它们叫"以太"。也就是说,当单元宇宙能量被"奇点团"吸收并临近大爆炸时,一切"空际"就是以渣尘的能量物质为基础的自然存在。显然,以后的天体格局塑造要靠它们。它们的存在就相当于卤水点豆腐一样,如果处于豆浆状态,我们就不知道豆腐的存在,卤水一点,豆腐就出现了。从那个"奇点团"爆胀出来的能量物质,它既是高强的能量物质本身,又是物理、化学能量物质的反应组合者。于是,大爆炸持续爆胀了近百亿年才塑造出不同形态和能量级别的天体和天宇格局。

确实,宇宙长期在人类极为有限的思想认知中就是一个复杂的谜团。我们难以知晓它是怎样大爆炸后塑造了这个天宇世界,但我们也可以肯定它就是一个物理的、细致到量子能量离奇变换组合的行为。现在,我们都热衷于量子纠缠的理解,这个世界看起来很大,但物质能量都基于一个"奇点团"出发,分布于广宇,它们的结构、属性都有内在的联系,所以它们一定是遵从某种定律塑造着这个世界。因此，这些也是留给人类最大的课题。

现在，将思绪回归到这个宁静的现实宇宙世界。因为以上分析的宇宙变化过程和细节是我们对于单元宇宙上百亿年演化周期的想象。当然，我们几千年、几百年、几十年的观测无法证实宇宙是否真正循环着这样的演化大过程。但由于我们生命时空的短暂性，我们在这个变化无常的大过程的缝隙中，甚至可以建立起非常稳定的合理的思想模型，并能为人类津津乐道地使用。

为了帮助我们增强一些"宇宙"的实感，先来看一下人们已经习以为常的几个概念，即我们所看到的这个宇宙自然存在的状态。

恒星：宇宙中本身会持续发射光热的天体。太阳就是一颗体积约地球130万倍大的恒星。像太阳这样的恒星天体，人类已经发现了上千亿颗。最大的恒星半径比太阳大2000倍，最小的恒星只有太阳的1%。这些恒星在各自的天体系统中运动，不断衰减着自身的能量。科学家们可以测算出它们的宇宙年龄和它们还可以续存的宇宙年。太阳正处于中年。

行星：宇宙中本身不发光热，围绕恒星体运动的天体。地球就是一颗平均半径约6371千米，不停自转并围绕太阳周期公转的行星。由于行星体自身不发光热、体积小，所发出的脉冲信号弱，人们在观测中所能发现的行星数远少于恒星数。但这并非宇宙天体自然存在的真实格局。行星是低级能量物质和宇宙空际尘埃的结合物，地球就是空际气流漩涡中尘埃的结合物体。当然，它的形成也需要经历无数的宇宙年。

卫星：宇宙中绕着行星运转的天体。月球就是地球的一颗卫星，其质量约为地球的1/81。人类有"卫星"这一说，也是因为地球有"月球"这位忠实亲近的邻居。我们可以这样理解，太阳系有这么多行星、卫星的运动格局，是因为塑造天宇格局中就有了这样的能量和力的平衡定律存在。当我们站在天文望远镜前面对复杂的天体运行轨迹图案时，也许会心惊肉跳地想——它们碰撞的概率是多么大啊。而实质上不必担心，偶尔发生的碰撞现象不过是宇宙的平衡调节。宇宙的自然法则的伟大就在于它自身具有调节机制。在天宇的系统构建中，为了调节平衡，都会有众多如"地球"这种"拖家带口"的现象存在。因此，虽然"卫星"更难被我们观测发现，但它们在天宇中却是最多的。人类创造了许多绕地球运转的飞行器，称之为"人造地球卫星"。

"以太"空间和粒子流：在宇宙天体之间的间隔空间就是"以太空间"。

宇宙的空间（有时称之为"虚空"）是宇宙自然存在的一种形态。它本身也是一种能量物质的形态，科学家们将它称为"以太"空间。它密度极小，具有流动性，非常适合物质能量进入流动和变化，所以它又是天宇格局塑造、能量转化最理想的场所和媒体。宇宙中的这种存在形式最为广阔，但是，我们观测不到天体存在的空间，并非一切都是"以太空间"，它可能是"黑洞""暗物质"或其他未知的存在形式。

粒子流既可以看作"以太空间"存在的本身，又可以看作一种独立的存在，它们以各种不同的方式在"以太空间"中不断进行分解、组合、感应和变化运动，它们的运动连接各天体运动的本身。"量子纠缠"就是我们所发现的它们复杂运动现象中的一种。光、电、波等细小微粒的流动穿梭，都是它们表达的状态。

黑洞和暗物质：黑洞是宇宙中人类无法观测到的宇宙自然存在形式；暗物质是人类难以观测到的宇宙自然存在形式。

在宇宙空间中存在这样的空域，其密度、能量极大，一切光、波、磁、声音等物质形态，只要接近它，就会彻底消失，人们将其称之为"黑洞"。人类是从它相邻区域发生的现象和数据推导中推论出它的存在的。但我们无法直接感知它的存在。137亿年前的宇宙大爆炸，使那个"奇点团"已经爆胀释放了太多的能量，但它处于我们这个单元宇宙爆胀的推动之中，我们无法感知它的存在，以至于我们会以为它正在单纯吞噬宇宙的能量，而实质上它正在无限地推动着天体宇宙的爆胀。也可能它正处于爆胀大周期的中间阶段，在未来无数个宇宙年之后，它再也没有推动的力量了。而众多恒星体能量的耗尽使天体格局面临着全面坍塌，它由此又到了反吸收的阶段，将单元宇宙的能量又收缩为一个高能无穷级的奇点团。很久之后，推演出又一轮宇宙大爆炸的天宇塑造。

宇宙中，除我们只能靠想象推及其存在的黑洞外，还有许多要靠人类更新的观测手段才能发现的自然存在，我们将它们统称为暗物质。

总之，宇宙是无边无际的自然整体存在。我们也无法从整体的角度去发现它变化的定律。但是，就如同把大爆炸理论放到充分大的宇宙单元中周期循环上演是一种可信的理论一样，整个宇宙的行为我们是可以通过这种类推来加以理解的。再说，我们人类的生存演化本身也不过是宇宙物质能量特殊的态，这种态哪有理由是永恒不变的呢？

第三章　地球生命演化逻辑

第一节　地球生命机制

为了确信地球自然世界、人类生命就是大自然法则塑造的自然存在奇迹，我们从大自然塑造的角度来感悟地球自然和生命塑造的历程。

地球是浩瀚宇宙中不停自转并不断绕日公转的一颗行星。我们将它视为单元宇宙大爆炸开始后，喷出的气流、残骸、渣尘在气流漩涡中凝结而成的实体。当然，这一凝结发生的过程是在大爆炸后的无数宇宙年后才开始的，而它的成型也经历了无数宇宙年。从整体宇宙的自然存在而言，它只是一颗细粒微尘；但从我们所处的单元宇宙看，它可以算是一个有身份编码的存在。

我们可以这样认为，太阳系、银河系、河外星系在137亿年前至45亿年前都处于宇宙大爆炸（以后的单元大爆炸我们都称为"宇宙大爆炸"）后的能量变化、天体重塑过程中。大约45亿年前，宇宙的格局已经初步形成，剩下的只是调整运行，太阳、地球以及其他恒星、行星体系相继成型。

地球诞生后围绕着太阳系中的太阳，它最初是一个表面较为光滑，向外不断冒着白烟、热气的大石球。"石"是一个地表物质的习惯称谓。为什么说在地球的"初始态"，地表是较光滑均匀的呢？首先地球是气体漩涡中的细粒凝结而成的，具有无比的结实性，而且它始终处于自转、公转中，没有理由裂痕累累，凹凸不平。

地球最初的水是哪里来的呢？人类自然科学研究推想出了两个来源：一个是地球诞生时不断向表面冒出的白雾、热气就是地球水的原始形态；一个是数亿年之后，有一颗体积质量不大的彗星突然从太阳系的外空闯入，猛烈撞击了地球，它带着厚厚的冰状粉末在撞击中脱落到地球。这就是地球水的重要来源。

地球被外来带有水物质的星体撞击，从而获得了大量的水，这听起来有些不可思议。但若将其作为真正发生的宇宙变化事件看待，那就增添了地球演变的特殊性。因为在一个相对独立的天体系统中，天体之间的碰撞是非常偶然的，但这种偶然性恰恰发生在地球上面，而且参与碰撞的天体还带有水体并大量将它脱落到地球上，这就是偶然中的偶然。这就是地球的特殊性。

其实，地球诞生时冒出白雾、热气中含有的水并没有太大的特殊性。可以想象，与它同时诞生或前后相继诞生而处于类似能量级别的行星体在诞生后也可能会同样冒出白雾和热气。但地球不仅有这种水，而且在后来的演化中又出现了明显的特殊之处：自转地轴指向的方式、绕日公转轨道的偏心率，以及与太阳相对的距离关系（当然这些特殊性不仅对水的存留产生深刻影响，对支持生命存在的种种因素也会产生深刻影响），这些都体现了与其他行星完全不同的特殊性。

人们一想到地球自然世界的奇妙，就不禁寻思地球生命诞生的条件。确实，地球的水是支持生命出现的诸多必要物质元素之一。水循环、大气层等都与生命现象紧密关联。而地球液态水的出现、保留，诸多生命元素的拥有，都与地球在太阳系中自转、公转、对日距离紧密关联。但是，在人们长期以来的探寻中，似乎遗漏了对一个发生在地球上的天文事件的深层思考（其实这个事件已经被人们捕捉到），从而丧失了对地球演化及生命繁衍的大逻辑的认知。这个重大的天文事件是什么呢？那就是我们已经提及的，约38亿年前，一颗带着固态水的彗星对地球猛烈的撞击。

本书认为，"彗星撞击地球"才真正为地球繁衍生命带来了关键性的自然条件。首先，人们可以直观想到的是液态水的增多为后来繁衍生命提供了足够的水源。其次，"猛烈的撞击"撞裂了地表、地壳、地幔，从而产生了地表地貌在今后运动变化所能表现出来的"差异"。正是这种变化所造成的地球内结构、地表结构的"差异"性使支持生命存在的元素、各种能量物质、水等有了分解组合的机制条件，特别是这种"差异"后来又构建了水循环、大气循环的机制。地理学家所理解的大陆漂移学说、板块结构学说，实际上都是那个"撞击"所塑造出来的地球形态。

"彗星撞击地球"造成了地球自然演化一系列连锁反应。如果地壳没有破裂，没有差异的塑造，地球在太阳系周而复始运行，水能否在表面光滑的地表上长期保存就是个问题；没有猛烈撞击，许多源自地球内部结构、地壳的支持生命存在的元素从何处分解离析而来？没有这猛烈的撞击，哪里会出现如此广阔的海洋？没有地壳、地表的变化又如何组合成复杂的生命？所以"撞击"是地球特殊演化的关键。

笔者为什么会确信，在太阳系或银河系演化历史上发生过彗星撞击地球呢？太阳系中的彗星有很多发源于柯伊伯带，是周期性彗星，有一定的运行周期，总会再次经过地球附近。由于它们的质量比较小，其运动轨道会因为巨大天体的影响而发生改变，就有了撞击行星的可能。

可以说，如果我们迷糊或反对这一天文事件，地球自然的演化史就会在认知上出现困局；反过来，如果我们领会并接受这一天文事件，地球的自然演化就会变得非常富有逻辑。

我们可以这样想象彗星对地球的撞击：它原本也和地球一样，诞生时表面冒着白烟和热气，因为远离恒星的光热被冻为厚厚的冰状白粉。它的质量约为地球的1/80，在撞击时由于地球处于自转中，"撞击"成为无数次的点弹，冰状白色粉末尽数脱落到地球。而地球的地壳被突然而来的震动震裂，裂口直通地幔，形成很多地壳板块——这就是地球板块结构的雏形。

以上就是地球地壳剧烈运动和板块结构、大陆漂移、多发火山、地震的始因；这就是有丰富的地表水、地下水的始因；这就是地球内运动为什么会表现为不同地域差异以及地貌、能量物质差异化的始因；这就是地球初态水会渗透溶解、分解出更多支持生命能量的元素并让这些元素可以处于游离状态从而组合成生命体的始因；……因此，"撞击"就是一把打开地球发生一切改变从而迎接生命到来的谜团的金钥匙。

接下来，我们要猜想一件看似非常离谱的事——"撞击"地球的那颗彗星到哪里去了呢？它会不会就是那颗忠实于我们地球的月球？

关于这一猜想，我们确实能找到一些符合逻辑的推理。首先，有天文研究资料推测，地球、月球并非同时出现在太阳系。地球约45亿年前创生，而月球30多亿年前才在太阳系出现。也就是说，月球是在地球位于太阳系处于周期运转的平衡状态中时突然出现的天体。其次，那颗彗星是在其他天体系统定格组合时未被入选（也可能它的创生处于两大系统的过渡带）才被抛向了太阳系，而它与地球碰撞正是"新成员入列"的安排调整。它的"入列"既然把厚厚的冰层脱落到地球，表明它的质量体积并不大，没有取代地球的"位置"。那么，碰撞后它可能去了哪里？显然，它的质量和能量表明，它已经不可能脱离太阳系力场，而且经过一系列猛烈的弹跳运动消耗了能量之后，它不会跑太远。最后，我们今天所看到的这个月球既然是太阳系存在数亿年之后才出现的，时态与那颗彗星又是吻合的，那它是怎么来到这个太阳系力场的？难道在同一时态中从域外来了两颗星体？即便是这样，为什么要为另一颗安排座位而不是与地球"亲密接触"的那一颗呢？

种种迹象表明，是地球俘虏了那颗把自己撞击得伤痕累累的彗星，从而使其成为它忠实的卫星——月球。当然，在人类可以轻松登上月球的今天，可以进行详细的科考验证，看一看它的凹凸，看一看它的物理成分。只是在曾经猛烈的撞击中，它因为被厚厚的白色冰状粉末包裹，受到的伤害没有地球那样严重。

接下来我们来分析地球自然在演化中如何拥有支持生命存在的条件。

地球的第一幸运是获得了丰富的水——它是塑造生命的先决条件，即地球上各种形态的水所形成的循环机制是生命可能在地球自然世界繁衍的先决条件。

可能拥有一定的水并非地球这颗行星的专利，其他诸多行星在能量物质的构成上也可能存在。例如，我们就发现火星上有水留下的痕迹，但要长久地保留就无法由自身的能量物质构成来决定了，这与它自身的运转方式、在太阳系中的运行轨迹、对日距离很有关系。而它要如同地球这样拥有大气层、大气循环、水循环的概率就更是微乎其微。所以，我们的地球在"生命之源"——水的问题上，不仅拥有丰富的水，更具有保留水、使水渗透万物并无限循环的机制上的优越性。

为了使我们更好地理解地球自然世界所发生的关于水保留、水循环以及支持生命存在的物质元素的优越性等条件，有必要将我们的认知延伸到地球在太阳系中自转和公转的优越性上去。

地球在太阳系中的绕日公转及对日距离，恰到好处、不偏不倚地支持着生命的存在。

地球绕日公转是一个偏心率很小，略似正圆的椭圆形轨道，偏心率不到2%。如果地球公转轨道的偏心率接近1，当地球接近近日点时，海洋会沸腾；

而到达远日点时，海洋会冰冻。因此，地球所拥有的轨道偏心率接近于0，支持了生命的存在。

恒星所具有的能量和它的质量成正相关，最大的恒星拥有的质量大约是太阳的200多倍，而最小的恒星质量还不到太阳的1%。假定地球与太阳仍保持现在的距离，太阳只要轻或重20%，地球就会比现在的火星更冷，或比现在的金星更热。因此，太阳在质量以及距离地球的远近上，恰到好处地支持了生命的存在。

人类的存在离不开诸如碳、氧、氢、氮等元素。碳是在恒星中由加热更轻的元素产生的，它在一次超新星爆炸中通过太空散射，最终在新一代的太阳系中凝聚成行星的部分。1961年，物理学家罗伯特·迪克的论证说这个过程大约需要100亿年。地球在初始状态中所拥有的各种支持生命构成的元素都是宇宙大爆炸时散射的各种元素凝聚而成的，除碳元素外，氧、氢、氮、硅、锂等都是支持生命的元素。据科学家计算，那时散射在宇宙空间的生命元素——碳、氧，如果当时宇宙空间的强核力的强度哪怕改变0.05%或电磁力哪怕改变4%，每个恒星中要么毁灭全部碳，要么全部毁灭氧，从而毁灭我们所知的生命存在。

大自然给予了无数支持地球生命存在的条件，但这些条件在地球创生以后又经历了20亿年才孕育出生命。因此，在感悟地球生命外部的支持条件时，我们同时应该去感悟地球生命自身营建的机制。

生命是地球自然世界在拥有构成生命元素的条件下，所形成的能量物质的组合形式。当然，这种自动的能量物质组合不是单纯的物理过程和无机化学过程，而是生物学中的有机形成和繁衍过程。生命是奇妙的，但它终究还是能量物质在特殊状态中出现的组合形式。例如，试管婴儿就是能量物质的特殊组合形式，精子和卵子都是物质形式。地球有了碳、氧、氢、氮等必要的生命元素，有了水、气等必要条件，但它们是怎样聚到一起又怎样形成特定的组合方式从而诞生了生命呢？显然，我们不能像生物学家那样细致解析概念体系，刻画细节，而是要感悟地球自然可以提供的机制条件。其中，地球自然世界创建出来的光、热、水、气循环机制就是理解生命可以在地球自然界存现的机制条件。

为什么地球的自然生命首先诞生在海底世界？因为那里才有塑造生命更充分的条件。水是这个地球自然世界天然、唯一、合理的溶解剂，而且也是最具渗透性的物质。当彗星将地壳撞击得"伤痕累累"、凹凸不平时，原来从地层冒出的水汽和彗星上脱落下来的冰状粉末就覆盖了地表。当然，它们不会马上融化呈现出今天冰川、海洋、河流的状况，但太阳必定每天都在向地球发射光热。若干宇宙年之后，总会出现海洋、陆地、冰川的格局。那个时候的陆地世界与今天截然不同，陆地就只是光秃秃的荒凉岩石，最多在陆地的裂痕处渗透有地下水。没有大气层，没有水循环，也就没有风和雨。海平面的水蒸发和凝结几乎只局限在低矮的层面，因为没有大气作为"媒介天梯"，水汽难于上升。所以只有海底才是一切地表、地壳能量物质在流动游离的状态中自由组合的场地。

我们可以想象，海洋的水无时无刻不渗透、分解、侵蚀着海底能量物质，而海底是被撞裂得最狠的地表，它的结构松动，地壳运动（如火山、地震）冒出的能量物质会多种多样，再加上太阳天天都在给它加热、输送能量物质。可想而知，只要构成生命的物质出现了，海底就会在自由的分解组合中塑造无数种各具形态的生命。

第二节 地球生命演化条件

地球的陆地初始完全是一幅古老荒凉的原始景象。没有雨、没有水，只有靠近海边低洼处的湿润、靠近海的地下水渗透的湿润和裂痕处的湿润，而且这种湿润在太阳每天的照射下非常有限。所以，陆地在干燥的固态岩石中，生命元素、能量物质几乎没有流动组合的可能性。所以，海洋中的生命已经在约25亿年前通过自由组合诞生了，但陆地生命却又经历了十几亿年才诞生。

人类在对生命物种的认知中解密了生命物种的"基因"。那么怎样理解生命物种的基因呢？我们不妨这样想象：一切地球自然世界才拥有的原始生命物质元素及能量物质都在这个天然的生命孵化室孵化着生命。"基因"就是生命元素同能量物质在地球自然世界的生命孵化机制中自然自动的生命组合形式。就每一个物种而言，这种自动组合生成形式具有大致的一致性，称之为遗传。由于能量物质都在变化中，所以这种自动遗传复制的方式也存在变异。地球自然产生生命物种的奇妙之处就在于：在一个相对稳定的自然环境里，物种数总是相对稳定的，即生命的组合形式没有大的变化。生命体形成本身是根据生态环境中所有能量物质的分布状况来创生和调节的，真正做到了物尽其用。所以这种物种生成繁衍的方式（基因）总是在遗传和变异中实现。

现在我们再来感悟一下大自然巧妙安排了地球自然世界的光、热、水、气的循环机制，从而搭建起已知宇宙唯一的生命孵化室，以此结束我们对地球生命的讨论。

地球自然世界的生命现象离不开自然世界水循环、大气循环、光热循环以及一切物质能量循环分解组合的特有方式。除了彗星"撞击"地球所形成的一切生命机制条件外，我们也能够在宏观上感悟到地球自转、公转、受日照的特有方式以及生命现象在地球自然世界的出现。

地球是以怎样的方式在茫茫宇宙引力场、电磁场、核力场中运转呢？也许我们会回答——地球在不断地自转和公转。显然，我们说地球在不断自转、公转是出于我们对地球的观察有了太阳、北斗星以及其他星体等参照物。如果没有这些参照物，就不存在地球自转、公转之说。

在地理、天文学上之所以细致入微地刻画地球运动中的自转、公转特征，除了诸多的天文地理认知目的外，最主要的认知目的应该是弄清楚地球是在怎样接受太阳的光和热的。说到底，地球自然世界中的能量物质和人类生存的食物、衣物都是太阳的光热所赐予的，所以理解地球自然世界是以什么样的方式不断接收太阳的光热，对理解地球自然、自然生命的起源、存续、演化逻辑非常重要。

地球是一个不透明的实球体，昼夜在地球的每个地域中进行有规律的周期循环。这种天文现象表明：地球不是每时每刻，全部地表都处在太阳光的普照中，虽然太阳对于地球而言体积、质量、能量巨大，但在宇宙中，它也如同黑夜中的一只手电筒发射的光束，只能从一个方向照射到这个"不透明体"的一半表面。如果地球在太阳的光照中并不存在自转，那么有一半的地表就永远是白天，而另一半则永远是黑夜。所以，我们能感受到的昼夜轮回现象就是地球在不断自转的实证和太阳光在不断以光热投射地球表面的实证。

那么，地球的自转运动究竟是一种什么方式的运动呢？

如果我们将地球比作一个普通的篮球，篮球的滚转运动在力的作用下可以具有两种方式：一是单手用力将球抛向地面任其滚动，显然篮球的翻转运动是没有规律可言的，如果在球面上标一个红点，在球翻滚中红点的朝向也是毫无规律可言的；二是用两只手扶在球面上均匀用力（方向相反）搓转篮球使它在地板上自旋转动，如果将它接触地板的点用蓝色标注，正朝上面的点用红点标注，在正常情况下，红点与蓝点在球自旋转动时的朝向是不会变的。我们地球自转的方式就近似第二种，而且它转动的均匀度以及朝向也是稳定不变的。因为我们手作用到球的力会在转动中消耗殆尽，而地球在引力场、电磁场、核力场的平衡中保持着人们难以想象的稳定。

地球自转中的两个地表地域朝向的稳定性实际上是通过它与北斗星的相对稳定这个参照物中得出的。或者说，这种"地表特定地域"朝向的稳定性是通过地球、太阳、北斗星的相对位置关系、动态格局表现出来的。它正朝着北斗星的那块地表域被称为"北极"，而"北极"与想象的"地心"对称的那块地表域就被称为"南极"。

地球在不停地均匀自转，南北两极始终能保持"不变"的朝向，就好像它在绕着一根固定的"轴"在转动一样。当然，我们可以想象这根"轴"就是球心、南极、北极三点一线的"轴"。地理学上将这根地球自旋转的想象"轴"，称之为"地轴"。

地球的自转是匀速的，地球自转的南北极指向是保持不变的，这听起来就像和尚念经那么老旧了，但转念一想——这是多么神奇的自然力呀！45亿年来我们的地球都在以这种方式不停地转动，在我们地球人的感觉中，一个白天加上紧挨着的黑夜，时长几乎没有变化（极圈除外），这足以表明地球自转的均匀性。当然，我们难以解读大自然是以何种神秘的力量给予地球如此规则运动的方式，但大自然引力场、电磁场、核力场的平衡运动变态一定在塑造这个答案。

要解开太阳对地球光照之谜，显然仅仅感悟地球自转的方式是不够的，我们还必须解读地球绕日公转与它自转的关系。

地球在自转的同时，又在不停绕日公转，实际上是地球运转行为的两个方面。如果我们仅仅观察地球的运动与北斗星的相对位置，我们会感悟到地球自转中两个极点朝向的不变。当我们不断观察地球与太阳的位置关系，我们就会感觉到地球绕日公转的行为（当然，能感悟到地球公转一定要以更大的天体运动作参照）。

千万年来，人们在大自然气温、气候的感受中体验到无数的规律性：生存活动在同一个地域范围，一年之中有冷热的季节变化，特别是在温带地域，有了明显的春、夏、秋、冬四季，而且年复一年的周期循环轮回。难道是太阳在不断改变着它发送到地球的光热？其实，除个别运动变化外，太阳每时每刻都在均衡地向地球输送光热能量。

人们发现，从地球的赤道一直向北走到北极或一直向南走到南极，太阳的光热会逐步减少，直到天寒地冻。这就表明，太阳的光热并不是均匀地发送给了地球地表。这就使地球有了"五带"，而且，在南北两极会周期轮回出现"极昼""极夜"现象。即南北极有半年都能感觉到太阳光，有半年都处于黑夜，如此轮回循环。

为什么地球大自然会有四季、五带、极昼、极夜现象，而且这种现象总是在极有规律的循环之中？显然是太阳光照地球的方式引起的。

人们经过千万年的观察体验已经完全认定——太阳投向地球表面的光束就像手电筒照射某个巨大的圆球形的物体，总是在它中间的某一范围上下均匀移动（当然这个物体本身又在不停转动）。

后来，随着天文学、地理学的发展，科学家们进行了精确总结：地球自转的轨道平面与地球绕日公转轨道平面并不处于同一平面，二者总保持着约23°26′的夹角，而且地球的自转轴指向总保持不变。这样，太阳在地球表面的直射点随着地球绕日公转的"地、日"相对位置变化，就会在"南北回归线"之间循环上下扫射移动，"四季""五带""极昼""极夜"因此而生。现代天文学已经用地球仪精细刻画了这一切天文现象。

当我们上地理课拿出地球仪时，总觉得这个仪器"歪斜"得叫人不舒服。如果我们将地球的"北极"看成它的"头"，"南极"看成它的"尾"（赤道是它的中部），那么，在太阳光照它的过程中，它要么是朝着太阳鞠躬，要么是弯着腰背对着太阳，只有"春分"和"秋分"才是正对着太阳，所以才会出现如此富有变化却周期轮回的天文现象。

科学家们有过这样的研究——地球自转平面轨道与它公转平面轨道的不同面，很可能是彗星"撞击"地球（并多出一个"卫星"——月球）引起的。我们假想如果这件天文事件没有发生，那么太阳光照地球会是怎样的一种景象呢？那肯定是一种绝对的不均衡和绝对的稳定均匀。太阳光将一直直射在赤道上，就不存在这种直射光束移动扫射的"南北回归线之间"的热带地域。也就是说，地球表面的太阳光热吸收是一种绝对不变的方式，从赤道向南北两极，太阳就是直射、斜射、平射三种绝对方式，而且，它每时每刻都照亮不变的半个地球表面。从光热吸收来看，就是绝对的不均衡。如果我们还要划分"五带"的话，也许"热带"会变得小得多，"寒带"会更大，"温带"基本保持不变。显然，在地球自然世界就没有"四季"。热的地方永远热，冷的地方永远冷，不冷不热的温带永远保持不冷不热。当然，地球自然世界也没有昼夜长短变化，没有极昼极夜现象……我们说这种太阳光照机制下地球地表接受光热的绝对不均衡性就是指随着地球纬度位置变化的跨地域之间是绝对不均的。因为它已经没有了太阳直射点在南北回归线之间来回均匀周期摆动的机制。我们说在这种太阳光照机制下，地球地表接受太阳光热具有绝对均衡性，是指地球地表的固定地域，在一年、两年、十年……之中，它接收太阳光热的量都是绝对不变的。当然，这也是由于太阳的直射点永远落在了赤道上，而没有任何变化。显然，"四季"消失、昼夜等长都在表达这种均匀不变的属性。

当然，太阳不是以这种"不变"的方式光照我们地球。之所以做出这种假设，就在于我们能够由此体会出太阳光照地球所产生的对生命机制的优越性。

如果细致体会太阳对地球光照的方式，就能体会到这种方式简直就是大自然专为地球自然生命谱写的哲理天书：在一种绝对差异化的光照中塑造着均衡，又在一种相对均衡的"差异"中塑造纷繁、复杂自然生命的最合理自然机制（当然这种合理的要素与地球被"碰撞"的一切机制结合才能形成生命的纷繁存现）。正是这种"差异"才使地球自然世界的大气循环、水循环、光热传导、能量物质分解组合走向了有利于生命繁殖的理想境地。

我们完全可以想象到：尽管太阳每时每刻都在均匀地向地球表面投射光热，但实际上在每时每刻里，地球表面没有获得"等量光热"的两个地域存在。要么二者的纬度不相同，要么二者的经度不相同。显然，我们完全可以理解纬度不同的两个地域所受光热是有差异的（因为它们距太阳直射点存在差异）。就算二者在同一纬线圈上，由于经度不同，二者距太阳照射地表的明暗线远近不同，也就是二者所处的昼夜时段不同，当然受光热的量也不同。

当然，即便在同一个较大地域里，我们可以认为这个地域诸元素都在同等地接受太阳光热，但它们的地形地貌不同、海陆位置不同，在光热传导效应上也是不同的。所以，太阳对地球传送的光热，地球自然世界确实在以绝对的差异吸收之。

然而，最令人惊奇和感动的大自然机制就是：这种光热的"差异"又在周期轮回中向"均衡"拉近。或许大自然就是要把这种"差异"纳入一个合理的范围框架中去，以最有利于生命的繁荣和存续。试想，昼夜的交替轮回不就是最合理的地表受热均衡吗？太阳直射点在南北回归线之间均匀上下移动扫射致使地球有了春、夏、秋、冬的轮回，不就是一种最合理的均衡吗？南北半球的对称轮回受热不就是合理的均衡吗？而大气循环、水循环就是长期光热循环均衡所制造出来的最好杰作。

总之，地球自转、公转的特征最好地制造了地球自然世界接受太阳光照有利于出现生命现象存在的一切机制条件。感谢大自然的法则安排好了这个后来人类的家园。

第二篇 02
人类进化逻辑新悟

第一章 进化时空推想

第一节 进化感悟方法

何谓"进化"？何谓"人类进化"？

"进化"一词一般用于描述生命物种在时空中的演化状态，而无机能量物质，我们用"运动变化"来表达。一切自然生命在自然界竞争生存，它们总是在不断磨炼着物种的生存能力，所以"进化"描述了它们的生存努力状态。当我们说"人类进化"时，实际上包含了以下几层意义：

第一，我们认知到了"人类"就是地球自然生命演化大过程（从海洋生物到陆地植物，再到动物、昆虫、微生物）中普通的生物种群。

第二，人类来源于这个地球自然生命演化的大过程中。所以，谈到"人类生命进化"与谈"自然生命进化"并不存在根本区别，只不过我们把客体对象锁定到了"人类"这个客体上了。例如，如果我们要溯源人类生命的起源，同样可以溯源到从海底爬到陆地的动物，甚至可以溯源到海底生命的起源。

第三，"人类进化"一说表明，人类首先是极为普通的生命物种，它的"进化"具有非常特殊的过程，因而才能脱颖而出站在了大自然生物链的顶端。那么，这个"进化"的特殊过程究竟是什么呢？这正是我们所要探寻的课题。

第四，"人类进化"与"人类发展"是完全不同的两回事。所以讨论"人类进化"，就是要在"人类"与一般生物的"同"中理解出"异"，而不是从"异"中推导出"异"，即当"人类"与一切生物原本具有绝对相同的属性和地位时，"人类进化"就是塑造出不同物种机制的一个渐进过程，不能用"人类

53

发展"的持续性去理解这个过程。

因此，人类在地球自然世界的整体生命活动过程存在着两种截然不同的状态：一种是与自然生命物种"同"中塑"异"的进化状态；一种是持续积累发展的状态。如果我们能够清楚人类从自然进化的状态过渡到持续积累发展状态的内在逻辑联系，就会更轻松地把握人类整体生命活动的过程与方向。

显然，摆在一切思考者和学术研究者面前的难题是：人类处于进化阶段中的一切生命活动状态除了他们遗留下来的头骨化石和有限遗迹外，是无法考证的。尽管许多考古资料有许多描述，但全都是想象和分析。当然，对于我们的思想认知而言，对于人类进化状态的感悟，除了想象和分析外，目前也确实没有第二个途径。

实际上，人类的几乎所有事物都是依靠想象和分析建立起来的。金钱、帝国、股票、飞机、互联网络……就连"地球绕着太阳转"这一基本常识也不是我们站在银河系某个云端上看到的，得出这种结论也是靠观察、想象和分析。因此，感悟人类进化状态，依靠想象、分析、推理是可行的，更何况我们已经明确了一切生物的演化都包含在地球自然世界演化的大过程里。

有了人类进化状态的认定，我们可以将人类生命活动时空分为"进化时空"和"文明时空"。人类进化的意义就在于这样的生物种群在漫长的自然状态中一步步获得新的属性、特征、机能、机制，从而有了可持续发展的种群机制，即到达了文明创建的彼岸。

人类在认知上几乎都存在一个思维惯性：既然人类存在进化的时空状态，那么，人类进化的开端和终端在哪里呢？这是一个完全需要约定才可能明确或统一的问题，或者说它是一个相对的认知问题。因为原始人类的生命源头不仅时空遥远，而且他们在自然生存状态中本来就不存在人类事物的属性标签和痕迹。例如，人们会问出一个刁难的问题："在这个世界上是鸡生蛋，还是蛋生鸡，或者是先有蛋还是先有鸡？"因为"鸡"和"蛋"看起来是一个无限循环的繁衍过程，所以确实不好回答。但如果把这个刁钻的问题放到地球自然界生命演化的大过程中加以理解，就可以做出合理解答：在地球自然世界里，当生命开始出现时，没有鸡，也没有蛋；鸡和蛋，何为先，何为后，关键取决于我们对"鸡"和"蛋"的定义。因为一切的生物种都是在不断繁殖变种的链条中存在的，显然，"鸡"和"蛋"都不是突然凭空出现的。既然它们都处于生物进化的链条中，如果我们首先定义某一个"生物"在那时起，就称为"鸡"，那"鸡"就在先，"蛋"就在后。因为我们可以认为，在此之前，既不存在"鸡"，又哪有"蛋生了鸡"一说呢？当然那个所谓的"蛋"就不存在"鸡蛋"一说了。同样地，当两种生物在变配中发生了生物种类变化，我们定义在生物体内脱落下来的一个实体叫"鸡蛋"，对这个"实体"有了新的命名。而这个命名是从它的出现才开始的，显然脱落实体的那个生物与"鸡"无关系。这样，我们就可以认为"先有蛋，后有鸡"。

从上面这个绕口的事例中我们可以感悟到，自然生命物的出现总是在一个动态的链条中，因此，一切物种的诞生只有用定义和约定才能明确，它们的类别是人类思想认知表达的产物。尽管它们的存在不是被感知才具有的（是客观实在），但我们只有通过具体的定义和描述才能明确它们的存在。

人类与动物世界，特别是猿猴、黑猩猩、大猩猩、狒狒等物类种属关系极为密切，他们从属于地球自然生命演化的大过程。所以，关于人类何时诞生就完全是一个相对约定的问题。当然，我们必须尊重和感谢人类考古学家、历史学家对研究人类进化所做出的种种努力，是他们的努力为我们塑造了一面面人类进化史的镜子，从而使我们的生存产生了如此丰富和厚重的意义。

人类在地球自然世界的出现是地球生命演化大过程中物种演变链条上的一个模糊不清的环节（这个环节上没有贴上"人类"的标签）。在这个模糊的物种链条上，后来我们认为的"人类"与动物世界之间也是模糊的，就如同"鸡生蛋"还是"蛋生鸡"这个问题一样模糊。因此，关于人类何时诞生的问题，不是我们能在过去的时空中找到真相答案的问题，而是我们如何确定"人类"这个概念的定义标准的问题。

在南非开普省汤恩采石场发现的"南方古猿"是400万年前遗留下来的较早的人类化石，其生理结构与人类相似，我们由此认定他们就是人类的祖先，人类那时已经存在。虽然，科学证实"化石头骨"是400万年前遗留下来的，但我们不能说，人类就是在那时诞生的。因为在此之前，人类很有可能已经出现了很久，只不过那些过往的存在没有留下化石或我们还没有找到而已。那么，人类最早诞生的时空在哪里呢？它肯定在400万年以前。再结合各种各样的分析、想象、推断，在学术界就有了"600万年前"或"700万年前"等各种结论。或许，某一天，考古学家会大声惊呼——他们又发现了600万年前的古人类化石。我们可以理解他们的激动中所流露出的职业热爱，但这种发现其实对我们认知人类进化意义并没有多大的改变。因为正如我们所意识到的，人类诞生的时空就是一个彻底的约数值，如果说又发现了更早的人类遗迹，那是因为首先将发现物定义为"人类化石"。

为了符合大家认知的习惯，我们可以约定，700万年前就是人类在地球自然世界诞生的最早时刻。这时，地球自然世界中的"两足直立行走，两手空闲备用"的灵长类动物就叫人类。因此，从现代的角度看，大猩猩、黑猩猩的后代很可能有许许多多已经是人类的成员，而有一部分因为掉了队、走偏了，没有得到同轨进化，所以还叫大猩猩、黑猩猩。所以，我们只要共同记住"700万年前"，人类诞生就可以了（当然你要坚持600万年前人类诞生，实质上同样正确）。

有人可能会反对这种说法："太不严肃了！"而实质上，这才是真正的认知严肃。首先，我们尊重了将400万年前"化石遗迹"的发现归为"古人类"的说法，约定时空大于这个值。其次，人类最早出现的时空值完全取决于我们对"人类"的定义。如果我们坚持认为"人类最早出现"有个确定的时空值，实质上才是违背了事理的逻辑本性，或者说否认了人类生命演化处于地球自然生命演化物种链条大过程这一客观事实。所以，一切争论都是可以统一的。

我们在认知"人类进化时空事物"这一主题上，至关重要的思维不是无休止地争论"人类何时诞生"这一只需约定即可的问题，而是要尽可能去梳理出人类在进化时空中如何形成社会、思想机制，进而过渡到文明创建的彼岸。

虽然现代人类在研究"人类进化"的问题上已经取得了许许多多的突破和成功，而且建立了不少的思想体系，但在如何从"进化"到"文明创建"的过渡转化上，依然缺乏清晰逻辑的思想体系。人类从"进化状态"过渡到"文明创建"肯定是存在着演化生存属性、特征、机能变化上的逻辑性的，要不然自然生物链的顶端站着的为什么不是大猩猩或非洲豹，却是人类呢？

我们思考这一问题总的来说依靠推理、分析、想象。一是将人类的进化放到地球自然生命演化的大过程中去理解和想象；二是依靠人类进化中与动物生存状态的参照比较，从"同"中找"异"来探索人类在"社会""认知""思想""机制"塑造方面的渐进过程；三是从人类文明阶段的一切必要属性、特征、机制中反推、反观人类在进化阶段的塑造，即人类文明期的这些属性、特征、机制成为我们思考和想象人类进化塑造的标本和内容。

第二节 考古学术和进化推想

考古和学术在人类进化这一主题上有许多思想，他们通常将人类进化分为以下四大阶段。

1. 南方古猿阶段。最早的南方古猿化石是公元1924年在南非开普省的汤恩采石场发现的，它是一个古猿幼儿的头骨。已经发现的南方古猿诞生于400万年到100万前年，南方古猿是已知最早的人类。当然，学术界一般认为，700万年前诞生了人类。根据对化石解剖特征的分析，这些人类化石区别于猿类。南方古猿最为重要的特征是能够两足直立行走。他们被分为纤细型和粗壮型。纤细型又称非洲南猿，身高约1.2米，颅骨比较光滑，没有矢状突出，眉弓突出，面骨较小，属动植物杂食型。粗壮型又叫鲍氏南猿，身高约1.5米，颅骨有明显矢状背，面骨较大，以食植物为主。这两个类型的南方古猿，脑容量在400毫升左右。一般认为，纤细型进一步演化为能人，而粗壮型在距今100万年前消失。

2. 能人阶段。能人化石是公元1960年起，在东非的坦桑尼亚和肯尼亚陆续发现的。最早的能人生存在200万年前。能人的脑容量已达到600毫升以上，脑的大体形态以及上面的沟回与现代人相似，颅骨和趾骨更接近现代人。能人生存的年代在200万年前到175万年前。

3. 直立人阶段。直立人俗称猿人。直立人化石最早是公元1890年在印度尼西亚的爪哇发现的。已经发现的直立人除印尼的爪哇猿人，还有德国的海德堡猿人、中国的蓝田人和北京人。尤其是20世纪20年代在北京周口店发现的北京猿人化石和石器，揭示了直立人在人类进化史上的地位。从发现的直立人身躯化石看，男人身高1.6米，女人身高1.5米左右，四肢已具备现代人形，脑容量约1 075毫升。直立人的生存年代在170万年前到20万年前。至今为止，直立人化石在亚、非、欧均有发现。

4. 智人阶段。智人一般又分为早期智人（远古智人）和晚期智人（现代人）。尼安德特人是最早发现的早期智人（但有些学者把"尼安德特人"看作

57

远古欧洲、西亚的非智人特类），简称"尼人"。早期智人生存的年代为距今20万年前至5万年前。后来学术上又常常将东非发现的智人作为智人的代表。中国的马坝人、长阳人和丁村人均属于尼人。尼人的平均脑容量为1 350毫升，尼人与直立人相比，头骨比较平滑和圆隆，颅骨厚度减小。欧洲尼人的鼻骨异常前凸，显示他们的鼻子有一定高度。晚期智人也称为"新人"，生存在距今5万年至1万年前。但我们基本上认为现在的我们都是智人的后代。据人类学家研究表明，4万年前，智人到达了澳洲；1.5万年前，智人越过白令南海峡到达了美洲。

以上学术上所呈现的人类进化阶段可以概括为下图：

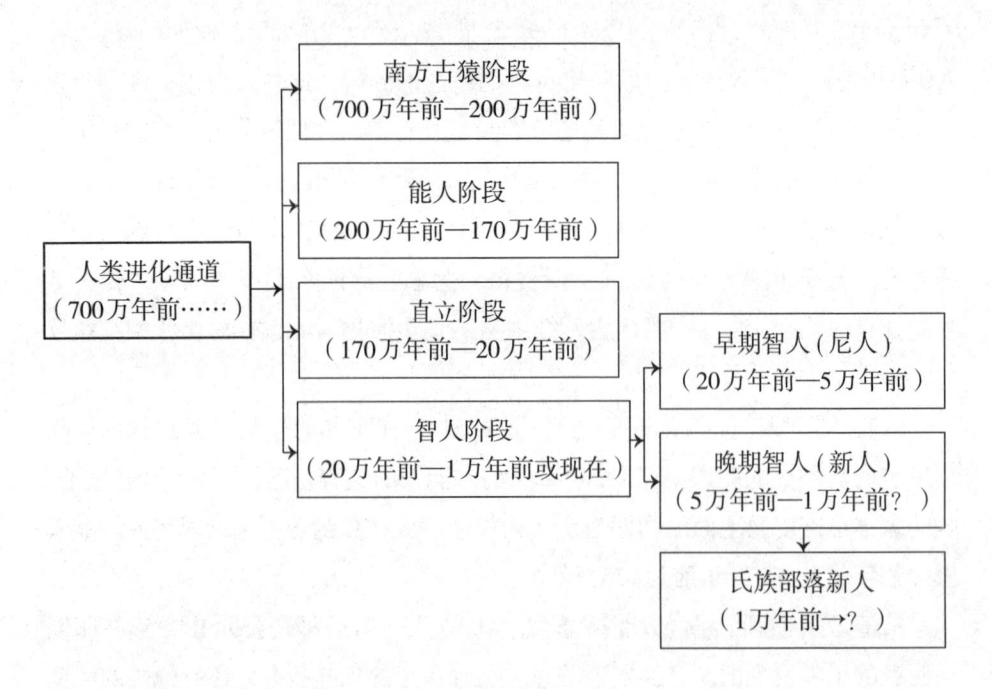

```
人类进化通道 ──┬── 南方古猿阶段（700万年前—200万年前）
（700万年前……） │
              ├── 能人阶段（200万年前—170万年前）
              │
              ├── 直立阶段（170万年前—20万年前）──┐
              │                                    │
              └── 智人阶段（20万年前—1万年前或现在）┤
                                                   ├── 早期智人（尼人）（20万年前—5万年前）
                                                   │
                                                   └── 晚期智人（新人）（5万年前—1万年前？）
                                                                    │
                                                                    └── 氏族部落新人（1万年前→？）
```

上图我们留下了两个"？"，是因为学术界没有能给出"进化终端"明确的界定，或者说，这也正是我们需要讨论的主题。

上述的人类进化时空中原始人类生存被描述为四个阶段。实际上是依据时空顺序表达了人类生命在地球自然世界的实存性。而这种阶段性并没有描述出人类进化时空中人类是怎样分布、怎样种属交叉繁衍、怎样消亡替代的，等等。

我们认知人类进化最关心的只有两个：人类进化的时空有多古远？他们的生存具有什么特征？因此，在思考"人类进化"这件事上，常常是将各种各样的人类种群当作一个整体的客体对象。考古学家挖掘出一批批古人类化石,据以断明在若干年前存在"人类",并从挖掘出来的身骨以及其他遗迹推测他们的生存特征和体貌特征,然后用"南方古猿""尼安德特人"等命名。

"南方古猿""能人""直立人"这些人类进化时空中的阶段命名,是对那次考古挖掘发现,前后时空所有人类种群的总命名。虽然看起来"南方古猿"直接关联着非洲南非的古人类种群,但现代人类对400万年前的前后200万年时空的人类化石遗迹都是一个空白,所以它代表了那一大段时空的所有人类。也就是说,这种挖掘发现或命名,并没有排除和描述地球自然世界人类的分布状态,也没有说一定是哪个具体的人类种属。当然,"能人"也是如此,虽然是在东非坦桑尼亚和赞比亚发现的"能人"化石,但"能人"也同样作为人类在200万年前~175万年前,地球自然世界人类的总称。例如,或在西亚挖掘出了处于180万年前的人类化石,也称之为"能人"。

我们在理解人类进化上有了南方古猿→能人→直立人→智人这四大阶段的整体印象。有学者认为,人类的进化并非这种线性的状态,如智人就并非从"能人"到"直立人"再到"智人"的线性繁衍。

我们以为,学术对于古人类的阶段划分只具有总括意义,不存在具体种群的线性意义。但这种阶段性总括不能被打断,如果可以被打断,那么20万年前的智人又是何种生物转化而来的呢?既然繁衍他们的不是"直立人",而"直立人"就是智人之前的人类的总称,难道有超脱我们定义的"怪生物"突然演变成了更像现代人的智人来了?这种想象几乎打破了地球生命世界演化的秩序和稳定性。按此说来,也许在某个自然地域里,某一个夜晚一群牛会突然变成"恐龙"那样的怪物。

实质上,这种学术可能是想表达:世界各地域的人类种群是交叉繁衍的。例如,中国境内的"元谋人"不一定就与"北京人"有直接种群关系,而"山顶洞人"与"北京人"也不一定有直接种群关系。但从人类种群整体演化而言,从"古猿"到"能人",再到"直立人""智人",这种演化关系是确定的。

我们只能这样认为,例如,东非的智人,也可能确实不是由东非的"能人"繁衍了"直立人",再然后繁衍了他们。可能是非洲甚至是欧洲的"直立人"迁徙到那里最终繁衍了他们(以前的或许灭了种)。但是,东非智人一定是"直立人"繁衍而来的,因为除了"直立人"外,就只有"怪物"了。

所以，我们应该认为，人类在某些地域内会有迁徙、灭种、替代的情形发生，但从地球自然世界的整体人类来讲，始终都沿袭着"南方猿人"→"能人"→"直立人"→"智人"这个遗传演化的线性过程。要不然，我们又何谈人类有进化历史。

生物学家把所有生物划分成不同的"物种"。而所谓属同一物种，就是它们会彼此交配，能够繁衍下一代。如马和驴，虽然有共同的祖先，也有许多类似的身体特征，也能够交配，但它们彼此没有兴趣，就算刻意让它们交配，产生的下一代也会是骡，不具有生育能力。所以，马和驴不是同一物种，只是同一"属"。生物学家研究得出，同一物种，虽然各具DNA，但在同一个DNA库里。

从同一个祖先演化而来的不同物种，会属于同一个"属"，如狮子、老虎、豹和美洲豹，虽然是不同物种，但都是"豹属"。

许多属还能再归类为同一科，如猫科（狮子、猎豹、家猫）、犬科（狼、狐狸、豺）、象科（大象、长毛象、乳齿象）。同一科的所有成员都能追溯到某个最早的雄性或雌性祖先。例如，所有猫科动物，不管是家里喵喵叫的小猫或是草原上吼声震天的狮子，都来自大约2 500万年前的某个祖先。

我们所属的人科成员众多，与我们相近的亲戚就是黑猩猩、大猩猩和猩猩。其中，黑猩猩与我们最接近。我们或许可以认为700万年前，有一头母猿生下两个女儿，一头成了所有黑猩猩的祖先，另一头则成了所有人类的祖先。

当然，在人"属"中，我们所说的"人类"也可能具有不同的种。如"尼安德特人""北京人""梭罗人""弗洛里斯人"也许都是同一人"属"而不同"种"的人，他们的遗传基因不在同一个DNA库里。作为现代人的我们都是智人的后代，皆处于频繁的通婚繁育之中，从未发生过婚姻受阻于种群的事情。那么，按照生物学的原理，我们现有人类就真正是同祖同宗同种之类了。也可能在最初定义的人类大家庭过往进化的时空中人类确实存在不同的种，而且这些不同的种都存在着地域内部的消亡取代，但从现代人类的角度看，一定沿袭了某一"种"的主线DNA遗传才有了今天纯粹的我们。

我们都是智人的后代，这一点无可怀疑。但现在分布在地球上的人类是在早期智人时期的某一地域（如东非）发源而逐步分布至全球各地并替代了其他人种（如果是这样，我们或许与北京人、蓝田人没有关系），还是原有各地域的"直立人"（如"海德堡猿人""北京猿人"）直接繁衍出了智人（如果是这样，就等于说，直立人时代的东非人、欧洲人、北京人已经是同"种"人）？当然，为了理解现有人类在婚配繁育上是如此的畅通，我们非常愿意相信——东非智人种群在20万年前的采集狩猎生存繁殖中，逐步替代了所有其他人类，并进行了全球性的分布。7万年前他们迁徙到了南欧和西亚，6万年前到了东亚、南亚、东南亚，4.5万年前到了中欧、西欧、北欧和大洋洲，1.5万年前越过白令海峡到达了美洲。

当我们翻阅人类历史，虽然千山万水和时空阻隔着地球自然世界各地域的人类活动，但他们的行为活动和后来的认知方式却是那么类似，同时他们的出现又是那么具有时空的秩序。于是，我们有理由相信——现在的人类很可能是源于某个地域种群的迁徙分布。欧洲、亚洲、非洲挨得如此之近，而且挖掘出那么多人类化石，"南方古猿"在非洲的南端，"能人""直立人""智人"在非洲中东部出现，而人类最早的古文明出现在北非的古埃及。这一切都在表明，如果现代人类是某个地域智人族的全球布局，那很可能就是东非智人。

我们或可以想象现在所分的黑、白、黄三类人种的问题（实际上这并不是生物学上的"人种"，它只是肤色上的区别），实际上这种塑造位于地球变暖、非洲变热、东非智人向全球分布已成定局之后（最后一次分布是迁徙至美洲，实际上是东亚人进行再分布）。

生物学家的研究表明，人的肤色不是人种的特质，不过它会成为遗传的信息，它是人作为生物在长期的日照、饮水和其他自然环境的塑造中形成的。我们从一两代人的这种生存环境中根本无法感觉到他们在遗传上会带来什么变化，但以万年计，就会有变化。例如，一对白人夫妇到南非生活几十年，他们生下的孩子仍是白人。

东非智人时代的东非，具有气候温和，适宜人居的环境。那时的他们不存在黑的肤色，所以当他们逐步迁徙向北非、欧洲、西亚、东亚、南亚，并没有带着黑人的肤色。

欧洲、西亚、北非，7万年前之后，一直处于太阳光照不强、气候温和、饮水清澈的自然环境中，因而这里的人类具有了洁白的肤色，而他们的头发由于缺乏黑色素（因为皮肤不需要黑色素保护）成为金黄色或棕色。东亚、东南亚的人是黄皮肤，除了气温介于非洲、欧洲之间而外，还有一个重要原因就是气候、环境一直塑造着他们的肤色，东亚人、东南亚人都是源于以黄河流域为中心的再分布。至于从白令海峡过去的美洲印第安人是黄色人种，也是从这个中心再分布出去的。撒哈拉以南的非洲日光强烈，成为黑色人种的故乡。南亚次大陆的白色人种是东非智人还没有塑造黑色人种时就迁移而去的，黑色人种是塑造后再迁徙而去的。

人们常说，南亚次大陆的白色人种是西亚入侵的雅利安人后代，这是一个历史疑问。尽管雅利安人是白色人种，达罗毗荼人是黑色人种，但在那个大的地域社会中应该还存在很多的白色人种。

如果我们将人类社会看作是几万年前东非智人的迁徙大分布，迁徙在前，人种肤色塑造在后，就不难理解后世人类社会分布的格局了。

总之，现在我们可以构建一个人类进化的总体时空观。"南方古猿"→"能人"→"直立人"→"智人"就是人类进化的阶段，我们是智人的后代，也或许我们就是东非智人的后代，我们从人类种属中的不纯粹走向了纯粹。

第三节　石器工具线索

人类学家和考古学家们在研究人类进化时，非常重视人类在进化生存活动中生产工具的制作和使用，并有了大致以下的研究结果：

在人类整个进化中，生产工具呈现三大阶段：①无生产工具阶段（700万年前—300万年前）；②石器工具阶段（300万年前—5000年前）；③金石工具并用阶段（6000年前—5000年前？）。其中石器是人类进化阶段生命活动使用的主要工具，对于这一工具的划分更为细致。

人们通常将人类石器时代划分为旧石器时代（300万年前—1.5万年前）、中石器时代（1.5万年前—1万年前）和新石器时代（1万年前—5000年前）。旧石器时代的时空跨越度最长。恰恰是20万年前人类进化到智人阶段，人类的生产工具形态刚好进入旧石器时代的中期。而智人从"尼人"过渡到"新人"时，人类的生产工具形态从旧石器时代中期转向了晚期。

原始人类在几百万年旧石器时代早期（300万年前—20万年前）时，他们所使用的石器粗糙、简陋，与天然破碎的砾石相差无几。

原始人类在十几万年的旧石器时代中期（20万年前—5万年前）所用的石

器也无多大改变,但狩猎和采集已经成为常态。

原始人类在旧石器时代晚期(5万年前—1.5万年前)所用石器已经发生了巨大改变——规整、适用、品种多样,同时出现了大量的骨器、角器,更为引人注目的是——人类已经进入了使用火的新时代,同时他们开始了集体生存的形态,已经开始塑造自觉认知、自觉互动的社会。

中石器时代(1.5万年前—1万年前)。这是一个在人类原始种群生存形态已经发生巨变后的惯性推动时代,石器工具的制造随着集体形态认知互动在种类上、工艺上步步刷新,人工制造用火已经开始普及,他们已制造出射杀大型动物最为有效的弓箭,人类已经站到了地球自然生物链的顶端。

新石器时代(1万年前—5000年前)。这是原始人类进化的最后阶段,也是原始人类在智人种群优势的惯性冲刺中塑造社会、开展认知革命、农业革命,从而构建文明机制的黄金时期。它最终完成了人类种群在生命活动中可以持续发展的社会机制。

其实,铜、青铜器、铁,虽然是比石器更优越的生产工具材质,但人类能够极其稳定地站在自然生物链的顶端,依靠的还是人类所塑造的认知思想、社会循环互动机制带来的无穷无尽的传播、积累潜力。

当然,我们可以将学术上所讨论的石器时代这样排列:

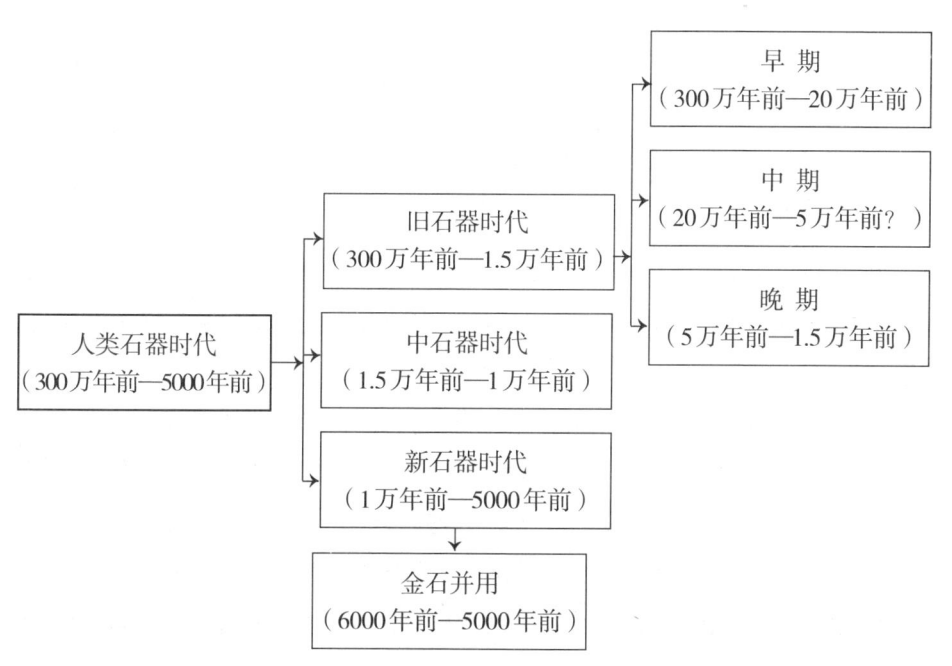

人类石器时代(300万年前—5000年前)
├── 旧石器时代(300万年前—1.5万年前)
│   ├── 早期(300万年前—20万年前)
│   ├── 中期(20万年前—5万年前?)
│   └── 晚期(5万年前—1.5万年前)
├── 中石器时代(1.5万年前—1万年前)
├── 新石器时代(1万年前—5000年前)
└── 金石并用(6000年前—5000年前)

第四节　社会机制发育与进化终结

人们大多认为原始人类在进化中的大部分时空里，其生存状态与动物世界是没有差异的，处于纯粹的自然状态，而且并非处于自然生物链的顶端。他们经常远远跟随在狮子、老虎、豺狼后面，吃一些腐肉残渣。也可能当人类演化到100多万年前的"直立人"阶段，才开始移动到生物链中间的生存地位（在直立人阶段，人类种群的繁殖已经增强了）。至于人类这种普通生物能够走到大自然生物链的顶端，当然有他们演化中的神奇故事。其中，人类生命种群能塑造出完全冲破自然生物框架属性的"社会"，就是一个最动人的人类进化故事。也就是说，"社会"是人类生物种群塑造的，独有的。社会是人类生命活动有了自觉认知和互动这种生存形态后塑造的产物。当然，在原始的集体生存形态中，人们有了神灵祖先的观念意识，常常会聚集在一起祭典祖先神灵。我们把这种"集会"的动态画面称之为"社会"。

由于原始人类的集体生存形态逐步常态化，而群体之间又有了自觉认知、互动的思维意识，他们就有了初步"相互关系"的认知，经过世世代代的生存繁育就成为"血缘家族"。

人类学家们认为，"血缘家族"是人类社会第一个人类组织（因为"社会"也刚刚同时塑造形成）。血缘家族的第一个特征是排除了乱婚配（在此之前，人类种群处于男女乱婚状态），实行同辈通婚。显然他们只能把年龄基本相同的作为同辈。那是只知其母不知其父的时代。

据人类学家推测，人类第一个社会组织——血缘家族，在旧石器时代晚期才出现，距今不过5万年，但"血缘家族"的出现在人类进化和发展史上具有重要意义。

它是人类生物种群冲破生物自然属性框架并拉开人类社会化序幕的形态或标志。在此之前，人类只是个体彻底分离独立的生物种群，而从此之后，他们具有了自觉认识、自觉互动的常态化集体形态，他们结成了关系亲密的血缘家族。

随着时空的推移，血缘家族开枝散叶，膨胀成一个个更庞大的族群，那就是氏族公社组织。由于血缘关系总是处于只知其母、不知其父的笼统状态，排列辈分也只能依照女祖先来开展，因而这个氏族组织就是母系氏族。

显然，在一个较大的地域内，由于血缘家族的开枝散叶，后来出现的氏族组织不只是一个，而是含有多个。而且随着人口的增长，各氏族组织之间也会出现争夺资源的情况，在一个自然环境优越的地域里，还常常可能突然蹿入外来族群。因此，为了巩固和扩大氏族的势力，母系氏族在婚配中进行了明智的改革——禁止族内兄妹通婚，实行族外联姻。当然，他们实行这个举措完全是为了扩大氏族势力而并不懂得遗传的科学道理。

尽管母系氏族实行了族外婚，但氏族内的血缘关系依然是极其笼统模糊的，因为族外男子可以与族外女子随意婚配（只要双方愿意皆可）。即便到了19世纪，非洲几内亚某个地区的人都还不清楚妇女生下的小孩是男子的精子与女子的卵子结合的结果，他们还以为一个女子与多个聪明能干的男子交配才能生下一个理想的孩子。我们可以推想，母系氏族实行族外婚，两个氏族又有相应的隔离距离，总不可能男男女女终年都为了"交配"不停跑来跑去，很可能实行了男子"嫁婚"制。当两个母系氏族实行了联姻"合同"，当男子到了某个年龄，就成批以某种仪式"嫁"到了另一个族群内。他们可以与那个族群的所有适龄女子通婚。因为母系氏族的女子地位更高，所以"嫁女"不现实。

不管母系氏族时代的婚配是否存在"男子嫁婚"，他们的血缘关系依然存在着只知其母、不知其父的笼统模糊事实。这样也有一个母系氏族关系塑造的好处，因为下一代几乎可能是所有男人们塑造的"成果"，而所有的女人中的很多人都与他们有过亲密的关系，那么他们的生产劳动以及分配享受就不分多少和你我。所以，我们完全可以理解母系氏族公社那种平均分配、共同劳动、不分你我的社会状态，这是血缘关系笼统模糊的自然产物。

但是，我们从人类进化历史的脉络中体会到，在血缘家族、母系氏族、父系氏族这三种社会组织的演化进程中，血缘家族和父系氏族（包括部落）更漫长得多，母系氏族只是中间过渡（当然它也有几千年之久），因为母系氏族存在着很大的生存矛盾。

通常认为，母系氏族形成于旧石器时代晚期，实际上这是值得怀疑的。原因很简单，因为虽然那时原始人类已开始从使用天然火到人工取火，但他们以狩猎、采集为生，而且还没有制造出具有射杀力的弓箭，还没有上百人的群体。所以那个时代，包括大部分的中石器时代，原始人类很可能还处于血缘家族的形态中。只有在中石器时代末期（1.2万年前~1.1万年前），原始人类制造了石器、骨器工具才涌现出新气象。同时，他们开始在反复的驯养实验中发明了原始农业和原始畜牧业。我们也因此把这个时期称为新石器时代的前夕。实际上正是因为人类从单纯的采集、狩猎业中走出来进入农业社会，血缘家族才发生了迅速开枝散叶的膨胀扩大，才有了母系氏族的到来。如果只是以非常不固定的采集、狩猎形式为生，尽管他们已经有了火、弓箭的利器，却难以到比较宽阔的平地上修房造屋，构成庞大的氏族群，因为他们的思想意识中只有猎物和挂在树枝上的果实。人们在游动中获取食物，虽然他们会有一个越来越像模像样的居所，但他们只有极为简单的分工，族群不会庞大。就算血缘家族的成员会越来越多，但他们根据食物来源和自然资源的分布，最多可能裂变为一个个小的群体，分散在一个个隐蔽的山林角落里，很难形成庞大的母系氏族群体。所以，母系氏族最可能是在原始人类开始农业革命（包括畜牧业革命）兴起的新石器时代前夕才开始形成的，即1.2万年前—1.1万年前。

在母系氏族的初期，原始人类族群可谓欢欣鼓舞、其乐融融、亲密无间。因为他们惊喜地发现，可以自己种植收获农作物，只要数量足够多，就用不着漫山遍野寻找野果山菌；山羊、野鸡也可以驯养繁殖，想什么时候吃就什么时候吃。有了充足的食物，男男女女有了更多时间待在一起，繁衍后代的速度加快，于是血缘家族开枝散叶演化成母系氏族。

1万年前是新石器时代的开始，而整个新石器时代（1万年前—5000年前）都是氏族公社的鼎盛时期。

母系氏族在演化中存在着一个极大的矛盾：笼统模糊的血缘关系和利益关系状态，与越来越清晰的认知意识以及越来越需要分工合作的事物，存在着很大的矛盾冲突。

母系氏族的女子与外族男子实行的是群婚，每个人都只知其母不知其父。对于已婚男人而言，就没有自己具体的子女，或者说刚刚出生的下一代都可能是他们的子女，所以血缘关系是模糊笼统的，共同劳动和平均分配就是理所当然的。因此，对于氏族的共同整体利益而言，就没有具体的个人利益。

如果血缘关系的模糊只局限在一个小的血缘家族群体中也没有什么，特别是小的血缘家族本身就可以是一个利益的整体。但演化为庞大的母系氏族后就会出现难以克服的矛盾。男人在农业革命中的作用越来越大，女人成为农业革命生产劳动中的有限补充,但男人不仅没有地位,连具体的儿女亲情都没有。当人类到了新石器时代,思维活动已经将那个混元客体世界进行了分解认知,他们已经进一步明晰他们之间的利益关系,因而他们开始置疑这种共同劳动、平均享受的社会分配模式,因此越来越庞大的氏族组织难以继续保持"共同劳动、平均分配"这一社会分配原则。

父系氏族就是在母系氏族的这种矛盾中出现的。男子在农业革命中承担了最主要的生产劳动(妇女主要从事畜牧业养殖和看护孩子,男人则是狩猎和开垦土地、种植、收割农作物),他们成为氏族的顶梁柱,所以他们在氏族中有了地位。因此在氏族之间的通婚中,哪个氏族都不愿意把成年精壮男子"嫁"到其他氏族去。很可能从这里揭开了"女嫁"的历史序幕。

由于农业革命开始后,食物越来越丰富,人口的增长越来越快,而生产劳动又把成年人(特别是成年男人)"套"住了,这样原有的族外男女群婚制就容易造成婚配失衡和引发争执、矛盾,于是慢慢向对偶婚制过渡,即从外族中"婚嫁"过来的一批成年女子,她们中的每一个人都一一对应着一个男子。但这种"对应"不可能恰如其分,为了生态平衡,同时允许他们(男女)除固定配偶外,可以偶然交配补充,这就是"对偶婚制"。

实行"对偶婚制"后,父系氏族的集体生产劳动和生活慢慢出现这种景象:经过若干年后,男女基本成对,虽然他们还在集体劳动和集体生活,但一个男人和一个女人一天中的大部分时间是在一起的。他们生下了小孩,自然他俩最亲近,而且由母亲来带养小孩。于是人们在修建房屋时,自然会考虑成对男女单独在一起居住,相互照顾。于是,生火做饭就不用在一个大族群里一起进行了,因而就有了一个相对独立的单元——个体家庭。

也许一开始还是集体劳动、集体收获,再各自拿回家享用,但时间久了,人们就有了"私心"。例如,我为什么那么卖力干活,还不如多与女人、小孩相处。更何况氏族公社的农田土地那么宽,将收获的粮食运到一个集中的地方再分配回家,费时费力。于是个体家庭作为生产和消费的最小单位被确立了。

我们一般容易理解为"一夫一妻制"塑造了人类社会的个体家庭,但实质上是原始社会的农业革命引发了"个体家庭"的形成,它最灵活有效地适应了农业革命形势,它巩固和明确了"一夫一妻制"的婚配形式。

个体家庭作为独立的生产消费单位或"一夫一妻制",至少有两个方面的意义：一是有明确的血缘关系（母子、母女、父子、父女关系）；二是整个氏族有了明确的利益关系。人类社会拉开了"一夫一妻"和"个体家庭"的序幕，实质上是为后世社会个人的生命活动制定了一份情感利益的目标计划书，从而也结束了人类社会塑造以来在笼统模糊的血缘利益格局中的生存状态。

一旦个体家族从父系氏族笼统模糊的躯壳中分离出来，父系氏族就变成了一个松散的农业公社框架。以个体家庭为单元的农业社会加大了社会流动性，物物交换的商贸形态开始在人类地域中上演。现代考古学家在土耳其中部挖掘出来的"卡塔·于育克"商贸城，就是西亚人类社会在9000年前—8000年前个体家庭之间开展的商贸行为的证明。

人类社会处于父系氏族晚期的农业公社时代是一个重要的转型期，但在地球自然世界各不相同的地域社会，由于人类种群的分布不同、地域自然环境不同、社会认知互动状态不同，它们具有了不同的演化走向。

我们对人类进化、发展所开展的分析、讨论，主要是针对较成熟的人类社会地域，当然也谈及那些偏远独立的落后社会地域。

在9000年前—8000年前的人类社会时空中，比较成熟的地域社会有尼罗河三角洲地域社会，西亚"新月沃地"地域社会，希腊半岛、亚平宁半岛地域社会，印度河—恒河流域地域社会，黄河流域地域社会。

父系氏族晚期以个体家庭为游离态的农业公社框架形式在绝大部分的地域社会出现过（也有的长期处于游牧状态或母系氏族状态），但它们也有不同的演化方向。

在上述几个成熟的地域社会里，它们首先较成功地经历了认知革命和农业革命。而且正因为它们的自然环境更为优越，社会构建更为迅捷，各族或外族在这个地域里争夺资源的冲突更为激烈，使他们在看似松散的组织框架中建立了民主军事同盟，进而建立了部落同盟，并在一系列的冲突中建立了城邦国并发展成为真正意义上的国家组织。当然在人类国家组织形成的历程中，除了激烈冲突本身引发的催化作用，农业革命和认知革命中文字的创建和它可以成为规范、统一的交流互动工具也发挥了巨大的作用。

而在那些偏远落后和时空阻隔的地域社会里，他们或者过着松散的农业公社生活，或者过着漫无目的的游牧生活，除了他们小群体之间的冲突外，没有外来势力的太大影响。一方面他们在松散游离的状态中很难达成一种规范、统一的认知状态（如创建文字并规范、统一施行），因而他们的认知根本就无法形成体系和无限深入；另一方面，他们丧失了持续发展的社会机制。所以，有些地域社会一直到今天仍处于原始社会状态。

如果从智人塑造了"社会"，开展了认知革命、农业革命来看，人类1万年前就已经站在了自然生物链的顶端，把众多生物都视为资源。照理，人类已完全完成了进化的使命。但是如果人类社会群体不能获取到更有意义的属性内涵，就会同那些偏远独立的族群一样，依然处于原始的状态。那么使人类社会群体在后世的生存状态中可以持续改变的属性内涵是什么呢？那就是由文字和国家的强大功能所牵引、整合、规范出来的认知互动循环积累机制以及形成文明体系的属性。

人的种群原本也是纯粹生物的种群，有了语言的机能、认知互动机能以后，他们开始不断分解这个自然客体。但是，如果他们不创建出文字，只靠复杂语音交流信息，他们的认知是永远也无法深入并成为体系的。像原子弹、航空母舰这些复杂的客体改造，他们是无法想象的，因为这些复杂的东西没有人类社会持续积累循环的机制是不可能实现的，而文字是认知最起码的交流互动的规范标准体系。当然，仅仅依靠文字自然的牵引、整合功能是办不到的。因为人类社会族群总是在各自需要中流动生存，这些族群无法协商完成一个规范、统一的认知标准，只有依靠人类国家组织的强制规范、整合功能。

所以从现代的眼光来看，人类社会真正从"进化"过渡到"文明"，必须具备"文字""国家"这两个社会要素。我们从目前的研究中可以确定，古埃及象形文字是5500年前走向成熟的最早人类文字，而美尼斯所创建的古埃及王国是第一个真正意义上的人类国家组织，它创建于5100年前。因此，我们不妨将人类进化的终端定义在5000年前。

这样，我们可以约定：人类进化时空就是700万年前~5000年前；人类进化的意义就在于人类社会种群自行构建了一个可以在认知和行为上持续发展的社会机制。

第二章 自然状态与飞跃突变

第一节 进化初始感悟

现代人类是智人的后代，属人"科"、人"属"、人"种"类。我们已经依据科考和我们的想象需要，将人类进化的时空约定为700万年前—5000年前。

在这个漫长的人类进化阶段中，我们将人类种群与动物生命种群的生存形态加以对比，可以感悟到二者在绝大部分时空中是"相同"的，几乎没有差别，只有到了智人晚期，才有了显著的差异。当我们从后来"差异"的角度去回溯二者以往的生存状态时，才能找到后来差异的前源影子。

现在的很多人会以为一切"人类"只要一诞生，人脑就是一台具有思维活动的机器，但实际上"人类"有一个漫长的进化期。我们的许多学术思想也鲜有从正面回答"人类"人脑的思维机能是怎样形成的，以及人类思维机能的形成和启动是否是同时的。

人类在漫长的进化通道中实质上存在着两大不同性质的生存状态：在极其漫长的进化中处于纯生物框架意义的本能自然状态；在智人晚期阶段才处于基本社会属性构建状态。要认知人类漫长的进化过程，我们首先应该理解人类的进化是否存在着这两种不同性质状态的进化阶段。当然处于遥远进化时空中无凭无据、鲜有遗迹的人类生存状态，最难的就是确定某一个发生变化的时间界点，但我们可以从以下分析、研究、推理中找到心得感悟。

我们约定700万年前人类出现，而考古学家只考古推测，300万年前~5万年前被视为人类旧石器时代的早期和中期。虽然从人种学来看，20万年前~5万年前已处于智人早期时代,但在这个漫长的时空中,人类依然无所作为——手里握着的依然是一块与天然砾石无异的石头而已。我们可以想象一下,人类作为生物种群,空闲着两只手,实际上已经本能自然地"利用石头"这一外物,如果他们已经有了自觉认知和自觉互动的思维活动,怎么可能在300万年的漫长时空中始终没有改造那些与天然状态无异的石头呢?他们如果具有了自觉认知和自觉的思维活动,不仅已经制造出了各种石器、发明了农业、发明了文字,创建了国家,而且比现代社会还不知先进多少倍。因为300万年与人类文明几千年相比是何等的久远!

所以,人类进化一定存在着生存状态"不变自然状态"与"突变"的时空界面,而且它就处于智人生存的时空中。

学术界一般认为,早期智人出现于20万年前左右,而早期智人(尼人)向晚期智人(新人)转化的时间大约发生在5万年前(当然这个时间值也是人为分析想象的推测)。因此"约5万年前",可能就是人类进化时空通道中"不变自然状态"与"突变"的时空界面。

非常巧合,"约5万年前"也是学术界认为的旧石器时代中期与晚期的时间。同时,有不少学者认为,"约5万年前"是人类使用天然火到人工用火,并使用火走向常态化的重要时间。

如果我们从"约5万年前"以后的人类状态看,除了智人进入晚期"新人"阶段和旧石器时代中期转入晚期这种重大的转型变化以外,我们还可以感悟到一系列的重大变化:人类开始了集体的生存状态并迅速成为常态;有了自觉认知和自觉互动的思维活动;塑造了社会,拉开了社会化的序幕;在集体的生存形态中形成了第一个人类社会组织——血缘家族;仅用3万年就进入了中石器时代,人们已经发明了弓箭射杀大型动物;仅再过5000年左右,进入新石器时代,石器在制作工艺、品种上已经精细化,品类繁多,而且已经发明了原始农业、原始畜牧业并开展了认知革命。

一句话,"约5万年前"人类的生存状态突然从"不变"中发生了一系列的飞跃突变,一直延伸至人类进化通道的终端。所以,"约5万年前"这个时间点的前后就是人类进化生存状态两种截然不同的分界点。虽然"约5万年前"这个时间值是一个大约值(它可能是7万年前或6万年前),但它就在附近的时间范围里。可以想象一下,如果智人生活的时空域里没有这样一个时空界面,人类几百万年的进化都处于自然状态而没有改变，几万年之后，我们又怎能见到互联网、微信？

现在，我们大致确定，可以将整个人类进化时空划分成"700万年前~5万年前""5万年前—5000年前"这两个阶段。那么在这两个阶段，人类的进化生存可能是一种什么状态，他们与自然环境、动物世界又有怎样的关系呢？

第二节　单纯的自然生物

原始人类在进化的第一阶段（700万年前~5万年前）就是单纯的自然生物群类。他们只有与大象、老虎、水母、萤火虫等一样的自然属性。他们依靠生物的本能繁衍物种后代，在生物本能的神经意识框架内反应自然客体的存在。

从自然生态系统看，在智人时代之前（20万年前），原始人类种群只处于生物链的中端。大象、狮子、老虎、豺狼等，它们在生物链中排在人类的前面，在觅食的过程中，人类常常悄悄远远跟随在它们的后面，等它们吃饱后走远了才慢慢前去吃些残渣腐肉。那些大型动物可能将动物尸体的肉吃得干干净净，但它们无法吃到骨髓，而人类有直立行动、两手空闲的便利，这成了人类的专利。人类常常会本能地拾起旁边的砾石敲破骨头，吸食骨髓。因此，感谢大自然给予了人类这双空闲的手，人类生物种群才有了专敲骨髓这项专利。当然，如果遇到大猩猩和黑猩猩，可能人类只有避开，连吃骨髓的机会都没有。

单纯的自然生物状态与后世人类社会生存状态的本质区别究竟应该怎样描述和表达呢？有一句哲学语言"一变生万变"，人类在进化时空第二阶段就体现出这一哲理。

实质上，人类生存形态的突变都是源于人类生物种群相互关系的变化。在第一阶段里，人类生物种类个体之间的关系完全类同于其他生物种群，他们是生物本能种群关系。

在这里，我们首先应理解"生物本能种群关系"与"人类社会关系"的区别：在对自然界动物世界的观察中，我们可以看到一类类动物成群结队活动的生态画面，特别是狼群围攻捕食的场面，我们甚至会以为动物生命世界也有严密的组织和合作精神。然而，如果它们真有像现代人类所理解的"组织"和

"合作精神"，这不但表明它们也有思维活动，而且也预示它们可能会发展壮大。但是，它们伴随着人类几百万年的进化，依然处于几乎没有变化的周而复始格局中。因而我们只能理解为——那些看似有密切"组织"与"合作精神"的生物类群动态只是一种"生物本能类群关系"。也就是说，这种"类群关系"看似一个变化的动态，实际上它只是一个生物本能的永远循环的框架模式。几百万年前，狼群追赶着山羊和斑马，几百万年后，它们的追赶仍采取相同的模式；几百万年前，北半球天气变冷，大雁群南飞，几百万年后，它们依然如此，而人类就知道用空调驱寒或驱热……后世人类所塑造起来的"社会关系"就不同了，这种关系在认知、互动、改造中每时每刻都在发生着动态改变。

也就是说，人类在进化的第一阶段里，"相互关系"也同其他动物种群一样，只是一种"生物本能种群关系"。

"生物本能种群关系"，从生物本能（或条件反射）看，它们是有关系的。但这种"关系"的发生（因为它们的每个生存时刻都有一个客观的格局，所以我们也称之为"关系"）除了本能的神经意识反应外，没有自觉的意识存在。

人类对于客观事物的反应可以分为三个阶段：本能神经意识阶段；自觉思维意识阶段；自觉思维概念意识阶段。当人类处于进化第一阶段就是与生物世界完全类同的"本能神经意识"。

我们可以用一些比喻来理解人类反应客观事物在这三个阶段的意识特征：本能神经意识对客观事物的反应，如同照相机摄像一样，只能在脑神经里留下一个个客体自然的片段，而且这种摄影不是自觉的，是本能条件反射（因为只要睁着眼睛，人类的眼睛这种光学仪器所能收到的可见光就会自动成像）。这种本能的摄像留影也同相机一样，每个图片都是独立的、无从连接的事物片段，当第二个片段出现，第一个片段就自动消失了。当然，主要是这个阶段的人类并没有自觉反应的意识，也就没有将一个个片段进行"连接"的意识。这就像现代有些顽皮、注意力分散的小学生总是无法记住单词一样。自觉思维意识是人类在进化第二阶段的表现。它是人类已经有了自觉认知和群类自觉互动的思维活动，它可以将一个个事物片段加以连接，并有了简单的分类、推理思维活动。自觉思维概念意识阶段是人类反应客观事物的高级阶段。只有当人类塑造了成熟化的社会化机制，如文字已经创建、客观事物已经分解成了明确的事物概念体系，并且已经有了社会交流互动的社会公共平台，人类才能进入这个阶段。这个阶段已处于人类文明时代。

现在回过头来看，人类在第一阶段对客观事物的反应就停留在本能神经意识上，他们同一切动物世界处于同一水平上。所有的自然动物生命，对一切自然事物的反应都停留在本能的生物框架内，没有自觉认知的意识、没有自觉互动的意识、没有事物中印象的"连接"和主动记忆。因此，在它们的意识中，不存在"你、我、他"，不存在一切的"关系"。那些自然界看起来似乎具有紧密联系的动物生态图案（如狼群）完全是本能。后世人类在描述动物生存习性时往往注入自我的情感，才使它们好像具有周密的"合作精神"。当然，大自然生命物都处于"竞争生存"之中，对于每一种生物的生存都有它们为适应环境所塑造起来的特异功能：如蛇的爬行速度极快，身上还备有杀伤性毒液，以老鼠、青蛙为食；而青蛙的眼睛就像一台雷达，昆虫难以逃过它们的眼睛；狗的嗅觉灵敏……但是，一切自然生命物，它们都只有自然本能的属性，虽然它们为适应环境也在不断进化，但它们的一切生存表现及意识都只能在周期循环的生物框架内，因此它们根本就不存在如同后世人类所塑造的"社会类群关系"。

也就是说，处于进化第一阶段的人类与一切动物一样，他们只生存在自然生物本能的框架属性内。类群个体之间不存在自觉互动（他们成群结队游荡在山林间，也只出于生物的本能），没有自觉认知，他们是各自在神经意识上独立的生物群，即我们将其称之为"人类"是因为他们在后世成为彼此密切互动联系、相互依存的"类"，而此时他们是相互独立的。

所以，人类后来可以迅速进化、发展的全部秘密就在于他们有了自觉认知、自觉互动、塑造了"社会"，从而成为密切联系的"类群"。单个的人类在自然世界是如此弱小，从体形、体力的排列来看，是不堪一提的。大猩猩、大象、老虎都可以将人撕得稀烂，但人类却站到了自然生物链的顶端，就是因为人的类群有密切联系的机制。

在人类从700万年前至5万年前的漫长的时空里，为什么手中只有一块与天然砾石无异的石头呢？就是因为这个生物类群的认知、互动的机制没有形成，所以谈不上改造和创造。他们只是出于生物的本能，尾随在众动物之后，用石头敲破骨头吃到骨髓而已。既然是出自本能，就谈不上改造石器了。反过来，几百万年里他们从来没有改造过石器，也表明他们确实没有自觉认知、自

74

觉互动的意识。

那么，既然人类在几百万年的进化中与动物世界处于同一自然状态之中，为什么是人类跃上了生物链的顶端，而不是大猩猩、狮子或老虎呢？这就有一个原始人类种群在"大同"中自然塑"异"的问题。当然，这几百万年的进化中的塑"异"，只保留在生理机能的塑"异"框架里，它没有使人类生物种群突破独立的自然属性，因而人类生理机能的变化并没有使他们摆脱纯自然生物的框架。

我们所约定的人类诞生时刻——"700万年前"，"人类"的唯一特征是"两足能直立行走，脑容量在400毫升左右"。

"人类"与其他爬行动物、哺乳动物相比有两个明显的特征：其一就是"能直立行走"；其二就是"脑容量要大一些"（其他动物的脑容量在150~250毫升左右）。当然，从体型、体重、体力上看，人类是弱势的。

但关于人类的这两个特征，实质上，大猩猩、黑猩猩也是具备的。因此，当我们顺着这两个特征来思考人类生物种群的塑"异"逻辑，大猩猩、黑猩猩也可以沿着这一逻辑演化。于是，我们只能这样理解：一方面，大猩猩、黑猩猩在进化上偏离了人类进化所经历的途径和方向，所以错失了良机；另一方面，原有的大猩猩、黑猩猩族类的一部分已经同化为无法分辨的人类，现有的大猩猩、黑猩猩只是偏离的族类而已。

"两足直立行走"太重要了，它充满着太多的演化契机：两足直立行走，就将另外"两足"演化为两只空闲备用的手。这两只手既然空闲自如，就可以与手、脚、身子配合施展出灵活变化的动作。例如，在里约奥运会上的体操、游泳、拳击、田径的无穷变化的动作就是从这种最原始的特性中演化出来的，而狮子、老虎等四足动物就无法完成，因为它们只要运动，四足均要负力。人类两足直立行走不仅使行动灵活多变，而且也随之看得更远，方位更全面。例如，可以仰望天上的星星，而且也有了后来拿着望远镜、显微镜看一切客观事物的本领。而"空闲的两只手"就产生了更为深远的意义：上树采果，下河摸鱼，两手随意抓、扯、捉、提、拿，动物界无法做得这样全面，它们看起来体型庞大而凶猛，实际上它们在消耗着巨大的体力。更为重要的是，两只空闲的手可以在几乎不消耗体力的情况下"凭借外物"来参与生存活动，它是以后制造生产、生活工具最宝贵的资源，而动物们只要有两足离地就会很累。

在几百万年里，人类生物种群在静默的自然进化中实际上已经选择了一个有利于后世迎接突变和发展的正确进化方向，这条进化道路已经为后来的突变和发展逐步积累了生理、脑神经机能的特性。

直立行走、两手空闲、行为动作姿态灵活多变的长期演化，使自然客观事物的一切动态画面、信息（如水声、鸟鸣、动物撕打）对人脑的刺激远大于对动物世界的刺激。因此，考古学家、人类学家得到了人类进化通道中，人脑的脑容量缓慢攀升的阶段性大致数据：南方古猿阶段在400毫升左右；能人阶段在600毫升左右；直立人阶段，脑容量到了1000毫升以上；智人阶段接近现代人，在1400毫升以上。也就是说，虽然原始人类在几百万年前的进化通道中一直处于种群个体之间在意识上独立的自然状态中，但他们的脑神经生理机能却一直处于逐步成熟的孕育中，只不过这种机能依然处于一种封闭的状态。

在我们感悟原始人类脑神经发育和脑部神经的变化问题上，实质上存在一个非常关键的区别于动物世界的环节，那就是人脑神经在反应客观自然物时的意识框架，并不纯粹像动物世界那样处于机械本能的周期循环，它带有逐渐明显的变化，即当它逐渐演化到智人时代，人脑神经的反应意识逐步形成了自主行为目标的选择机能，但"人脑自主行为目标选择"本身依然是生物属性的本能，它并不包含"自觉"意识。

为什么到了人类智人时代，人脑具有了"自主行为目标选择"的生物本能呢？或者说这种生物本能会更明确了呢？关键在于人类生物种群的行为活动从一开始就具有灵活多变性。动物世界的行为活动姿态、生存习性，在几百万年里，其基本框架模式是基本没有什么改变的；而人类生物种群的行为活动姿态、方式在几百万年的进化中却无法表达出一个框架模式，都处于无休止的改变中（第一天的姿态方式在第二天一定会有改变）。这样，人类对于自然客观事物的神经反应无法做到周期循环和机械不变。所以，他们的脑部神经才越来越具有自行选择行为目标的特性。当然，他们依然在生物框架的范畴，始终难以形成自觉认知和互动的意义。

另外，人类在进化的第一阶段还有一个非常重要的生理机能塑造准备——能发出复杂语音的生理机能形成。

考古学家、生物学家都难以断言，人类在所发出语音的音节、音调、音域、音质上如此复杂多变是人类生物种群何时完成的进化。但是可以推测，这种变化很可能是20万年前在智人时代才塑造起来的。因为复杂语音的发生要依赖人类身体声带的形成。而在考古出来的南方古猿、能人、直立人化石中都没能找到声带存在的线索，但在智人化石中可以找到。

人类的"声带"就是一个完美的发声振动器，它的存在使气流通过喉咙发出复杂多变的语音。如果人类没有"声带"，也像动物一样发出一系列单调枯燥的语音，后世就不能如此通畅地互动交流着如此海量的事物信息。

当人类进化到智人时代，即20万年前，尽管人类种群依然处于无自觉认知、自觉互动的个体独立的自然状态，但智人已经是十分活跃的生物种群，他们的数量增多，几乎以与大型动物平起平坐的姿态出没于山林和原野之中，狩猎和采集已成为他们觅食生存的常态。智人们这样的生存状态与大型动物遭遇的概率增大，而智人们出于本能会成群结队，在遭遇大型动物时一定会本能地发出各种尖叫以围攻大型动物。无数次这种情形发生，无数次神经刺激才使智人长出了可以发出复杂语音的声带。

一句话，人类身体"声带"的形成不可能是无缘无故的，它是生存自然环境格局变化的产物，很可能就是人类从生物链中端向顶端攀登过程中的产物。

当人类身体上形成了"声带"——复杂语音振动器，尽管仍处于个体独立的状态，但他们本能的吼叫所传达的事物信息也会使这个群类的生存能力大大提升。

人类进化到约20万年前的智人时代，不仅在生理上已经有了成熟的语音生理机能——能发出复杂语音的声带形成，而且思维活动的生理机能也已经成熟——他们的平均脑容量已达到1350毫升，已接近现代人。在智人生物类群的身体上已经具有了成熟化的语音、思维生理机能，但这种机能只封存在智人的身体里，并没有发挥实质性作用。实质上我们已经看到，只有当智人生存推进到了约5万年前的时空，一切生存形态才发生了突变。如果20万年前他们已经开启了思维的机器，人类历史的轨迹就不会如此展现。

现在，我们可以对人类处于第一进化阶段进行一个总结：人们常说700万年前地球自然世界诞生了人类，实际上在700万年前至5万年前，我们所言的"人类"都只不过是纯生物种群意义的"人类"，他们在绝大部分时间里只处于自然界生物链的中间位置，与其他动物没有本质区别，是一个个体彻底独立的自然群体。他们之间没有"关系"、没有自觉认知、没有自觉互动，更没有"社会"和"思想"属性。当我们站在现代社会的角度去评判这一生物类群进化过往的逻辑时才能感悟到：人类生物种群的进化选择了一条明确的道路——直立行走、两手空闲、脑部发达，会在灵活行动和自创行为目标的途径中冲破生物机械本能的框架终于成为了不起的生物种群，只是他们经历了几百万年。第一阶段的人类就是纯粹的生物类，但它为第二阶段做好了生理机能的准备，特别是思维生理机能和语音生理机能就封存在原始人类的身体里。

如果我们可以这样看待人类漫长进化的第一阶段，我们对人类社会发展历史的认知将会发生很大改变，并在认知上变得更加轻松和清晰：几百万年的人类进化史是一部与纯生物进化等同的历史，人类历史就看5万年；一切考古，无论又将挖掘出500万年前、600万年前，还是700万年前的化石，那也终将是生物框架的人类；几百万年深不见底、扑朔迷离的人类生存状态思考可以画上一个句号。人类生存壮大的逻辑已非常清晰——这个群类"直立行走、两手空闲、脑部发达"就有了行为复杂多变、反应意识复杂多变，从而冲破生命周期机械本能循环的框架模式。在过去的认知状态中，由于几百万年深不见底，我们很容易将人类演化发展的自身逻辑交给神灵而不知所措，也由于我们无从回答人类从何而来，也就无从解释复杂的社会现实。一句话，社会是可以被理解的，而且还可以更简单地被理解。

第三节 夜空火光效应

人具有双重属性：自然属性和社会属性。那么，人的社会属性是怎么来的呢？

在几百万年的人类第一阶段进化时空中，人类种群是与动物无差异的纯生物种群，这样的生物种群当然就不存在"社会"和"社会属性"。那么，人类是怎样从纯生物的状态过渡到社会状态呢？或者说人类是怎样从"自然人"过渡到"自然社会人"呢？这显然是一个重大的认知问题。如果不能圆满解释这个问题，以前的一切分析就等于零。

我们在前面已经分析过，人类在进化过程中肯定存在一个时空界面，或"约5万年前"或"约7万年前"（具体是哪个准确的时间并不重要，重要的是它存在一个时空界面），在它的前后出现了人类种群生存形态截然不同的动态画面。那么在这个时空界面里人类的生存形态究竟发生了什么，以至于人类生物种群有了突变？

智人使用火成为人类生物种群冲破生物框架的催化剂和核心环节。当然，也只有在智人时代里，人类在自然环境的生存格局才能出现这种突破性的飞跃。

以往的学术研究认为人类学会使用天然火具有许多重要意义，主要表现在以下三个方面。

第一，人类用火烧烤食物是对食物最原始的改造，增加了人类食物来源和品种。

第二，熟食能消灭病菌，提高了古人类的体质。

第三，用火可以增强人类生存活动中对大型野兽的威慑力，因为野兽都是四足负力，不可能像人类这样随心所欲地用火。

但是，人类开始使用天然火，还有一个更重要更深层次的进化意义，那就是它引发了原始人类集体生存形态的到来，并自然开启了封存在人类身体里的思维机能和语言机能，从而使人类走上了自觉认知、自觉互动的社会化创建之路。

可以肯定的是，在约5万年之前的数百万年人类进化时空里分散在各个山林角落里的原始人类也不止一次看见过天然火，或者说大自然的天然火在数百万年的时空里一定有无数次出现在原始人的视野中。他们或许没有留意，或许因为惊恐而躲避，或许这堆天然火周围就只有一两个人……总之，那时候的人、自然环境和天然火之间并没有形成一种特定的互动情景。

当人类约20万年前进入了智人时代后，语音、思维生理机能已经走向成熟。他们在山林中的狩猎、采集活动趋于常态化，还不时发生群体围攻大型动物的场景。他们的生存能力几乎可以同许多大型动物平起平坐，而且在山林中他们的种群数已有了优势。科考研究表明，约5万年前原始人类已开始使用天然火（这个"时间点"不一定具体，也许在此之前原始人类已经多次接触了天然火，但火作为常态化被使用，我们选择在这个时空点）。在这个时空域，人、自然环境和天然火最容易达成如下互动的场景：

夜空中，在某个山林里突然有一堆天然火在熊熊燃烧（但它又不像火灾般凶猛），火光映红了山林的夜空，分散在四周各角落里的原始人群十分惊恐和好奇，他们自发从四周向天然火慢慢靠近……当靠得越近时越觉得暖和，火光映红了每个人的脸庞，而且他们闻到了一股从来没有感受到的味道，这是动物的肉体被烤熟的味道。

在这种自然场景的组合中，熊熊的火光映红了夜空，映红了人们的脸庞，并且将周围的景物照得清清楚楚，好像这里就是大自然的中心。在这种场景的刺激下，即使是当时的原始人群也会本能地感受到这种光明所具有的生命力量，后世所言的光明力量大概就出于这种感受。当然，在这种场景中，或许原始人群会本能观察到一些凶悍的野兽竟然不敢靠近火堆而仓皇逃走。

在这种自然场景的组合中，原始人群紧挨着火堆，他们感受到了寒夜里从来没有感受到的温暖，他们到现在才知道，那熊熊燃烧的火焰原来可以创造一个温暖的世界。

在这种自然场景的组合中，光明和温暖已经足以刺激他们的神经，使他们无法舍离这种场景，而在火堆中飘荡在夜空中的肉香味更使他们心旷神怡，因为他们从来没有闻到大自然如此美妙的气味。于是，智人们就有了自然自发的分工，有人不断向火堆里添加柴火，有人到四周找柴火，有人去捕猎小动物来烧烤——他们的场地要增大——他们要遮风挡雨另选场地或修建房屋——天然火熄了，他们要另寻火种——他们有了人工取火之法——有了这个最原始场景的引发，原始人类分离的生物本性自发地向集体生存形态过渡。他们自然引发了自觉认知、自觉互动和分工合作，这就是我们所说的"夜空火光效应"。这样的想象是符合人类演化发展逻辑的。

首先，人类是地球自然生命演化大过程演化而来的自然生命，他们在数百万年里是与一切动物一样的普通自然生命，但人类今天却能够制造原子弹、航空母舰，这期间肯定具有与动物世界群体完全不一样的转折突变。而且，人类种群几万年前也只是玩弄天然石头的生物群体。所以，转折突变就只能发生在几万年前。

其次，数万年前人类种群最深刻的变化意义就是人类开始使用火。在大自然中，人类种群一直都在同大自然亲密互动。虽然玩弄石头（或木头）几乎是人类数百万年的专利（因为除大猩猩、黑猩猩外，只有人类两手空闲才会玩），但石头（或木头）处处皆有，而天然火却是很偶然的。在数百万年间人类种群也无数次遇到过天然火，或擦肩而过，或不敢靠近，或天然火灾使之逃之夭夭，或在夜空中虽出现天然火却没有人类种群发现或只有少数几个发现却没有靠近……总之，都没有出现原始人群、大自然、天然火互动的场景。而几万年前天然火与以狩猎、采集为生的智人群慢慢形成了互动，于是发生了这种突变飞跃的转折。

最后，从人类后世的发展演化可以看到，许多重大的人类生存形态改变是由一些极其普通的事件开始的，但它们却成为人类演化发展大过程的重要环节。也许人类的演化发展即使不通过这些环节也必然会通过另一些环节演化发展，但既然人类的演化发展已经通过了这些环节来加以表达，我们就将这些环节作为记忆表达的内容。例如，人类生物是通过人群、自然、天然火的场景互动引发了集体生存形态的塑造，并引发了原始人类自觉认知、自觉互动的思维活动。也许，人类不通过这种场景形态，而是通过其他方式，还是会向集体生存形态和自觉认知互动转化，因为人类生物种群已经塑造了自我不同的种群机制，如大脑已经比较发达，语言、思维生理机能已经成熟。但是，既然人类进化历史已经展示出使用火进行塑造集体互动和自觉认知的道路，我们就应该这样理解它进化的逻辑。

人类在"约5万年前"或在我们想象的"夜空火光效应"情景之前，种群的神经意识是各自彻底分离独立的，即他们没有自觉互动和自觉认知的意识，我们所看到的他们成群结队的生存活动只处于生物的本能。例如，我们在大自然中似乎看到了狼群完美的合作精神，但其实它们只是出于生物种群的本能。它们的行为动作无论展现得多么完美的，都局限在周期循环的生物框架内。如果它们真有像后世人类一样自觉认知和互动意识，为什么数百万年后始终没有改变？也许，当人类进化到了临近智人时代的后期（约5万年前），智人种群或许已经具有了一些认知和种群互动的意识（这一点我们难以断定）。但如何理解他们从个体分离独立的种群转向集体生存形态，只有"夜空火光效应"最具说服力。

我们可以想象，智人分布于某个地域山林中的多个角落，他们要生存就需要不断寻找食物，狩猎、采集的方式都注定了他们始终在漫山遍野活动，虽然他们看似成群结队却只是出于本能，没有组织和沟通的方式。显然他们一切的奔跑、采集、狩猎、觅食都是为了生存。他们的食物来源不存在果园、养殖场这类固定的形式，因而他们的偶遇或结队都是自然发生的组合，不存在集体生存形态，更没有互动形式。就如同现代住在同一幢公寓的人们，看似成群结队出入，实则他们很少互动（当然现代人都具有紧密的业缘、社交关系）。狡兔有三窟，在智人时代，原始智人在一个宽大的地域里，他们一定拥有多个用于休息和睡觉的洞穴，而且他们的记忆力又会本能地记住这些洞穴的分布。每天奔跑觅食之后，总会找到其中的一个洞穴。显然，这些分布在大自然各个角落的天然洞穴，不是"你的、我的或他的"，它们只是一种天然共用的存在。智人的流动性生存表明他们不可能储存大量的食物，而是漫无目的地走到哪里就歇到哪里。他们生育出后代，虽然具有本能的亲近，但很可能是将后代留在洞穴里，由常来常往的人群共同来养育，所以也就没有"父子、母子"关系存在。也就是说，原始人类在"夜空火光效应"之前，尽管智人生理机能成熟、性情很活跃了，但依然是个体之间分离独立的模式。

"夜空火光效应"之所以能够促使人类生存形态从种群个体独立方式到集体形态过渡，并引发了人类生物种群自觉的认知和互动，其核心点在于：这个天然夜空火光的场景本来就是一幅集体的自发互动和引发认知的场面，而原始人群进入这种场景就如同进入了一个巨大的磁场，根本就无法舍离。光明、温暖、香飘四溢，任何一种都是前所未有，种群自发的互动合作已经无法抗拒。

在后世人类的精神创作里，对于"火种"的颂扬和神话传说非常丰富，它们验证了人类使用火对生存形态改变的意义。可以说，人类后世生存形态的改变与"用火"方式的改变也关系巨大（当然我们不能说是"用火"塑造了人类后世进化的一切过程）。例如，人类最初用到的是天然火，由于天然火只有保持火种才能延续，就不可能将火种从希腊雅典传递到巴西的里约，它只能保持在一个有限的范围，而最好的选择就是宽敞的山洞或山洞群。

也因为天然火种的保持存在局限，而要传播就更难了（它容易在风吹或雨淋中熄灭），所以，一个山林地域的原始人类才会慢慢集中在一起过着集体的生活。当然，聪明的智人也会将集中生活的区域（如山洞）划出不同的功能区域，例如，火种存于既有足够氧气，又不会被风吹灭和雨淋熄的地方，睡觉是一个区域，进餐是一个区域，放置剩余食物是一个区域，放置石（或木）器工具又是另一个区域。而且，他们也有灵敏的嗅觉，在野外排泄。如果成员多了，他们也会在洞外搭建遮风挡雨的棚屋……总之，在使用天然火时代，他们集体的居所大部分是山林洞穴（也有水源），因为他们的食物来源基本上是山林的植物和动物，而在平原上除了河里的鱼虾外，什么都没有。自他们塑造了集体的生存形态以来，他们就有了集体分工合作的行为：一起出去采集野果、蘑菇类，一起围攻大型野兽。

天然火终究有熄灭的一天，但他们的集体生存互动已经走入了常态化，特别是在围攻大型动物中取得了一次次胜利。他们已经离不开这种集体生存的形态。于是，他们开始努力寻找火种，经历了重重的认知磨炼，终于发现了"钻木取火"。在"钻木取火"后，他们又有了另一项重大发明——弓箭，这使他们与大型动物的搏斗不必靠得太近就有出奇制胜的功效。当他们发现大型动物后，数人悄悄从四周围拢，然后发出语音口令，数箭齐发，动物就会伤残或毙命。除了动物的肉可以用来食用之外，兽皮、兽骨是保暖和制作武器的宝贝。

人工取火使智人的生存方式发生了重大的变化：智人们会复制集体生存形态的模式，将自己的种群不断扩张到更广、更大的山林领域。所以，我们可以推测，地球自然界智人的迁徙分布是从他们已掌握了"钻木取火"技术之后。当然，在后来数万年的演化中，他们有了集体的生存形态，有了火种，有了语言机能和交流互动，有了规整锋利的石器、木器、骨器和弓箭。一方面他们有征服动物所得的食物来源，从而繁殖壮大了后代，另一方面他们从一个山林到另一个山林使自我生命种群逐步分布到了世界的各个自然角落。因此，我们也有理由相信，世界人种的布局很可能出自最初的某个智人的群体，或东非或欧洲或西亚（当然，我们更倾向于东非）。虽然极为远古的人类种群可能相继出现在自然世界的多个角落，但人类从生物群类向集体生存的社会群类飞跃转化不可能是同时展开的，就如同"夜空火光效应"这种人、自然、天然火的场景互动概率不是随意就可能达成的。而一旦这样一个集体互动的群体出现，它所爆发出来的自觉认知和集体互动的生命力量是足以在其他类群（同是人类，但处于其他地域，如尼安德特人、北京人）面前所向披靡的。也许他们在扩张分布的旅途中会遇到如"尼安德特人""北京人"这样的同类，这些同类进入智人种群并逐渐被"同化"。但他们在体型、体味、意识上存在着很大的差异，最有可能的是这些同类被灭族。所以，我们今天的人类极有可能是出自同一地域群体而被"夜空火光效应"影响过的智人的后代。"夜空火光效应"在人类进化的通道中具有重要的意义。

首先，"夜空火光效应"催化和引发了人类从生物种群向社会种群的突破，即人类"社会"就是从此时被人类自然塑造。人类社会是人类种群个体之间生存于集体自觉互动中的行为关系、动态，即人类"社会"就是一幅个体之间在行为意识上互动联系的生态画面。显然，"社会"是人类生存活动的专属特性，而且只有当人类种群在"夜空火光效应"的催化下才有了这种特性。所以，我们不能把人类种群在任何时态下的生存都称之为"人类社会"，更不能将动物世界称之为"动物社会"。

其次，"夜空火光效应"将人类种群分离独立、闲散的生存形态引向了集体生存、自觉互动的生存形态之后，人类就塑造了"社会"，从而开始了"社会化"的征程，即人的个体从单纯的自然人开始拥有了自然人与社会人综合的属性。但"夜空火光效应"之后的社会个人并非像现代人一样完全置身于密集依赖关系的社会之中，"社会化"有一个从稀疏到密集的漫长过程。而且，社会关系完全依赖于人类种群互动和认知改造的进程。人类并非塑造了社会就有了持续发展的机制，所以，我们将人类生存在"约5万年前"到"5000年前"称为人类进化的第二阶段。当然，"夜空火光效应"启动了人类"社会化"的机制，虽然这条刚刚启动的"社会化"车速缓慢得如同蜗牛爬行，但已是一种惊人的改变。

最后，"夜空火光效应"催化引领下的人类种群生存动态就是人类社会历史真正的开始。之前的一切都只是人类的生物史，人类社会的历史不过5万年，而人类发展的历史也不过是5000年。

第四节　进化中的农业革命

约5万年前，人类在"夜空火光效应"中有了集体互动生存的形态，这种形态被原始人类固定为常态，从此人类开始了社会化的生活。其中，人类社会中的个体思维活动被启动，他们处于不断地自觉认知和自觉互动之中。

人类曾在长达数百万年里以采集及狩猎为生，因为没有自觉的认知和自觉的互动思维（他们作为纯生物的本能而繁衍生命），所以一切他们所采集、狩猎的对象物（植物和动物）都是作为表象片段从他们的意识中经过，他们只以本能生存的属性对待它们。

当人类有了思维并在集体分工合作中生存以后，他们才开始对植物、动物的生长情况、习性有了不断广泛的认知。可以说，在几万年前的智人时代，智人在对大自然动、植物的认知了解上已经取得了很大的成功。

我们相信有这样一个人类生存演化的逻辑："夜空火光效应"后的几万年

间，原始人类依然过着采集、狩猎的生活，只不过他们已经是集体生活的形态；他们的认知和分工合作给他们带来了无穷的生存力量，种群在快速繁殖，他们过起了血缘家族的生活（但几乎都住在山洞里）；人工"钻木取火"技术在天然用火之后不久就发明了，为血缘家族的扩张分散创造了条件。于是，智人种群开始了从一个地域向另一个地域的迁徙、分布，他们用了几万年的时间完成了大分布。当然，在这种扩张分布中，他们复制了集体生活的方式、语言思维和认知的方式，所以后世才有类似的演化方向。

也就是说，人类社会的第一个组织形式——血缘家族，它在人类社会中保留的时间是很长的，足足有几万年之久。虽然那个时代人类种群的生存能力在显著提高，但一方面由于他们依然是以狩猎、采集维生，其集体规模不宜过大，另一方面他们总是处于种群扩张分布的游离状态中（在他们看来大自然是无限宽广的，只要有丰富物产的地域他们就会自然分布，所以他们进入了大洋洲，越过了白令海峡）。人类考古学家、社会学家已经公认，人类新石器时代发生在约1万年前，原始农业也大约出现在那个时代。

几万年的智人种群扩散分布已经将看似无限广阔的自然条件优越的山林富地占领得差不多了。也就是说，当一群智人去某个山林狩猎、采集时，常常会遇到另一群智人同样在那片山林狩猎、采集。可能前者走后，后来者就一无所获。随着血缘家族人口的快速增长，就会出现有人挨饿的情形。当然，这种情形是偶尔发生的，但智人们会想：如果山林中的所有动物都集中到一起该多好啊，到时候想吃哪一头就吃哪一头；如果所有可食的山果、植物都集中在一起该多好啊，想怎么吃就怎么吃。很有可能智人们在挨饿时有了这种美好的想法，他们才开始付诸实践。而且他们一直带着浓厚的认知兴趣与动、植物打交道，已经有了很丰富的认知经验。

大约1万年前，人类开始尝试垦地、播种、浇水、除草、牧羊，这是一场关于人类生活方式的革命，原始人类从悠然自得的狩猎、采集生活转型到了农业生产。农业革命是人类种群分布和认知发展综合的产物。

人类从采集走向农业，始于公元前9500年—公元前8500年，发源于土耳其东南部，伊朗西部和地中海东部的丘陵地带。这场改变一开始速度缓慢，地区有限。小麦和山羊被驯化成为农作物和家畜的时间大约是公元前9000年，豌豆和扁小豆约在公元前8000年，橄榄树约在公元前5000年，马约在公元前

4000年，葡萄约在公元前8500年，主要驯化的热潮到此结束。即使到了今天，虽然人类有着种种先进科技，但食物热量超过90%的来源仍然是来自人类祖先在公元前9500年到公元前8500年间驯化的植物：小麦、稻米、玉严谨、马铃薯、小米、大麦。在过去2000年间，人类并没有驯化什么特别值得一提的动、植物。

学术界曾经以为农业就是起源于中东，再传到全球各地。但现在则认为农业同时在各地独自发展并开花结果，而不是由中东的农民传到世界各地。中美洲人驯化了玉米和豆类，但不知中东人种了小麦和豌豆。南美洲人学会如何栽培马铃薯和骆马，但不知道墨西哥和中东发生了什么事。中国最早驯化的是稻米、小米和猪。北美最早的农夫也是因为懒得再在山林里四处寻找南瓜而决定干脆自己种植。新几内亚驯化了甘蔗和香蕉，西非农民驯化了小米、非洲稻、高粱和小麦。就从这些最早的发生地，农业开始往四方传播。到公元1世纪，全球大多数地区的绝大多数人口从事农业。于是人类社会由原来的狩猎、采集型社会变成了农业社会。

为什么农业革命最先发生在中东、中国和中美洲，而不是澳大利亚、欧洲或南非？原因很简单：大部分动植物无法驯化。虽然智人能挖出美味无比的松露、猎杀长毛象，但真菌太难捉摸，巨兽又太过凶猛，想自己种养真是难上加难。在我们远古祖先所狩猎、采集的成千上万的物种中，适合农牧的只有极少数几种。这几种物种只生长在特定地方，这些地方也正是农业革命的发源地。

农业革命让人类失去了悠然自得的本性。日出而作，日落而息，人类被固定在了土地之上。而且在大旱大涝之年他们还可能没有收获。但是，在能创造确定性的食物来源的思维方法的刺激下，他们坚定不移地选择了这种生存之道。当然，这个世界也有例外，有的地域种群有更宽广的少有其他种群争夺的资源领地，所以一直保留着采集、狩猎的原始生活方式，如匈奴时的游牧民族。

人类从采集、狩猎的集体生存形态向农业社会转型，其生存形态也发生了变化。

他们原来大都住在山洞，因为那样更适合他们采集、狩猎，而且他们并不需要那么多种类的工具，只要有弓箭、木棒、方便抛掷的石球就可以了。显然，山林之中不适宜种植小麦、豌豆等植物，阳光、养分都让野生树本、草本植物占有了。再者，在山林中也很难有宽大的地方圈养动物。更为重要的是，人和种养的动、植物都需要更多的水源。所以，农业革命首先需要人类种群搬家——搬到土地肥沃、靠近水源、地势平坦开阔的地方。

于是，人类对自然环境的优越性的选择标准有了变化——那就是靠近水源、土地肥沃的河流开阔地。显然，在1万多年前的亚、非、欧，尼罗河三角洲、"新月沃土"、黄河流域、印度河—恒河流域，都是理想的选择地。因此，在这些地域里，农业革命相继出现了。

在学术上，一般认为约5万年前（或7万年前），人类进入了旧石器时代晚期，人类从使用天然火到人工取火是这一时期的最大亮点。而人类集体生存形态——血缘家族就在这时形成。这时人类似乎进行着采集、狩猎活动，只不过他们有了广泛的认知、互动并开始了大规模的扩张迁徙。而原始人类在1.5万年前—1万年前依然坚持着采集、狩猎的形态，我们将这个阶段称之为中石器时代。实际上他们在石器上并没有太大作为，只不过有了对付大型动物的石球、石箭而已。这个时期最显著的特征是发明了弓箭，人们有了较强的围攻大型动物的能力。当然，丰富的兽肉、兽皮、兽骨都是原始人类宝贵的生存资源。

1万多年前，部分地域社会开始了农业革命，而新石器时代也发生在1万年前左右。我们可以认为，是农业革命引发了原始人类对石器工具的迅猛制造和石器工艺、品种的精进。可以想象，如果原始人类依然还沿袭着采集、狩猎的生存形态，他们制造如石镰、石磨、石锄等工具干什么呢？也有许多专家认为，当人类在采集、狩猎形态中，用得最多的工具还是木器，只不过木器会腐烂，所以考古学家难以发现痕迹。

当原始人类决定广泛开展农业革命，他们或一把火烧毁了大片大片的山林，或搬家到了靠近水源的河套平地。搭建房屋、开垦土地、播种、浇水、收割谷物等，都需要各种各样的大量工具，于是他们在互动思考中将它们研制出来。有生产的、生活的，补充狩猎、采集之用的。当然，我们还可以想象，那时或许已经在使用盛水的木桶了。一句话，人类农业革命是原始人类进入新石器研发改造的重要原因。

刚刚进入农业革命行列中的原始人类群体还保持着血缘家族的原样，他们的婚配关系只有辈分不同的男女不能交配的戒律（因为他们一直生活在一起有了辈分的认知），而同辈男女是可以随意群婚的，即兄妹之间处于长期的通婚状态。这就是血缘家族婚配的状况。

87

处于山洞中生活的族群纷纷搬到开阔的平地，不断开垦土地开展农业革命。当这个方式持续几十年、几百年之后，农田更多了，畜养场更大了，粮食丰富了，人口增多了，房屋也多了，原有的血缘家族就膨胀为一个个氏族公社。由于出生的每一个人只知其母，不知其父，辈分也只能按母亲来算，这种氏族就是母系氏族。因此，我们可以这样说，母系氏族的形成也是农业革命的产物。如果不是农业革命将一个个血缘家族套牢在一个十分固定的土地上，并产生了足以使人口增长的粮食，又怎么会膨胀为氏族呢？虽然狩猎、采集形态的人口也在增长，但他们富于流动和扩散，因而就不会出现规模较大的氏族和村落。

在原始人类开展农业革命的选址上，各个群类都具有同样的理智，他们往往选择靠近水源、土地肥沃易于耕种的平坦开阔地带，而且周围还有山林护卫。他们既可精心于农业发展，也可在农闲中进行一些补充性的狩猎、采集活动。山林中的动、植物生长也是他们从事农业、畜牧业的教科书。

在一个广阔理想的农耕大地域里，不可能只有一两个血缘家族从山洞搬家到这里，而是会相继搬来许许多多的族群，最终膨胀演化为氏族。因此，人类农业革命引发了另一个人类故事——固定地域内的群类斗争或竞争。

我们可以想象一下，当人类处于狩猎、采集的流动状态中，虽然他们在同一片山林中相遇也会有竞争，但他们几乎都没有产生这样一个意识——这个山林是"我的或我们的"，因而他们的竞争总有一些包容性，而且宽阔的山林使这种"相遇"的概率要小得多。虽然这种隐形的竞争确实也为人类带来了挨饿的危机感并开始了农业革命，但农业革命发生的根源在于人类发现了可以获得更多更确定食物来源的方法，而不是为了躲避他们本来意识不清的山林竞争。而农业革命开始后的情形则大不相同了，他们被欢欣鼓舞地套牢在土地上，精心耕种，意识十分明显——这一片庄稼农田就是我们的，如此确定。

因此，当人类族群一批批来到这一广阔地域生养繁衍，他们之间就有了明显的群类斗争。

可以说，地球自然世界的生物在千万年前的流动生存中，一般表现为不同种群类之间的自然竞争，像人类农业革命所创造出来的格局，还是这个自然世界种群之内竞争如此明确的第一例。当人类进入农业革命时代时，人类已经站到了自然生物链的顶端，他们的生存能力的优势基本上可以让他们退出与其他生命物种竞争的行列，转而将它们统统视为"自然资源"。此时，人类的生存竞争已表达为自身群内为争夺"自然资源"的竞争。

所以，农业革命时代，一个个由血缘家族繁殖演化成的母系氏族之间，已经形成了为争夺地盘、资源而发生群类竞争的格局。

母系氏族为了能在竞争中获得优势和巩固势力，在男女婚配问题上采取了"族外联姻"制，即禁止族内男女通婚，实行与某个氏族（或两个氏族）男女通婚（不是一一对应的群婚）。这样，母系氏族实际上禁止了兄妹通婚，但他们是为了扩大和巩固势力，并不懂得什么婚配生育的科学道理。但母系氏族在人类社会中的延续时间并不长久，只不过两三千年而已，因为这种社会组织是与农业革命的深入发展存在着矛盾的。

从人类的认知规律来看，农业革命是人类认知爆发的新起点。在狩猎、采集的形态中，虽然"夜空火光效应"引发集体生存形态并开启了人类自觉认知和互动的思维机能，但单纯和悠然自得的狩猎、采集模式并没有激发出原始人类太多的需要和想象，他们认知自然客体事物的思维意识太少了，就只是学会了"钻木取火"、制造了弓箭、发明了捕杀大型动物的各种方法。但到了农业革命时代就全然不同了。修房造屋、开垦土地、抛粮下种、饲养动物、浇地除草、收割储存……而且一切节奏中，他们都会精心观察体会动、植物的生长规律，同时会观察体会天气、气候……也就是说，农业革命迫使他们分解、观察、分析一类又一类的事物，所以他们的认知处于爆发之中。虽然人类的自觉认知在约5万年前的"夜空火光效应"中已经被开启了，但一直到农业革命才开始为它引入丰富的内容和形式。可想而知，如果没有人类开展的农业革命，人类就难以存在后世蓬勃发展的认知体系。一旦农业革命开启了人类更为丰富的认知，他们对于氏族内部的血缘关系、利益关系的认知就会冲破母系氏族那种笼统模糊的关系格局，特别是只知其母不知其父的困惑和利益的板块结构。

从男人们的角度看，伴随着农业革命的深入，他们越来越承担着重要的角色，开垦、翻地、播种、浇水、除草、收割、修房造屋、狩猎补充，几乎都离不开他们。而妇女们则需要用很多时间生育、照顾孩子。但是，在群婚中男人们却不知道谁是自己的孩子，他们只能把所有的孩子视为他们可能与妇女们群婚的结果（当然，如果不是"嫁男婚配"的话，对他们更残忍，这些妇女都是他们的可能姐妹，而这些孩子与他们毫无关系）。总之，男人们的工作劳动只

89

能是为氏族整体服务，没有具体明确的血缘亲情和具体利益的寄托。

从氏族的整体结构看，农业革命不断推动着这个整体族群越来越庞大，但总处于血缘关系模糊、利益关系模糊的状态。原始人类之所以能长期处于母系氏族笼统模糊的整体状态，不是因为他们每个人都有高尚的情操和甘愿为整体奉献的精神，而是因为他们从来都搞不清血缘亲情和利益关系。但一旦他们逐步有了"关系"认知，他们也会懒惰、扯皮。如果两个母系氏族之间是通过一批批的"嫁男婚配"来完成男女婚配，那么到了农业革命更深入的阶段，每个母系氏族中的成年男人在整个氏族的生产劳动中都成了主要劳动力，这时，"嫁男制度"因为各氏族都心存私心而难以持续进行。同时异族男女群婚制也会因为婚配在太大的人群中易出现混乱、不均、耗时的局面，从而改为对偶婚制。而且，很可能是在两个氏族间"女性互嫁"，一个男人对应一个女人，但他们又补充式地偶然与其他男女交配，这样才能保持生态平衡。"嫁女"和对偶婚制的开始意味着母系氏族过渡到父系氏族。

第三章　人类认知革命

第一节　原始认知状态

在9000年前—8000年前的最早农业革命地域社会里，母系氏族转型为父系氏族，而且很快由"对偶婚制"过渡到一夫一妻制。当氏族公社的人口越来越多、土地越来越宽、房屋越来越多，人们会逐步发现：一起生产劳动、一起吃大锅饭，然后成双成对的男女在一起和孩子独居一处，是很不方便而且非常耗时的，并且不同的人处于不同身体状况对食物的喜好也不同。于是，他们开始各种各的一份地，而且还各自开荒扩地，或兼养动物或狩猎补充，显得非常灵活。久而久之，一对男女和其孩子一起就形成了一个独立单位，这就是个体家庭。就整个氏族而言，也不再统称"我们"，而有了明确的"我的""你的""他的"之分。

显然，一对男女和其孩子构成一个独立单位以后，大人和孩子之间就形成了清楚明白的血缘关系，而且他们所经营的农田、饲养物、房屋都是他们自己的。这就是一夫一妻制个体家庭。伴随着父系氏族一夫一妻制年深日久的持续，原来所谓的父系氏族公社就成了一个地域社会的概念空壳。因为个体家庭已经纷纷从原来那个笼统血缘利益关系的群体中分离出来了，它们成为更具独立和活力的单位。父系氏族一夫一妻制所塑造起来的个体家庭，分离、瓦解和改写了原有氏族公社的板块实体，将它变成了更具活力性和流动性的单元。

在人类进化的第二个阶段，人类"个体家庭"出现这件事具有相当大的划时代意义：它几乎是人类个体生存完美得无可挑剔和无法抗拒的社会组织形式，这个组织形式具有明确的血缘亲情和利益归结。它最简单、直观、有效地表达了社会个人生理、心理、社会需要的各种形式。在这个简单明确的组织单元里，一切结合和繁衍都处于自愿和自然之中，它成为亲情、责任、利益的出发点和归结点，再没有笼统模糊的困惑和置疑。一个人的生命周期不过几十年，为了这样一个"原点"转动和满足各种需要会非常充实。如果仅仅是一个人生活，或附着在一个更大而不稳定的群体里生活，他（她）没有亲情、责任和更明确的动机、目的，就会飘浮不定。所以，"家"这个观念意识不仅印在进化阶段原始人类的骨髓神经里，而且一直印在人类个体的脑海里。也许，人的情感太复杂了，人在"家"这个稳定的组织里会在某些时候淡漠亲情，但真正到了社会外力要攻击这个"家"时，他们同样会坚决守护。同时，他们都会时刻认为，"家"不仅是亲情、责任的动力发源地，也是他们利益神圣不可侵犯的大本营。

当人类的生命活动塑造了"个体家庭"这个社会组织，实质上，此后人类进化发展中的一系列故事都是在沿着"家""家族""部落""社群""国家"发生。而"家"就是一个稳定的单元细胞，它将社会个人武装成充满活性和善于认知的勇士，参与一切社会实践。

人类"个体家庭"使人类的生命活动充满活性，因为它成功地明确了血缘亲情、社会利益关系，使人们会为亲情、利益、责任不断地去开展活动。人类的生命活动由此具有稳定性、持续性和规律性。如果社会个人都是不具有具体亲情、利益、责任的个体独立单元，不仅他们的行为活动的目标、动机可能会盲目，而且他们也会在飘浮不定中失去稳定性。

总之，只有人类个体家庭的塑造才使人类可能在那么烦琐劳苦的环境中将农业革命、认知革命进行到底，也才能在亲情、责任的磨炼中不断开创后世的人类文明。

人类个体家庭的出现意味着人类社会出现了"私有制"。关于原始社会的"公有制""私有制"，人们在理解上有一个误区：在人类个体家庭没有出现之前，氏族公社成员亲密合作、共同劳动、共同分配、无私奉献，那就是令人向往的和谐"公有制"。其实原始氏族组织（个体家庭形成之前）就是一个血缘关系、利益关系模糊的整体，也就是说，那时候的集体生存状态，血缘关系、利益关系无法分解，也没有对这种关系的意识。当然，他们那时也确实有了自觉认知和互动的思维意识,而且有亲密合作分工的状态,但他们族外男女群婚的状态注定了血缘关系始终处于一种模糊状态,氏族群体无论是血缘还是利益,都是无法分割的整体。所以,原始社会的"公有制"实际上就是血缘亲情和利益无法分割的经济实体存在。

我们一般认为,当原始社会氏族组织生产力发展了,食物过剩了,被有权力的人据为己有,于是就出现了"私有制"。其实,这种说法是不符合人类进化发展逻辑的。

一夫一妻制个体家庭从笼统模糊的氏族中一一分离出来成为一个个独立的经济单元,这时候就已经是完完整整的私有制形态了。所以,我们所谈的那个时空中的"私有制"和"公有制"实质上就是那个时空中种群生产劳动和消费的不同单元形态。当然,人们通常所理解的"私有制"很可能是氏族部落后期,农业公社民主军事制中,军事首领对于社会公众财物的占有。

当父系氏族一夫一妻制持续很久以后,地域社会就形成了个体家庭林立,并有着真正明确血缘关系的血缘家庭。一般情况下,结了婚的成年男女都会自立一个独立家庭,于是家族中就有了一批批长辈,子孙儿女也会供养长辈。这样,地域社会就出现了框架松散的农业公社或部落组织,这些农业公社或部落组织同我们现在在某些偏远的自然独立角落所发现的农业部落没有太大区别,只不过现在的部落组织里的人在语言交流上要通畅些,建筑物和生产工具要先进一些。

原始农业时代的部落实际上是一个极为松散的组织,它们之所以称为社会组织,主要有以下几个原因。

同一个地域社会的人类群体,他们面临着完全一致的自然环境,同处于一个互动体系,习惯中会形成一些大体相同的认知和使用同样的交流语言。从外界看,这就是一个有机联系的同一群体,所以,部落组织就是这样一个地域社会的存在称谓而已。在父系氏族晚期,整个地域氏族或部落都不过是独立的亲疏不一的家庭、家族组织,如果这样一个地域社会就是与其他人类种群隔离的人工孤岛的话,在很长的时间里它是不会有什么改变的,内部的结构是完全松散的。当然,这个部落内部也会有争夺中的演化,它可能形成某一系列的习俗,但无法也没有必要形成规范严密的组织。

不同的人类种群在选择长久居住地上几乎有着相同的选择标准,那些靠近

93

水源，土地肥沃，动、植物资源丰富的自然环境都是他们的首选，所以在一个大的地域里，往往具有一系列的部落群。他们虽然圈定在一定的范围内，但常常会因为地盘、资源、情仇而不断发生冲突，而只有这时候能使一个看似非常松散的地域部落框架成为一个人类社会组织的实体存在。也就是说，在很多时间里他们以个体家庭为单元，各自生产劳动和消费，看起来可以互不相干，但一旦部落群体之间发生冲突就会体现为共同利益的存在。

部落群体之间的冲突是会经常发生的，因为智人有了语言、思维，他们不仅成为越来越好斗的动物，而且他们几乎已不把其他动物放在眼里，争斗的对象已经转化为人类种群自身。一个部落组织怎么解决这种经常发生的冲突呢？于是就有了军事民主制度。

在一个部落群体里，虽然人们都生活在各自的家庭、家族单元里，但人们在农闲的时候总会交往集会，且农忙时也会互帮互助。他们会开展许多祭祀远古祖先、神灵的活动（当然会一起共同修建一些如后世神庙那样的公共场所），他们也会载歌载舞，还会开展摔跤、拳击这样的竞技活动。总之，他们之间的一切交往活动像现代一样，会出现各类的英雄和明星、智者，这也许就是军事民主制长官人选形成的过程。在数次部落之间的冲突中，那些有组织指挥能力、有英雄胆识的人就成为后来的军事民主首长。

虽然土地、房屋财产都归各家所有，但在这个部落整体利益受到威胁的重大问题上，所有的家庭、家族都能达成共识并形成一种制度。他们会共同修建军事集会的场所，准备一些自认为最具战斗力的武器，共同选举出具有勇敢和智慧的军事首长让他安排军事准备和军事作战。

我们应该清楚，在军事民主制中，军事首长虽然是民主选举也执行民意，但他一开始就具有双重身份：他一定是某个具体家庭、家族的一员，因此他也必然具有家庭、家族更具体的亲情利益；他作为军事首长又代表了全部落的共同利益并掌握着部落的发展命运。这种双重身份使他很难掌握分寸，所以后世的私有化和腐败都是很难避免的。

在一个较成熟的社会大地域里，如尼罗河三角洲，总有一些部落或部落联盟组织会是这样的——军事首长十分英勇、强悍和聪明，他带领着部落勇士所向披靡，打败了一连串的部落，许许多多的部落成员成了他的战俘，许多村庄和农田都成为他控制的地盘。这时，他实质上已经不再是原来那个军事民主制意义上的首长,他的一大群部下也已经手握大权。因为一连串的胜利所带来的人力、物力的资源,他再也不必坚持民主了。所以他会理直气壮地培养自己的军队、警察和制定一系列出于自我意志的规范条款。这样一来城邦小国由此建立。

也就是说,在一个大地域社会里,只有数个部落氏族参与竞争冲突,其中一个群体取得较长时间的胜利并最终成为核心才可能形成城邦意义的国家,所以一个城邦国家的建立也是不容易的。有些与很多人类种群隔离的偏远独立部落,因为没有外来的冲击就不可能建立国家组织。人类社会最早的城邦国家大约在6000年前才开始形成,而最早出现的真正具有现代政治学所言的完整国家功能意义的国家组织是美尼斯创建于5100年前的古埃及王国。

第二节　从事物印象到事物概念

约6万年前,人类种群虽然已经具备了语言、思维的生理机能,但他们处于个体分离独立的自然状态,只是生物框架的人类,没有自觉的认知和自觉互动(那些表现出来的"互动"只是生物无意识的本能)。他们也有灵敏的感觉器官,眼睛也会看到自然物和他们自身的躯体,但这些看到的图像就如同照相机拍下的一个个片段,只有本能的保留印象,没有有意识的自动联系或"连接"。

5万年前人类开始使用天然火,"夜空火光效应"使他们有了常态化的集体生存互动状态,并引发了他们自觉认知的思维活动。

从约5万年前到1万年前的人类农业革命开始,原始人类广泛开动思维认知的头脑机器,他们最大的认知成功就是在头脑里建立了自然事物的印象体系。但那些事物印象体系依然是模糊不清的,他们如果不依靠具体场景的支持是无法同伙伴表达交流的。不仅他们群类之间的交流互动是十分低效有限的,而且每个人自身的思维活动几乎都处于无法形成逻辑思维的"空转"中,即他们没有思维活动的内容和模式。

在原始人类的思维意识中只有大自然动物、植物、山水草木的真实存在反映,只有印象而没有明确的独立的概念。他们的头脑也许是一部潜在隐晦的动、植物字典(他们并没有清楚的记忆),只要看到它们就会知道它们的习性、生长特点，但当他们离开了具体场景，一切都会消失，就好像合上了字典。因为一切都是记忆中的无法明确的区别和联系，他们不能开展正常的逻辑思维。一句话，因为一切事物的存在只有模糊的印象而没有明确的事物概念，所以他们的思维没有具体的内容和形式。

　　传说中有一个印度小孩，他才一两岁就被狼叼走，一直生活在狼群里，十几岁时被人解救出来，但其智力依然保持着一两岁的水平。无论这个传说是否真实，都足以表明社会具有这样的认知共识：任何还处于事物概念空白中的社会个人，假如他要形成正常的思维认知活动，就必须依靠社会事物概念体系的引导支持。原始人类的思维认知活动是缺失思维内容和形式支持的，他们的思维活动是低效的，近似空转的机器。原始人类的自觉互动和自觉认知主要围绕三个项目展开：一是从天然用火到人工取火的认知和推广使用；二是发明弓箭围攻捕杀如野牛、长毛象等大型动物；三是从动、植物的大自然分布中进行从一个地域向另一个地域的迁徙活动。

　　在这一时空中，一方面人类始终不渝地坚持着集体生存的形态，他们已无法放弃用火的形式。为了持续用火，他们在反复实践思考中终于发明出"钻木取火"的人工取火方法，并得到了普及。另一方面，他们一直坚持狩猎、采集的生活形态，在认知互动中发明了可以围攻捕杀大型动物的利器——弓箭（在较远的不受到伤害的地方，数箭齐发就可以射伤动物，然后石头、木棒齐上就可将之击毙）。同时，动、植物资源总是有限的，它们的再生速度比人口的增长速度更缓慢，于是人们总是处在不断大迁徙之中。也因此智人在几万年时间里分布到了世界的各个角落。

　　上述生存活动表明，人类的自觉认知和互动已相当活跃，但人类并不会关心植物是怎么生长的，野牛、山羊是怎么生出小仔又长大的，等等。他们只关心怎么获得这些动植物，它们分布在哪里。所以他们看见那些动物和植物时是那么熟悉，但从来不想记住和分辨它们。

　　当然，人类存在着原始交流互动的方式，也无可避免地在交流互动中将"用火""捕杀动物""选择住所""搬迁"以及起码的一些动、植物等作为交流互动的内容。既然在原始人类的思维意识中根本就不存在一切自然事物（包括自身行为关系事物）的分类、称谓、概念体系，那么他们是怎样表达交流的呢？我们可以想象，原始人类无论是在采集、狩猎，还是在一起进食、休息娱乐，都能发出各种复杂的语音，他们在反复的约定俗成中用特定的语音特指具体事物，并形成了他们都明白的一一对应关系。例如，苹果用一个特定的语音指代，山羊又用另一个特定的语音指代，等等。这样看起来，只要原始人类在自觉开展互动，似乎他们就已经从对自然事物的模糊印象中开始了事物概念的塑造，但是这个阶段的原始人类的思维活动还只是处在一种"空转"的状态中。

首先，他们用特定语音一一对应所指的事物太少了。如果说现代人类的事物概念体系如大海般丰富，那么那时的人类事物"概念"就只有几滴水。它们只不过是几样简单的动、植物，几件相互关联的集体生存形态中的事物而已。这是因为他们的狩猎、采集生活形态本来就如此简单。

其次，他们的互动交流表达要依靠具体场景和肢体语言的支持才能进行，特别是他们要表达多种事物联系的动态时是无法脱离具体情景的，如他们无法表达"一群狼在追赶一群羊，又出现了一群猎人"，只能用手指着那个场景发出描述语音。也就是说，虽然用特定语音指代一一对应的特定事物在约定俗成的默契中可以成为交流的基础形式，但这种"对应"就如同一本散乱僵化的字典，如果没有翻阅字典的人本身的思维逻辑，这本字典就很难发挥作用。所以，原始人类之间只能存在最简单的交流语言，而且他们的"概念"储量只有很少几个。

最后，他们的交流互动只发生在有限的群体之中，一旦与外围的群体结合，"对应"的体系就会失效，只能在"同化"或被"异化"中重新开始。所以不具有传播、积累的价值。

只有当人类到了1万多年前的农业革命时代，人类的认知和思维活动才发生了根本性的改变：原始农业和原始畜牧业的开始，本身就意味着人类对于动、植物的认知以及对自身行为关系的认知已经发生了重大改变。

在具有了自觉认知后的数万年采集、狩猎生存形式中，虽然他们对动、植物因长期接触已经建立了较广泛的印象体系，但他们只关心哪里存在美味可口的动、植物以及怎样有效地获取它们，而不关心它们如何繁育、生长。后来因种群越来越密集引发的生存危机使他们对动、植物的发育生长，土地气候、水分与这些动、植物的生长关系等都发生了浓厚的兴趣。这是发生在大约1万多年前的事。

当人类有了生存的危机感就会在思维活动中寻求出路和找到一个突破

口,这正是人类有了自觉认知和自觉互动思维机能以来与动物世界最根本的不同——他们的行为活动并不处于一种本能机械循环的框架中,而是有自主目标、形式的能动认知。所以,在生存危机中,他们停下了大迁徙的脚步,把一切心思放到了他们原本也熟悉,只不过忽略了的自然客体对象上来。就如同一个贪玩的小学生跟随老师和同学走马观花地翻弄着课本,虽然听惯了老师和同学关于知识问答的声音,但他对课本的内容总是迷迷糊糊,一旦他静下了心,有了要了解知识内容的想法,他就会把知识体系建立起来。原始人类对于大自然的动、植物发育生长以及它们与土地、气候、环境关系的认知也是这样的。当他们有了生存模式的改变,就对原来这个模糊的自然客体——山、水、草、木、无花果、核桃、苹果、山头、长毛象、土地等逐渐有了概念。显然,他们不可能这样规范统一地建立起太多的事物概念,但他们用于交流和用于思考的概念越来越多了。在驯养动植物种类的问题上,虽然原始人类最终驯养出来的种类并不多,但他们在驯养实验中所涉及的种类要多得多,只不过很多实验宣告失败而已。也就是说,农业革命时期的原始人类才真正是最辛苦的动植物驯化实验专家。现在的所有物种都是农业革命之后到2000年前驯化的,在这之后人类在物种的驯化上几乎没有任何建树,所取得的成果只不过是对原有物种的改良罢了。

人类新石器时代的到来实际上是源于人类下决心开展农业革命所引发的生产工具革命。一切的产生都来自需要。人类需要从狩猎、采集的游动状态转化到农业革命的常驻形态,于是有了对各种生产工具的需要。此时人们才真正用心琢磨起原来在手中使用了几百万年的石头来,如石锄、石镰、石斧、石杵、石臼等都是农业生产和常驻生活所需的。当然,我们可以想象他们一定还用了木棒、木桶之类的工具。

人类处于农业革命时期已经建立了无数的用石头、泥土、木棒、柴草搭建起来的房屋村落。所以,无论是他们的农耕、畜养、村落建设、社会关系互动,都涉及太多太多的事物认知和概念体系,更不用说他们处于与大自然的共鸣之中,日月星辰、风雨雷电、山川湖泊都变得与他们的生活密切相关。因此,农业革命时代的人类无论是体力和脑力都是消耗很大的,他们几乎是在一个集体常驻生存和认知体系为零的自然世界中建立起一个畅通平稳的集体地域社会。

农业革命持久深入并逐步变得轻松畅通的时代出现在大约8000年前（只针对最早的地域社会）的个体家庭出现和人类商贸行为的登场。

也就是说，当人类种群在生存危机中做出了农业革命选择，将血缘家族从山洞中搬到了平地来开展农耕、畜养，他们一开始依然是既辛苦又迷茫的，一切都在摸索之中。最开始时，他们并没有放弃狩猎、采集的行为，只有在农耕、畜养的收获充裕了之后才开始放弃。伴随着农业革命的开展，血缘家族纷纷演化为母系氏族，而母系氏族的族外群婚使他们始终处于笼统模糊的血缘关系和利益关系中，一直到父系氏族时代晚期出现独立的个体家庭和血缘关系亲疏不等的农业社会，人类种群的生存才找到了一种理性确切的形式，从此在大地域社会里开始出现以个体家庭、家族为单位的商品物物交换形式，社会的有机联系才开始在明确正常的状态中建立。

人类个体家庭和商贸的出现表明人类社会在认知上真正进入将自然事物、自身行为关系事物置于一种较明确的求知状态之中，或者说这时候他们的头脑里和交流互动中已经出现了比较清楚的概念对象体系。例如，在人们的头脑里已有了许许多多的动物、植物、生活用品、自然景物等概念。这种状态相应的人类时空为7000~6000年前。

第三节　认知革命核心——发明文字

假如没有古印度人发明的阿拉伯数字，以及后来的各种运算符号，人类会怎样表达现实生活如此复杂的事物数量关系？复杂的事物数量关系只要选择了一个恰当的表达方法就会变得既简单明确又无比精确，这就是人类思想的智慧力量。即使古印度人不发明，其他地域社会中的人类也一定会发明出类似的方式。古印度人发明的阿拉伯数字只不过是浩瀚无边的人类文字中的一种形式，人类文字除了数字文字外，还有字母文字、拼音文字、象形文字、楔形文字等。

人类文字是人类对一切事物的认知从事物印象上升到事物概念的最终表达形式。由于人类种群分布在不同的自然地域中，他们的认知互动状况不同（即他们有各自独立的符号体系），而且他们创建文字所处的时空也不同。但他们有两点是共同的：一是他们都是用智人的大脑在认知和反应客观事物（包括自身行为关系事物）；二是他们面对着大致同一个自然世界（植物、动物、山、水、风、雨、雷、电），而且上演着大致相同的农业革命。所以，各种不同的语言文字又是可以互通互译的。

人类文字的本质就是事物概念最稳定规范明确的表达形式，就如同一个国家可以通过统一编码的居民身份证建立一个明确区别所有公民的识别体系。居民身份证所识别的对象是该国所有人的基本信息，而人类文字所要编码区分识别的客体对象是一切事物。当然，每一个文字体系都希望能表达一切事物，但它们只是如同修房造屋的砖块一样，并不是如同身份证那种一一对应的区分识别体系。

人类文字是人类认知事物从印象到概念的最终表达形式。它经历了事物印象体系形成、语音与事物对应、约定俗成、用特定符号体系表达的漫长过程。学术界一般认为，在成熟的地域社会里，人类文字的创建活动萌芽在7000—6000年前。古埃及的象形文字是最早的人类文字，它在5500年前已经出现。这个时间是创建文字的人类行为已经到了比较成熟阶段的时空点，这个地域社会创建文字的认知思想至少在此一千多年前就开始萌芽了。

从农业革命开始到个体家庭、商贸活动的出现，人类将他们所面对的事物进行了逐步地分解认知，这也就是事物印象体系和事物概念体系在人们思维意识中形成的漫长过程，像远古人"结绳记事""刻痕留迹"都可以视为人类创建文字思维活动的萌芽。

人类地域社会对自然客体事物的认知分解总是伴随着群体的互动成长，用特定的语音指代一一对应的特定事物，长期约定俗成，从而构成了相应的共同语言，这就是人类处于农业革命、个体家庭分离状态或自由商贸兴起时的认知互动状态。但是依靠特定语音对应指代特定事物并约定俗成开展认知互动交流的方式在父系氏族末期的农业社会里具有很大的局限性。

其一，从农业革命开始到个体家庭、商贸集市的出现，人们所面临的处于主观互动中的事物概念太多了，用语音对应事物的方式容易混乱而无法顺畅地交流，特别是利益的交往收支更需要有一种更清楚明白的表达方式，但人们并没有找到这种方式。

其二，个体家庭、商贸集市出现时，氏族部落还是一个松散的组织框架，但社会流动已经加快，社会中的互动群体总是处于变化中，原有约定俗成的"对应"体系常常会失效。

其三，用特定语音对应特定事物的方法，从现代的角度看一点问题都没有，就连现在的一两岁的小孩也能在这种方式的引导下快速建立认知概念体系。但在远古的人类地域社会交流互动中是存在问题的，因为它根本就不存在社会事物概念大体系的支撑（现在的婴幼儿认知成长有一个完全成熟发达的社会事物概念体系存在）。问题出在哪里呢？因为"特定语音"本身发出后会马上消失，它不仅没有一个规范统一的形式，而且根本就没有保留、验证、复制的痕迹和形式。人们只能通过发音的记忆保留来交流互动，因而这种方式需要靠具体场景和肢体语言的支持才能实现，交流互动方式要达到像今天这种传播、积累互动的效果是不可能的。所以如果人类一直仅仅依靠特定语音——对应特定事物的方式展开事物认知互动，人类就不可能将认知深入并建立复杂的文明体系。

因此，人类文字的创建才真正解决了原始人类在认知困局中的一切问题。它看起来如同阿拉伯数字、货币那样简单，但人类能发明这种表达认知的方式却是何等的神奇。

首先，它是一种明确、稳定的对应表达方式。任何文字，无论它们是怎样的"符号痕迹"体系，最显著的特点就是它们是稳定的、明确的。在此之前，人们用语音对应指代事物开展交流互动，显然还不能长期保持"明确"和"稳定"（因为"声音"不仅会消失，而且在不同的互动情景或通过不同的声带会改变）。

其次，它是一种规范的、统一的对应表达方式。人类的认知与互动是相依相存的思维活动，要达到互动的前提就是参与互动的群体必须存在一个可以共同领会的方式。用特定的语音指代特定事物，在约定俗成中也形成了"共识"，但因为声音是会消失的，发音也总是有差异的，因而它无法成为每一个人都能保持原样认知的"规范、标准"从而完全"统一"。

最后，它是一种可以保留、传播、积累、复制、验证的优良可靠形式。即便今天不用纸质而是用微信，但对于信息的表达依然要靠文字。

只有当人类创建了明确、稳定的文字概念体系，人类才可能进入文明创建的历程，才可能将人类的认知革命进行得更加深远。

其实文字就是刻留的"痕迹符号",无论它是以什么材质进行刻留的,一旦经过"刻留",它就是稳定的、明确的,可以保留、复制、验证的。因此它是对人们分解认知出来的各种事物最有效的编码区分的表达形式。如果我们仅仅凭借语音对应事物的方法进行记忆和交流互动,事物太多时就会造成混淆而无法持续进行。再说,仅仅凭借"声音"的记忆交流有严重的时空局限,它只能依靠具体场景和在有限的群体中认知互动。

说到底,社会群体交流互动畅通的前提就在于他们具有"认知共识"。在人类文字没有出现之前,人们凭借的是语音与事物对应的默契共识。这种"共识"是靠人们对"特定语音"的记忆保留,它并没有一个可以独立于思维活动之外的"标本模具"存在,所以人们的"共识"总是有负担的。就如同要在一个人的脑子里记住一百个人的电话号码是不太容易的事,但即便是一万个人的电话号码,只要用明确的数字写在本子上或储存在计算机里就非常容易保留,这就是因为文字才具有独立存在的"标本模具"。也正因为有了这个可明确、稳定、规范的"标本模具",人类的认知才可能走得深远长久并能创建出似大海般的文明体系。

我们可以这样设想,在氏族部落时代,人们产生用创建文字符号来一一指代事物的想法时,也一定会像发明了"钻木取火"那样兴奋,因为他们寻找到了可以达成"共识"的"标本模具"。这些简单文字对应着的事物和原有语音对应着的事物又形成了一种一一对应的关系。也就是说,当人们用"划痕留迹"的方式创建文字时,人们对这些"划痕留迹"——符号已经有了发音上的称谓,而不是重新建立一套发音系统。我们今天所了解的文字是音、形、义三方面的有机结合体。

文字的"音"既是这个"特定特号"的读音,也是我们对应表达的事物对象的称谓;文字的"形"就是这个文字的"符号"本身;文字的"义"就是被表达的事物。因此,自人类创建文字(特别是如象形文字、楔文字、甲骨文、梵文等)之后,就已经形成了三重对应关系:"音"与"义"的对应基本就是原有"特定语音"与特指事物之间的对应关系;"形"与"义"的对应就是特定文字符号对应特定的事物;"形"与"音"的对应就是每个文字符号对应一个明确的读音,"音""形"又同时对应同样的事物。也就是说,当人类创建了文字以后,实际上在人类认知互动事物信息中,已经有了一个双轨制共识系统——语音与事物对应，符号与事物对应，而且，语音和符号在对应事物中还能够得到修正和验证。这就是为什么人类文字出现之后，人类的认知可以从深度和广度快速发展的秘密。

当人类从约定俗成的语言体系中又创建出文字符号，实际上是将社会群体的认知共识增加了一道明确、稳定、规范的"共识"保险。一开始创建出文字时，很可能人们都会争相传说，那些符号分别代表什么事物，并且他们会读音（就是原来那个特定的语音）和书写应用。

各社会地域创建的文字有诸多不同。有的开始运行了一段时间由于社会流动变迁很快消亡了；有的由于民族部落的冲突没有稳定的社会环境而夭折了；有的在国家强制规范整合下使文字体系在大地域社会群体中得到应用，并最终成为创建文明的认知基石。

有了文字之后，人类地域社会的认知处于"双轨制"中，文字对于人们的认知具有牵引、规范和整合的功能作用。当文字符号体系越来越多，他们当中的人可能已经完全不再去认识、书写这些文字，但只要极少数的人在继续整编、登记、修正文字与事物的对应关系，其他人总会顺从文字的读音去认知事物。就如同现在两三岁的小孩并不识字却会在大人语音的指导下很快建立很多清晰的事物概念，是因为社会存在的事物概念大体系在牵引着他们的认知。同样，绝大多数人不可能头脑中装着一本完完整整的国家法律，但他们的行为实际上都在法律框架的不断修正、调整中被牵引着向前运行。因此，人类文字对于人类认知的作用绝不仅仅在读书识字的应用上，而是它具有为人类的认知起到牵引、规范的强大功能。所以，中世纪时没有多少欧洲人会读书识字，但人类文字同样为社会的认知发挥着牵引和规范的强大功能。在人类社会发展的长河中，只要有一些人相继举着"人类文字的火把"，所有的人都会被牵引着创建出一个庞大的文明体系。

在人类历史上有些人读书识字很少却在自然科学的某些领域取得了惊人的成绩，这不是说人类的文明进步并不依靠文字体系自身的传播、积累和自身惯性的自然延伸。他们所取得的成绩，同样是站在人类文明体系的平台上发生的，只不过他们并没有采用读书识字的形式，而是人类在这个领域的认知积累一直在牵引、推动着他们的认知。一个自然科学家如果原本没有读书识字或读书识字不多，后来成为某个自然科学领域的科学家，那么他一定是对这个自然领域充满好奇和执着认知的人，而且从某个时候开始他一定会处于如饥似渴地学习和广泛搜索这个领域的前人认知的状态中。实质上，读书人、博学者只是人类广泛文明事物的收集者和整理者，自然科学家最可贵的品质不是他的博学，而是他的好奇心和近似疯狂的执着精神。

人类的认知总是在社会化的互动机制中出发并回归，总是在人类文字的社会整体牵引、整合中表达着社会历史前后联系的意义。这就是我们通常所说的人类文化具有传播、积累的属性。显然，这种属性的生成必须依赖人类社会互动已经将明确、规范、稳定的文字体系作为思想交流的工具，即人类的文明体系必须依靠一种稳定、明确、规范、统一的具体形式才能有序地表达出来，而且这种形式必须独立于人类大脑的思维意识，这种形式就是人类文字。所以，人类文字才真正算得上人类认知革命的核心。

由于上古时代人类的种群已经分布在地球自然世界的每一个角落，地域社会中的各种符号系统的文字也相继出现。现在的考古学家已经发现了许多种类的上古文字符号体系，如古埃及象形文字、苏美尔楔形文字、古希腊字母文字、腓尼基字母文字、古印度哈拉帕文字和他们发明的阿拉伯数字、中国甲骨象形文字、美洲玛雅文字，等等。我们可以推想，在人类进化到有了"社会"的时代中，各地域社会里一定相继出现过各种类型的文字符号，只是它们没有社会统一整合的机制才最后消失了。

凡是人类文字，它们都通过"划痕留迹"来呈现，所用的材质是各异的，通常就是我们今天所理解的"纸""笔""墨汁"。例如，古埃及人把象形文字刻在石壁上、墓壁上、神庙石碑上，就相当于把石头当作了"纸"，刻琢工具就如同"笔"；大部分的象形文字是以"纸草"植物晒干压平为"纸"，以芦苇细干为"笔"，以植物浆液为"墨汁"进行书写。而苏美尔人发明的楔形文字最初是以泥板为"纸"，以木棍为"笔"进行书写，然后将泥板晒干。有的地域用竹简为"纸"，有的地域以丝帛为"纸"，有的地域以龟甲为"纸"……

人类在文字创建之前，因为没有明确、规范的事物认知概念体系存在，地域社会的认知互动不可能存在我们所理解的现代社会这种可持续积累的社会机制。所以，人类社会在5万年前到人类文字出现之前，并非文明时代，它仍处于进化的第二阶段，仍处于思维活动因缺失内容、形式而"空转"的事物印象时代（也称为蒙昧时代）。

人类创建文字最重要的意义在于找到了一条最有效地规范思维活动和认知活动的道路，但一切对于自然客观事物的分解认知以及不断明确地编码的过程还只是一个开始。我们通常会说人类文字是人类文明的重要标志，但我们不能说自人类出现了文字就正式开始了文明创建。因为那只是地域群体在认知上可以定向"明确共识"的开始，他们的认知互动状态在很长的时空中仍处于蒙昧各异状态。

究竟在怎样的社会环境中，又需要怎样的社会机制，人们的认知互动才能出现稳定持续的互动、传播、积累状态呢？

第四节　认知加工厂——国家机器

人类社会的特殊组织——国家是最重要的人类文明标志。国家组织分为两种形态——不完整意义的城邦小国和完整意义的王国（这种分法只针对上古社会）。最早的不完全国家组织可追溯到6000年前的尼罗河流域城邦小国。那时，尼罗河两岸出现了42个奴隶制城邦国（以一个城市为中心，连同周围的农村构成的小国）。人类历史上最早的完整意义上的国家组织是5100年前由美尼斯创立的古埃及王国。此后，在人类各社会地域相继出现了无数的国家组织，它们会相互碰撞、战争和相互取代演变，从而上演精彩但又残酷的人类文明演绎故事。

我们有时称"国"，有时又将"国"与"家"连用，称"国家"。"国"和"国家"所指的是同一种社会组织。"家"是有固定住所、固定成员、固定血缘关系的最小社会组织，它的最大特征就是固定、稳定和有序。而"国"也具有固定的领土面积、固定的社会民众、稳定规范的行为关系秩序，与"家"的稳定有序很一致，所以常常称之为"国家"。

从人类的进化发展历史看，"家"这个人类社会组织自出现以后，几千年来一直被人类生存活动不舍不离地选择，是因为它是最具活力、最稳定、最适合人类生命活动的社会组织。而"国家"也正如"家"一样是人类社会最适宜的单元格，它就像一艘艘坚固的航母承载了人类生命活动的过往，并成功培育了人类繁星似海的文明体系。

国家是拥有固定领土面积，拥有较多人口数量，拥有军队、警察、监狱、法律规范等强制机器的人类社会单元组织。国家（完整形态的国家）的形成有两大条件：一是这个大地域社会里已经有众多林立的城邦小国或许多错综交错的氏族部落，它们处于长期的冲突状态中，而且在它们发生冲突的过程中最终有一股强大的势力脱颖而出；二是这个大地域社会里已经有一种可能达成认知共识的文字符号体系走向成熟了。也就是说，在上古人类地域社会相继出现的"国家"是众多城邦小国或氏族部落一系列冲突征战的最终平衡产物，这种平衡的最终格局是在众多的矛盾冲突中形成了以某一势力为中心时产生的。也有众多势力纠缠在一起却最终离散的情形，所以不是所有的氏族部落冲突都会形成国家的形态，而是只有形成了以某一势力为中心时才能达成这一形式。

国家是在农业公社的基础上建立的，在氏族部落或城邦小国的连续冲突中，许多地方的农民在参战中变成了战俘或他们战败后难以舍离自己精心耕耘的农田、房产而逃回了家里。这就表明，一个大地域战争冲突的胜败难以驱散这片土地的居民，这就是农业革命的结果，即农田土地本身就是地域社会向心力的一大因素。

当战争冲突使某一氏族部落或以城邦为基础的势力取得无数场连续胜利，其势力就会像滚雪球一样迅速强大：战俘增加，成为集团组织的苦力、生产劳动的劳动力资源；当地的农民成为兵源；源源不断地向这个集团组织交粮纳税。此时，在这种胜利面前最需要的就是有一种文字体系所支撑的主观认同和有效的社会组织。

人类文字和国家组织都是人类生命活动中发明的最具代表意义的人类事物，二者在人类的认知功能引导上都具有一致的功效——规范和整合，同时二者又是相生相灭，相互作用的。一方面，人类文字起源在先，但人类文字的功效发挥以及它自身的持续发展离不开国家强制规范、整合功能的支持和保护；另一方面，像国家组织这样庞大的机器，如果离开了一种明确稳定的文字体系，社会主观互动平台是难以建立和难以持续的。所以，只有在庞大的地域社会中，一种十分成熟的人类文字体系与初具雏形的国家组织相互结合才能交融形成畅通的处于循环互动传播、积累的主观平台，人类才可能真正进入文明创建的正式轨道。

国家机器如果从氏族部落无休止的冲突局面来看，它的存在正是对这种恶性循环局面的终结。历史研究资料表明,当人类在氏族部落时期,有30%的成年男人死于氏族部落的冲突中,有的甚至达到50%。我们可以想象,那时候的人们是多么没有安全感,怎么可能静下心来持续开展认知并建立起庞大的文明体系。所以,国家虽然拥有庞大的军队、警察和专门的监狱,但正因为这种不是靠少数人能建成的国家机器的存在,才阻止了恶性暴力事件的发生。如果没有国家组织的存在,地域社会生态将会混乱、无序,失去平衡,就不可能持续创建具有文明体系的社会机制。

作为有规范体系的国家组织,只要它处在正常的运转中就存在着职能部门。有了各职能部门(在历史的过往,各职能部门的设置总是在不断变化的),在这些部门中就有一群具体的人在操作(他们就是施政者),于是整个社会就存在两类人群:一是处于各类各级职能部门的施政者(皇帝当然是最高权力的施政者);二是处于各领域、各行业的劳动者,其中数量最大的就是农民。所以,社会就有了统治阶级和被统治阶级的说法。

国家又是一台强制规范的巨型标准件加工厂。它要求国民按照它的意志(用法律规范体系来表达,虽然国家组织在出现很多年之后才有成文的法典,但它的意志依然是一条条规范)开展生产劳动社会实践。但这庞大的社会人群靠什么来沟通互动和组织呢?显然,国家社会需要有一个全社会都能共知共识的主观互动平台,而正是国家具有的强制规范功能才使社会主观互动交流的公共平台可以建立起来。

中国历史学家在讲到中国历史时都不会忘记为秦始皇写上这样一笔"统一文字、货币、度量衡",可见,一个国家文字的统一是多么重要。每一个国家组织的建立,一开始总要将原有社会地域存在的文字体系进行再加工,完善成国家的官方使用文字,并在全社会推广普及。国家各部门、各地官吏要互通信息,肯定需要统一的认知标准,这个标准只能依靠文字符号体系。

出现在各地域社会的文字符号在原有的社会组织框架中只能是顺其自然的演化,因为社会不存在强制规范的机制。但国家组织强制规范中的社会就大不一样,只有用文字符号规范整合下的认知体系,才可能建立起庞大国家组织并使之有效运转,而恰恰是国家组织的强制规范功能才能建立标准的公共认知平台。

所谓国家是认知的加工厂就在于只有国家机器管控的地域社会才可能形成一系列使社会认知无限发育繁殖的机制。只有国家组织才能保障社会持续稳定,从而为社会认知在持续的状态下发展得更深、更广提供必需的环境保障。从历史的大时空看,国家组织之间也处于不断冲突碰撞的状态中,但从每个人几十年的时光看,当他处于国家强制管控的单元格中,大部分人,在大部分的时间里,享受着平静稳定的社会生活。

国家强制规范功能与人类文字牵引整合功能在社会地域中发生共振,就如同制造标准件的巨型工厂,铸起了畅通互动的社会主观公共平台,从而使人类进入具有传播积累和持续发展的文明创建轨道。

国家除了可以建立主观认知的公共平台之外,还具有规范化、系统化组织社会实践活动的强大功能,如国家职能部门的设置,社会分工合作机制的建立,各领域、各行业的纵深发展,各学科的培养,等等。也就是说,只有国家功能的存在,才可能呈现出社会一盘大棋的社会实践活动。如果没有国家功能的存在,很难想象,人类社会能呈现出诸如胡夫金字塔、巴比伦空中花园、古罗马建筑群等巨型工程的社会实践活动。国家不仅是人类社会认知趋于统一的加工厂,还是一切后世人类文明体系创建的总调度者和工程师。

第五节 "文明""思想""文化"的历史内涵

"文明"是人类生命活动属性、特征的专用名词,人类"文明"就是人类生命活动与动物世界生存的所有差异和优势的总特征。也就是说,我们用"文明"一词概括和涵盖了人类生命活动在动物生命活动面前彰显出来的总特征和优势。当我们细致分析人类行为的属性或优势时,我们可以列举出无数的差异和优势:人类是有思维活动的动物,人类是有社会、有社会组织的群体,人类是能制造工具、使用工具的群类,人类是具有认知互动并可以形成认知体系的群类……"文明"就是人类一切优势、特征的总概念,人与动物的区别就在于人类种群具有创建文明体系的种群机制,而动物世界则没有。

人类与动物世界的一切差异和优势不是一开始就显示出来的一个固定格局,它是在人类生命活动过程中逐步表现出来的。因此,人类"文明"不是一个固定的结果特征,而是一个不断优化改造中的状态。所以,人类所进行的考古不是挖掘了人类历史生存状态中的某一结果,而是寻找到了这种连续变化

"状态"中的逻辑故事。

人类文明在客观改造和主观认知上总是在不断刷新但又紧密联系。例如，在人类生存中的衣、食、住、行上就形成了一条条刷新的轨迹，而在认知上形成了一个个逐步延伸的体系。这种客观改造刷新的状态称之为物质文明；客观认知刷新的状态称之为精神文明。精神文明与物质文明是无法分离而独立存在的，二者都是人类生命活动变化状态同一过程在认知上人为的划分，即人类生命活动总是在不断认知中不断被改造，在不断改造中不断被认知。自然科学体系就是人类不断认知的状态结果（也包括社会科学体系），同时也是人类改造客观所应用的思维逻辑。

人类为什么发明"文明"一词来表达人类生命活动一切优势理性的状态呢？这也许只是一种偶然。但我们既然理解了文明的内涵，可以从中文语系出发，对"文明"一词加以理解。文明：因"文"而"明"，有"文"则"明"。"文"，即文字、文化、文章、主观思想认知，它既是人类生命活动的根本属性，也是一切差异、优势塑造的源头；"明"，即一切客观事物可以明确、明朗、清晰进入人的主观世界，一切关系，一切自然规律可以使人类逐步明确、明白。所以，有"文"则"明"，"文明"就是这样具有总括人类属性特征的内涵。

在研究人类历史的社会思想中，有太多太多的伟大思想家参与其中，但人类过往的历史研究或有一些遗漏和缺失——人类从进化转向文明创建的逻辑联系以及人类在进化时空中的进化逻辑细节。

人类文明史的内容极其丰富而且不乏依据、线索和逻辑性，因为这一时空最远也不过距今几千年，并且有详尽的文字记载。但人类进化历史时空就不一样了，它日久年深，而且不存在文字记载，没有丝毫线索，看起来这个时空的人类事物没有研究的可能和必要。实际上，当我们有了从整体上研究人类生命活动这一主题以后，"人类进化时空人类事物的逻辑"才成为我们需要仔细思考的对象。也可以这样说，有许许多多人类社会事物的原始概念，它们在现代人的主观世界是模糊的、缺乏逻辑联系的，如"社会""思想""文明""文化"等。

表面看来，我们沉迷于研究人类进化与现代社会生活毫无关系，但这一研究正是我们从整体上建立人类历史观的重要源头，当我们始终笼统模糊地看待人类进化过程时，实质上我们也丧失了如何从整体上理解现代社会事物发展逻辑的机会。

我们今天所理解的一切人类文明体系都是用人类"思想"来构成和表达的，自然科学和社会科学体系就是人类精神文明的集中表现形式，而一切被优化的充满理性的客观改造（如城市建筑群、航空母舰、互联网络）都是思想渗透于物质的物化。"思想"应该是由事物概念组合起来的明确稳定形式，如果它只是认知事物朦胧的不能明确表达的印象意识，我们就无法认为它是人类的"思想"，因为根本就无法构成如同自然科学这种体系。首先，"思想"是人脑思维活动的产物，但人类大脑并非处于任何进化时空中的活动都会产生"思想"，当人类大脑并没有明确事物概念时（这些事物只是事物印象体系或它们没有文字表达形式）就没有这一产物。所以，人类对事物认知的"思想"塑造只能发生在人类文字创建以后，而且被创建出来的这些文字对他们已经产生了实际作用。其次，没有人类"思想"形成的人类认知时空，思维活动就几乎等同于机器的"空转"，人类的认知互动只能浮于肤浅的朦胧的事物印象层面，没有明确、稳定的认知表达和积累，也就不存在后世我们可以理解的持续传播、积累的社会机制。这也是我们坚持认为人类文明的源头在人类文字、国家组织创建之后的理由。

人类"文明"是有"文"才"明"、因"文"而"明"。没有如"文字"这种明确、稳定的表达形式塑造人类的自觉认知，一切"思想"无法顺畅表达，就处于蒙昧时代而无"明"。所以，人类文明只有通过人类文字的装饰、牵引和国家组织的加工才能在人类地域社会出现。

"文化"一词，也是现代社会使用频率极高的一个词，它究竟有怎样一种原始内涵呢？"文化"一词也算得上是一个原始概念，但这个概念对应指代的人类事物却是极为抽象和概括的人类社会属性。

首先，人类"文化"与人类"文明"都是概括性描述人类社会属性、特征的两个最重要的词汇。我们将"文明"作为第一级概括性词汇，它包括"文化"属性。我们通常会把二者混同使用，因为我们并没有特别界定二者的区别，同时绝大多数情况下所描述的人类事物现象是"文化"和"文明"都能共同包含的人类社会属性，所以并没有什么问题。但是，我们要理解人类进化和发展的逻辑脉络，就有必要约定或认为：人类"文明"是概括人类社会属性、特征的总词汇，它包含了人类"文化"的所有概念内涵和外延（听起来概念内涵与外延丰富、大小是一对矛盾，但我们可以这样约定）。

其次，"文化"同"文明"一样，它也包括精神文化和物质文化，但这个词汇所包含的人类社会属性在人类意识形态占有更重要或更大的成分，如风俗礼仪、思维方式、价值观念、道德情感、宗教礼仪等。当然对它们的特有认知和特别的社会实践所形成的客观改造状态我们也可称之为"文化"。

最后，"文化"的核心内涵依然是"明确、规范的主观认知"，当在一个社会地域里，"明确、规范的主观认知体系"被人们长期地传承应用，从而形成了认知、互动、实践改造的一般模式，我们就将这个地域被历史时间所浸泡过的民间习俗化的模式称之为"文化"。文化就是在地域社会思想认知互动中，主观思想、行为方式的长期习惯化和历史模式化。无主观思想、无文字表达就不会产生文化。

人类文化现象也进一步表明，只有人类有了明确的思想表达形式，有了可以在社会互动中无限循环传播、积累的社会机制存在，才会产生光彩夺目的人类文化。

总之，人类"社会"的形成是人类生物人转化为社会人的标志，人类文字的出现是人类文明创建的社会机制开始孕育的标志，而人类国家组织的形成则标志着人类文明创建的社会机制已经形成，人类由此进入了文明创建的轨道。人类文明历史并不久远，只有五千年。

03

第三篇

| 人类古文明发源盘点 |

第一章 自然地理与古文明发源

第一节 社会原始分布猜想

地球自然世界生机勃勃的生命现象是茫茫宇宙中最神奇的光点,在这个气象万千的生命世界里,人的种和类,从生物属性的框架中"爬"出来,创建社会、创建主观思想、创建文明体系,从而建立起一个秩序、规范、井然有序的文明社会,这更是这个自然世界的奇迹。

人类生命物类就是地球自然生命世界的演化大过程中的物类,人类生命活动就是在不断与自然环境互动中塑造自我属性的活动。我们已经知道了人类由"生物人"转化为"社会人"的模式:智人种群在"夜空火光效应"中冲破了自然生物框架进入了集体互动的生存形态,他们由此有了自觉认知、自觉互动、分工合作的思维意识活动,从"生物人"转变为"社会人"。我们由此可以推导几万年以前人类种群繁殖和生存分布的一条重要逻辑:现在的所有人类都是智人种群的后代,而且他们很可能是由某一个具体地域的具体群类出发的,通过大扩散、大迁徙,形成了今天的人类社会。也就是说,无论我们在非洲、欧洲、亚洲、大洋洲发现了多少种类的人类生物化石,也无从考证他们生存在几十万年、数百万年前的时空中。其实,这些"发现"与古代、现代人类没有直接的遗传演化关系。我们所想到和认知到的古代、现代人类,都出自某一具体地域的具体智人种群,只是他们后来扩散、分布在世界各地。这听起来似乎是一个荒诞的推理:古代、现代中国人与北京人、蓝田人并没有遗传关系;欧洲人与尼安德特人并没有直接遗传关系;大洋洲人与丹尼人、梭罗人并没有直接遗传关系，他们统统只源于一个具体智人种群的分布演化。但这种想法却包含了更合情合理的逻辑推理。

第一，人类是通过"生物种群"转化为"社会种群"的。我们常常认为人类具有几百万年的进化历史，如果这个"历史"一开始就具有社会属性和进入社会化的轨道的话，显然人类文明不可能推迟到几百万年之后的距现在几千年才出现。所以，无论考古学家对几百万年前古人类的多少次的挖掘发现，人类种群都是作为自然状态的生物群类而存在。

人类"生物种群"究竟在哪一时空转化为"社会种群"呢？我们在第二篇已经有了详细的分析，那就是几万年前的人类智人时代。显然"语言生理机能"的形成是人类从"生物种群"转化为"社会种群"必须经历的进化关口。我们可以想象如果人类生物种群没有形成可以发出复杂多变语音的生理器官，又怎么开展互动交流和分工合作，怎么建立交流互动的主观平台呢？

一切科考挖掘都无法证实分布于各地域的人类生物种群在进化过程中都会获得这一机能，或者无法证实他们获得这一机能具有同时性。

在人类学、解剖学的研究中，发现约20万年前的智人化石身体在喉咙部分有与其他人类化石不同的器官，那就是类同于现代人类身体的发音器官——喉结。

智人身体上的"声带"就是人体体内气流通过喉部呼吸时的"声带振动器"。有了这个器官，人就可以发出复杂多变，在音调、音域、音节、音质上完全不同于动物世界的语音。关于这一点，在第二篇中已经谈过，在这里我们想要明确的一点是——不是我们所挖掘发现的所有人类种群都能在进化通道的大致时空中获得这一生理器官，这种生理器官是具体的智人群类在具体的自然环境中优先获取的。也就是说，"直立行走、两手空闲、脑容量大"可以作为我们所知的各类人类种群具有的共性，但获得"喉结"这一生理器官却只能是具体地域的具体种群在与自然环境具体的互动中产生的结果，而不是处于各地域的各种群类的共性。达尔文的生物进化论表明，一切生物进化都是生物群类与自然环境互动的结果。显然，这种"互动"是具体的，具体发生在具体的种群与具体的自然环境中，不可能到了某个时空点，全世界各个地域的不同种群都同时获得了这一生理特性。

在众多人类生物种群中，当某一个具体地域的具体智人种群获得了语言生理机能，在他们的生存形态演化中就拥有了自然生命世界中一枝独秀的优势，他们将改变人类进化的格局。

第二，我们所理解的智人种群，在"夜空火光效应"中由"生物人"转化为"社会人"的情景模式，也只能是在具体的地域中具体的智人种群在与具体的自然环境互动中开展。而且，"夜空火光效应"之所以可以引发他们集体互动、自觉认知、自觉思维并塑造出"社会"，也离不开他们已有"语言生理机能"这一基础。

在以往的历史教科书上，"数万年前（时间不详），人类使用天然火，从而开启了人类生存形态的新纪元"这句话并没有表明人类的生存形态究竟发生了什么变化，而且也没有说明"使用天然火"这件事是在各地域的各种人种身上陆续发生，还是由某一支具体人类种群在具体地域中发生的，这些问题将影响和决定后来人类社会的分布格局。

我们都习惯性地以为人类开始使用天然火就意味着开始吃熟食，从而增强了胃消化能力和体质，并有了抵御野兽攻击的威慑力。但是，这种对"人类开始使用天然火"的人类生存改变意义的理解仅仅只停留在了表面。在我们理解人类数百万年的进化过程时，一方面我们确信这个历程就是一种纯生物的自然状态，另一方面却始终没有搞清或建立起一种人类种群如何从"生物人"转变为"社会人"的事理逻辑。即虽然人类社会已经进入文明时代几千年，却始终不清楚这一从"自然生物人"向"社会人"转换的情景模式和逻辑性。其实，人类使用天然火所引发的"夜空火光效应"就是人类种群由"生物人"转化为"社会人"的最合理情景和逻辑。这就是人类使用火最深刻的意义。

当然，"夜空火光效应"是在极为成熟的具体智人种群中发生的，而且恰恰是在某个具体地域的自然环境中，智人种群分布互动才达成了"夜空火光效应"。也就是说，"夜空火光效应"引发的人类属性突变（从"生物人"转向"社会人"）是人类种群与大自然互动中产生的奇迹，它不可能是所有地域的所有种群都会发生的普遍事件。所以，只有这个具体地域的具体智人种群才发生了这种"夜空火光效应"所引发的集体互动生存形态的奇迹，而其他地域的人类种群依然处于"生物人"的状态。即无论我们以多么平等的心态看待曾经在地球自然世界进化生存的各种人类（如尼安德特人、北京人、丹尼索瓦人），他们都只不过是生物人而已。这些地域的各类人种要转化为"社会人"必须同时通过两个关口——"获得语言机能"、经过"夜空火光效应"洗礼。就如同其他星球要获得与地球自然世界生命存在条件是十分困难的一样，我们所熟知的各种考古挖掘出来的各种人类种群要从"生物人"向"社会人"转化也是十分困难的。一旦某一地域的某一具体智人种群在"夜空火光效应"中由"生物人"转化为"社会人"，他们就具有了自觉认知、自觉互动的思维活动并进入了"社会化"的轨道。这时的这一智人种群社会具有一切自然生命世界和一切各地域人类生物种群无法比拟的生命活动能力和优势（他们已经是一个社会有机的群类力量），他们已经牢牢站在了自然生物链（包括各地域人类生物种群）的顶端。

第三，在现代社会，医学界还没有发现过一例因遗传基因受阻无法生育后代的事例（可能男女双方因生理机能发生不孕不育的情况，但从来没有生物种群的遗传基因受阻问题发生）。这表明现代社会的人类种群是单纯的遗传基因种群。例如，驴与马是同一个"属"，但不是同一个物"种"，它们相互之间没有"性趣"，即使强行让它们交配，生下的也是"骡子"（非马也非驴），"骡子"与"骡子"之间也没有兴趣，若再交配就不可能再生育了。这表明，若生物种类不同，不同的"种"类之间不可能有循环遗传的物种机制。

人类是高级文明动物，但归根结底也是生命物种，在我们用"人类"一词表达现在像我们这些智人后代种群时，所指的应该就是纯一的物"种"。但当我们用"人类"一词指代人类漫长进化通道中的各种生物群类时，这个"人类"就不是一个单纯的物"种"了。所以，我们很难想象他们是原有各地域的各类种群垂直遗传后再组合起来的大家庭。如果真是这样，我们才真正无法理解诸多问题：各地域的人类生物种群一定能获得语言生理机能，即一定能长出"喉结"吗？他们都是同时在相同的时空中获得的吗？如果他们形成不了这一生理机能就无法与智人种群同化和融合。既然各地域的人类种群可能就是不同的生物"种"，他们后来又怎么变成了通畅婚配遗传的大家庭，那不是与我们所理解和遵从的生物遗传科学相矛盾吗？再者，某一具体自然地域的智人种群有了语言的生理机能，在与大自然环境的互动中构成了"夜空火光效应"的情景，从而启动了思维机能和认知互动机制。他们具有了无限强大的生存能力和繁育能力，他们是在分枝散叶中复制、分布自身种群的社会，还是在合流、同化着其他族群（人类生物）呢？显然，那些"生物人类"即便是在现代社会教育面前也是十分头痛的事情，远古智人社会又怎么能将他们教会和同化呢？

第四，人类生物种群在地球自然世界进化历程中，终于有幸由"生物人"

转化为"社会人"并在地球自然世界分布出了无数多个地域社会，那么，人类"生物人"转化为"社会人"首先是从哪个地域的智人种群中爆发的呢？这与非洲大陆，特别是东非大草原自然环境气候有很大的关联。或者说，我们长期认为有某一具体地域、具体智人群类是人类社会分布的直接源头，这个具体地域和具体种群很可能就是东非智人种群。

数万年前，非洲大陆的气候和自然环境最适宜智人的生存繁衍，或许智人们就是在这样的地域里最终塑造出原始社会并复制、分布了后来的人类社会。

第二节 原始社会中心摇篮

很多人认为诞生了人类就有了人类的"原始社会"，而各地域的不同人类种群都处于"原始社会"中。显然，这种习惯上的认知忽略了人类生命种群在几乎所有进化时空都是以自然状态的生物人存在于大自然中的事实，即人类生物种群在地球自然世界中能具有集体互动生存和社会化属性只是几万年前的事。

存在于各自然地域的各类人种不可能同时或相继都能获得可以实现复杂的交流互动的语言生理机能，更不可能同时或相继出现"夜空火光效应"那种情景。因此，从"生物人"转化为"社会人"的人类故事只能发生在具体的地域里具体的智人种群身上，即我们的人类社会分布发展历史可能与我们历史考古所挖掘出来的各类人种并无直接关系，只是由一个首先获得语言机能并在"夜空火光效应"中塑造起来的原始社会智人种群迁徙分布形成了后来和今天的人类社会。这个智人种群最有可能就是在东非大草原生存繁育的智人种群。

地球从45亿年前在太阳系创生到今天，它绕日公转的轨道以及太阳对它照射的方式是没有改变的，像我们今天所理解的经纬网、回归线具体的刻度所存在的相对地域是没有变化的。地球经历了四个冰川期，由热变冷，由冷变热……但在数百万年的人类生存时空中，海陆的分布格局大致未变，地球由冷变热。

在之前数百万年前至几万年前的时空里，地球自然世界是一个相对冷、凉的世界，而非洲大陆几乎不变地居于那个热带、亚热带的纬度位置，它是数百万年之内地球自然界最暖从而推动生命物生长繁育的乐土。赤道从非洲大陆中部穿过，南北回归线对称分布在非洲大陆，海岸线平直。非洲大陆南部、东部、中部是高原，整个大陆地势从东部、南部向西部、北部倾斜。所以，非洲大陆分布最广的河流朝向是由南向北，由东向西。从现代气候类型分布看，非洲大陆分布最广的气候类型就是热带疏林草原气候。从还原历史的角度看，在数百万年前到数万年前，非洲大陆的热带草原气候区域分布得更广、更趋于湿润，因为那个时空中的水循环、气压带差没有那么明显，热带雨林区与沙漠区几乎还没有形成。

根据整个非洲大陆的地势状况，地域最广、最具特色的热带草原区就分布在东非高原河谷——东非大草原。如果整个人类社会的发展演化存在着一个原始的中心发源地，那么这个地域最有可能就是东非大草原。在非洲大陆，南非高原、中非高原、东非高原有近千万平方千米，这正是以采集、狩猎的人类生物种群的理想居住之地，更何况在这个宽阔的盐碱地里，南北走向纵横着两大奇观——东非大裂谷和尼罗河，或许它们从资源、景象上都增强了古人类在这一地域上的神秘和传奇。

迄今为止，最古老的人类化石是在南非开普省汤恩采石场挖掘出来的。据科考，这些古人类生存在400万年前，学术界取名为"南方古猿"。后来，考古挖掘又发现了生存了200万年前的古人类化石，这次发现就是在东非的坦桑尼亚和肯尼亚。这些考古挖掘发现至少证明非洲大陆，特别是东非高原大陆曾经大量生存着古人类，虽然他们也不过是纯粹生物群体。

令人非常遗憾的是，历史挖掘出来的古人类化石都是居于几十万年、几百万年之前的化石和距今1万年前的陵墓。唯独人类生存转型关键时期——几万年之前的生态古迹难以寻觅。也许，他们的生存时代决定了既成为不了深埋日久的化石，又没有陵墓的痕迹。所以，人类智人种群如何塑造和分布只能依靠推测。

我们从后来人类社会历史演化发展的资料记载以及将诸多人类事物联系起来或许可以感悟到人类社会的分布、发育具有由东非智人原始社会中心发源而向世界各区域迁徙分布的大逻辑。

例如，东非智人原始社会在扩散复制中最先迁徙到的地方就是尼罗河三角洲中的古埃及，古埃及社会成熟和文明的时空比其他社会地域超前数千年，这似乎已经可以表明东非智人原始社会就是世界社会的源头和中心。像地中海东部沿岸、爱琴海、希腊岛、两河流域等地区的社会，继古埃及文明之后，相继出现密切联系的多种文明（苏美尔文明、巴比伦文明、克里特文明、迈锡尼文明、希腊文明等）。除了这些地域本身的自然资源优势外，还与它们紧挨着东非智人社会中心和古埃及社会有直接关联。或者说，中东社会就是东非智人社会由南向北、由西向东分布的又一优良结果（当然，我们不能将一切人类文明成果都归于东非智人社会，但在理解人类古文明发源时，我们应该考虑这种时空的顺序）。有人认为"尼安特德人"是我们考古挖掘出来的唯一智人化石，所以称早期智人为"尼人"。但如果古人类智人种群的生存中心在西欧而不是在东非的话，那么，为什么当古埃及、中东地区的人类文明已非常成熟、光芒四射时，西欧（法国、德国）依然是寂静的蛮荒之地？所以，尼安德特人也许只是东非智人社会分布的一个分支，或许尼安德特人与后来的人类社会根本就没有关系。

从远古、中古时代来看，当智人原始社会种群从中东地域继续往东扩散分布，到了南亚、北亚、东亚、东南亚、大洋洲、美洲，我们会明显感到，随着种群的东进，社会性在不断弱化，人群分布变得稀疏。当然，印度河流域和黄河流域出现了例外，但这两个例外同样没有改变"东进弱化"的总趋势。特别是美洲大陆，在遥远的远古、中古时代，就难以想象会有原始人类社会存在。这无疑在表明——东非智人经过数万年的繁殖、分解、扩散，分布形成了这个人类社会。因为东非智人在开展农业革命之前一直都是以采集、狩猎的方式进行着生存活动，他们最重要的特色就在于他们首先建立了自觉认知、自觉互动的集体生存社会，所以他们才能成为人类社会的摇篮。

第三节　同一基因库里的三色人种

现在我们认为人类有三大人种——白种人、黄种人和黑种人。其实，这个"种"只是肤色毛发的区别，它并没有生物学上"种"的意义。生物学上不同的物"种"是不能相互交配生育后代的。如今人类的婚配已经全球化了，繁育非常畅通，可见人类是生物学上的同"种"。也就是说，白种人、黄种人、黑种人都是东非智人的后代，都是同一人"种"。那么，世界人类社会又怎样由同一人"种"——东非智人，演化为三类肤色呢？人类生物种群在皮肤上的"黄、黑"是自然环境塑造出来的，而"白色"是冷暖气候自然世界生命体的本色。如果地球自然世界各地域的光照、气温从来就是稳定不变的，而且人类生物种群的生存活动方式从来都没有太大的变化，或许我们可以认定三类肤色人种就是由它们原始塑造出来的。例如，撒哈拉以南的非洲塑造了黑色人种。北非、西亚、欧洲就等同于原来冷暖的气候，所以保留着白色人种本色。而东亚、东南亚就塑造了黄色人种。这样，或许就推翻了我们之前所言"世界人类社会出于某一具体智人种群分布"这一说法。因为既然三类人种一直发源分布遗传在不同的地域，世界上人类社会就至少是从这三大派系演化而来的。但是，在几万年前，地球自然世界的气候处于冷暖的状况，即使现在最热的非洲大陆那时也只是更为暖热而已，世界的自然气候无法塑造出"黑、黄"的人种肤色。所以，世界不同肤色的人种社会，是否由一支智人社会分布演化而来的，我们仍不能妄下结论。

在约5万年前（或7万年前），非洲大陆只是一个比其他大陆更为暖热的大陆，东非智人的肤色与现在的白色人种一样。东非智人由于有更优越的自然环境才塑造了"原始社会"，随之他们迅速繁殖并进行了血缘家族的扩散。因为他们的生存形态依然是采集、狩猎，所以当他们的种群增大就只有通过翻山越岭的大迁徙来保持生态平衡。于是他们逐渐向北非、欧洲、西亚、南亚、东亚、东南亚、大洋洲、美洲迁徙分布。

东非智人在2万年前向世界各地域的迁徙分布中，人类各地域社会并没有肤色上的区别。因为在较冷的自然环境中，人类种群的肤色都保持着白色这种本色。世界人类种群肤色的塑造发生在地球自然世界约2万~1.5万年前地球气候变暖期间。

赤道穿过非洲大陆中部，南北回归线对称分布在非洲大陆南北部，非洲大陆是一块逐步从暖热到炎热的大陆，特别是足足有1000万平方千米大的东非高原分布着世界上最广大的热带草原气候，成为东非智人种群最优良的生存地。很有可能人类世界的第一个原始社会就在这里诞生，并由此形成了以后的世界人类社会。当然，当东非智人社会向世界分布扩散时还没有塑造出肤色人种，只有到了2万~1.5万年前地球气候变暖、非洲大陆开始炎热时，人种肤色才被塑造出来（在这一时空，大自然塑造了撒哈拉大沙漠，有足够多的东非智人也生存于撒哈拉以南的各个地域角落）。

也许，东非智人社会开展认知革命和农业革命的时间比世界各地域社会更早，随着地球气候变暖，他们纷纷走出山林丛地，太阳的威力越来越大，直射和炙烤着他们的皮肤，为防止太阳紫外线照射对皮肤的损伤，他们的肌肤上逐渐出现了黑色素。于是，撒哈拉以南的东非智人种群就有了黑色肌肤的标志。当然，一个人的肌肤在烈日照射下，时间长了会变黑，但它与人类基因遗传的黑色肌肤是两回事。前者的"黑色"是本色偏黑，后者却是本黑。当一个人的肤色要在遗传基因上被塑造改变时，需要几千上万年的时间，而一旦这种肤色被遗传基因确定后，想要改变遗传基因密码同样需要几千上万年在不同自然环境持续地塑造。所以，当撒哈拉以南的非洲塑造了黑色人种后，无论这里的种群移向什么环境繁殖后代，都将留下黑色的肌肤标志。一句话，当今世界各地分布的黑色人种，他们的祖先一定有一位是非洲黑色人种塑造时期的成员。

我们怎么理解北非、欧洲、西亚、南亚的白色人种呢？我们可以将"白色"视为人类肌肤的本色（大概远古人类，特别是原始社会人类一生下来就生活在避光的丛林中，或为了身体保暖或知晓男女有别用树叶、树皮包裹身体，白色就成了身体肌肤的本色）。这些地域的气温、光照永远不及撒哈拉以南非洲那样炙热、强烈，饮用的天然水也是清澈透明的，所以他们的肌肤可以长期保持本色，即白色。至于古印度类似达罗毗荼人这类黑色人种，不是本地土生土长的（当然，如果东非智人迁徙分布形成了世界人类社会是一个真命题的话，实际上除东非外，不存在"土生土长"本地人的说法），他们是非洲黑色人种塑造以后迁徙而来的，在古印度的生存历史不会超过1.5年。

世界上的黄色人种集中分布在东亚、东南亚。如果我们假设世界三大人种肤色塑造定型后就不发生大地域之间的人口社会流动，那么东亚、东南亚将会是清一色的黄色人种。显然，从纬度位置、日光照射上我们难以想象东亚、东南亚人被大自然塑造为黄色人种的理由，因为要说气温、日照，南亚、西亚的许多地域比东亚、东南亚还要强烈得多，那么，是什么自然因素将东亚、东南亚的人类种群塑造成了黄色肌肤呢？最有可能和最大的自然因素就是黄土高原的黄沙空气沐浴了人种的肌肤。翻阅世界自然，黄土高原为世界黄沙堆积之最，数万年前东非智人大迁徙翻过了伊朗高原、帕米尔高原来到了黄河流域，他们在这个黄沙弥漫于空气的黄河流域生存了数万年之久，演绎出华夏文明。

同时，他们在遗传基因上刻留下了黄色的肌肤标志，即黄色人种。

如果这就是黄色人种塑造的真实自然逻辑，我们或许可以揭开一个很大的东亚、东南亚地域社会演化的历史秘密——黄河流域（华夏文明）就是东亚、东南亚人类社会的原始社会中心。这里的地域社会再一次分布形成了这个大地域人类社会，包括这个原始中心社会在约1.5万年前越过白令海峡到了美洲地域，因为美洲土著居民印第安人也是黄色人种。

在人类社会的分布和人种塑造后的分布中，美洲大陆似乎都处于分布的末端，这一点恰恰验证了"人类原始社会东非中心论"这个演绎观点。

总之，世界三大人种肤色是大自然塑造的，根据现今人类社会的状况、历史的过往，我们认为它存在这样的大逻辑。

第四节　古文明三大板块说

我们将人类生存活动与动物世界比较所表达出来的一切优势和理性化的状态称为人类"文明"，即"文明"是人类生存的属性和特征的总汇。人类文明到了现代社会就是一个分不出地域、人群的全球化有机整体，共振、共享、共创。但是，人类文明这一人类生存活动理性优化的状态体系，从本质上讲是人类认知共识、实践优化的状态，它经历了从小到大、从肤浅到深入、从狭小到庞大的演化过程。所以人类古文明的开创总是从具体的地域、具体的社会组织开始的，它是存在特征的。

尽管人类古文明同现代文明相比是如此幼稚和细微，但当我们对它们进行回首感悟依然会觉得进入了汪洋大海。人类古文明的发育生长与古人类社会的地域分布以及自然地理环境关系非常密切。在人类社会历史公元纪元之前，我们可以将人类创建文明的生长发育地用三大古文明板块来加以概括：西亚共同体古文明、华夏古文明、南亚次大陆古文明。

在我们理解古文明时提出了四大文明古国——古埃及、古巴比伦、古印度、古中国。这种提法已深入人心，而且我们也可以从中了解到人类古代社会成熟发展的地域大致分布。例如，古埃及、古巴比伦文明在公元纪元时已经失去了它们文明的地位并且再没有沿着它们的文明本体系持续发展；古希腊、古罗马虽然不是最早的人类文明地,但它们后来却成为影响人类文明发展至深至远的文明体系;古中国文明持久长远,它影响和代表的不是一个古中国,而是东亚、东南亚地区;古印度文明也是光芒四射,它代表着整个南亚次大陆的古文明。

但是四大文明古国的提法却无法描述古代人类社会文明发源发展的动态和格局。无论我们是否将古中国文明表达为远东文明或将古印度文明表达为南亚次大陆文明,几乎关系不大。无论是古埃及文明还是古巴比伦文明都代表不了西方古文明的发展状态和格局,而且尽管我们如此推崇古希腊、古罗马文明,它们也无法代表西方地域的文明发展状况和格局。因为即便是在古代社会的生态演化中,北非、西亚、南欧等地域社会在社会流动、文明创建、共振共鸣中都是一个有机的共同社会。我们所列举出来的诸如古埃及文明、苏美尔文明、克里特文明、迈锡尼文明、古希腊文明、腓尼基文明、巴比伦文明、古罗马文明等,都是一个相互渗透、相互塑造、不可分割的整体文明。其实,这些文明所在的地域面积加起来比古中国的地域面积还要小。所以,我们实在难以厘清这些文明体之间的相互关系,最好的办法就是取一个新的名词,我们可以称之为"西亚共同体"古文明。

"古文明共同体"中的任何一个文明类型,它们在地域和社会流动的通连、通畅上比起古中国社会地域或古印度社会地域都要强若干倍,我们可以将它们视为同一种文明的内演化。也许我们常常感叹这个文明共同体中有诸多文明总处于生生息息的巨大变化中,而实质上只是这个文明共同体的自演化而已。所以能在古埃及发现一块黑色玄武岩石碑上刻有三种文字(最上面是古埃及象形文字,中间是古埃及的世俗体象形文字,下面是希腊文),如果在古中国或古印度就很难发生这样的事情,因为古中国、古印度几乎一直是在同一种文明体系中演化,它们没有西亚共同体古文明变化的特征。

也许本书是第一个提出"西亚共同体古文明"的人,但将该地域社会作为一个整体加以描述分析和总结的学者却太多太多,或许是因为历史的演化本来就是如此的。

无论是《伊索寓言》,还是《荷马史诗》,无论是希罗多德的《历史》,还是普尼林的《自然史》,我们都可以无比真切地看到,这些历史思想巨作都是将这个地域内的人和事连接在一起来加以描述和表达。我们无可否认,这个地域社会个人的思想认知都是在一个非常类同的思维方法、思想体系、习俗、语言中进行的。他们几乎读着同一本书、讲述着相同的可以跨越整个区域的故事。特别是对世人有深刻影响的几个大帝国——波斯帝国、亚历山大帝国、罗马帝国、阿拉伯帝国等，这些帝国的战车从根本上讲，就是在以中东地域为主的大地域社会中辗来辗去，因而这个地域的政治、经济、文化、思想认知、宗教习俗等文明体系非常自然地形成了一个有机整体。

在后世的演化中，这个地域社会最终成为分散的多个国家组织，所以我们似乎觉得有多种文明体系在这个大地域中存在，其实它们只是一个共同文明体被分割成多个单元。这也许就是人类古文明演化中的一个最大的悲剧。一般而言，古代社会中，要达成一个大地域社会主观认知公共平台（通畅的思想、语言、习俗交流互动）是非常困难的。在中东地区的古代社会已经完成了这种交流互动的社会机制并向着既多元化融合又有差异化的方向发展，十分遗憾的是，他们在思想语言上可以高度通连交流，在国界上却分离了。但是，在人类古文明的认知上，我们应该将它视为一个有机的最大的对人类以后的文明创建产生最深刻影响的古文明共同体。

西亚共同体古文明板块是古代人类社会所创建的第一大人类文明板块，也是最先创建出来的。在对人类古文明的传统认知中，我们将古埃及文明放到第一位。实际上，当五千多年前古埃及文明开始创建并逐步释放出人类认知光芒的时候，西亚共同体古文明已经开始拉动包括北非、西亚、南欧等地域文明的创建了，只不过这时古埃及的孟菲斯、底比斯是整个文明体系的中心而已。古埃及王国的影响力在这个地域中处于主导地位，光芒四射的古埃及文明影响、引导和塑造了该地域文明的创建。因为这个区域范围并不庞大，交通非常便利，而且古埃及又是当之无愧的文明中心，所以苏美尔文明、古巴伦文明、克里特文明、迈锡尼文明除了它们自身的差异特色外，实质上都根源于古埃及文明。例如，无论是苏美而的楔形文字、古希腊字母文学，还是腓尼基文字，都有古埃及象形文字的原始基因，天文、历法、几何、数学、力学等就更是有根有源、相互渗透了。所以，古希腊文明不能说它只是古希腊民众学者创造的，它是这个地域文明的总体结晶。只是因为古希腊的荷马、泰勒斯、苏格拉底、柏拉图、亚里士多德等思想家在人类历史的塑造传承中名字太响亮了，他们的思想体系研究解析得太透彻了，所以古希腊文明才成为该地域古文明的代表。

从自然地理上讲，西亚共同体位于三洲五海之地，或者说它就处在东非智人社会走向成熟并向世界各域分布发展的中枢地域。如果这个地域社会只有残缺的北非一隅或希腊半岛一隅或西亚一隅，人类文明就没有这么多元交响的颂歌。所以，我们应该将北非、南欧、西亚的古文明综合看待。

三洲五海之地包括非洲、欧洲、亚洲、红海、地中海、黑海、里海、阿拉伯海，其地势低平、交通发达、人们联系更密切。所以，古文明共同体是一个典型的外向性多元化文明体，这个地域就相当于处于世界地域的中心，可以自由地向三洲五海之外扩展。

人类古文明的第二大板块就是东亚的黄河流域，我们可称之为"黄河流域华夏古文明根据地"或"华夏古文明板块"。当东非智人数万年前翻山越岭经过伊朗高原、帕米尔高原，好不容易来到黄河流域后，他们便在这里长久地休养生息了。也许他们是因为望见了东海宽广无边的水域和秦岭高大的山脉而停下了迁徙的步伐。也许又经过了很长时间，当一万多年前，北非、西亚的地域社会相继开始了农业革命、新石器制造，这里的人类种群已经有了太多太丰富的稳定居住的生存经验，所以就再没有族群愿意翻越青藏高原并穿过冰寒地冻的西伯利亚高原和河流了。于是，东亚、东南亚就成为与西方世界隔离的独立世界。

因为黄河流域就处于东亚的北部，所以我们有必要叙述一下东亚、东南亚、黄河流域这一带的自然地理特殊性。

我们以西亚社会绝大多数居民已经进入农业革命为前提来加以想象（实际上即便没有进入农业革命，族群翻越荒凉的大山进行迁徙也是很罕见的）。在古代社会，东亚、东南亚是连为一片的，地域非常宽广，但是与西方世界独立隔离的人类社会地域。整个连为一片的东亚、东南亚在青藏高原、帕米尔高原、蒙古高原、大兴安岭山脉的阻隔下，以及太平洋广阔水域的东南环绕下，成为一个独立的广大地域，而且整个地势西高东低，北高南低，向太平洋倾斜插入。虽然从地势地形来看，在整个东亚、东南亚的西北部和北部与外界的阻隔性不那么强，但西北部、北部都是气候干燥或天寒地冻不宜人类生存活动的区域，所以再往北或西北的后来人类族群，往往是黄河流域人文系统自然扩散出去的。

在黄河流域发生的第一个人类重大事件就是塑造出了黄色人种肌肤的遗传

基因，这也非常有力地表明东亚、东南亚（包括美洲土著居民）的一切人类社会和个人都是由这个中心塑造和分布的，黄河流域也就当之无愧地成为整个东亚和东南亚古文明体系的中心。

我们常说黄河文明或华夏文明或古中华文明具有上下五千年悠久的文明历史，虽然这种说法很真实，但它却没有真正挖掘出古中国文明在人类古代文明中的伟大地位。其实，古中国文明更突出的历史地位在于：它是人类古代社会东亚和东南亚地区唯一和独大的中心。如果我们将夏朝作为古中国文明创建的开始，中国的文明史就有足足四千多年的历史，比古埃及次之，但比古巴比伦、古希腊又遥遥领先。

我们已经树立了关于"人类文明"生成的理念，一个地域社会是否开始创建文明，文字和国家是重要标志。文字的诞生往往居于先，真正完整意义的国家组织居于后，然后才有清晰稳定的文明体系存在。古中国的夏朝已经是一个完整意义的国家组织，也是黄河流域地域社会的第一个正式国家组织，只有它的强大、强制规范功能才能将社会的主观认知和客观改造实践归为我们所能理解的正式文明创建轨道。至于考古只能考证到商朝甲骨文，并不能说明商朝之前没有文字体系在社会上流行。或许，华夏汉文字不仅在夏朝已经成熟，而且在建朝之前就已经存在，因为像夏朝这样庞大的国家组织（包括帝都、社会分工、社会组织构建），如果脱离了文字体系的支持是无法建立的。我们可以确定古埃及美尼斯创建古埃及王国时，尼罗河三角洲象形文字已趋于成熟，已初步构建起地域社会主观认识的公共平台，那么夏朝王国如果没有以文字体系为基础的公共平台又怎么能建立呢？因此可以把4 100年前的夏朝作为中华文明或东亚和东南亚文明的创建起点。当然，我们要从"黄帝"时代开始，说中华文明具有上下五千年历史也并不是不可以。

无论是哪种文明，百科百业的主观认知和客观改造实践的体系状况就是文明内容本身，农、工、商、建筑、医学、自然、地理、气候等认知是更为直观和直接的文明体系建造。社会组织的构建、社会行为关系的认知又是另一种文明建造，认知方法和思维活动本身的认知体系就是被称为哲学思想的文明创建。总之，在同一个文明体的创建中，都包含着这几个方面的齐头并进，但不同的文明体系在方式、方法、方向上各有不同。

华夏文明虽然在东亚、东南亚这个大地域中培育，但在数千年前这个大地域除了黄河流域的热闹和繁荣外，几乎都是零散的寂静。所以，对于黄河流域为中心的华夏文明而言，它完全是土生土长的自我培育，这与西亚共同体古文明的多元共塑形成了鲜明对比。

西亚共同体古文明处于"三洲五海"之地，而华夏文明显然也处于一个无比广阔的地域。由于没有其他文明影响就等同于与其他世界彻底隔离，因而华夏文明是封闭内向的文明体，与西亚共同体古文明的多元外向形成鲜明对比。

另外，华夏文明在发展演化的持续性、连续性和稳定性上是世界文明独一无二的：华夏古文明由于没有外界文明的影响，始终处于同一语言文字体系下，运用同一种思维认知方法。我们今天所读的汉语言就是同甲骨文文字体系一脉相承的，我们今天关于社会行为关系的认知也直接源于孔子、孟子的仁、智、礼、义、信等。总之，放眼世界文明，唯有华夏文明才实现了绝对的持续、连续和稳定。当我们感悟中国古文明，如果失去了对这一特征的理解就等于还没有进入中国文明的大门。当然，在对世界整体古文明的感悟中，我们不可能去细致感悟每一种文明的特点。

南亚次大陆文明或印度古文明，是人类社会的第三块古文明。从自然地理看，印度半岛是一块三面环海，一面被青藏高原、喜马拉雅弧形山脉阻隔而形成的一块封闭大陆。它实际属于亚洲的南亚部分，所以被称为"南亚次大陆"。

南亚次大陆的南面是茫茫的太平洋水域；东面水域是太平洋孟加拉湾水域，继续往东越过又宽又大的孟加拉湾是一个轮线曲折的中南半岛；西面水域是印度洋的阿拉伯海水域，继续往西越过又宽又大的阿拉伯海是世界上最大的半岛阿拉伯半岛；东北面就是世界屋脊青藏高原及喜马拉雅山脉的阻隔。

南亚次大陆的西海域对面和西北部就是古代世界人类最成熟的西亚共同体古文明地域。次大陆西北部地域有一条南亚最重要的河流——印度河，它的上游流域就在这西北部，而且这个地域海拔并不高，地形并不十分崎岖。所以，南亚次大陆的西北部印度河流域就如同一个封闭水壶的壶口，通连着域外的世界，特别是西亚地域。因此，南亚次大陆古文明是一个相对独立的半封闭文明体系。

为什么我们认为南亚次大陆像一个封闭水壶，"壶口"在西北部而不在东北部呢？一方面，东北方向是喜马拉雅山系的横断山脉，陡峭崎岖。另一方面，即便有人能从此处通往中南半岛，而中南半岛也只不过是蛮荒之地，但西北部不仅有印度河流域,而且紧邻着西亚地域,所以这里才是通向世界的通口。

在古代社会的古印度指今天的印度、巴基斯坦、孟加拉国、不丹、尼泊尔等南亚次大陆的国家合称。中国在西汉时称它为"身毒",东汉时称"天竺",唐朝时才称它为"印度"。

印度的远古文明直到1922年才被印度考古学家发现。因为遗址在哈拉帕(今巴基斯坦旁遮普省境内)被发现,所以古印度文明通称为"哈拉帕文化"。已有250多处"哈拉帕文化"遗址被陆续发现,分布的区域十分广大,东起今印度的北方邦,南达今印度的古吉拉特邦,西到今巴基斯坦的俾路支省,北抵今巴基斯坦旁遮普省,北部以哈拉帕为中心,南部以摩亨佐·达罗(今巴基斯坦倍德省境内)为中心,东西约1 550千米,南北约1 000千米,面积超过古埃及和苏美尔文明的总和。哈拉帕文化存在的时间为公元前2500~公元前1750年,大体与中国的夏朝同时。

一般认为,哈拉帕文明的创造者是印度的原始居民达罗毗荼人,但也有专家认为是从中亚侵入印度的雅利安人,还有人认为是来自西亚的苏美尔人。又有人根据遗址中出土的骨头和各类人种进行分析,哈拉帕文明是几个种群的人共同创造的文明,因为专家们发现了遗址中有蒙古利亚人种、地中海人种等。

如果将南亚次大陆文明的发展置于这个自然大地域的整个历史演化过程中来看,在这个相对封闭独立的地域社会里,文明的生成发展最主要的原因还在于这个自然环境中人与物传统的互动、农业革命、认知革命的自身开展历程以及习俗、思维方式的自身淀积,这些因素比外来种群过往对后世文明的发育影响更为深远。也许历史上发生了多次外来种群(雅利安人、蒙特利亚人、苏美尔人)带着强悍的武力来到这个地域,并一度占据了生存的上风,但他们本身就是毫无文明体系可言的游牧民族或者他们无法移植文明体系(一个主观互动的认知平台是无法移动的)。所以这些外来者在政治权利上或者可以占据上风,但在认知、习俗上却不得不被同化。

第二章　西亚共同体古文明回放

文明，是一种理性优化的状态，再完整美满的书籍都不可能详尽言述和表达它，每本书所表达的方式和逻辑观点不同，取材不同，但我们都尊重人类过往的事实。人类古文明也是这样，我们只想从人类古文明这宽广无比的海洋中选择一些代表性的文明事实作为线索来感悟人类古文明三大板块的发展变化。

第一节　古埃及文明诸例

一、古埃及象形文字

古埃及象形文字出现于6 000年前，尼罗河三角洲林立的城邦小国和较顺畅的社会流动表明这个社会地域似乎有一个主观认知的交流平台。只不过从后世的科考挖掘中只能发现公元前3500年前（即距今5 500年前）这个地域社会有了较成熟的古埃及象形文字，也就是人类最早创建的文字。

古埃及文字是描摹物体象形的符号，所以被称为象形文字。古埃及人认为象形文字是月亮神发明的，象形文字通常被刻在神庙的墙上，主要是神庙中的僧侣（祭司）使用，所以古希腊人称为"神书"。古埃及中王国时期，开始使用细小的芦苇管制成的"笔"在纸草上写字，由此象形文字出现了一种简化的僧侣体。公元前7世纪左右，僧侣体又演化出一种书写速度更快的世俗体，罗马统治时期又演化成科普特文字。

埃及象形文字由表意文字、表音文字和部首文字三部分组成。表意文字是用图画来表达事物，有500~600个。表音文字也是一些图画，共有24个子音，并由这24个子音构成了大量的双子音和三子音。部首文字类似于汉字的偏旁部首，主要作用是区分不同范畴的事物，绝大部分的象形文字都有部首文字。

象形文字中的表意字多刻在神庙的墙壁上或石碑上，而僧侣体或世俗体则写在纸草上。所谓纸草就是尼罗河边上生长的又高又大的高秆植物，古埃及人把它割下后压平、晒干，就成了"纸"。笔由细小的芦管制成，而墨汁则是用植物的浆液制成。古埃及人就是用这样的书写工具为后人留下了丰富的文化遗产。

二、古埃及王国

古希腊著名的历史学家希罗多德曾说："埃及是尼罗河的礼物。"事实也证明，没有尼罗河，就没有古埃及的辉煌文明。

尼罗河全长6 600千米，是世界第一长河，发源于非洲中部高原，从南到北流入地中海。它流经埃及的那一段只占全长的1/6。

一般来说，河水泛滥不是好事，但对古埃及人来说，却是尼罗河赠给他们的礼物。每年7月，尼罗河的发源地就进入了雨季，暴雨使尼罗河水位大涨。7月中旬的时候，水势最大，洪水浸过河堤，淹没了尼罗河两岸的沙漠。11月底，洪水渐渐退去，给两岸的大地留下厚厚的肥沃黑色淤泥，聪明的古埃及人就在这层淤泥上种植庄稼。尼罗河两岸也成了古代著名的粮仓。

为什么尼罗河能给予古埃及人这么好的礼物呢？这与尼罗河流域的自然环境和丰富的野生动、植物关系密切。只有有了丰富的有机物残留，才有肥沃的淤泥被塑造出来。正因为如此，才有许许多多的东非原始社会血缘家族逐步在此云集和生育繁殖，从而踏上了农业革命的征程，使这里的人类社会成为第一个成熟的人类社会。

大约在距今6 000年前，古埃及从原始社会进入奴隶社会，尼罗河两岸出现了42个奴隶制城邦（以一个城市为中心，连同周围的农村构成的小国）。古埃及人称之为"塞普"，古希腊人称之为"诺姆"，中国翻译成"洲"。

这些奴隶制城邦经过长期的战争，逐渐形成两个王国：南部尼罗河上游的谷地一带的王国——上埃及王国，由22个城邦组成；北部尼罗河下游三角洲一带的王国——下埃及王国，由20个城邦组成。两个王国为了争霸，经常发生战争。大约在公元前3100年，上埃及国王美尼斯打败了下埃及王国，从而使埃及得到了统一，建立起了第一个人类社会真正意义上的国家组织——古埃及王国。古埃及王国从公元前3100年起，一直到公元前332年才被亚历山大所征服。它成为人类历史上第一个国家组织，而且也是唯一一个能够横跨2 700多年时空的古国，一共经历了31个王朝。

古埃及人拥有辉煌的古代文明，而古埃及王国是制造辉煌文明的发动机，它后来影响了整个北非、西亚、南欧，成为后来中东古文明板块的核心成分。

三、胡夫金字塔

埃及有句谚语说：人类惧怕时间，而时间惧怕金字塔。单从字面意义看，金字塔让我们震惊，它的古老似乎已经无法用时间的长短来衡量。再从它的内涵看，它已经成为埃及文明的象征，是人类文明的绝唱，这无疑是时间赋予金字塔的辉煌。可是如果时间倒转到4 000多年前，金字塔不过是埃及国王的坟墓而已。

在古埃及第三王朝之前，埃及法老的坟墓还不是金字塔，而是一种用泥砖建成的长方形坟墓，古埃及人叫它"马斯塔巴"。到了第三王朝的时候，法老们本想也用马斯塔巴作为此后的永久性住所。可是，埃及人在那一时期却产生了国王死后要成为神，他的灵魂要升天的观念。于是，人们在设计法老坟墓时，就把它设计成了角锥体——升天的梯子。这在《金字塔铭文》中是记载了的：为他（法老）建造起上天的天梯，以便他可由此上到天上。《金字塔铭文》中还有这样一句话：天空把自己的光芒伸向你，以便你可以到天上，犹如拉的眼睛一样。"拉"就是古埃及太阳神的名字，也就是说，角锥体金字塔形式又表示对太阳神的崇拜——在金字塔棱线的角度向西看去，可以看到金字塔就像撒向大地的太阳光芒。

金字塔，在阿拉伯语中意为"方锥体"，是一种方底尖顶的石砌建筑物，因为它的规模宏大，从四面看都是等腰三角形，很像汉语中的"金"字，所以，中文形象地把它译为"金字塔"。迄今发现的埃及金字塔共约110座，其中最大的胡夫金字塔被称为古代世界七大奇观之首。

胡夫金字塔位于埃及首都开罗西南约10千米的吉萨高地，它是世界上规模最宏大，也是较为古老的金字塔，始建于埃及第四王朝第三个法老胡夫统治时期，被认为是胡夫为自己建造的陵墓。根据古埃及宗教理论：人死之后灵魂可以继续存在，只要保护好尸体，3 000年以后就会在极乐世界复活并从此获得永生。因此，古埃及人发明了制作木乃伊的神奇工艺和修建金字塔陵墓升天的建筑。

胡夫金字塔原高146.5米，后因顶端受风雨侵蚀，现在的高度约136米，大致相当于40层楼房那么高。在1889年法国巴黎的埃菲尔铁塔建成前，几千年来它一直是世界上最高的建筑。整个塔身呈正四棱锥形，底面为正方形，占地5公顷，4个斜面分别指向东、西、南、北4个方位，误差不超过3分，底边原长230.35米，由于年深日久的侵蚀，目前底边缩短为227米，倾斜角度为51度52分。胡夫金字塔通身由近230万块巨石砌成，每块石头重量在1.5~160吨，石块的接合面经过认真打磨，表面光滑，角度异常准确，以至于石块间都不用任何黏合物，全部自然拼接，在没有被风雨侵蚀破坏的地方，石缝中连薄薄的刀片也难以插入，可以想象其工艺的精湛。

根据古希腊历史学家希罗多德等人估计，法老胡夫至少动用了10万个劳动力，耗时20~30年才建成了胡夫金字塔，可以想象，古埃及国家组织有多么强大的组织功能。

胡夫金字塔、哈夫拉金字塔、门卡乌拉金字塔在吉萨高地一字排开，组成灰黄色的金字塔群。这些单纯、高大、厚重的巨大四棱锥体高傲地屹立在浩瀚的沙海中，向世人夸耀着古埃及人在天文、数学、力学、几何等领域极高的造诣以及古埃及劳动人民的智慧和伟大。

四、古埃及太阳历

古代曾经流行过几种历法，包括欧洲古历法、希腊古历法、巴比伦古历法等。欧洲古历法是根据天空中星象的变化来确定；古希腊的古历法也是根据星象变化来确定；古巴比伦的历法是根据星象和两河河水的涨落来确定。在这些历法中一年天数最少的是354天，最多的是384天。

古埃及的太阳历法是人类历史上最早的历法，约在公元前4000年前就出现了，这跟尼罗河的定期泛滥关系密切。

埃及人为了不违农时，发展农业生产，在长期生产实践中逐渐掌握了尼罗河泛滥的规律，他们发现两次泛滥之间相隔大约365天。同时，还发现每年6

月17日或18日早晨，尼罗河开始变绿，这就是尼罗河即将泛滥的预兆。经过长期观测，古埃及人逐步发现尼罗河泛滥的规律：当它开始泛滥时，清晨的天狼星正好位于地平线上，这一点，天文学上称为"偕日升"，即天狼星与太阳同时升起。于是，这一天便被设定为一年的第一天。不巧的是，天狼星偕日升的周期并没有很快被发现，但智慧的埃及人并没有放弃，经过几代人的不懈努力，他们终于发现：天狼星偕日升那天与120周年后那一天恰恰相差一个月，而到了1461年，偕日升那天又重新成为一年的开始。于是古埃及人设定1461年的周期为天狗周（因为他们的神话中称天狼星为天狗）。关于这一发现我们可以用数学公式理解：天象时差0.2422天/年×120年=30天，0.25×1460=365天。

我们把古埃及的太阳历与现在的公历做一个简单比较，就不难发现其科学性。一年的天数为365天，继而把一年划分为12个月，每个月30天，末了还剩5天则作为宗教日。这比精确的一年（365.2422天）仅少0.25天，120年后少30天，1460年后就少365天，又接近一年。如此便形成一个完整的周期，这种精妙的历法凝结着无数古埃及人的智慧。

在古埃及，人们用大量的时间进行天象观测，特别是对天狼星的位置观测得更加细致入微。人们发现，在固定的时间天狼星从天空中消失，在太阳再次出现在同一位置时，它又能从东方的天空同时升起，这就是一周年。同时，古埃及人把天狼星与太阳同时升起的那一天定为元旦。

古埃及人创造的太阳历对尼罗河流域的农业生产有着深远的影响，这也是古埃及跻身世界四大文明古国的重要标志。正是有了这样一部较为完备的历法作为指导，古埃及人才得以准确预测尼罗河河水的涨落，合理安排农时，获得一年又一年的大丰收。在此基础上，古埃及人才得以在宗教、建筑、医学等领域创造出更辉煌的文明成果。虽然该历法每隔4年就相差一天，但它使用起来更方便。后来埃及的太阳历法传入欧洲，经罗马恺撒和教皇格列高里十三世的不断改进，成为今天通用的公历。

五、古埃及宗教

宗教在古代埃及人的生活中起着很重要的作用，无论政治、文化、建筑、艺术，还是日常事务的处理方面都留下了它的烙印。埃及宗教的演化经历了各个阶段：由简单的多神崇拜到现知最早的一神崇拜，随后又回到多神崇拜。起初每个城市或地区都有地方性神，所有地区的保护神都合并为伟大的太阳神瑞。在中王国时期底比斯的主神名叫阿蒙，作为植物生长化身的自然神，合并为一个奥西里斯神，他也是尼罗河河神。此后，这两位统治着宇宙的强大力量，即阿蒙神和奥西里斯神争夺最高统治权，其他神虽然得到认可，但他们显然处于从属地位。

六、古埃及陆军

在喜克索斯人占领下埃及之前，古埃及军队主要是由贵族属地的农民和工匠组成的轻装步兵。他们的装备非常简陋，不穿戴任何盔甲，武器主要有弓箭、标枪、匕首、棍棒、投掷棒和盾牌等。

喜克索斯人占领埃及后，为了战胜入侵者，退守上埃及的军队开始进行军事改革。这时的埃及军队开始正规化，军队将领由贵族担任，各类兵种也相继出现。如使用厚盾和攻城槌的攻城部队，成鱼鳞状分布的梯队，挖地道的先锋队等。另外，还有雇佣军——努比亚弓箭手，兵器也变为标枪、战斧、半月刀和匕首，装备了由皮套和金属甲组成的盔甲。这一时期，古埃及军队出现了战车部队。战车有一名御手，士兵两名，装备有弓箭、标枪、长矛。

埃及军队的指挥系统是：法老、将军、营长、传令官、参谋、尉官和军士。军队最大单位是军团，每个军团有4 000个步兵和100辆战车，一个军团有10个营，一个营分为两个连，一个连分为5个排，一个排分为5个小队。

七、古埃及古都

光芒四射的古埃及文明地域有四座历史古名城：孟菲斯、底比斯、开罗、亚历山大。

孟菲斯位于尼罗河三角洲之西南岸，开罗南25千米。公元前2925年兴建，是埃及古王国时代首都。现仅有拉美西斯三世巨像、阿庇斯神牛庙和卜塔神庙废墟。

底比斯位于尼罗河两岸（东岸为主），建于公元前2134年左右（古王国末期），埃及中王国和新王国时代的首都，有"百门之都"之称，是卡纳克神庙遗址和图坦哈蒙法老墓所在地。

开罗位于尼罗河三角洲入口处，公元前643年建立，埃及第一大城市兼首都。是吉萨金字塔和狮身人面像所在地。

亚历山大位于尼罗河三角洲西北边缘，地中海沿岸，公元前332年建立，埃及第二大城市，托勒密王朝首都，是世界七大奇观之一的亚历山大灯塔所在地。

第二节 古西亚文明典例

一、新月沃地与苏美尔城邦

在古代，埃及、阿拉伯半岛是连为一体的，埃及、西亚十分邻近，文明在这个广阔地域里传播创建。

在西亚地域里有一个弧型地域，北起叙利亚沙漠，下经美索不达米亚平原，直到波斯湾的这块地中海沿岸成月亮弧形的地域，被世人称为"新月沃地"。在这里土地肥沃，生长着大量可食用、供人工驯养或种植的野生动植物，约公元前1万年，叙利亚、巴勒斯坦地区以渔猎、采集为生的纳图夫人建立起永久的露天村落，接着出现了农业和畜牧业以及磨光的石器。

在好年景，农耕为"新月沃地"地区的人们提供了比他们所需要的更多的食物，他们把这些剩余的食物储存起来，并进行贸易，换取制造工具的原料或者诸如家具、罐之类的产品。

逐渐地，农耕者与手工艺者变得富有了。他们建造了更宽敞并聚集在一起的房子，逐渐地发展成为小的城镇。这些房子是由泥砖建成的，里面冬暖夏凉。最早的一个城镇是杰里科，它建在死海北部一个温泉旁边。城镇周围的地区既适合种庄稼，也适合放牧，于是不久以后，杰里科就变得富有了，在这一地区也陆续建立了其他城镇。

在亚洲的西部有两条大河，东边的叫底格里斯河，西边的叫幼发拉底河，它们都发源于今天土耳其境内的亚美尼亚高原。在下游交汇成阿拉伯河，流入波斯湾。希腊人称底格里斯河和幼发拉底河之间的地区为"美索不达米亚"，意思是"两河之间的地方"，因此，这里又叫两河流域。美索不达米亚可分为南北两部分，北部以亚述城为中心，称为西里西亚，简称"亚述"，又叫上美索不达米亚，地势较高，丘陵起伏；南部以巴比伦城为中心，称为巴比伦尼亚，意为"巴比伦的国土"，又称下美索尔不达米亚，地势较低，湖泊众多，两条大河在这里交汇，形成三角洲。巴比伦尼亚又分为南北两个地区，北部为阿卡德人居住地区，南部为苏美尔人居住地区。每年夏天，亚美尼亚高原的积雪融化，两河河水暴涨，美索不达米亚地区洪水泛滥成灾，尤其是地势较低的下游一带，几乎全部被淹没。泛滥的洪水退去之后，留下了大量的淤泥，使两河地区的土地变得非常肥沃，这里的人们和古埃及人一样，享受着大河的恩赐。加上这里日照充足，水源丰沛，所以庄稼年年丰收，农业非常发达。

美索不达米亚地区最早的文明是由苏美尔人创造出来的。大约在公元前4000年，苏美尔人迁徙到这里。大约在公元前2900年，苏美尔人建立了许多奴隶制城邦，进入全盛时代。这些城邦都是由一个中心城市连同周围的农村组成，面积不大，居民少的两三万人，多的十几万人。每个城市的中心都建有这个城市的保护神的庙宇，城中还建有王宫，周围是城墙。城邦由掌管祭祀的僧侣或国王统治，国王被称为卢伽尔恩西，他的权力受贵族会议和民众会议的制约。苏美尔人的城市临河而建，被一片片的湖泊沼泽包围。城市之间都有运河相连，商人们乘着满载货物的大船来往于各个城市之间进行贸易。

苏美尔人中最强大的城邦是乌尔、拉格什、乌鲁克、乌玛。

约公元前2500年，苏美尔人在受到古埃及人象形文字影响和启示的基础上创建了楔形文字。泥板是"纸"，芦苇秆或木棒是"笔"。由于泥板很松软，所以芦苇秆和木棒在书写时，落"笔"处印痕比较深、比较宽，提"笔"处比较狭、比较窄，文字的每一笔画，头尖尾宽，形状很像木楔，所以这种文字就叫楔形文字。显然，在苏美尔或西亚地域里的古文明体系里，楔形文字发挥着文明创建的重要功能。

后来，苏美尔城邦衰落了，北部阿卡德人在国王萨尔贡一世的率领下，征服了所有苏美尔人的城邦，完成了美索不达米亚的统一，时间约在公元前2370年。但苏美尔文明被萨尔贡全盘接收和发扬光大了。

二、古巴比伦王国《汉穆拉比法典》

在继萨尔贡创建的阿卡德王国之后的西亚国家组织政治权力的演化中，后来乌尔城邦强大起来，打败了乌鲁克，重新统一了巴比伦尼亚，建立了乌尔第三王朝。大约在公元前1900年，乌尔第三王朝灭亡了，阿摩利人在两河流域定居下来，并在那里建立了许多小国。大约公元前1894年，阿婆摩利人在首领苏穆阿布姆的率领下，占据了巴比伦城并建立了国家。古巴比伦国开始仅仅是一个弱小的并时常向他国称臣的小国，但到了第六代国王汉谟利比统治时期（约公元前1792—公元前1750年），古巴比伦强大起来了。

公元前18世纪，汉谟拉比在统一两河流域南部过程中，建立起强大的中央集权的奴隶制国家。他总揽全国的立法、司法、行政、军事和宗教大权，并对自己加以神化，自称为伟大天神的后裔。他任命中央各部大臣，委派地方各级官吏。汉谟拉比大力兴修水利发展农业，建立常备军巩固政权，并实行份地与军事义务相关联的兵役制度，同时保护士兵的份地。古巴比伦国家的军事力量因此得以强大。

汉谟拉比在治国方面最突出的政绩就是制定了《汉穆拉比法典》，这是世界历史上第一部比较完备的成文法典（世界历史上的第一部成文法典是约公元前2110年乌尔第三王朝制定的《乌尔纳姆法典》）。

正是依靠这部残酷的法典，汉谟拉比时代的巴比伦社会成为古代西亚奴隶制国家中统治最严密的国家。汉谟拉比统治时代是古巴比伦王国的鼎盛时期。他死后不久，王国便迅速衰落。

大约在公元前1595年，北方的赫梯大南侵，消灭了古巴比伦王国（又称巴比伦第一王朝）。之后，南方伊新城的统治者伊路买鲁在苏美尔地区的南端建立了一个新的王国，史称巴比伦第二王朝（约公元前1595—公元前1518年），后来，加喜特人再一次发动军事进攻，从两河东北部侵入两河平原地区，占领了巴比伦并建立了加喜特王朝，即巴比伦第三王朝（约公元前1530年—公元前1157年）。

在西亚地域的古代社会里，虽然萨尔贡的阿卡德王国和乌尔第三王朝都可以作为这个地域更早的国家组织，但比起巴比伦王国来，经历的时期更短，更难具有地域的代表性。后来，历史学家将"古巴比伦王国"定义为人类四大文明古国之一，主要有以下两个原因。

首先，"古巴比伦王国"代表着"巴比伦尼亚"地域，进而代表着两河流域、"新月沃地"，实际上它代表的不仅仅是汉谟拉比所对应的那个"巴比伦王国"，所以我们所讲的"古巴比伦"是一个更具有广泛意义的地域。

其次，古巴比伦王国既是一个王国的名称，又是巴比伦尼亚这个地域国家组织的统称，就如同古中国听起来是一个国家组织的具体名称，它实质上是这个地域各具体国家组织形态（如秦、汉、隋、唐、宋等）的统称。所以，当我们称"古巴比伦王国"时，实际上就是西亚两河流域国家组织的统称，当然包含了萨尔贡创建的阿卡德王国、乌尔王朝、巴比伦王朝，以及苏美尔文明的总和。

当然，在西亚地域，无论是文明体系，还是国家组织、政权地域都在不断变形融合中，它们没有像华夏文明体这种稳定性，而是多元变动融合。

古巴比伦王国最具特色的就是《汉穆拉比法典》了。

汉谟拉比每天在宫殿里要处理大量的申诉案件，由于古巴比伦王国地域广大，人口众多，所以案件堆积如山，汉谟拉比焦头烂额也应付不过来。他就把过去苏美尔人和周边其他一些国家、民族的法律收集起来，经过修改，再加上当时古巴比伦人一些约定俗成的习惯，编成了一部法典。汉谟拉比命令石匠把这部法典刻在石柱上，竖在首都巴比伦城的马尔都克大神殿里，让臣民们观看。这个石柱高2.25米，上部有一块浮雕，雕刻着两个人。坐着的是太阳神沙马什，站着的是汉谟拉比。他正在从太阳神手中接过象征权力的权杖，表示自己的权力是太阳神授予的，人们必须服从他的命令，否则将受到神的惩罚。浮雕下面用巴比伦楔形文字密密麻麻地刻满了法律，一共282条，分51栏行，大约有8 000多字。《汉穆拉比法典》序言中写道："安努与恩里尔（古巴比伦的神）为人类造福命令我，荣耀而敬神的国王，汉谟拉比发扬正义，消灭邪恶，不法的人，恃强而不凌弱，使我如同沙马什一样，统治百姓，光耀大地。"

如果按现在的社会法制来理解《汉穆拉比法典》的意义，那就是制造了一个"有法可依"的行政环境秩序。无论这部法典所规定的内容有多么荒唐和不公平，但对于一个国家组织行政规范而言，没有法律条款就等同于没有规范规矩可言，有了法律就等于有了规矩（或游戏规则）。从这一点看，它是人类社会的巨大进步，是国家组织正式步入强制规范轨道的第一步。也许，我们通常所言的国家组织是人类文明的标志，是文明创建的发动机，只能从它有了正式的法律条文开始。

三、腓尼基人环航非洲与字母文字

腓尼基人是一个相当古老的民族，生活在地中海东岸，大致相当于今天的黎巴嫩和叙利亚沿海一带，曾创造过高度文明，在公元前10~8世纪达到鼎盛。

历史上，腓尼基人开创了瞩目的航海业，这跟他们所处的地理环境有很大关系。腓尼基人居住的地方，前面是浩瀚的大海，背靠高大的黎巴嫩山，没有适宜耕作的土地，注定了腓尼基人不能成为农耕民族。他们转而发展手工业，制造出精美的玻璃花瓶、珠宝饰物、金属器皿及各种武器等。要拿这些手工制品与异域民族产品进行交易，就需要腓尼基人在汹涌澎湃的大海上闯出一条路来。

于是，勇敢的腓尼基人驾驶自制的船只，向茫茫的地中海开进了。据说，腓尼基人是从埃及人和苏美尔人那里学到造船工艺的。所造的船船身狭长，前端高高翘起，中部建有交叉的桅杆。两侧设双层樯橹，通体看起来轻巧、结实。这种船主要靠船桨划行，有时也能拉起风帆，可同时搭载3~6人。大概由8~10只船组成一支船队，英国大不列颠博物馆珍藏一幅反映腓尼基船队航海的浮雕，栩栩如生地刻画了腓尼基人的航海情况。腓尼基人凭借高超的造船技术和娴熟的驾船技巧，怀着无比坚定的决心，航行到地中海的每一个港口，同当地的居民做各种各样的交易。腓尼基人自产的一种红紫色染料有很好的销路，以至于古希腊人称腓尼基为"绛紫色的国度"。根据后来史学家考证，腓尼基人并不局限于地中海，他们的商船队曾经一度穿过直布罗陀海峡，进入波涛汹涌的大西洋。至今该海峡还有以腓尼基神命名的坐标——美尔卡尔塔坐标。腓尼基人由此向北直达今法国的大西洋海岸和英国的不列颠群岛；向南则一直航行到非洲南端的好望角，据说他们还曾环绕整个非洲航行。

在非洲，至今流传这样一个故事：古埃及的法老尼科召见了腓尼基航海勇士，对他们说："你们腓尼基人自称最善于远航，真是如此吗？你们要说'是'，那么现在你们就进行航行，从埃及出发，沿海岸线一直向前，要保证海岸总在船的左侧，最后回到埃及来见我。到时候我有重赏。如果你们觉得做不到，就实说，我也不惩罚你们，只是以后不要妄自吹嘘善于远航了。"法老知道想开辟新航道，要冒很大风险，觉得腓尼基人不会真的去做。没想到这些腓尼基人慨然允诺，接受挑战，而且很快组织起一支船队出发了。3年过去了，他们杳无音讯。法老以为这几个狂妄的腓尼基人早已葬身鱼腹。万没料到3年后的某一天，这几个腓尼基人真的回到了埃及。开始法老不相信他们，但他们一五一十地向法老讲了沿途见闻，还献上收集到的奇珍异宝，最后法老终于被折服了。

腓尼基人环非洲航行，堪称人类航海史上的一次壮举。当时欧洲流行的说法是：大西洋就是世界的尽头，没有人能穿越直布罗陀海峡。但伟大的腓尼基航海勇士却跨越地中海，北抵英吉利，南过好望角，进入印度洋，无愧于世界航海业开拓者的称号。

腓尼基人的航海取得了丰硕的成果，具有十分重要的历史意义。首先，他们为自己建立了海上霸权，垄断了航路和贸易。他们在地中海沿岸建立一系列商站殖民地，其中很多商站发展成著名的商城，进而发展成为强大的城邦国家，如北非的迦太基城（今突尼斯）就一度威胁罗马人。其次，腓尼基人的远航为后来的世界航行提供了第一手航海资料和宝贵的经验，同时扩大了世界各地经济联系和文化交流。

后来，在中东文明体中，腓尼基人的航海文明成了西方航海文明的基因，后来的西班牙、葡萄牙、荷兰、英国航海技术的发展，都是在这种基因推动下的发展，它们最终揭开了地理大发现的序幕。

腓尼基字母文字是世界上字母文字之母。腓尼基字母文字的产生，源于生产和生活的需要。航海和商业贸易的发展，频繁地涉及商贸活动的计算，迫切需要一种简便易懂的文字作为记载和交际工具，腓尼基文字应运而生。它出现于南方城市毕布尔，是一种线形字母文字，共22个，没有元音。后逐渐成为腓尼基通用的字母文字。尽管腓尼基字母文字没有元音，只有辅音，拼读起来比较困难，但它毕竟是文字发展史上一个重大的发明与创造。这种文字比当时流行的任何一种文字都简便易写，所以很快在腓尼基、叙利亚、巴勒斯坦、克里特岛、迦太基等国的城市和西部地中海腓尼基殖民地传播开来。希伯来字母、古波斯字母、安息字母、阿拉伯字母、古希腊字母等字母文字都是在腓尼基字母的基础上演化而来的。因此，称腓尼基字母文字是世界上字母文字之母并不过分。

四、希伯来人——巴比伦之囚

犹太人、以色列民族的演化变迁一直是人类议论的话题，它也是人类生存状态中的一位元素，我们或该书写"希伯来人的缘由和巴比伦之囚"，或能成为我们理顺这一民族演化的钥匙。

希伯来人（犹太人古称）的祖先起源于苏美尔。希伯来人大致在公元前1900年至公元前1500年，由美索不达米亚迁入叙利亚，随后迁入埃及。公元前13世纪,希伯来人战胜了巴勒斯坦的迦南人,把迦南人变为他们的奴隶,同时也接受迦南人的影响,转入定居的农业。

约公元前11世纪,希伯来人建立国家,第一个国王是扫罗。他的继任者大卫统治时期,建立了统一的以色列——犹太国家,定都大卫城(今耶路撒冷)。大卫城所罗门统治时期,国力达到鼎盛。所罗门死后,约公元前935年,以色列—犹太王国分裂,北部为以色列王国,定都撒马利亚;南部为犹太王国,定都耶路撒冷。公元前722年,以色列王国被亚述所灭,当地居民被掠往亚述,在长期共同生活中被同化。

公元前722年,亚述帝国王萨尔贡二世率军进攻以色列王国,攻陷了撒马利亚后将它夷为平地,掳走了包括以色列王和很多贵族在内的27 000多以色列人,将他们流放到很远的地方,并把其他民族迁徙到这里。存在了200年左右的以色列王国从此灭亡了。

以色列王国的灭亡令犹太王国大为惊恐,为了免遭覆辙,犹太王国用低三下四的语气写了一封信,派使者送给亚述帝国国王萨尔贡二世。同时奉上24吨黄金,萨尔贡二世龙颜大悦,决定不再征讨犹太王国,犹太王国的君臣这才松了一口气,从此犹太王国成为亚述帝国的一个附庸国。由于此时希伯来人只剩下一个犹太王国了,所以希伯来人从此也叫犹太人。

后来,新巴比伦王国兴起,灭亡了亚述,犹太王国又成了新巴比伦王国的附庸。为了称霸西亚,新巴比伦与埃及展开了长期的激烈争霸战争。公元前601年,新巴比伦经尼布甲尼撒二世率军与埃及人大战,双方都损失惨重,新巴比伦军队被迫撤回巴比伦。一直臣服于新巴比伦的犹太国王约雅敬见风使舵,趁机脱离了新巴比伦,归顺了埃及。

尼布甲尼撒二世得知这个消息后大为震怒,咬牙切齿地发誓说要踏平耶路撒冷。公元前589年,犹太王国约雅敬病死,他的儿子约雅斤即位。尼布甲尼撒二世认为进攻犹太王国的时机已到,率大军围攻耶路撒冷。经过两个多月的围困,在犹太人内部的亲巴比伦势力强烈要求下,犹太国王约雅斤率领大臣出城投降。尼布甲尼撒二世废黜了约雅斤,封约雅斤的叔叔西底家为犹太王,西底家宣誓效忠新巴比伦。随后尼布甲尼撒二世下令将大部分犹太王室成员和能工巧匠押往新巴比伦的首都,并对耶路撒冷的犹太教神庙大肆抢劫。

公元前588年,埃及向新巴比伦发动了大举进攻。犹太国王西底家认为摆脱新巴比伦的时机已到，起来响应埃及人。犹太先知耶利米和新巴比伦大臣极力反对，但西底家根本听不进去。不久，尼布甲尼撒二世率军击败埃及人，再次围攻耶路撒冷。这次围攻长达18个月，城内缺衣少食，疾病流行，再加上内部分裂，公元前586年，耶路撒冷再次陷落。

尼布甲尼撒二世非常痛恨犹太国的一再反叛，在犹太国王西底家的面前令人杀死了他的几个儿子，又刺瞎了他的双眼，用铜链锁着西底家押到巴比伦游街示众。尼布甲尼撒二世下令将耶路撒冷所有的贵族祭司、商人、工匠、贫民一律押到巴比伦，史称"巴比伦之囚"。耶路撒冷四面围墙被巴比伦人推倒，犹太人的宫殿、神庙和民宅被焚烧，全城被洗劫一空，最后被夷为平地，犹太王国非常惨烈地灭亡了。

沦为囚徒的犹太人在巴比伦被迫终日从事繁重的体力劳动，过着暗无天日的生活。尼布甲尼撒二世去世，他们才结束了苦难，重获自由，但仍然不许回耶路撒冷。当时巴比伦是一个国际化的大都市，犹太人聪明勤奋，很多人通过经商、放高利贷成为富人。他们住在犹太人社区里，很多犹太的文化习俗得以保留。虽然犹太人在这里生活不错，但他们心怀故国，思乡之情越来越重，他们坚信，苦难的日子很快会过去，上帝会拯救他们。

不久，波斯帝国崛起，灭亡了新巴比伦王国。为了以耶路撒冷为跳板，波斯王居鲁士允许犹太人返回家园，重建耶路撒冷，还把尼布甲尼撒二世从耶路撒冷和华圣殿里掠夺来的5 400件金银器皿交给犹太人带回。犹太人欣喜若狂，他们在《圣经》中称居鲁士为"上帝的工具"，上帝保佑他"使各国臣俯在他面前"。巴比伦的四万多犹太人组成了一支浩浩荡荡的队伍，开始踏上返乡之路。这些在异国他乡受尽苦难的犹太人跋山涉水，终于望见了旧耶路撒冷的废墟。他们激动万分，长跪不起，号啕大哭，仰头向天，展开双臂高声感谢拯救他们的上帝耶和华，欢呼"巴比化之囚"的时代终于过去。

五、古巴比伦城和空中花园

巴比伦城曾是两河文明的象征，也是两河文明的发源地。城中的空中花园更令人叹为观止。

巴比伦城位于美索不达米亚平原中部，依幼发拉底河而建。在今天的伊拉克首都巴格达以南约90千米的地方。始建于公元前3000年（其实比古埃及的孟菲斯还早几十年），是古巴比伦王国的政治、经济中心，也是当时的军事要塞。幼发拉底河穿城而过，为城市居民提供了水源和天然的城防屏障。

古巴比伦总体呈正方形，边长为4千米，该城有一条长达18千米、高约3米的城墙，城墙之间由沟堑相连，并设置300余座塔楼（每隔44米就有一座）以增强防御效果。古巴比伦城墙还有一个鲜明特色，它分为内外两重。其中外城墙又分为三重，厚度不均，为3.3~7.8米，上面建有类似中国长城垛口的城垛，以方便隐蔽射箭。内墙分为两层，两层中间设有壕沟。巴比伦城也有护城河，是在内外城之间，河面最宽处达80米，最窄处也不下20米，一旦被敌人攻破外城墙，进入两城墙的中间地带，可以决开幼发拉底河的一处河堤，放水淹没这一地带，让敌人成为名副其实的"城中之鳖"，可谓固若金汤。

古巴比伦还有著名的伊什塔尔门和"圣道"。伊什塔尔门是该城的大门，以掌管战争的女神伊什塔尔的名字命名。其门框、横梁和门板都是纯铜浇铸而成，是货真价实的铜墙铁壁。这座城门高达12米，门墙和塔楼上嵌有色彩绝丽的琉璃瓦。整座城门显得雄伟、端庄，而且华丽、辉煌。从伊什塔尔门进去，便是贯穿南北的中央大道——圣道。由于它是供宗教游行专用的，故而得名。整条圣道由一米见方的石板铺砌而成，中央部分为白色和玫瑰色相间排布而成，两侧为红色，石板上刻有宗教铭文。圣道两旁的墙壁上砌有白色、黄色的狮子像。

巴比伦城中最杰出的建筑当属空中花园，古希腊人称之为世界七大奇观之一。关于花园的修建还有一个动人的故事。

相传，在公元前604至公元前562年，古巴比伦国王尼布甲尼撒二世在位之初娶了米底公主赛米拉斯。由于两国是世交，二人的婚姻是双方的父亲定下的。在今天看来，有包办之嫌。尽管如此，新娘赛米拉斯对尼布甲尼撒二世印象也不错，只是巴比伦这个鬼地方令她生厌，因为美索尔不达米亚平原黄土遍地，沙尘满天，有时天气还酷热难耐。而她的家乡却是山清水秀、鸟语花香，还拥有郁郁葱葱的森林，且气候宜人，久而久之王后思乡成病，终日愁苦，一度饮食俱废，花容月貌的王后很快憔悴不堪。为治愈王后的这块"心病"，尼布甲尼撒二世下令建造空中花园，园中的景致均依照公主的故乡而建。今天的空中花园遗址位于伊拉克首都巴格达西南90千米处，由一层一层的平台组成，从台基到顶部逐渐变小。上面种满各种鲜花和树木，其间点缀有亭台、楼阁，最难得的是在20米高的梯形结构平台上还有溪流和瀑布,来此参观的人们无不啧啧称奇。

六、古巴比伦的天文学

古巴比伦时期,人们已经能够把五大行星(火、水、金、木、土)和恒星区别开来,并将肉眼能够看到的星辰划分为星座,以后又从星座中划分黄道十二宫,如狮子座、双子座、巨蟹座等,这些名称直到现在仍为欧洲天文学界所使用。巴比伦人将天文学的知识运用到制定历法和计时方面,他们根据对月亮盈亏规律的观测,制定了太阳历。1年分为12个月,其中6个月为29天,另6个月为30天,全年共354天。这同地球绕太阳一周运行的时间差11天5时48分46秒,他们就用闰月来补足。到公元前6世纪后期,先后有了8年3闰和27年10闰的规定。在亚述帝国和新巴比伦时期,人们根据相同周期把一个月分为4周,每周7天(七曜日),分别用日、月、火、水、土、木、金7个星球的名称命名。

七、《吉尔伽美什》史诗

《吉尔伽美什》是人类历史上第一部史诗,是古代两河流域文学作品的代表作。早在4000多年前就在苏美尔人的口中代代流传,到古巴比伦王国时期才以文字的形式记载下来。

史诗的主人公吉尔伽美什是乌鲁克城(今伊拉克南部)的一位英雄。他"三分之二是神,三分之一是人",力大无比,四处闯祸。后来他成为乌鲁克城的统治者,更加不可一世,荒淫暴虐,人民苦不堪言,纷纷向天神哭诉。于是天神派恩奇下凡去制服吉尔伽美什。恩奇是一个浑身长毛,生活在草原上整日与野兽为伍的半人半兽的野人。他心地善良,经常帮助野兽逃脱猎人的追捕。后来,他听到吉尔伽美什的事,就找他决斗。

两人展开激烈搏斗,最终不分胜负,惺惺相惜,他们结成了莫逆之交。从此吉尔伽美弃恶从善,两人开始携手为乌鲁克的人民造福……诗歌就是描述他们所做的一件件好事的情景经历,语言优美,情节曲折,生动地反映了当时的人们探索生死奥妙的愿望和希望掌握自己命运的理想,是世界文学宝库中的珍品。

第三节　古希腊文明典范

古埃及文明、西亚文明是难以分离的文明体。从时空域发展的顺序看，它们后来越过了爱琴海、黑海进入南欧希腊半岛、爱琴海诸岛、克里特岛以及亚平宁半岛等南欧地域，于是又形成了克里特文明、迈锡尼文明等。而在南欧地域的诸多文明发育中，又是以希腊半岛为大本营发育的，所以统称为古希腊文明。本书在研究古希腊文明的观点和方法上想强调以下几点。

第一，古希腊文明是南欧古文明（除后来古罗马文明）的概括和代表。因为古希腊文明对后世人类文明的发展产生了深远的影响和推动，所以它当之无愧成为南欧地域古文明的代表。虽然在顺着历史时空的研究中我们陈列了克里特文明、迈锡尼文明，但它们实质上都只不过是古希腊文明的成分和基础。

第二，古希腊文明是以古埃及、古西亚文明为基础发展而成的综合文明体，它不仅是南欧古文明的概括和代表，也是西亚共同体古文明的相应时空代表。西亚共同体古文明不像华夏文明那样处于线性持续发展中，它总是多元此消彼长，整个地域主要沿着一个综合文明体发生演化。即像古埃及、苏美尔等文明体，它们不能以独立的形态而长存，往往以分解重组的方式向新的综合体转化。

第三，我们看待古希腊文明体不能像看待一棵土生土长的树一样，它吸收了大地域的综合养分而形成了最新的风景，它代表着地域社会最先进的认识改造智慧。所以，"古希腊文明"只是用了"古希腊"这个用思想塑造出来的名称而已，它代表着北非、西亚、南欧等整个地域社会认知改造的最高水平。

一、克里特文明

克里特文明是由地中海东部克里特岛的米诺斯人创造出来的文明。克里特岛就在爱琴海域，它就在古埃及和古西亚的两个相邻的家门前。

早在公元前3000年，克里特就出现了新石器文化。公元前3000年中期进入金石并用时代，原始社会开始解体。到公元前2000年左右，克里特岛进入青铜器时代，出现了早期的奴隶制国家。克里特文明分为王宫时代和后王宫时代。

王宫时代（约公元前2000年至公元前1700年）是克里特文明的初期阶段。

当时奴隶制城邦刚刚兴起，在岛屿中部的米诺斯、法埃斯特、马里亚等地先后出现了王宫建筑，宫殿都是由石头砌成的，有宽敞的大厅、宫室、仓库、作坊等。青铜器制造技术已相当先进，手工业和农业也已分离，这一时期制造的青铜双面斧、短剑、矛头、长剑以及金质、银质的碗等工艺品都十分精湛。这一时期也出现了文字，并由图画文字发展为象形文字。

后王宫时代（约公元前1700年至公元前1400年）是克里特文明的繁荣阶段。原来被毁的王宫又重新修建起来，而且比以前更加壮观。农业、手工业和海外贸易都很发达。农业上使用犁耕，农作物有大麦、小麦、大豆等；园林作物有橄榄、葡萄等。手工艺方面能制造出一种高头低舷的远航船只。克里特岛同爱琴海诸岛、希腊半岛、小亚细亚、腓尼基、埃及、西部地中海地区都有密切的贸易联系，海外贸易成了克里特的经济命脉。此外，还出现了书写古代克里特语的音节文字——"线形文字甲种"或"线文A"。

后王宫时代，克里特岛上的城邦数量比以前大大增加，此时的克里特岛有"百城"之称。"百城"之中米诺斯的势力最大，称霸克里特岛，并控制了爱琴海中的一些岛屿。已被完整发掘出来的米诺斯王宫，占地2公顷，一般多是三层建筑，并有供水、排水设备；宫中有"宫殿""寝宫"、神坛、粮仓、地窖、作坊、武器库等，结构复杂，曲折通达，有迷宫之称。

二、迈锡尼文明

迈锡尼文明是南欧古文明的另一种形态，它离古希腊文明走向发育和发展的时空更向前靠近。阿卡亚人（希腊人的一支）创造了迈锡尼文明（约公元前1600年至公元前1100年），是指以迈锡尼为代表的南希腊迈锡尼、太林斯、派罗斯等早期奴隶制城邦文明。阿卡亚人于公元前1650年前后，从巴尔干半岛侵入中希腊和南希腊。此时他们正处于氏族社会的解体时期。从当时的竖井式的坟墓中可以看出，随葬品有很大区别。到了公元前1500年左右，规模宏大的圆顶墓代替竖井墓，同时在迈锡尼、太林斯、派罗期等地有宫殿和城堡出现。因此，圆顶墓的出现标志着迈锡尼等奴隶制城邦的产生和迈锡尼文明的开始。

迈锡尼文明时期，生产力迅速发展，金属冶炼和手工业品的制造技术超过了克里特文明时期的水平。迈锡尼社会是奴隶制社会。城邦的统治阶级包括国王、将军、贵族、官吏、祭司；政治机构有贵族会议和民众大会；社区的基层组织是公社，首领是长老。土地基本上分私有和公有两种形式。奴隶多属于国王所有，但也有私人奴隶，他们从事手工业、农业等生产性或非生产性劳动。迈锡尼文明时期的建筑工艺有了长足发展。太林斯城墙厚达20米，非常坚固，迈锡尼也有高大的城墙和塔楼，其石头城门——"狮子门"以宏伟坚固著称。

公元前12世纪初，以掠夺为目的，迈锡尼国王亲率南希腊诸国攻打小亚细亚的特洛伊城。于是，演绎出了一则特洛伊勇士"木马计"的荷马史诗动人故事……特洛伊城异常坚固，特洛伊城民众无比英勇，南希腊城邦联军竟用了10年时间才攻克了特洛伊城。这场战争大大削弱了他们的战斗实力。约在公元前1125年，在多利亚人的入侵下，迈锡尼城邦被征服了。

公元前2000年至公元前1000年，希腊发生了一次部落大迁移。多利斯人是北方希腊人，受当地人的压迫向南迁入希腊内陆，并占领了迈锡尼王国中心、伯罗奔尼撒半岛东北部、阿尔奇斯地区，在这些地方建立了利亚诸邦。在多利斯人入侵的同时，特萨利亚人（大概是西北希腊人）占领特萨利亚（奥林匹斯山以南，品都斯山以东，以拉里萨为中心的一片广阔草原），打破了北部和中部迈锡尼时代诸国的政治地理格局，成立了爱奥利斯诸国。由于受多利斯南迁的影响，爱奥利斯人也向外移民，迁往爱琴海北部的刘斯堡岛和小亚西岸北部一带、阿提卡（雅典）和优卑亚（这两个地区以后称为伊奥尼亚）也向外移民于昔加拉第群岛（希腊半岛东南）和小亚西岸中部地带。经过长时间的部落大迁移，到公元前10世纪，希腊逐步形成爱奥利斯、伊奥尼亚和多利斯三个人种语言集团。

三、古希腊城邦

公元前800年至公元前600年，是希腊城邦形成时期。如果把它们同古埃及、古巴比伦、古中国、古印度相比，希腊城邦就年轻了一千多岁，所以它们就进入不了文明古国之列。但是，这个地域社会的自然人文演绎却非常成功地吸收了北非、西亚和南欧传统文明的精华，塑造了足以代表这几个地域的辉煌文明体系。

希腊城邦的形成经历了几种方式：有的城邦国家组织主要是从部落内部的阶级和等级对立中直接产生出来，因而在政治体制中有民主政治的较多成分。如雅典所在的阿提卡地区。当然，雅典是从地域阶级对立中建立起来的，但它建立后向外移民和殖民。另一种方式是在具备了国家产生的社会经济条件后，通过征服和奴役外族居民转变为国家。如斯巴达城邦就是通过征服整个拉可尼亚地区和美塞尼亚地区，将原有土著居民变为奴隶而形成的国家政权。这种国家政治就是贵族寡头政治，它没有民主政治成分，实行极为严格的军事制度和教育制度。虽然它同"雅典"一起，成为希腊最强大的城邦国，但这种制度下全民皆兵、重武轻文，并没有把社会思想体系塑造成像雅典城邦那样的社会机制。当然，斯巴达和雅典各有特征，两相映衬，也许正是希腊地域这两个风格、文化各异的城邦国长期互相争夺才使这个地域的文明发育长期充满着生机和活力。

还有一类希腊城邦是通过殖民活动在域外独立形成的（当然这种殖民活动主要还是由斯巴达或雅典在执行），如米利都、萨摩斯、叙拉古等，往往这些殖民城邦都是雅典或斯巴达的附属城邦。

在希腊城邦走向发展的政治制度上，尽管雅典政治包含着更多的民主政治成分，斯巴达拥有更多贵族寡头政治的倾向，但它们都是奴隶制大框架下的政治，又都具有如下特征：全体公民团体对无公民权者实行集体统治，全体公民参加的公民大会为国家最高权力机构（虽然斯巴达拥有贵族寡头政治倾向，但公民大会依然会限制贵族寡头的权力）。在国防和社会安全问题上，它们实行公民兵制度，军队由全体成年男性组成，平时务农，战时从军。

从社会生产力和经济上看，他们普遍使用铁器，农业已经开始精耕细作。只有公民才能占有土地，即使外邦富人也不能占有土地。

在宗教庆典和各种赛事上，只有公民才能参加。虽然这些规定对奴隶非常残酷，但对社会公民又具有强大的凝聚力和优越感。

或许，当我们理解希腊半岛那个地域时总有一个狭小的感觉，但其实它就是一个文明的中心域，希腊文明是集古埃及、古西亚文明为一体的文明。当在希腊半岛以雅典、斯巴达为核心的两大城邦体系建立以后，它们掀起了海外殖民的浪潮，足迹遍及整个地中海和黑海沿岸，希腊世界开始向各方扩展。所以，希腊文明就是一个彻底的多元向外型文明。也因此，我们完全可以理解后来的亚历山大帝国、罗马帝国从狭小的地域小国扩展为欧、亚、非大帝国。

四、古希腊战事简况

雅典和斯巴达是古希腊最重要的两个城邦国。我们所要说的古希腊战事，基本上就是在雅典、斯巴达、波斯帝国三者之间发生的战争（以希波战争为主)。战争是残酷的,它摧毁了许多文明,但战争又是社会文明的搅拌器,也是社会文明发育创建的社会土壤。

在理解古希腊战事时,我们首先应了解两个同盟——"伯罗奔尼撒同盟"和"提洛同盟"。

从公元前6世纪中叶起,斯巴达陆续与埃利斯、西居昂、科林斯、迈加拉等城邦订立了双边军事同盟条约,组成了以斯巴达为首的伯罗奔尼撒同盟。至公元前530年,伯罗奔尼撒的大多数城邦参加了此同盟。盟约规定,结盟各邦内政独立,斯巴达享有召集全体成员国会议的特权,并在战时任盟军统帅。全同盟和、战大计在盟国代表会议上由多数票决定,只有得到盟国代表会议的同意,斯巴达才有权要求盟国出兵。在没有全同盟一致军事行动时,各邦在和、战问题上自主,甚至可以与盟邦作战。但实际上斯巴达以其强大的军事实力凌驾于其他盟邦之上,斯巴达依靠同盟经常干预他国内政,支持各邦的贵族寡头派。

希波战争期间,雅典同一些希腊城邦于公元前478年结成了军事同盟,因其地址曾设在提洛岛,故称"提洛同盟"。同盟初期的宗旨是联合起来继续对波斯作战,后来慢慢发展成为雅典称霸的工具。最初入盟的主要是小亚细亚和爱琴海诸岛的希腊城邦,后来增至约200个,入盟各邦可以保持原有的政体,同盟事务由在提洛岛召开的同盟会议决定。公元前404年,雅典在伯罗奔尼撒战争中战败,提洛同盟被迫解散。

五、马拉松之战

公元前490年,波斯出兵希腊,攻占厄律特里亚后,在雅典东北的马拉松登陆。雅典出兵在此地与波斯军展开了一场大战。在将军米太亚德的指挥下,雅典步兵大败波斯军,后者被迫撤退。马拉松之战增强了希腊人的胜利信心,希腊各邦进一步团结,结成同盟,加强了反对波斯帝国的力量。

六、温泉关战役

马拉松战役之后,波斯并没有放弃侵略希腊的野心。公元前480年,波斯王薛西斯继承先王遗志,亲率大军再次侵入希腊,在希腊的险要关口温泉关,希腊联军同波斯军队交战,史称"温泉关战役"。在这场战役中,据守温泉关的斯巴达三百勇士全部牺牲,写下了希波战争中最为悲壮的一页。

七、伯罗奔尼撒战争

伯罗奔尼撒战争是希波战争后希腊两大集团之间发生的战争。

公元前431年,伯罗奔尼撒同盟成员底比斯袭击雅典盟邦布拉底引发战火。5月,斯巴达国王率领精锐部队6万余人,向陆阿提卡进军,伯罗奔尼撒战争全面爆发。

战争之初,雅典军队占据优势,不幸的是公元前430年雅典城发生了瘟疫,杰出的政治家、军事家伯里克利在这场瘟疫中丧命,战争形势发生逆转。公元前405年,斯巴达海军在波斯人的援助下一举歼灭了雅典海军。雅典战败,被迫接受屈辱的和约,取消雅典提洛盟约。

八、荷马和《荷马史诗》

荷马是西方古代最伟大的史诗作家,他创作了欧洲历史上最早的文学作品《荷马史诗》。大约公元前9至公元前8世纪,荷马出生在古希腊爱奥尼亚。他自幼双目失明,但听觉异常灵敏,且有一副好嗓子。8岁时,出于爱好也是为了谋生,他跟从当地著名的一名流浪歌手学艺。经过多年的勤学苦练,荷马成了一名十分出色的盲人歌手。

老师去世后,荷马背着老师留下的七弦抱琴独自一人到各地卖艺,他四处漂泊,几乎踏遍了希腊的每一寸土地。每到一处,他一边弹琴,一边给人们吟唱自己创作的史诗。他的诗在七弦琴的伴奏下,美妙动听,情节精彩,很受人们的欢迎。几年下来,荷马成了一个家喻户晓的人物,其他歌手见荷马的史诗那么受欢迎,也争相传唱。这样,荷马的史诗便在民间广泛流传开来。到公元前6世纪中叶,雅典城邦的统治者组织学者把口头流传的荷马史诗整理成文字,就是现在人们读到的《荷马史诗》。

《荷马史诗》包括《伊利亚特》和《奥德赛》两部分,共48卷。《伊利亚特》共24卷,15 693行,以特洛伊战争为题材,反映了希腊氏族公社转折时期的社会生活因素。《奥德赛》共24卷,12 100行,描写的是特洛伊战争结束后,希腊英雄、伊大卡国的奥克赛国王返回故乡和复仇的经历。

《荷马史诗》规模宏大,构思巧妙,结构严谨,语言生动形象,具有极高的文学价值。

九、古希腊戏剧节

在古希腊，除了奥林匹亚竞技会，就数雅典戏剧节最重要了。每年的3月底、4月初，葡萄丰收的时候，雅典就会祭祀酒神狄俄尼索斯，并在此期间举行戏剧比赛，许多雅典人、外邦人都赶来观看。

雅典当时约有30万人口，但只有4万公民（18岁以上的男性自由民）。在戏剧节期间，雅典城不仅政府机关放假，店铺歇业，老人、妇女、儿童、奴隶，甚至连囚犯都被押着出来看戏。到了伯里克利当政时期，为了鼓励公民看戏，曾下令颁发看戏津贴，所以穷人也有机会来看戏了。而最尊贵最风光的人则是狄俄尼索斯的祭司。此外还有雅典的官员、友邦的使节、贵宾。

剧场在雅典城里的一个小山下，大概能容纳2万人。整个剧场依山坡走势凿成，一级级的观众席位一直排到山脚下，舞台的平地用大理石和木料筑成，席位间有供人行走的通道。整个剧场呈半圆形的扇面状，所以又被称为圆形剧场。观众席前面是圆形舞台，另一边是歌队的乐台。

戏剧节原来只演唱悲剧，后来也允许演喜剧。在戏剧演出之前，编剧、演员、歌队的队长和观众见面，观众们将用橄榄编的花环戴在他们的头上。介绍仪式完成之后，观众都露天而坐，纷纷入席，演员则开始登台表演。在一天内舞台上要演好多场戏剧，而且中间不休息，所以观众看戏的时候，都带着葡萄酒和各种美味的食物。如果戏演得好，大家就在座位上喝酒吃肉；如果戏演得很差，那么观众可就不客气了，他们将果皮、瓦罐、石头扔到舞台上，把演员们轰下去，要求换下一台戏。

戏剧开始后，随着乐队奏起悠扬的音乐，观众们很快安静下来。当时的乐队只有两个乐师，一个弹奏竖琴，一个吹管笛。音乐响起后，由12个人组成的歌队放开歌喉，开始演唱。随着歌声响起，演员们陆续登台，表演戏剧。原来舞台上只有一个演员，并且只穿一身衣服。扮演不同的角色时，演员就换上不同的面具，一个人站在台上自言自语。后来古希腊"悲剧之父"的埃斯库罗斯首创有两个演员穿上不同的漂亮衣服同时登台表演，这样一来，两个演员就可以在台上对话了。他使用高底靴等道具，使戏剧更具有观赏性。到了有"戏剧艺术的荷马"之称的索福克勒斯时，台上又增加了一个演员，使人物之间的冲突"表现得更加激烈"。

公元前484年春，埃斯库罗斯在戏剧中第一次获胜，他从小就具有正义感和爱国热情，曾参加过马拉松之战，抵抗过波斯侵略者，一生共创作了70个剧本，13次获奖。他的代表作《被缚的普罗米修斯》中塑造的偷火的普罗米修斯成了人类社会文明的象征。他死后，他的儿子把他的遗作拿出来上演，依然大受观众欢迎。后来又出现一个戏剧奇才——索福克勒斯，他一生创作了123个剧本，参加了30次比赛，24次获奖。他的代表作《俄狄浦斯王》成为后世美学界讨论不尽的话题，首开欧洲悲剧之先河。为了表彰索福克勒斯对戏剧的贡献，伯里克利授予他"雅典十大将军"之一的光荣称号。欧里庇德斯被称为"舞台上的哲学家"，是继索福克勒斯之后的又一个戏剧天才，他把悲剧的主角变为普通人物，并开始将喜剧融入悲剧，对以后的古罗马喜剧和近代欧洲戏剧产生了深远的影响。他一生共创作了92个剧本，5次获奖，其代表作《美狄亚》被认为是世界戏剧舞台的典范。

十、奥林匹亚竞技会

公元前480年6月，波斯王薛西斯率领大军横扫希腊北部，逼近温泉关。他惊讶地发现只有几千希腊人守卫在这里，一个希腊叛徒告诉他："希腊人正在举行奥林匹亚竞技会，在此期间希腊人禁止一切战争。"薛西斯才恍然大悟。

古希腊的奥林匹亚竞技会起源于公元前776年，这也成为希腊纪年的开始，每隔4年在希腊南部的奥林匹亚举行。在此期间，希腊各城邦甚至在外敌入侵时也将竞技会放在第一位。

关于奥林匹亚竞技会的来源，有好几个传说。第一个传说是宙斯的儿子大力神赫拉克勒斯同别的神打仗，获得了胜利，就在奥林匹亚举行祭祀父亲宙斯的盛会。结果在会上，赫拉克勒斯与兄弟们争吵起来，发生争斗，后来就演变成奥林匹亚竞技会。

第二个传说是古希腊伊利斯城邦国王依斐底色在位时，因与斯巴达争夺奥林匹亚而爆发战争，人民苦不堪言。依斐多便向太阳神阿波罗祈祷，希望停止战争。阿波罗告诉他，只要在奥林匹亚举行竞技会，就可免除战争之苦。于是战争双方订立《神圣休战条约》，将奥林匹亚定为竞技场和和平圣地，提倡"不用武器和流血，则用力量和灵敏来确立人的尊严"。条约规定在竞技会举行期间，希腊各城邦都实行"神圣休战"，如果有人或城邦挑起战争，将受到严厉惩罚，从此开始了4年一次的奥林匹亚竞技会。

　　第三个传说流传最广，传说伊利斯国王的女儿希波达弥亚，以美貌闻名希腊，很多希腊青年前来求婚。但神警告伊利斯国王，如果他们的女儿结婚，那么他就会死，于是国王决定杀死所有求婚者。国王向求婚者们说，要娶公主必须和他赛车，谁赢了他就可以娶公主，但在比赛时被他追上将会被他的长矛刺死。仗着从战神那儿得来的宝马，国王接连刺死了13个失败者。海神的儿子珀罗普斯对希波达弥亚一见倾心，决定冒险。他说人总是要死的，与其愁苦地坐等暮年的到来，而一事无成，不如去做一次光荣的冒险。海神被儿子感化了，送给他"永不疲倦"的四马飞车。国王的车夫同情珀罗普斯，在国王的马车上做了手脚，结果在比赛时，国王翻车摔死，珀罗普斯取得了胜利，娶希波达弥亚为妻，并成了伊利斯国王。为了庆祝胜利，珀罗普斯在奥林匹亚的宙斯神庙前举行了盛大的竞技会，传说这就是第一次奥林匹亚竞技会。

　　奥林匹亚竞技会公开赛前，要先在希腊神话的主神宙斯神庙前举行盛大的祭祀，然后再开始竞技。参加比赛的人必须是希腊人，妇女、奴隶、犯叛国罪者、对神不敬者和外国人都无权参加。最早的竞技项目只有一项200码（约182米）的短跑。后来逐渐增加了摔跤、铁饼、标枪、跳远、射箭、赛马和赛车等项目。其中最受观众欢迎的是赛车，比赛时，骏马奔腾，车轮滚滚，观众欢呼不已，方圆几十里都可以感受到热烈气氛。但由于比赛规定参赛选手自备马匹和车辆，所以只有贵族和富人才能参加。

　　比赛结束后，人们把用月桂枝叶编成的桂冠戴在获胜者头上，以示祝贺。戴桂冠的胜利者比戴王冠的国王还受尊敬。在竞技闭幕式上，还会举行盛大的宴会来款待他们。获胜者回到自己的城邦后，人们将他看作凯旋的英雄，有的城邦还专门举行凯旋仪式，让他们像征服者那样入城。如果是一个雅典人获胜，他还可以获得500银币的奖励。

　　由于奥林匹亚竞技会上的选手们都赤身竞技，所以严禁妇女观看和参赛。一经发现，妇女将会被抛下悬崖。传说有位叫费列尼卡的妇女，出身于体育世家。她身体强壮，喜爱竞技，是儿子的竞技角力教练。最终她的儿子获得冠军，她情不自禁地跑向竞技场向儿子祝贺，结果暴露了自己的身份，招致杀身之祸。后来因为她家世代对竞技会做出过巨大贡献，才免于一死。

　　公元394年，信奉基督教的罗马教皇帝狄奥多西认为奥林匹亚竞技会是异教徒活动,所以下令禁止举办。直到1896年,追述古希腊竞技精神的奥林匹克运动会才再次举行。

第四节 古希腊社会思想家与思想点滴

如果说古埃及、古西亚文明对后世人类文明的发展造成了深刻影响,那么古希腊文明就是二者文明对后世发生影响的集成站和加工厂。数千年前的古埃及文明和古西亚文明只是零零星星的洒落在历史上的废墟遗址中,如果没有优秀的古希腊地域社会的加工塑造,或许我们会无从知道古代社会有这两种古文明体系的存在。因此,古希腊文明最大的特色在于它拥有穿越时空的思想认知体系的光芒,才对后世文明体系的建立产生了深远的持续的影响。

从公元前8世纪开始,古希腊地域社会发生了与世界其他各地域社会完全不同的社会转折。

首先,它以雅典、斯巴达为中心聚集了世界其他地域难以比拟的人气、财气和社会主观交流的认知之气。在两千多年前,雅典、斯巴达两个城邦都拥有了30多万人口,而且各邦人口还在不断向此流动。这两大城邦在地中海、黑海地域的殖民活动使财富不断向这两大中心聚积。这里是一个不大的地域,却是一个通向三洲五海的外向之地,社会的流动使整个北非、西亚、南欧等地域的社会认知都在这里交融整合,形成了一个大社会的主观认知互动平台。

其次,这里的社会主观交流互动机制比其他社会地域更为成熟,已经有了如同近代、现代社会这般的共振共鸣景象,它成为世界思想体系构建的第一块土地。希腊人的戏剧节、奥林匹亚竞技会正是它们共鸣认知的思想状态的流露,所以在这个人气、财气、思想共鸣的社会地域内出现了许多伟大的思想家,他们的思想成为体系,穿越时空,引领后世之人步步向前。

一、第一个人类思想家——泰勒斯

泰勒斯的历史地位远不在于他的思想认知内容本身,而在于他是人类社会历史上创建思想认知体系的第一人,也是第一个反对用神灵意志来理解世界、提倡用自我思想认知来理解世界的第一人。

人类自创建了社会，开启了思维活动以来，都在不断用自我思想认知理解着世界事物，但他们始终不清楚是神灵在引领着他们的生活还是自我认知在推演着生存，只有古希腊社会的泰勒斯才第一个明确回答——用自我的头脑思想可以理解这个世界。虽然有很多事物和现象不太清楚，但总是可以弄清楚的。

因此，泰勒斯创建了怎样的思想认知体系并不重要，重要的是他第一个提出了"用思想认知体系理解世界"这个认知命题。

泰勒斯约公元前640年出生于米利都的一个名门望族。早年曾做过商人，后来游历埃及等地，掌握了天文学和几何学知识。他创办了第一个哲学学派米利都学派，他提出"水是万物的本源"。这句话是哲学思维的开始，也是以科学态度对待自然世界的第一原则。他还是第一个天文学家、几何学家。他在数学方面的贡献是开始了命题的证明。在天文学方面，他曾成功预言了公元前585年5月28日日食的发生。古希腊勾股定理的发明者毕达哥拉斯曾经是他的几何学生。泰勒斯是古希腊数学、天文、哲学之父，被尊为希腊七贤之首，他的最伟大之处就在于它开启了人类用思想认知体系理解世界的人类社会思想发展的新时代。

二、苏格拉底之死及思想实质

苏格拉底（公元前470—前399年），既是古希腊著名的哲学家，又是一位个性鲜明，从古至今被人毁誉不一的著名历史人物。他是继泰勒斯、毕达哥拉斯、希罗多德、德谟克利特以来又一位古希腊社会思想认知体系的创建者。

公元前399年，雅典公民法庭以苏格拉底"引进新神、败坏青年和反对民主"等罪名对他判处死刑。苏格拉底临死前神情镇定，与朋友交谈自如，还高举手臂向弟子们阐述自己的观点，完全是一个痴迷于自我思想的信念者典型。

苏格拉底被判处死刑主要在于他对雅典民主制提出了质疑，同时他触怒了克利提阿斯（学生）这一权势。

"公民法庭"看起来是投票的民主表决，但他们（投票公民成员）的认知、情绪都是容易被误导和煽动的。再说"公民法庭"依然是权贵框架下的产物，参与投票者与全雅典公民数是一个极小的比例，而不能成为公民（"公民"本身也有局限）的社会民众（奴隶、妇女）人数更大（有30万之众，只有4万人可以成为"公民"）。况且，社会事物的逻辑真理往往掌握在少数人的思想之中。

苏格拉底就如同提出"原子论"的德谟克利特一样，他认知事物的思想更超前，更超越于具体的现实。他的思想并不局限在现实的传统习俗中，而是勇于用辩证的思想去分析总结当前的现实，同时得出一些更理性的认知思想，在当时实属难能可贵。但非常遗憾的是，苏格拉底的思想认知与那个时代民众的思想意识有太大的差距，以至于人们对他超前的思想观点有了反感和冷漠，这才发生了人类社会思想史上的千古之痛——苏格拉底死在了无知、冷漠的"民主"之中。

三、柏拉图的《理想国》与唯心主义

柏拉图（约公元前427年—前347年），贵族出身，苏格拉底的学生，古希腊著名的哲学家，人类社会思想史上典型的唯心主义代表。

柏拉图创办了阿卡德米学院，这是集传授知识、研究学术和培养人才为一体的学校。最博学的古希腊哲学家亚里士多德就是在这个学院中成长起来的，他是柏拉图最得意的学生。

《理想国》是柏拉图重要的对话体著作之一，也是西方政治思想传统最具代表性的作品。书中通过描述苏格拉底与他人的对话，给后人展现了一个完美优越的城邦。在这部著作中，柏拉图把国家分为三个阶层：统治阶层、武士阶层、平民阶层。统治阶层受过严格的哲学教育，具有很强的理性管理能力，因而被国家赋予无上的权力；武士阶层要强化素质和战斗力，他们是稳定社会秩序和保卫国家主权的强制机器；平民阶层是低下的，可以欺骗的。

柏拉图的《理想国》无疑为后世国家政权的构建演化做了一个模具，后世的政治学发展就是以此为源头和基础的。柏拉图的"平民阶层是可以欺骗的"说出了政治统治的本质，后世的统治者把此作为"真理"而加以发挥。例如，中国古代政治文化中"民可教化""劳心者治人，劳力者治于人"与柏拉图这句话没有本质区别。

柏拉图被贴上了"主观唯心主义代表"的标签。他的思想观点可以概括为：精神是第一性的，物质是第二性的；现实世界不过是理念世界的微弱反映；观念世界是真实的存在，而现实世界不是真实的存在。

看起来，柏拉图完全颠倒了精神和物质的关系，但柏拉图的思想动机和观点很可能被误解了。

如果我们始终以为柏拉图所言的"物质""现实世界"就是客观物质存在

本身，那么他确实将"精神"和"物质"的关系彻底弄颠倒了。但是，很有可能柏拉图所言的"物质和现实世界"只是客观事物在某一时空存在的状态和格局而已，或者就是后来哲学上所言的事物"现象"。我们可以想象，柏拉图不可能糊涂到会将他吃的"饭"和睡的"床"都认为是"不真实的"。在他看来，客观物质的状态格局（或现实世界）或"现象"是不尽如人意的，是可以改造和改变的，而最理想的就是沿着人们设想的理念（思想认知体系，如"理想国"）加以改造塑型。所以一切"现象"和"现实世界"是习俗传统理念"微弱的反应"，应该伴随着更具有逻辑性的理念加以改造。因此，理念为第一，"现实世界"为第二。柏拉图显然是在极力强调人的主观能动性和思维认知精神。

如果我们不把柏拉图的思想观点恰如其分地放到他所处的那个具体的时代，并分析那个大时代的社会思想和现实世界背景，很可能我们也会误以为他就是有着消极思想的主观唯心主义代表。而恰恰相反，柏拉图就是勇于改造现实世界，致力研究思想认知并培养像亚里士多德这样博学人才的代表。

柏拉图生存于那个社会思想贫穷，靠传统习俗来进行思维活动的现实世界，同时又受到了泰勒斯、德谟克利特、苏格拉底等一大批有志之士的思想影响，他的思想精神才在认知的理念世界中不断游走。

从柏拉图的《理想国》中可以看到，他非常尊敬和赞同老师苏格拉底对待现实世界的辩证思想，而且对苏格拉底之死是悲痛至深的，因为《理想国》的对话中直接描述了苏格拉底的思想表白。在他看来，苏格拉底追求理念世界与现实世界的差距和碰撞，就是他招致杀身之祸的原因。苏格拉底开启了理念世界之门，柏拉图就要把老师的情怀讲清楚，于是就有了《理想国》。而且在研究学术的同时又培育了一大批学子，使追求理念、塑造思想体系的精神代代传承。

四、亚里士多德哲学思想

有人把亚里士多德与柏拉图、苏格拉底并列为"古希腊哲学史上的三座高峰"。虽然亚里士多德是柏拉图最骄傲的学生，但他的哲学史地位和对后世社会思想的影响远远超过了老师和老师的老师，被恩格斯称为"最博学的人"。

亚里士多德（公元前384—前322年）出生、成长在一个高贵而又有医学气氛的家庭。依照传统，他继承了父亲的事业，但却在医药的熏陶中表现出对科学的爱好。公元前367年，亚里士多德拜柏拉图为师，进入柏拉图学院，钻研各种知识长达20年之久，被柏拉图称为"学园的精英"。柏拉图去世后，亚里士多德到小亚细亚的阿索斯城去了，后来结婚生子。公元前343年，亚里士多德被聘为马其顿国王腓力二世的儿子——13岁的王子亚历山大的老师。公元前335年，亚里士多德结束了在马其顿的寓居生活，回到希腊。他在雅典阿波罗圣林的吕克昂体育场开办了一所学院，并得到了已经继任马其顿国王的亚历山大的巨额经费支持。因他经常带着弟子在学园的林荫道边散步、边讲课，所以他的学派被称为"逍遥学派"。亚里士多德大部分作品就是在他主持学园的13年中完成的。

亚里士多德创造性地总结了前人的研究成果，对当时已知的各个学科如伦理学、政治学、经济学、战略学、修辞学、文学、物理学、医学等都做了有意义的探索，并开辟了逻辑学、动物学等新领域。可以毫不夸张地说，亚里士多德的研究成果代表了古希腊科学的最高水平。

作为形式逻辑的创始人，亚里士多德提出了归纳和演绎的思维方法，提出并阐释了同一律、矛盾律和排中律这些思维的基本规律。他所规定或发现的原则和范畴以及所使用的专门词语，至今仍为逻辑学教科书所采用。作为动物学的开创者，他的许多观察和实验得到了后来的生物学家和医学家的首肯。林耐和居维叶是达尔文所崇拜的偶像，但达尔文说，这两个人比起亚里士多德，只不过是小学生而已。在哲学上，亚里士多德肯定客观世界是真实的存在，认为人类的认知来源于对外界事物的感觉。他创立了自己的"四因说"（质料因、动力因、形式因和目的因），认为一切事物的产生、运动和发展，都不外是这四种原因的结果。在政治学方面，亚里士多德详细比较研究了君主、贵族、共和、僭主、寡头和平民六种政体。他主张法治，认为"法律是不受情欲影响的理智"。此外，亚里士多德的学说对基督教影响甚巨，13世纪中期，亚里士多德的著作成为英、法、德、意等地区基督教学校的必修科目。而14世纪巴黎的文教法令规定，学校除圣经外，所有的世俗知识都应该在亚里士多德的著作中寻求指导。

公元前323年，亚历山大大帝病死后，雅典成为当时反马其顿运动的中心，由于是亚历山大的老师，亚里士多德被迫从雅典出逃，前往优卑亚岛的卡尔喀斯城避居，并在此辞世。

亚里士多德在苏格拉底、柏拉图开启的理念世界中走得更细、更远，他举起了古希腊从社会思想创建到文明创建的大旗，希腊地域社会民众由此在自然科学的道路上不断前进。

五、欧几里得：几何《原本》

欧几里得大约生于公元前330年，死于公元前275年，是古希腊著名的科学家。公元前300年，欧几里得根据前人的经验，经过自己的计算推理，写出了一本共13篇的《原本》（又称《几何原本》）。这是人类第一次出现"几何"概念。欧几里得涉及的学科不只是数学，除《原本》外，我们知道的还有《数据》《光学》《曲面——轨迹》《现象》等。

欧几里得在《原本》这本书里首先给出了定义和公理。例如，他的点、线、面的概念是这样的：点是只有位置没有大小的；线是只有长度没有宽度的；而面是只有长度和宽度的。

《原本》中还有关于圆的性质的讨论，如弦、割线、切线、圆心角等。还讨论了圆的内接和外切图形，其中有一个命题是一个圆内作15边形。

据说，当时天文学家一直认为地球赤道面与地球绕日公转面的交角是24度，即是圆周的1/15。于是，欧几里得运用自己的智慧，做出了正15边形，这在当时是一个难度十分大的命题。

欧几里得深受亚里士多德的影响，他把亚里士多德的公理、法则用到几何学中，推演出几何学的五条公理。例如，两点之间可以连接一条线；如果两条直线和第三条直线相交，所交出的同旁内角和小于180度，那么两条延长，总会在同旁内角一侧相交。《原本》13篇中共有467个命题。这些命题和推理所建立起来的几何学体系是相当严谨和完整的，以至于连20世纪最伟大的科学家爱因斯坦都这样说：当一个人最初接触欧几里得几何学时，如果不曾为它的明晰性和可靠性所感动，那么他是不会成为科学家的。

从《原本》的出现到现在，这部书的出版达1000次以上，几乎世界上所有的数学家都是读着《原本》成长起来的，科学界把《原本》看成是一部经典奇书。

从欧几里得的《原本》对人类数学和自然科学两千多年的持续推动贡献，我们可以深刻感悟到，人类的思想认知体系和文明创建就是一个从零散到体系化的智力接力赛，人类的发展就是人类智慧共鸣整合的运动轨迹。

六、医学之父——希波克拉底

希波克拉底出生于约公元前460年的古希腊科斯岛的一个医生世家。他第一个提出医学是一门科学，应该公开进行教学和讨论。他在科斯岛建立了医科学校，这里的教师们出版大量的医学教材，其中70%已经流传下来，署名都是希波克拉底。虽然这些著作实际上没有一部被认为是希波克拉底所写，但书的内容显然受他的科学研究和教学成果影响，书中所涉及的内容包括妇科、儿科疾病、饮食和药物疗法、外科和医德。希波克拉底书中确立了医生对病人、对社会的责任和医生行为道德规范的誓言，被后世称为"希波克拉底誓言"。希波克拉底对后世医学的发展起到了很大的推动作用，现在的许多医院的医生在就职时依然在宣誓"希波克拉底誓言"。

七、天文学之父——希帕克斯

人类的生命活动在观察天象、气候方面开始得很早，而且卓有成效，但天文学真正成为一门学科和精细的科学是从希帕克斯开始的，所以希帕克斯被称为"天文学之父"。

希帕克斯（公元前190—前125年）生于小亚细亚的西北部的尼西亚（今土耳其的伊兹尼克），这里的文明与古希腊完全连为一体。

年轻时，他曾在亚历山大城求学。完成学业后，他来到了当时的新文化中心爱琴海南部的罗得岛。他在这座小岛上建起了观象台，开始了天文学研究。

他在罗德岛观象台制造了许多观测仪器，创立了"球面三角"这门数学工具，解决了前人无法解决的两个难题，即在球面准确表示行星的位置变化和行星亮度的变化，从而使希腊天文学由定性的几何模型变成定量的数学描述，使宇宙模型真正有效而又准确地反映出天文观测的结果。

希帕克斯以长期观测和对前人观测资料的分析得出一年为365天零1/4日，再减去1/300日。这个数值是很精确的，误差只有6分钟。他利用古代日月食记录，认识了月亮的塑望月、恒星月、近点月及交点月4种周期，并准确定出了这些周期的数值。他精确地测得白道（月亮绕地球旋转所成轨道的平面和天球相交所成的大圆）与黄道的交角为5度。他运用三角学方法计算出月球与地球的距离，还编制了几个世纪的太阳、月亮运动位置表。他还用这些精密的表来推算日食和月食，这是在他之前许多学者想做却没做到的。

公元前134年，希帕克斯在天蝎座发现了一颗新星，这打破了前人关于"天是永恒不变"的哲学信念，也促使他编制了西方天文史上第一张记载恒星的星图。星图上共记载着1 080颗星，记载着恒星在星座间的分布和它们的亮度。希帕克斯在编制星图时把星的亮度分为六等，从而使西方第一次有了星等的概念。

希帕克斯运用自己制作的星图，还发现太阳每年通过春分点的时间总比回到恒星天同一位置要早。也就是说，回归年总是比恒星年短，这就是希帕克斯发现的"岁差"现象。

希帕克斯发明了以经纬度测定地球上不同地点方位的方法，并发明了由极点向赤道面投影的制图方法。他做的最重要的一件事是把欧多克斯那个不受欢迎的同心球宇宙模型推翻了，设想了一套本轮系统取代之。这一系统一直主宰着欧洲人的天文学，直到哥白尼时代才被推翻。

希帕克斯以他渊薄的天文学知识和丰富的天文观测资料以及他的天才研究，为观测天文学做出了贡献。而他信奉的"地球是宇宙的中心"又由他的弟子托勒密发展成系统的"地心说"，统治天文学界达1 400年之久，客观上阻碍了天文学的发展。

虽然希帕克斯的"地球是宇宙中心"是不正确的，但对地球观测者而言，如果以地球为宇宙空间坐标原点，认为地球就是"中心"也是没有什么不可以的。或者说，地球人类可以以地球为宇宙空间的坐标原点，再无限扩展认知宇宙。这也是认知的规律，无论宇宙是有限大还是无限大。

八、托勒密与"地心说"

当我们一提到"地心说"，想到的恐怕是"托勒密"，而不是希帕克斯。作为将天文学以数学形式加以表达的科学，希帕克斯当之无愧为"天文学之父"，而作为学生的"托勒密"正是在"天文学之父"的塑造下才成了天文学集大成者。当然，他不仅是学术的运气太好（研究的基础成果丰厚），也在于他的勤奋，建立起了自己响当当的学术体系——托勒密地心学说体系。

托勒密·克罗丢生于埃及，父母都是希腊人，是古希腊天文学家、数学家、地理学家和地图学家。公元127年，年轻的托勒密被送到亚历山大去求学。在那里，他阅读了大量书籍，并学会了天文测量和大地测量。他曾长期住在亚历山大城，直到公元151年。他在公元168年去世，终年78岁。

托勒密最显著的成就是创建了托勒密地心学说，并形成了"托勒密体系"。当然，他的学说是以希帕克斯天文学为基础发扬光大和延续的。严格地说，是他的地心学说支配西方宇宙观1400年之久，并被教会利用作为宗教理论的支柱，直到哥白尼"日心学说"问世。

托勒密地心学说思想无疑是古埃及、古西亚、古希腊等地区天文思想的结晶，虽然他在描述宇宙上选择了地球作为坐标原点（他那个时代有这样的选择很正常），与哥白尼选择太阳作为坐标原点不同，但实质上他们在描述太阳系的天体运动格局上是一致的，他们都是人类社会建立宇宙观的认知里程碑，只是西方教会和宗教将二者对立起来了。

九、普林尼与《自然史》

普林尼（约公元23—79年），罗马学者，出生于意大利北部一个中等奴隶主的家庭，少年时代到罗马求学，曾任军官和文职官员。

普林尼爱学习，兴趣很广，他广泛收集各地的历史资料，考察民族语言，博览群书，从事著述。他写过七部作品，保存下来的只有《自然史》。这是一部百科式巨著，又名《博物志》。

普林尼的《自然史》发表于公元77年，这部巨著是对罗马时代自然知识百科全书式的总结，内容涉及天文、地理、动物、植物、医学等科目。《自然史》是普林尼以古代世界近500位作者的2 000多本著作为基础，分3万多个条目汇编而成的，范围极为广博。普林尼的基本哲学观点是人类中心论，这一哲学立场贯穿在他的《博物志》中，并得到了日益兴盛的基督教的认同，从而大大有助于这部著作的流传。

人类文明发展的本质就在于文明具有犹如万川入海的积累整合机制，所以它才像一个永远滚动壮大的雪球一般。普林尼的《自然史》正是人类文明这种发展机制和轨迹的见证。所以普林尼虽然仅仅是罗马学者，但他所创建的巨著却是对古埃及、古西亚、古希腊、古罗马文明的综合汇集。当然，人类文明的海洋被这样整合汇集只是刚刚开始，在人类历史长河中有千千万万个如同普林尼这样的学者在不断整编组合着人类的新文明体系，从而形成了一条波澜壮阔的人类文明长河。

第三章　南亚古印度文明概况

第一节　自然人文塑育古文明

古印度指今天的印度、巴基斯坦、孟加拉国、不丹、尼泊尔等南亚次大陆的国家合称，它的地域范围是印度半岛。中国在西汉时称它为"身毒"，东汉时称它为"天竺"，唐朝时才称它为"印度"。

古印度是一个与外界自然世界和社会封闭隔绝的地域。三面环海，北方的喜马拉雅山脉以及两侧较小的山脉把它和亚洲大陆隔绝开来。它的西南与非洲大陆隔海相望；西面是阿拉伯海，与阿拉伯半岛隔海相望；东面隔离着孟加拉湾，与中南半岛、马来群岛隔海相望。这是一个地域广大、与外隔绝却面向辽阔海洋的大地域社会。

古印度是一个广阔的大陆，气候和土壤类型千差万别。既有拉其普他拿沙漠的炎热炙人，也有喜马拉雅山峰的白雪皑皑冰冷刺骨；既有德干高原岩石叠生的干燥，也有孟加拉湾和马拉巴热带地区的湿润丰饶。印度古文明的特征与这样一个与世隔绝却气象万千的自然地理是分不开的。在广袤的土地上，孕育了不同性格的种族，并推动各族向大陆性格发展，最终形成了互动共同的文明社会机制。

在这个广袤的古文明地域里，印度河—恒河平原成为最富饶、最宜聚居的地域，从而成为印度次大陆的核心。也许生存在这里的古人类社会在约1万年前就在这里开展了农业革命，世代相继的人们在旁茶纳德、朱大拿河、恒河建立起了发达的水利网，使得这一地区的农业文明迅速发展，人口也随之增长。

在河谷两岸，城市和村庄渐渐形成，进而变成文明中心。

古印度文明地域与西亚共同体文明地域从现代的角度看，二者相当于近邻，它们的发育发展随着时空的推移有了渐渐密切的互动影响，以至于到了近代、现代，西方文明体系有了对印度文明的肢解和重新洗牌之势。于是，不少西方学者提出"苏美尔人""雅利安人"创建了印度古文明之说。实质上，这是对世界人类文明史的误读，理由有以下几点。

首先，印度次大陆地理自然环境的特征是印度古文明独立发展自成一体的决定性要素。古印度文明之所以能作为世界学术公认的一大独立的古代社会文明类型，是因为它的发展演化的历史时期绝不是简单的四五千年，而是一个更漫长的时期。凡文明体系的发育都需要有一个非常成熟和持续稳定的社会认知互动主观公共平台，在一个地域社会中只有农业革命才能加速和形成更为丰富的认知革命，使习俗、宗教、语言、文字向体系化的公共互动平台迈进。所以，要谈古印度文明是怎样发育的，其实最根本的就是要追溯这个地域社会如何能持续长久地从农业革命、认知革命、语言、习俗、宗教礼仪中形成了畅通的、牢不可破的社会交流互动的公共平台。因此，古印度一万多年的农业革命、认知习俗、语言体系的发展演化才是古印度文明真正的根源。

其次，古埃及、古西亚、古希腊等地域，交通、信息、社会流动、语言、习俗、社会统治实践、政治、经济、文化、帝国战争等方面都表现出不可分割的紧密互联，所以势必成为一个综合文明体。古印度次大陆地域在古代社会是完全封闭隔绝的，因此这个地域社会的主观互动体系（语言、习俗、宗教、政治、经济）是完全独立的，即便有一些群体进入这个体系也只能服从这个体系才能开展互动和联系。

最后，印度古文明就是这个封闭的次大陆地域自然、社会、个人持续互动所形成的主观和客观状态格局。

在学术上，有不少学者站在西方文明优越的立场上，不加思索地抛出了"雅利安人创造印度古文明""西方文明的发展推动了印度古文明"这些观点。他们是把参与印度古文明创建的古印度社会成员——雅利安人、苏美尔人或地中海人当作了西方文明传播的使者，忽略和否认了古印度地域社会自创自塑的独立性。

其实，不管是雅利安人也好，苏美尔人也好，或地中海人也好，他们是以零散的群体身份来到古印度这个社会系统的（就像东非智人在大迁徙中分布到了世界各地域一样），甚至他们根本就不知道或没有国家组织的归属（他们是因为不适应原有地域而迁徙），所以他们不是文明传播的使者，而只是"向往古印度"的流民。即便这些外域移民在以后的地域社会文明创建中有了出色的表现，那也是古印度社会民众自身的文明故事，没有这里庞大深厚的社会主观体系，就没有他们创建文明的故事。

"域外人"只是一个相对概念，如果要无限追溯，除东非以外的一切世界地域社会的人，我们都可以称之为"域外移民"。东非智人在数万年前塑造了原始社会，血缘家族无限繁殖、扩散分布于非洲、欧洲、亚洲自然地域，形成了一个共同的文明社会，在南亚次大陆又形成了另一个文明社会。当然，这两个文明社会之间有微弱的互动影响，随着时空的推移这种互动影响才逐步强化，以至于到了近代和现代，西亚共同体古文明渐渐演化为西方文明，并对印度古文明有了冲击和洗牌之势。

印度的远古文明直到1922年才被印度考古学家发现。因为遗址最先在哈拉帕（今巴基斯坦旁遮普省境内）发现，所以古印度文明通称"哈拉帕文化"。由于发现的遗址主要集中在印度河流域，因此又称为"印度河文明"。从遗址的发掘来看，哈拉帕文明属于青铜器时代的城市文明。哈拉帕和摩亨佐·达罗两座城市的面积和布局很相似，其中摩亨佐·达罗保存得更完整。该城占地约85万平方米，人口3~4万人，城市分为卫城和下城两部分。卫城有护城河和城墙，城墙上建有塔楼，还有公共建筑和大型粮仓。城中心有一个大水池，专家分析这可能与城中居民举行宗教仪式有关。下城的街道成东西走向或南北走向，或平行排列，或直角交叉，建筑物的墙角都砌成圆形。城中街道两旁的房屋一般围绕烧制的红砖建成，排列非常整齐，分居住区、商业区和手工区，其中有住宅、店铺、饭馆等。从挖掘的葬墓看，当时已经有了贫富分化。

哈拉帕文明遗址还出土了大量的铜器和青铜器，如斧、镰、锯、刀、渔叉等，表明当时人们已经学会了冶炼金、银、铜、青铜、铅等金属，但没有发现铁器。居民们以从事农业和畜牧业为主，农作物有小麦、大麦、棉花、椰枣等，牲畜有牛、羊、马、猪等。

哈拉帕文明已经出现了文字，主要刻在石头、陶器和象牙制成的印章上，但这种文字至今没有被解读。

哈拉帕文明存在了几百年之后逐渐衰亡，但衰亡原因至今还不清楚。有的专家认为是遭到了雅利安人的入侵，有的认为是火山爆发摧毁了城市。

第二节　古印度意识文化

古印度社会的主观认知和社会思想究竟是怎样发展演化的，谁也无法知晓。但历史资料可考的吠陀时代和《摩诃婆罗多》却是反映古印度社会思想状况和精神风貌的有力证据。据此，我们可以肯定，古印度社会的认知革命几乎是与古埃及、古西亚平行并列的（当然要稍晚一些），而古希腊就要比此晚几百上千年了。

印度的"吠陀时代"大约是在公元前1500至公元前600年的这段时间。"吠陀"的原意就是"知识"或"神圣的知识"，这并非表明古印度地域的认知革命是在这个时段才开始的（伴随着1万年前的农业革命已经在持续开展着认知革命），只不过这一时期是后人对印度古社会认知革命故事更深刻可考的实际记忆而已，或者说在这一时期古印度社会的认知革命已进入一个社会共鸣的高潮期。

认知共鸣是社会的精神食粮，它具体化为印度世代口头流传下来的古老宗教、文学典籍已加快了传播共振的力度和速度，也是婆罗门教的经典来源。"吠陀"共分4部，全称为《吠陀本集》（实则为后来整编的）。其中最古老、最重要并具有文学价值的是《梨俱吠陀》，它所反映的社会时代被称为"早期吠陀时代"，是指公元前1500至公元前900年的这段时间；其余3部吠陀——《沙摩吠陀》《耶柔吠陀》和《阿闼婆吠陀》以及解释这些吠陀的作品反映的社会时代较晚，因此称之为"后期吠陀时代"，是指公元前900至公元前600年的这段时间。

所以，要真正了解古印度佛祖出生前的文明史就要走进《吠陀本集》中去。

在《梨俱吠陀》中所记历史主要是指印欧语系的游牧部落——雅利安人从伊朗高原逐渐入侵印度河上、中游和恒河上游的历史，也是雅利安人与当地居民进行暴力冲突和生息共处的历史。一句话，《梨俱吠陀》将雅利安人做了"外族""入侵""主角"三大标识，这为后来学术的争论埋下了伏笔。而实际上，一切战争、冲突、共处的故事都是古印度社会自身内部的故事。

在《沙摩吠陀》《耶柔吠陀》《阿闼吠陀》所反映的后期吠陀时代，是一部分的雅利安部落进入文明和国家时代，也是种姓制度和婆罗门教形成的时代。在后期的吠陀时代，有些早先的部落和部落联盟已变为王国。

在后期吠陀时代，随着雅利安人国家和婆罗门教的形成，种姓正式成为一种严格的等级制度。

如果说《吠陀本集》就像小说一样成为古印度社会的精神食粮，那么《摩诃婆罗多》就是以诗歌叙事的形式成为古印度社会的又一精神食粮。

《摩诃婆罗多》是古代印度著名的诗篇，全诗长约20万行，讲述印度两个家族从战争到和解的全过程。该史诗是世界上最长的史诗，它的篇幅是荷马史诗《伊利亚特》和《奥德赛》总和的八倍，它的意思是"婆罗多族大战的故事"。

该诗篇的主要内容是：古代印度的一个国王是盲人，国事全由弟弟处理。国王有100个儿子，组成俱卢族。国王的弟弟有五个儿子，组成班度族。国王弟弟死后，他的五个儿子全由国王抚养。五个兄弟个个武艺高强，遭到俱卢族兄弟的妒忌，一次又一次地受到他们的迫害。后来，双方各找了些盟国进行决战，印度半岛上几乎所有国家都参加了这次战争。战争进行了18天，俱卢族和18支盟军全被击溃，老国王的99个儿子都在战争中被杀死，太子逃脱后，最后也被杀死。班度兄弟割下他的头颅，喝了他的血。由于相互残杀，血流成河，尸横遍野。班度兄弟决定与俱卢族讲和，化战争为和平，化仇恨为友谊。

《摩诃婆罗多》是在古印度现实社会生活的基础上对社会矛盾、情感的艺术化和再塑造，当它的传播达到一定的广度和深度时，就成为地域社会的共同情感和共同想象，成了思想和推理的经典和源头。

除《摩诃婆罗多》外，古印度社会还有一部非常具有社会影响力的长诗《罗摩衍那》，二者共同成为古印度社会的精神食粮。

一、古印度种姓制故事

世界人类古代社会的各地域社会都无法摆脱等级制社会现象，因为一旦人类塑造了社会，人所具有自然动物属性的一面永远是争强好斗的，他们已经站在了生物链的顶端，生存竞争的范围已经集中在群类斗争。在古文明社会的历史长河中，古印度的"种姓制"是最具典型意义的制度化等级制，它最主要的功能就是成为构建社会结构的骨架和模具。"种姓制"对古印度文明的发育、塑造、特质都具有深远的影响。

"种姓"一词在印度的梵文中是颜色和品质的意思，即它最初是表示肤色较白的"雅利安人"（由中亚游牧民进入印度地域的人群的自称）和皮肤黝黑的达罗毗荼人的区分。后来成为对社会民众的等级制划分。

无论"雅利安人"是入侵进入印度地域社会，还是自然移民融入这个体系，有一点是肯定的——在这个社会系统里，自称为"雅利安人"的社会群体处于强势并主导了"种姓制"的确立。

在"种姓制"下，古代印度人被分为四个种姓：婆罗门、刹帝利、吠舍和首陀罗。前一种姓的社会地位高于后一种姓的社会地位，他们的权利、义务、职业都不相同。

婆罗门是祭司阶层，他们出身于雅利安人中的僧侣阶层。掌握神权，主持祭祀，负责占卜福祸，社会地位最高，能主宰一切。

刹帝利是雅利安人的军事贵族，包括国王和各级武士、官吏，掌握国家除神权之外的一切权力，是世俗的统治者。

婆罗门和刹帝利是高级种姓，属于统治阶级。他们占有社会的大部分财富，依靠剥削其他两个种姓为生。

吠舍是雅利安人的中下阶层，是普通的劳动者，主要从事农牧业、手工业和商业。他们是自由民，向国家缴纳赋税。

首陀罗是被征服的达罗毗荼人，也有贫困的雅利安人，从事手工业和农牧业，他们是奴隶阶层。

各种姓之间等级森严，界限分明，职业世袭。各种姓之间绝对不能通婚。如果不同种姓的男女通婚，他们所生的子女不属于任何种姓，被称为"贱民"，也叫"不可接触者"。贱民在四个种姓之外，地位最低，最受鄙视和压迫，只能从事那些被认为是最低贱的工作，在农村中当雇农或在城市中抬尸体、清理粪便与垃圾、屠宰、洗衣、清扫等。他们的身体和他们用过的东西被视为是最龌龊的，不能与婆罗门接触，不能与其他种姓的人共用一口井、共进一座寺庙。婆罗门如果接触了贱民，则认为是一件倒霉的事，回去之后要举行净身仪式。贱民要佩带特殊的标记，出生时家里要敲打一些破瓦罐之类的东西或者嘴里不断发出特殊的声音，提醒其他种姓的人及时躲避。

为了维护高种姓的利益，婆罗门宣称把人类分为四个种姓是梵天（造物主）的意志。印度教的圣经《吠陀》中说，梵天用他的嘴造出了婆罗门，用双手造出了刹帝利，用双腿造出了吠舍，用双脚造出了首陀罗。婆罗门僧侣还宣称，只有安分守己的人，来世才能升为较高种姓，否则就会降为较低种姓。

四个等级在法律面前是不平等的。如果刹帝利辱骂了婆罗门，要罚款100帕那（古印度货币单位）；如果吠舍骂了婆罗门，就要罚150~200帕那；要是首陀罗骂了，那就要用滚烫的热油灌入他的口中和耳中。如果婆罗门骂了刹帝利，则罚款50帕那；骂了吠舍，罚款25帕那；骂了首陀罗，罚款12帕那。高级种姓的人如果杀死了一个首陀罗仅用牲畜赔偿，或者简单地净一次身就没事了。

每个种姓都有处理自己种姓内部事务的机构，以监督本种姓的人是否严格遵守规定和传统习惯。如果有人触犯了，轻者由婆罗门处罚，重则开除出本种姓，沦为贱民。

被开除出种姓的人成为贱民后，只能居住在村外，远离其他种姓，和其他贱民生活在一起。贱民只能和贱民通婚，他们不仅要从事低贱的工作，而且他们的后代子孙也要从事低贱的工作。

古印度"种姓制"作为社会等级制度，是等级之间界线最森严的，但既然任何事物都是变化的，社会行为关系总是具体的，而情感总是会逾越和左右"制度"的，所以在实际的古印度社会生活并非全然依照着"种姓制"在运转。只不过制度深深烙印在社会意识中后，统治者总是在极力维护着这个制度的权威。

二、吠陀文学与古印度科学成就

约公元前20世纪中叶，印度吠陀文学开始出现。"吠陀"一词原意为"知识"，后转化为对婆罗门教、印度教经典的总称。从广义上来说，它是古代西北部印度用梵文写成的对神的诵歌和祷告的文字，其中包括《吠陀本集》《梵书》《森林书》《奥义书》。从狭义上讲，吠陀仅指《吠陀本集》，共4部：一为《梨俱吠陀》；二为《婆摩吠陀》，将《梨俱吠陀》中的绝大部分赞歌配上曲调，供祭祀时歌唱，共载入赞歌1 549首；三为《耶柔吠陀》，主要说明出自《梨俱吠陀》的赞歌在祭祀时如何运用；四为《阿闼婆吠陀》，共20卷，载入赞歌730首，记录了各种巫术和咒语，其中杂有科学的萌芽。吠陀经书在世界文学史上占有一定地位，也是研究印度古代史的重要资料。

敏锐的哲学思考在更为实用的领域结出了科学果实。医学在吠陀时代达到

171

很高水平。不仅有了许多特效药物，解剖学也得到发展，还能做许多精细的手术。有关解剖学的知识非常广博，而且还开始了胚胎学研究。医学科学，尤其外科职业非常受人尊重，直到由于害怕受不洁人员的接触传染而被禁为止。尽管占星家们把怪诞的前提作为研究的基础，但却获得了天文学的宝贵知识，并且他们还暂时接受了地球是绕其轴心旋转，太阳的升降现象皆由此而来的观点。最辉煌的科学成就是数学领域，印度人能计算非常庞大的数字，而且在吠陀时代就懂得如何开平方根和立方根。在运用十进制之外，他们又发明了极为重要的零数原理，这一原理最终被世界其他地区所采纳。现今广泛应用的"阿拉伯数字"是由印度创造的。印度人在几何学方面的进步不如希腊人，但在代数方面却遥遥领先。

第三节　古印度宗教演化

当人类处在对于一切自然事物的认知毫无自然科学体系可言的时代时，宗教是一种神圣的力量，所有的社会秩序和阶级都只是想象的产物。在古印度地域社会，就是靠着这种共同想象，塑造出规范和价值观体系，推动着古文明的创建。或者可以说，在古印度地域社会，古文明能持续发育和闪烁出光芒就因为这个地域社会持续存在着宗教释放的能量。

在古印度持续存在的宗教力量就是婆罗门教、佛教、印度教。我们一般会认为是雅利安人创建了婆罗门教，而实际上是古印度吠陀时代（早期）的自然人塑造了"婆罗门教"。因为作为婆罗门教的经典《吠陀》来源于这个古老社会共同认知的塑造。当然，在古印度西北域的整编主导者——雅利安人（也是古印度人）作为统治者整编了这个经典体系。《吠陀》信奉多神，不设庙宇，不崇拜偶像，但规定了烦琐的祭神仪式，从私人生活到国王继位，非常细致周全。

统治阶层或雅利安人上层，创造了法规体系——种姓制，《吠陀》经典就是维护"种姓制"的说明书。例如，《吠陀》中的神话宣称，造物神"梵天"用口创造出婆罗门，用手创造出刹帝利，用腿创造出吠舍，用脚创造出首陀罗……

在古印度社会的战争冲突中，并非雅利安人一直占据上风。雅利安人在不断分化出吠舍、首陀螺或"贱民",因此,"种姓制"一开始维护着更多雅利安人的社会利益和地位,到后来它实际上是在维护着统治阶层的利益和地位,所以这种制度才能长久地受统治阶级的欢迎。不过虽然婆罗门教、《吠陀》和"种姓制"隔阂了社会民众和引发了对立,但它却在稳定社会秩序和塑造统一观念上做出了贡献。

如果我们要从广义上看待古印度的宗教,在吠陀时代之前,古印度社会就存在着原始宗教,因为1万多年前这里的农业革命就带入了人们对神灵的广泛信奉。但如果从狭义上看,社会要对神灵的崇拜进入统一共识的规范阶段,婆罗门教就是古印度社会第一宗教了。

佛教是古印度第二阶段的宗教形式,它稀释了古印度的"种姓制"并为古印度社会释放了更为营养的精神食粮,以至于直接引导了阿育王对古印度次大陆的政治统一和思想统一,并为人类社会塑造出了三大宗教文明之一的佛教思想文明。

众所公认的佛教始祖——释迦牟尼生存的年代为约公元前623年至公元前543年。他之所以能够创立影响人类社会几千年的思想感悟,主要有以下两个原因。

其一,在他的传教时期的社会里,对原有宗教思想——婆罗门教的不满情绪已经弥漫整个社会。吠陀经典中旧的祭祀仪式已经丧失了号召力,吠陀诸神也早已不能满足人们精神的需要。《奥义书》中教导上帝"亲征"的教义,前提是假定个人高度的发展,因而不能成为群众宗教的基础,也不能满足普通人的精神渴望。《奥义书》的"梵""我"或其他概念,因为很重的学术气息而导致后来形而上学教义的发展。而这些形而上学深深影响了印度人的心灵,但是普通人却不能按照《奥义书》的教义来安排自己的生活。再者,由于社会政治格局的变化和社会阶层的流动变化,原有的规范教义在实施中呈现出虚设和多层的不满了。

其二,释迦牟尼的人生、传教经历塑造了一个可以协调、包容、感动各个社会阶层思想情绪的宗教思想体系。或者说,他创建的佛教思想就是一个极具民主和谐的精神大餐,所以才能引发社会长久持续的共鸣。

关于释迦牟尼佛生活的基本事实,现在也很确定。公元前623年,释迦牟尼出生。父亲为释迦族首领。释迦牟尼进入成年后,目睹了人类疾苦,并被这些疾苦深深感动，不久他决定摒弃人世以寻求改善人生的途径。他第一次求助的是一位能向他解释世界种种矛盾和神秘的大师。他曾经求教过很多人，其中有些人专门从事折磨肉体以求达到灵魂纯洁的修行。还有一些人遵从另外的教义，如阿罗遇和郁陀迦教他苦行赎罪，释迦牟尼觉得这一方法并不能够使他有所顿悟，于是照常饮食。在吠萨克月的月圆日，释迦牟尼忽然觉得得到了关于生命和死亡的真理启示，便决心将他所得到的悟解传给世人。在圣地贝拿勒斯外的鹿野苑中，他开始了第一次宣讲（法轮的运转）。

释迦牟尼40年传道期间，在多次宣讲和谈话中所训诲的教理要义就是劝人基于误解四圣谛以尊奉不苦不乐精神修养的中道。这四谛是：生、老、病、死的苦谛，引起苦的原因是欲望的集谛、断绝欲望以解脱众苦的灭谛、灭烦恼的途径是"八正道"（正见、正思维、正语、正业、正命、正精进、正念、正定）的道谛。释迦牟尼佛所训诲的基本教义是：只有遵循中道的正确生活才能解除一切痛苦的原因——欲望。其余教义是由此出发的。

释迦牟尼坚持在各地说法一直到79岁，只有每年雨季会短暂休息。他用当时人们易懂的语言所讲的教义得到了各个阶层的拥护，国王、商人、其他各教派的师长都来听他宣讲。这不是新宗教，而是一个伟大导师所宣讲的新启示。那时也有许多人做着这样的工作，唯一的区别在于，释迦牟尼教义对各阶层广大听众都产生了感召力。他充满着慈悲心、仁爱又通达人情，他的不倦的精力以及朴实无华的教义，使他的宣讲非常成功。王舍城的频昆婆罗成为他的弟子；抱萨罗国王普拉逊纳吉亲自来朝拜"大师"；频昆婆罗的儿子阿阇世王成为他的热诚信徒。释迦牟尼在自己的国家里获得了尊荣。释迦牟尼的父亲、妻子和儿子也接受了教义。

不仅如此，更为显著的是，释迦牟尼的教义受到了中间各阶层的拥护。早期佛教文学记载了商人们所献的许多礼物和捐款。如悉达多布施祇园、维苏卡的布施普尔瓦拉摩。在平民看来，这确实是新的福音。没有传唱的祷歌，没有耗费钱财的祭祀，而且没有《奥义书》中艰深的教义。释迦牟尼佛用通俗易懂的语言向平民解释他的教义。包括被社会遗弃的旃陀罗（贱民）都能遵奉中道，达到涅槃。

释迦牟尼的传教事业不仅是宗教上的革命，也是一场社会革命。他建立了僧侣们能够共同居住的寺院，以后又设置了尼庵，这是一个很重要的改变。大概世界的"和尚和尼姑"就是由此而来的。

释迦牟尼的宗教礼仪完全包容了一切社会人群,妇女、乞丐、妓女都可以进入他的宗教队伍,这就是佛教的广泛性。

释迦牟尼的佛教教义具有极强的民主性,没有阶级、等级限制,不主张排斥雅利安人种,也是一个明显的传统。

当佛教在古印度社会传播发展三百多年后到孔雀王朝阿育王时代时,佛教到达鼎盛时期。此时的古印度是历史上第一次基本统一的王朝社会,而佛教被阿育王定为印度的国教,并作为国教向世界传播,一直延续到约公元8世纪,在古印度社会根植了一千多年之久。

现在,印度的最大宗教是印度教。我们常常将古印度社会公元8世纪以后的宗教称为"印度教"。

古印度社会这一宗教大变革是受到域外社会的强烈冲击震荡所致——阿拉伯帝国对古印度的入侵扫荡,震荡了原有的社会思想体系。

阿拉伯帝国是7~13世纪阿拉伯人建立的伊斯兰教封建帝国,是以伊斯兰教为国教,政教合一的统一帝国。其势力经过多次大规模战争已深入到了印度河下游地区。其结果是:原有以民主、和谐为教义的佛教体系遭到破坏,原有更符合外族统治口味的婆罗门教在印度重新得势,更名为印度教。

在古印度社会,无论是何种宗教都需要古印度社会几千年所塑造的共同认知、共同习俗、价值规范体系作为基础才能运行。所以,印度教仍具有婆罗门教、佛教所无法分离的共同认知基础,我们只不过将这一宗教称之为"印度教"罢了。

当我们所理解的佛教在名义上已经在古印度衰落了,它却在世界更广阔的地域社会——东亚、东南亚地域传播繁殖,从而成为世界上的三大宗教之一。而实际上,印度地域依然是佛教的现有传播地。

第四节　繁荣的孔雀王朝

有多种多样的资料可以了解孔雀王朝下印度生活的大致情况。《法经》特别是《摩奴法典》给我们提供了当时立法家看到的生活画面。

孔雀王朝创造了一种国家机器，用来直接管理广大地域，并有相应的关于农业、手工业、商业、畜牧业等规章和条例，除了中央政府或皇家总督直接管理的区域内这些规章不能有效实施外，政府的职责不仅限于征收赋税，还管理生产和商业等活动。

手工业生活似乎很早就通过强大的各行行会和各行手工业工会发展起来了。各种工业行会组织打破了法典所规定的种姓限制，给予手工业者强大的政治和经济力量，执行着政府的许多职权。手工业者在社会上经常占有很高的地位，但按照种姓制度的划分只是首陀罗，行会由于得到皇帝的恩宠，可以使用庞大资源并执行实际权力。

在释迦牟尼时期，商业就已经兴起，碑铭的记载说明了孔雀王朝时代印度财富的巨大增长，商质塔记有大富商布施的许多礼物，列出了承担巨额修建费的商人名字。对寺院和庙宇大量布施是普通的事。

物质繁荣的一个原因，除去国内安定、贸易和商业增长以外，可能还由于海上交通和海外贸易的发展。阿育王时代以前，摩揭陀王国或许海上交往并不多，旃陀罗笈多有一单独设置的海军部，负责维护港湾、维持水道、鼓励运输。由于帝国的地理位置，旃陀罗笈多和宾头沙罗时代是否对于海上交通有兴趣是需要探讨的。旃陀罗笈多海军的活动似乎是维护恒河内港，开展大水道在商业上的用途，并鼓励那些愿意进入港湾的船舶。但在征服羯陵伽国并掌握了这个王国的各大港口后，很明显海上活动变得更加重要。阿育王的女儿僧伽密多被允许由海上去锡兰就是证明。皇帝放心并允许这次航行是因为海上航线是大家熟知的，船只往来也很频繁。羯陵伽传统上也是一个海军强国，帝国扩展到羯陵伽海岸，自然会增加当时的各级经营贸易的物质繁荣。

公元前6世纪时，阿阇世王在恒河转弯处建造的华氏城已成为世界最有名的城市之一。

遗址的发掘证实了这种描写：城市有15.5千米多长的河岸，它那美丽的公园和富丽堂皇的建筑在印度尽人皆知。写于公元前1世纪功德富时代的《故事海》一书赞美华氏城是文化、学问、美术和财富之家，是世界城市的皇后，被称为"花城"。金宫占据了中心的位置，麦加斯忒尼说它比波斯夏宫和埃克巴塔纳王宫还要华丽。

在帝国时代，它的声誉几乎独一无二，似乎是完全国际化的都市。在许多世纪中这座城市支配了印度的知识生活,学生们成群地拥向华氏城去学习。波丹阁利谈到它的塔楼:金宫在印度文学中与欧洲文学中的凡尔赛宫、奎利纳宫和温莎宫一样为人们所熟知。

城市的发展和城市生活的种种舒适,使富裕阶层喜爱城市生活。城市人自成一种类型,有相当高雅的爱好和特殊的行为典范。他们喜欢享受,过着奢侈的生活。青年人的房间陈设精致,既为舒适,又为享乐。房间中放有家具、画箱、乐器、花草……身体按摩似乎广泛流行,城市人积极从事体育运动,以保持充沛的精力和优美的体态。掷骰子几乎是普遍的习惯……音乐和舞蹈是被广泛培养的兴趣,城市人用音乐娱乐自己。教育相当普及。教育主要是婆罗门教徒的责任,但在释迦牟尼佛时期以后,佛教的僧侣们有寺院制度给予便利。普通学校和大学的教育以文学、宗教为主,学生学习经文、文法和修辞学、政治和经济这些必修课程。民众教育一定是以《摩诃婆罗多》和《往世书》为基础,技术教育是通过行会来进行的。书中提到了工程师和管理机器的人,国家队采矿、冶金、纺织、染色、木工以及其他高技术的职业管理。职业训练大规模地进行,摩奴和其他作家们规定了职业学徒训练的责任和条件。

随着时光推移,古印度又经历了笈多王朝朝代。等到公元7世纪,阿拉伯帝国席卷了古印度,婆罗门教抬头,佛教文化衰落,印度教最终统治了印度宗教领域。

第四章　华夏古文明概况

第一节　黄色人种摇篮

华夏文明从其出现的时间看，虽不及埃及文明那么久远，但它被列为四大文明古国之一（我们主张将人类古文明列为三大板块），其在古代人类文明的地位是显赫的。从自然、人文的古代文明进程上讲，它确实具有比其他文明板块更大的优势（这只是从古代的角度）。

华夏文明首先在东亚黄河流域生根开花，然后繁衍于东亚辽阔地域，后来主导和牵引了整个东亚、东南亚地域文明的创建。因此，黄河流域的自然环境，对于人类古文明塑造的影响是至深至远的。正如我们前面对世界三大肤色人种的塑造分析一样，很可能黄河流域不仅是东亚、东南亚社会文明塑造的中心，而且它在很早以前还是黄色人种塑造的中心地域。

也许，这只是一种毫无科学依据的猜想，但这种"猜想"有其合理性，主要有以下几个原因。

其一，人类种群的肤色是自然环境塑造的，原始人类本无黄、黑、白之分，他们之所以在肤色的遗传基因上有了这种区分，都是因为自然的塑造。

从地球自然生命演化的大过程看，"人"是从满身长毛，毛下肤色呈白色（本色）的爬行类动物进化而来的。直立行走、树叶、树枝裹身的年深日久行为才使体毛退去（因为有了遮掩物之后，就没有长毛必要了）。人类在地球自然世界生存的绝大部分时空都处于地球的冷期，而且他们几乎都处于采集、狩猎的丛林生存中，所以我们完全有理由认为在若干万年前的智人时代或更久远的时代里，他们的肤色都是以白色为本色而并没有黑、黄、白之分。

我们很容易理解撒哈拉以南的非洲是黑色人种的故乡。因为2万年前，地球变暖，非洲大陆变成了世界上最热的热大陆，而赤道穿过了非洲大陆中部。此时东非智人原始社会逐步到了农业革命时代（虽然我们认为1万多年前原始人类开始大规模开展农业革命，但从局部看，这里开展得要早得多），他们纷纷走出丛林，开始经受强日光照射。黑色肌肤就是"黑色素"，除了头发以黑色对抗日光强晒外，肌肤的黑色素也是对皮肤的保护。因此，我们非常容易理解大自然的强烈光照塑造了人类的黑色人种。

其二，为何东亚、东南亚地域的社会皆为黄色人种（后来的人种流动除外）？"黄色"是大自然塑造的结果。如果我们仅仅从光热照射强度上找原因，显然，北京、东京的纬度远高于北非、西亚的纬度，为什么北非、西亚是白色人种，而北京、东京却是黄色人种呢？而且，在东亚、东南亚这个庞大的光热温差极大的地域社会中，为什么都又会塑造出黄色人种呢？

其三，考古、学术公认，黄河流域就是华夏文明的中心发源地。这已表明在东亚、东南亚这一大地域里，黄河流域才是古人类的集中生存地，他们长年在这里繁衍生息。而在这古老的人类生存地域里，世界上黄沙堆积量最大的黄土高原就成为与他们生存息息相关的自然背景。这些漫天飞扬的黄沙完全有可能成为塑造他们肤色的自然因素。

如果这种理解已接近真实的话，有一连串的人类生存分布疑问就会有符合逻辑的理解。例如，东亚、东南亚社会种群都不是土生土长的线性演化，他们是东非智人长途迁徙而来的结果，黄河流域就是他们到达东亚、东南亚地域的首个中间站。几万年前，他们来到了这里，由于族群不多，黄河流域的自然资源足够他们在此繁衍几万年（这个地域有太多的山地丛林），也是在2万年前至1万多年前他们才进入农业革命。在黄河之滨定居、走出丛林黄沙沐浴、泡饮黄河之水，庄稼长出来了，牧群养出来了，他们的族群迅速壮大了，但他们拥有了黄色的肌肤。农业革命之后，他们构建了更为严密的社会组织，有了文字，创建了国家组织……从而创建了华夏文明。其间，黄色人种就从这个黄河流域中心的地域向北、向南、向东慢慢扩散开来：有的越过秦岭来到了长江、珠江；有的到达了中南半岛、印尼群岛；有的到达了朝鲜半岛、日本列岛；有的越过了白令海峡……

第二节　封闭独大的文明发育

四千多年前发源于黄河流域的华夏文明处于一个封闭而广阔的自然地域中。华夏古文明地域的封闭性是显而易见的：黄河流域地处东亚腹地，华夏文明在此根植，在东亚、东南亚广阔的地域里，再没有文明体出现，因而好像整个东亚、东南亚的一切自然环境都是为它的发育发展而存在一样，它是独大的。西部、南部、帕米尔高原、青藏高原、喜马拉雅弧形山脉把东亚、东南亚与西亚、南亚隔绝开来（虽然东非智人翻山越岭过了帕米尔高原，但轰轰烈烈的农业革命已经使他们没有大迁徙的必要了）；北部是蒙古高原、西伯利亚高原、山地、戈壁、河流、冰寒、地冻也成为天然屏障；东部、东南部是无边的太平洋水域，海岸线有18000多千米之长。所以，就华夏文明发育的大自然环境看，它是封闭的，与其他文明相隔离。

也因为这个东亚、东南亚地域太宽广了，这里的社会个人丝毫不会感到他们处于一个封闭的地域。华夏帝王们常常会以为自己的国家处于世界的中心，因而有了"中国"一词。

在人类古文明的发育中，有一种现象足以称奇：在并不广大的中东地域里，古文明此起彼伏地不断呈现（古埃及文明、苏美尔文明、巴比伦文明、克里特文明、迈锡尼文明、古希腊文明……），但在这个宽阔庞大的东亚、东南亚地域，除了黄河流域出现的华夏文明而外，几乎无法看到第二种文明。

所以，我们可以想象，东亚、东南亚这个庞大的地域社会，很可能都是通过黄河流域华夏文明中心分布出去的，这个中心在社会认知革命、国家机器构建、文字、语言、宗教、习俗等方面都具有大地域绝对优势和权威。

如果我们能理解"黄土高原塑造了黄色人种"这个猜想结论，我们就完全可以体会到华夏古文明东亚、东南亚地域的封闭独大性。

第三节　华夏古文明特征

一、封闭独大性是华夏古文明的最大特征

在古代人类社会的三大文明类型中，唯有华夏文明是彻底封闭独大的。西

亚共同体古文明地处三洲五海之地,它是开放外向的。南亚印度古文明,虽然我们完全可以支持它是在封闭的独立地域中发育演化出文明体系,但南亚西北角可以通连西亚以及该文明体与西方世界互动的事实足以表明,若与华夏古文明相比,它只不过是一个半封闭的世界。所谓"独大"是指在相应的东亚、东南亚地域社会,再无其二了。在几千年华夏文明的演化中,在东亚、东南亚这个庞大的社会地域里,除了华夏文明体内在演绎着国家政权的变更,其他边缘地域几乎没有发育出强大的国家组织,更不用说成熟完整的语言、文字主观体系。所谓的契丹、女真、蒙古、匈奴、突厥、鲜卑等,尽管在不同时代有军事冲击过华夏文明地域,但结果是征服者被同化了。

二、华夏文明在体系、内容上具有无与伦比的持续性

今天中国在文字、建筑等主观认知和客观改造方面的特征都保持着一脉相承的属性。例如,我们所写的文字,完全可以通连到商朝甲骨文的造字方法、形、义的解读。在中国,没有解读不了的文字。但是,在中东古文明体、南亚文明体中,古埃及象形文字、希腊文、苏美尔文以及印度梵文会经常发生难以破解的现象。就是因为华夏文明具有非凡的持续性,在几千年的演化中从来没有中断和替换过,而中东古文明、古印度文明都是经常破碎后又重组重建。

三、华夏文明具有极强的稳定性

华夏文明的封闭独大性和极强的持续性已经昭示出这一文明体的内涵,其在思维认知方式、价值观念、宗教、习俗以及客观改造、社会构建上都具有极强的稳定性。如果我们深入几千年华夏帝国政治、思想、文化、统治的历史,无疑会更加感受到"儒、佛、道"三位一体的社会主观思想加工塑造的结果——形成了稳定的几乎牢不可破的主观模式。从现代世界思想、行为关系秩序十分混乱的角度来看,我们首先应该庆幸华夏文明在主观认知中的稳定性会对世界做出很大的贡献。但是,带有形式化的主观认知体系同样会阻碍社会理性优化的进步。

四、华夏文明具有重人文、社会构建而轻自然科学的明显倾向

华夏文明具有重人文、重社会构建的明显倾向,是相对于西亚共同体古文

明特征而言的。

在华夏文明地域社会里，在封闭、独大、持续、稳定的社会主观互动循环领域内很早就建立了一整套明确的人文、社会结构构建模式，它们成为牵引这个社会个人（从帝王到平民）生存、思想、行为的价值大纲。其中，孔子的儒家思想以及儒、佛、道思想有机结合，成为华夏地域"人生价值纲要"的核心。即，个人道德、价值以及社会构建上，华夏地域是有明确模式的，社会个人的思想精力会非常自然地集中于此。而西亚共同体古文明地域，地处开放性的三洲五海之地，多元文明相互碰撞，帝国硝烟在不同文明体之间滚滚不息，根本无法形成共识、共振、持续、稳定的文明体系，更谈不上可以达成如同华夏文明体这种人生、社会构建价值总纲领。因此在漫长的古代社会，西方具有更惨烈的战火硝烟，更难以看到如同东方华夏的持续繁荣。

当东方人的思想精力集中于伦理道德、社会构建时，西方人在开放、外向中将更多的思想集中于自然客观、器物的认知发明。也就是说，当我们可以感受到自近代以来，东方在自然科学领域明显落后于西方，实际上，这种在自然科学领域的差距远在古代就已经形成了，只是到了近代才暴露出来。一个文明体内，如果只是为了功名、利禄和社会地位而生存，忘乎于自然创建，自然科学就必然落后。西方人当然也摆脱不了对利益的追求，但他们没有如同华夏文明体内这种可以脱离于自然的人文、社会价值体系，所以他们的思想更偏重自然。

当然，经过数百年劫难之后的东方华夏文明，当世界观念、技术一体化之后，其持续、稳定性又具有了适应时代的优势。

第四节　华夏古文明精神内质

一种文明体最大的不幸不在于它的缺陷会带来多重劫难，而在于它永远的覆灭。华夏文明经过近代劫难之后，并没有打破原有的持续、稳定，而是涅槃重生又充满了活力，所以足可以让我们感悟它的内质。

"儒、佛、道"三位一体的人文、社会构建思想是华夏古文明的精神灵魂。它是这个文明体社会主观思想发展演化永远处于共鸣、共振状态之中的根源。在世界三大文明体中，唯有华夏文明才是几千年同塑一个相同的思想主题——

"儒、佛、道"思想命题，才有了这样一个持续厚重稳定的精神文明（如果处在饱受凌辱的近代时又可以说它是最不合理的缺陷）。

华夏文明或华夏文化中，"儒、佛、道"三位一体的特质究竟是什么？几千年来，为什么帝王将相、读书士子、布衣百姓都能念念不忘将思想集中于此？

儒家思想是以春秋战国时代以来的孔子、孟子、荀子为代表的儒家学派所创建、整理出来的一整套包罗哲学、人生、社会、自然认知的思想体系。在儒家思想体系中，孔子所整理的上古文化典籍（从尧、舜、禹、夏、商直至春秋）"六经"（《周易》《尚书》《诗经》《礼》《乐》《春秋》）和《论语》是儒家思想体系的核心，是古中国社会绝大多数成员的人生观、世界观、价值观总纲。儒家思想体系被集中化为"经"（如同基督教有圣经，佛教有佛经），从理论上讲，这些"经"是神圣不变的。但儒学"经典"实际上又从来都是处于调整变化之中的，这个过程就是儒家思想与佛、道、法、名等众家思想争斗融合的过程。当然，在这一过程中，儒家思想起到主导作用。

孔子、孟子等儒家代表继承和改造了源自夏、商、周三代形成的早期宗法性宗教信仰，为华夏地域社会设计出一个比柏拉图理想国不知宏大和现实多少倍的社会思想文化和国家机器运转的蓝图。

他们紧紧抓住了两千年来华夏文明中崇拜祖先、崇拜圣贤的宗教信仰核心。所以，孔子所整理的古籍"六经"以及后来的儒家学派所编辑的《论语》《孟子》等儒家学著作，将"祖先崇拜、圣贤崇拜"精神贯穿其中，也因此有"孝"的学术思想体系和遵从"圣言、圣行"的思想原则贯穿其中。

"怀念祖先"是社会文明人性的特征。人性记忆生命的过往都会有从哪儿来的顺序记忆，也就有了祖先的排列顺序。对"祖先的崇拜"与对"圣贤崇拜"是连为一体的。在孔子之前的华夏古文明时代本来就是圣贤崇拜的时代，黄帝、尧、舜、禹创建先祖社会就是神话传说中的圣贤。紧跟其后的便是成汤、周公，他们是全社会的圣人和做人的榜样。因此，任何社会个人在先祖追溯中又总能追溯到祖先圣人的存在，于是对祖先怀念也就转化为"祖先崇拜"。

对"祖先的崇拜"和对"圣贤的崇拜"在数千年的社会思想塑造中有太多的好处。祖先也好，圣贤也好，他们都成为社会人格、伦理、做人、做事无可置疑的标杆，所以"祖有功，宗有德"就是社会的"法则"了。孔子的"六经"可以说都是圣言、圣行、圣事刻板，所以是无可置疑的。而当孔子、孟子被后代评为最重要的圣贤之后,《论语》《孟子》又成为圣书。特别是在此二百多年后,汉武帝采纳了董仲舒"罢黜百家,独尊儒术"建议之后,整个社会崇祖先、遵圣贤的思想大旗便被牢牢树立,儒家思想便成为几千年无可动摇的政治文化。

儒家思想能成为几千年统治中国社会思想的传统思想,其最大的根源就在于它所树立的"崇祖先、追圣贤"这面思想大旗本身包容了太多无可动摇的人性、天性和理性。无论是帝王将相,还是布衣平民,都能从中得到情感上的共振、共鸣。孔子及其学派最讲"正名",用他的话来说就是"名不正,言不顺",他将"崇祖先、崇圣贤"作为儒家思想的核心就是对儒家一切思想最大的"正名"。而实际上,他的"六经"中的内容虽然包容了太多的自然、人、事物的认知感悟,但这些"认知感悟"都是借助圣人、圣言来表达,所以当你看完"六经",满脑子都是圣人、圣言了,故为最大的"正名"。如果按照今天的话来说,就是观念强效植入。

在儒家思想对祖先、对圣贤极力"正名"成功之后,它就顺理成章地表达出它对社会、对人、对事物的要求,这些理想状态要求是圣贤的复制,是大家乐意接受、乐意追求的。例如,对社会个人的"成长"要求"修身、齐家、治国、平天下",就是每一个社会个体"成长"的人生追求途径。这个"要求"是具有普遍性的,对每一个都适用,每个人都可以胸怀大志。虽然,古中国社会一直在实行世袭制,但这个人生蓝图并没有排除任何一个人为"圣贤",甚至为"君"。

所以,华夏文明的又一精神内质或儒家思想的又一特征就是:这是一部能够成功社会化殖育社会个人思想的传统思想工具。

"修身、齐家、治国、平天下"是一种无可反对、怀疑的人生成长模式或价值观,它符合人性的需求,每个人都适用并且没有利益的冲突。所以,儒家思想长存两千多年依然具有生命的活力,而这幅"成长"的蓝图又一直在不断的充实之中得到共振和响应。

"修身"是这个社会的个人安身立命之本,是儒家思想体系所构建的理想社会对社会个人最集中的要求。至于"齐家""治国""平天下"则是这种集中要求完善后所达到的一个个层级的结果。所以,儒家思想在塑造社会思想上的成功,首先就在于社会个人都能自发进入它依据"圣人、圣言、圣行"的标杆所营造的人生轨道中去"修身"。因此,在儒家思想体系中,关于社会个人如何"修身"的内容是最为博大的。

"修身"是个人最大的原则,而这个原则又体现了"崇拜祖先、崇拜圣贤"原则,所以"仁、爱、智、勇、善、孝、礼"就必然成为"修身"的伦理德行目标。怎样"修身"呢？就应该"诚意、正心、格物、致知"或者"居敬察省"等。

儒家思想除了对个人提出明确要求外,又有极其丰富的人生指导、牵引作用。其中,"经"学就是明确地牵引、指导,所以有"以经学治学"为根本。

儒家思想还提出了以"中庸"为基本处世之道。"中庸"之"中"有中正、中和、不偏不倚之义；"庸"字是"用"之意。即在处世之中,将两个极端统一起来,采用适度中间立场,既不能过,也不能不及。如果人人如此,社会会更稳定和谐。当然也会为折中主义、明哲保身制造社会土壤。

总之,儒家思想在个人"修身"上积累了丰富的内涵。当然,儒家思想之所以可以统治中国社会思想几千年,其内涵不仅是人生哲学书,也是自然哲学书,它的思想涵盖了宇宙论、自然论等。例如,它在自然与人的关系上有明确的认知结论,有"天人合一"的特点。在名与实、知与行、精神与物质等哲学课题上也有明确的观点。

儒家思想在华夏文明地域社会所处的地位和所发生的作用是非常特殊的。它既不同于西方的基督教,也不同于古印度的印度教。它从宗教发展而来,但又不是纯粹的宗教,它对社会政治发挥了很大的教化稳定作用,但它又独立于政治,从而形成独具特色的礼教性与宗教性的二重结构。所以,如果用一个恰当的词,它就是根植于华夏文明社会中的"传统文化"。

当我们真正感悟到儒家思想对华夏古文明社会几千年所发生的作用或影响,反过来,就不难感悟到华夏古文明所拥有的持续性、稳定性和内向力。

"儒道并存"也是华夏文明社会中的传统文化特征。那么,既然汉武帝有了"罢黜百家,独尊儒术",而且社会政治对此一致传承,为什么道家思想依然长存发展？

道家或道教思想的创始人是先秦时期的老子,《道德经》是首要经典。"道"为道家的基本信念,它的一切教义均由"道"衍化而来,故以"道"名教。道教把道家哲学中以道为本体的宇宙论内容作为自己教理教义的理论依据。《道德经》中所言"道生一,一生二,二生三,三生万物",认为"道"是万物本源。

道教由此演化出"洪蒙、混元、太初"宇宙生成的三个时期。道教认为"道之在我为德",因而修道与积德是统一的。

道教认为要达到与天地共长久的"神仙"境界,就必须逆宇宙生成的方向进行修炼"归三为二,归二归一,归一于虚无"。修炼方法主要有三种:一是精神修炼,通过摒去利欲,收心习静等,做到处物而心不染,处动而神不散,本心不起,离乎万境;二是呼吸修炼,基本功为呼气法,做深长呼吸,最后达到鼻无出入之气的境界;三是形体修炼,包括按摩、导引、拳术等内容。

道家学派主张无为,他们认为"人法地,地法天,天法道,道法自然"。"自然"是无为的,所以顺其自然。

道家学说和道教在修炼、宇宙观、人生观的细节内容上与佛教、儒家学说是有区别的,所以在华夏传统文化中具有"儒、佛、道"独立并存的一面。但道家或道教思想也是从不同的方位角度寻求个人修养、社会和谐、人与自然和谐(天人合一)的途径,讲求道德,所以又是与儒家思想相容的。所以在儒、道、佛的历史演化中,道家思想无疑又成为儒家思想的延伸和捍卫者,儒、道、佛三位一体成为更为牢不可破的华夏文明精神内核。

在华夏文明精神内核中,有一点是非常值得寻味的,在无可抗拒、无可争辩的儒、道、佛三位一体的传统运行中,在社会的中、上层,法家思想一直在发生作用。

法家的主要代表人物有李悝、商鞅、申不害、韩非子等。李悝著《法经》,商鞅实行"法治",申不害提出重"术"、重"势"的思想,致韩非集法(政令)、术、势之大成,建构了完备的法家理论。

法家也是战国时的"显学",后来成为秦王朝统治天下的政治理论。汉代后,儒学独尊,法家学说便隐藏在中、上层个人思想之中。

法家思想之所以未能像佛、道思想自然与儒家思想融为一体,成为中国传统文化的合理合法成分,基于两点原因。其一,它与儒家思想的核心精神"崇祖先、崇圣贤、遵规守经"具有严重的矛盾冲突。在儒家看来,圣人、圣言、圣行所表达出来的"礼、仁、爱"以及他们的一切行为惯例就是榜样、标准,所以后人的"法"是无中生有、叛祖离义的。既然"六经""论语""孟子"等已经是社会运行的总纲了,再设"法"就是辱骂祖宗、圣贤,而且没有必要,简直就是无中生有。我们可以看到,无论是商鞅变法、王安石变法、戊戌变法都遭到了惨痛失败。从现象上看是改良派在保守派面前的失败，实质上是法家思想在强大的儒家思想面前的失败。其二，法家思想与我们今天所理解的法治思想是不同的，它包含了"权术、霸道"的内容（如它与西方《君主论》中所展现的政权利益斗争的验尸报告有类同性），这又与儒家思想中的"仁、礼、诚"和"仁政"价值观相抵触。

虽然法家思想不能入流传统文化，"不合理""不合法"，但它对于社会个体思想的影响很大，它最容易感染和触动人性（因为人的本性就是好利、好斗的动物），所以它一直潜伏、流传于读书士子和上层思想领域里。从社会文化思想整体看，儒家文化一直在牵引着华夏文明地域社会的主观思想，而以"权术、霸道、投机取巧"为核心的法家思想一直暗流涌动在这个靠"仁治"而轻"法治"的社会上层里。

第五节　华夏古文明自然科技

华夏古文明的持续性、稳定性是其他古文明无法比拟的。正是这种封闭型、大地域独大文明体特有的持续稳定发展使华夏文明不仅在人文、社会构建上有了特有的风格，而且在自然科技领域也有了伟大成就。

一、陶瓷技术

中国瓷器驰名世界，而"中国"一词的英文译名"China"又指"瓷器"。这充分反映了陶瓷技术在中国古代科技中的重要地位。考古学已证明，早在一万年前，我国先民就开始制造陶器。最初单用陶土烧制的陶器表面粗糙，后来人们发现了"釉"，也就是一种硅酸盐，涂在陶坯表面再烧制，陶器表面便变得十分光洁。如果在硅酸盐中加入金属氧化物，陶器表面就能显示美丽的色彩，著名的"唐三彩"就是这种技术发展的成果。

瓷器是由陶器发展而来的。原始瓷器在商代早期已经出现，汉代瓷器技术发展迅速，三国两晋南北朝时期，中国烧制瓷器的技术已完全成熟，当时南方以青瓷为主，北方以白瓷为主，间有黑色等。隋唐时期，中国陶瓷技术进入一个新的阶段，陶瓷技术在汉代铅釉基础上，选用多种金属的显色作用创造出了唐三彩。唐三彩不仅色彩丰富，而且在造型艺术上也有很高的成就，至今仍是享誉中外的独具中国风格的著名工艺品。我国瓷器从唐代通过"丝绸之路"或东方的海路传到西亚和南亚，再由这些地区传到欧洲各国。

二、丝织技术

中国是世界上最早养蚕和织造丝绸的国家。在新石器时代晚期，我们的祖先就已开始利用蚕丝织作。商、周时代，丝织技术有很大的提高，出现了提花技术，从而能够织作比较复杂和华美的提花织物。提花技术是中国古代在织作技术上的一个重要贡献，对世界纺织技术的发展有很大的影响。

到了汉代，我国丝织品已十分丰富。从长沙马王堆汉墓中发掘出的大量丝织品看，当时的丝织品从品种上讲，有绢、罗纱、锦、绣、绮；从颜色上讲，有茶褐、绛红、灰、黄棕、浅黄、青、绿、白；从制作方法上讲，有织、绣、绘等；这些丝织品的图案亦很丰富，有动物、云彩、花草、山水以及几何图案。

唐代在丝绸染色、印花和纺织机械方面都有很大的改进，所产丝织品更加精美。宋代织锦技术发展很快，南宋时锦的品种已有40多种，著名的"苏州宋锦"和南京"云锦"都是这个时期出现的。不仅如此，丝绸作为我国名贵特产，其贸易还形成了"丝绸之路"，成为古代中国与世界交往的通道。据考证，丝绸大约在公元初年传到罗马，公元6世纪传到东罗马帝国，12世纪末传到意大利，14世纪法国人学会养蚕，16世纪传到英国，19世纪再传到美国。

三、造纸术

纸的发明是人类文字载体的飞跃性革命。在植物纤维纸出现之前，各古老民族只能采用各种原始粗重的书写材料，对人类文化知识的积累传播形成了极大的局限。我们常言，人类文字是人类文明最重要的标志，一切都因为只有当人们将事物认知的思想用文字的形式加以表达才是稳定、规范和明确的，这样才能使人类的主观认知、交流互动形成真正的内容和形式，而且也唯有这样，人类才有可能建立认知的体系。但是，即便人类有了文字体系，文字在书写表达上，因为"载体"粗重或造价成本高，或书写速度极慢，或携带交换不便等，都没有起到文字牵引、规范、整合社会思想的功能作用，因而人类文明思想体系发育缓慢。

古中国人在处理蚕丝的过程中，发明了絮纸。秦汉时期，人们在制作麻料衣服时又发明了植物纤维纸，由于它原料丰富、便宜，很快流行起来。

至东汉时期，宦官蔡伦在改进造纸技术方面做出了更重要的贡献。他与造纸工匠反复琢磨，最后采用树皮、麻头、破布、渔网作为原料，打浆去色制造出又轻又薄又白的纸张，史称"蔡侯纸"。

蔡伦所发明的这种纸具有埃及纸草、希腊羊皮、巴比伦泥板、印度树皮无法比拟的优点，它的发明为人类文化传播积累提供了至今依然不可或缺的信息存贮和传递的手段。中国造纸技术大约在3世纪传入越南，4世纪传入朝鲜，5世纪传入日本，7世纪传入印度，8世纪从中亚传入阿拉伯，12世纪传入欧洲。在蔡伦纸一千年之后，西班牙和法国于12世纪才建立了造纸厂，后来意大利和德国也于13世纪建立造纸厂。到了16世纪，整个欧洲人才都学会了造纸。在古中国人造纸对世界的贡献上，美国学者德克·卜德评价道："世界受蔡伦的恩惠要比受许多更有名的人恩惠更大。"

四、印刷术

现代意义的"纸"的故乡是中国。与纸相伴，印刷术的出现在中国也非常早。隋朝时，中国已发明了雕版印刷术。唐懿宗咸通九年（868年）印刷的《金刚经》就是目前世界上最早印有出版日期的印刷品。欧洲最早印有确切日期的印刷品是德国南部1423年的《圣克利斯托菲尔》画像，比我国晚了近六百年。雕版印刷术在宋代达到了极高的水平，但它每印一部书就要雕一次版，费力耗时的弱点也日益暴露出来。庆历年间（1041—1048），优秀的刻字工人毕昇发明了活字印刷术。从此，印刷的效率得到了极大提高。

我国雕版印刷术在公元8世纪传到日本，13世纪末从土耳其传到伊朗，以后从伊朗传到埃及和欧洲。而中国的活字印刷术大约在14世纪传到朝鲜、日本，15世纪传到欧洲。公元1450年，德国古登堡仿造中国活字印刷术制成用铅、锑、锡合金为材料的欧洲拼音文字的活字，开始了欧洲活字印刷的历史。

印刷术是继造纸革命之后最重要的人类文化知识传播革命。在此之前，当人们要表达某种思想认知或将体系化的思想用文字表达出来时，只能依靠纸、笔、墨——书写，每一种表达出来的思想就只能一一传阅，只是单向线性的影响。有了印刷术，一种思想体系就可以被无数复制，其传阅、传播就成为全方位的。例如，公元前300年显赫世界的欧几里得《几何原本》，虽然它穿越了几千年时空，但在一千多年的时空中它都是线性传播，只有当欧洲使用了印刷技术后才加速了它的传播，而儒学思想、佛教经典的传播似乎来得更快。

五、火药技术

火药的主要原料是木炭、硝石、硫酸。早在商周时期，我国在冶金中广泛使用木炭。春秋时又发现了天然的硫矿和硝石（硝酸钾）。尽管这些基本原料很早就被发现了，但把它们放在一起制成火药却是道教炼丹家的功劳。

公元300年前后，著名的炼丹家葛洪发明了把硫、硝石、云母等原料混合、加热而成为"紫粉"的配方。唐初炼丹家、医学家孙思邈、清子虚又分别提出了"伏硫黄法""伏火矾法"，由于当时还没有自觉加入碳，这些配方的制造物易于燃烧，但还未能形成爆炸。公元850年，唐中期丹书《真元妙道要略》中，记载了原始火药的第一个配方。因此，火药实际上在唐代就已发明，但它的广泛运用则是在宋代。

火药发明以后，主要被用在军事上，火药使火箭、大炮等武器在战场上显示了前所未有的威力。南宋时期出现了用毛竹筒制成的突火枪，这已是近代枪炮前身。

大约公元1280年火药技术传到了阿拉伯，14世纪传到了欧洲，后来西方世界对火药的使用超越了中国。

六、指南针和航海技术

早在战国时期，中国就有了关于磁石性能的认识，而且发明了磁性指向工具"司南"。它由天然磁石磨制而成，其形状像一把汤匙，放在平滑的底盘上，勺柄会自动转向南方。因此，司南是世界上最早的指南针。但天然磁石在强烈震动和高温下容易失去磁性，司南的指向也不太准确。到了宋代，科学家沈括在《梦溪笔谈》中最早记载了指南针的制造技术。沈括在该书中还说到磁偏角，这是磁学史上一个非常重要的发现。欧洲人直到四百年后才有关于这一现象的记载。

指南针的发明和改进使中国古代的航海事业在中世纪达到了世界最高水平。虽然腓尼基人是最早环绕航行非洲大陆的民族，但当西方人掌握了由中国人发明的航海磁罗盘之后，他们才真正拥有了开辟新航线、发现新大陆的能力。

七、茶叶技术

中国是茶的祖国，是茶树资源最为丰富的国家，更是世界茶文化的发祥地。现在世界各国引种的茶树，使用栽培管理的方法、采用的茶叶制作技术，直到茶的品饮、习俗等都源于中国。

中国对茶的发现和利用始于原始母系氏族社会，距今已有六七千年的历史。最迟至周朝时已有人工种茶，距今亦有二千七百多年的历史。

中国古代的茶叶技术分为栽培技术、采制技术两大类。唐代绿羽在《茶经》中第一次较为系统地记述了茶叶栽培技术。从那以后，古籍中关于茶的栽培技术的记载开始增多。经过宋、元、明，以至清代，在《四时纂要》《东溪试茶录》《大观茶论》以及著名农学家王祯的《农书》等很多文献中，都对茶叶栽培技术进行了多方面的论述，形成了完整的茶的栽培技术知识体系。在茶叶的加工制作上最初是"采茶做饼"。自唐至宋，由于贡茶兴起，推动了制茶技术的更快发展，出现了龙凤团茶。唐宋以蒸青茶为主，但也开始了炒青茶。到了明代，炒青制法日趋完善，大体包括高温杀青、揉捻、复炒、烘焙至干这样几个过程。制成的茶均呈绿叶，冲泡后为绿汤，故称为绿茶。西湖龙井、洞庭碧螺春等，都是绿茶名品。由炒青工艺变异，还可以形成黄茶、黑茶。而以日晒代替杀青，使茶叶萎凋，再进行揉捻，使茶叶叶色变红，经发酵、干燥制成红汤红叶即红茶。至延到清代，我国茶农还发展出一种特殊的乌龙茶，它是介于不发酵的绿茶和全发酵的红茶之间的一种茶叶。咸丰、光绪年间，福建茶农还制成了白茶。

古中国人发明了数目繁多的茶品种，饮茶、品茶不仅有利于身体健康，而且丰富了社会的精神生活。一杯茶，一席话，慢慢品，慢慢谈天说地，也许中国的传统文化的丰富正是在浓郁的茶文化中浸泡出来的，而中国的茶文化又反映着这是一个持续、稳定、和谐的文明地域。

191

第五章　人类古代战争与宗教

第一节　奴隶制形态与封建制形态

"奴隶社会"或"封建社会"都是古文明框架内国家组织相应的社会。无论是"奴隶制社会形态"还是"封建制社会形态",都是人类古文明载体所表达出的社会形态。我们已将古代人类社会文明分为三大板块——西亚共同体古文明、南亚古文明、华夏古文明,因而所谓的"奴隶社会"或"封建社会"就是对这三大文明体内国家组织相应社会的称谓。

我们最熟知的古埃及国王、乌尔王朝、巴比伦、雅典、斯巴达、身毒、夏朝等国家组织都是奴隶制国家,或者这些国家组织之下的社会就是奴隶制形态社会。

当我们一听到"奴隶制"这个词就似乎觉得那是个残酷、血腥的社会。其实真正血腥和无奈的人类时代是那些从原始部落冲突向国家组织过渡的时代。

在上古人类社会中,有两种原始社会状态。一种是在较封闭的地域中一直处于半牧半农的松散状态。他们在几千年中都没有受到外来文明的冲击,美洲大陆、非洲南部、欧洲西部、北部、亚洲北部及东亚、东南亚等地域边缘皆是如此。这些地域社会也存在冲突,但规模不大,也不频繁。另一种状态就是三大文明板块在形成过程中的冲突,那是更大规模的冲突。那时候还没有"国土地域"的概念,因而冲突都是以剥夺对方生命和资源为目的。因此,无论是古埃及王国的美尼斯,还是古中国夏朝的禹,都是深受民众爱戴的。因为正是这些英雄人物建立了王国(统一了人心)才有了结束恶性循环战争的合理形式。

我们从后世国家组织的兴衰更替中似乎可以得出"国家是阶级矛盾不可调和的产物"的结论,但从人类生存发展的大过程看,国家正是人类生存发展中最具理性的人类社会单元形式。因为只有它们强制规范的功能才能终结单元地域内无序恶性的血腥冲突,并创建出有序稳定的社会生态机制。

"奴隶"一词是人类国家组织发展的产物。在氏族部落只有血缘关系利益概念,消灭驱逐异族是他们生存的理念,也就没有"奴隶"一词。而国家组织是以地域的控制和有序稳定为目的,对地域一切部落具有包容性,它需要更多的国民为它的功能运转服务,因而被征服者不被消灭,而是成为"奴隶"。

从一个人短暂的几十年看,一个部落被征服可能终生为奴甚至几代人为奴。但一个小国成为一个大国又或成为一个帝国,其征服的部落地域将是一连串的,所以这些"奴隶"国民的身份是会发生改变的。特别是在西亚共同体古文明中,国家组织不断出现,"奴隶"身份就更具有相对性。

当人类社会处于奴隶制形态中,与后来的封建社会相比,具有什么特征呢?总的来说,它是国家组织政权统治更具有强暴性、刚性和扩张性的统治。

凡国家统治都必然具有强制性和扩张性,但人类最初的国家组织是从一系列的冲突征战中演化而来的,还不具备完整结构意义的形态或还缺失政治思想文化的统治内涵,所以它们只有强暴、刚性、外征的手段而已。例如,法律是国家机器运转的要素之一,但在相当长的时里,无数奴隶制国家组织是没有成文法律的。迄今所知世界历史上第一部成文法典《乌尔纳姆法典》约出现在公元前2110年的乌尔第三王朝。

在人类古代三大文明体板块中,奴隶制强暴、刚性、外征扩张的特征又有不同的表现。西亚共同体古文明地处三洲五海之地,文明体本来就有多元外向的特征,因而这个地域内的奴隶制国家社会形态更具有强暴碰撞、刚性统治、外征扩张的明显特征;南亚古印度文明地处较封闭的地域(只有西北部有一个通向西亚的口子),习俗、宗教具有较早的统一性,虽然这里的奴隶制国家社会仍具有强暴、刚性、外征扩张特征(它在相当时间里处在冲突、扩张以求统一的内运动中),与西亚地域相比,却具有更稳定有序的柔性;华夏文明体中的古中国奴隶制形态由于它的彻底封闭独大,在强暴、刚性、外征扩张上就更显得微弱。虽然它也有其从部落联盟强征成国并从黄河流域统治扩展到整个东亚大陆地域的扩张过程,但因为它是独有独大的文明体就等于毫无外力压制的自然膨胀。而且它很快就有了统治思想（孔子所谓的夏礼、商礼和周礼）并走向成熟。也就是说，在人类古代社会的诸多奴隶制社会形态中，南亚古印度奴隶社会的强暴性、刚性、外征扩张性是有所弱化的，而华夏古中国奴隶制社会是最弱化的。或者说，后两者的奴隶制形态与封建制形态的区别性是较为模糊的。学术界也常认为，古中国最早进入封建社会形态，古印度次之，而西亚文明地域则更晚。

第二节　战争与帝国

战争是人类社会生存方式的一种特殊形态。当人类站在了自然生物链的顶端，其实已将自然万物当作了自然资源，退出了与其他生命物类的竞争行列，转而变为争夺自然资源的群内竞争。战争就是这种竞争的最高形式，它往往是由国家意志主导参与的规模冲突。

人类社会各地域、各组织单元之间在利益、观念、价值上都是各异的，因而无可避免地发生大小、程度、规模不等的战争。战争对人类个体生命本身是惨痛摧残，但它却是人类生态差异的平衡器、文明传播的搅拌器。人类历史几乎等同于"战争史"。战争对人类生存环境、生存形态具有强大的破坏力，从而使很多事物彻底改变。

在历史的记忆中，最早的奴隶制国家——古埃及王国于公元前3100年才开始形成。在三大古文明体内相继出现古巴比伦、古印度、古中国（古印度最早的国家名称已难以记忆，古中国为夏王朝）、雅典、斯巴达、特洛伊等，上述国家组织在小规模战争冲突中自然发育。

帝国是国家组织的升级版或由多个国家单元集成、复合的人类特殊组织。它发源于某个具体的国家组织，但又可以在保持原有国家区域相对独立（政权、文化、习俗）的同时将这些区域组织串联、控制起来进行人和事物的整体布局。

在人类社会历史上第一个登场的大帝国是由居鲁士于公元前550年建立的波斯帝国。居鲁士时代，波斯帝国成为西亚的霸主。大流士时代波斯帝国成为古代世界第一个地跨亚、非、欧三大洲的大帝国。从此，人类社会在生存争夺上形成了国家组织之间、国家与帝国之间、帝国与帝国之间的三重格局。

帝国是国家组织的集成复合体,任何一个国家组织都有将自身推向帝国的野心。当一个帝国正在发展或走向高峰的同时,总有无数个国家组织也正朝着帝国的梦想进发,这也是战争、扩张、强暴的根源。

另一个横空出现的帝国是亚历山大帝国,应该说,公元前335年左右,当亚历山大代表马其顿征服统一了希腊各邦就意味着帝国雏形的出现。公元前334年,亚历山大率3.5万军队和160艘战舰远征波斯,意味着希腊、西亚两个文明地域的国家组织发生剧烈碰撞。它们是两大帝国的战争,是整个中东地域的战争,包括古埃及、北非地域同时卷入战争。

公元前330年,亚历山大灭亡了波斯帝国。公元前323年,亚历山大突然死亡,时年33岁。亚历山大的帝国疆域在不过十多年的膨胀期间同样横跨了欧、亚、非三大洲,它就像吹气球一样,瞬间膨胀,又很快被后来的帝国毁灭。

在波斯帝国和亚历山大帝国的硝烟中,又一个帝国在地中海地域悄悄崛起,那就是罗马帝国。当然,在公元前1世纪恺撒大帝时,罗马帝国的雄姿才慢慢显露出来,而屋大维时代罗马帝国的身影走得更远,几乎大部分欧洲成了帝国的范围。而且在此阶段帝国在政治思想方面有了民主因素,几次声势浩大的罗马"共和"运动推动了帝制的改变。罗马帝国在古代人类社会已经不是一个单纯刚性武力的帝国,宗教神学思想逐步成了统治的灵魂。公元395年,罗马帝国分裂为东西两个帝国,即以君士坦丁堡为首都的东罗马帝国(又称拜占庭帝国)和以罗马城为首都的西罗马帝国。公元476年西罗马帝国被日耳曼人所灭,而东罗马帝国转入封建社会后,又继续存在了近千年。

当然,如果我们还要历数在西亚、欧洲地域存现过的帝国,那就还有安息帝国、贵霜帝国、阿拉伯帝国,以及由东方而来的匈奴帝国、蒙古帝国。现在看来,它们远远逊色于罗马帝国对于人类社会的影响,大概是因为他们只有武力的单纯,虽然它们震荡了世界,但它们的身影却同化在了各文明体系之中。

我们似乎更容易理解古印度、古中国地域内帝国、战争的模式。它们都是同一文明体内的内运动,合—分—合成为循环的模式。但随着时空的推移,习俗、宗教、文化逐步有了统一的形式,它们自然地由奴隶制社会转向了封建制社会。例如,古印度的种姓制度、《吠陀本集》《摩诃婆罗多》《罗摩衍耶》、婆罗门教、佛教、印度教,等等,无论有什么曲折的演化,都是这个地域社会共同创造的结果,当孔雀王朝控制了大部分印度次大陆之后,便进入了封建社会的轨道。当然,阿育王将佛教定为国教是古印度封建时代到来最关键的一步。但是,古印度的封建化进程永远没有古中国那样持续、恒稳和漫长,因为它的社会主流思想震荡较大。例如,阿拉伯帝国侵入印度导致婆罗门教抬头,佛教被抑制,最终改为印度教。这就是它的不持续性。

华夏古文明,由于它的封闭独大,社会思想、政治的统一几乎都是顺理成章的事。商承夏礼,周承商礼,暴君死,圣贤承,春秋战国社会文化绽放光芒,秦国有了统一和过渡,西汉有了总结和统一,于是古中国就顺利进入了封建时代。此时,西方世界依然是战火连天,中国已经开始休养生息、社会繁荣。

古中国这个更为安静稳定的文明地域,在社会思想和政治的统一上,没有如同西方世界那种烦琐的宗教神学修饰论证过程,只需要"修身、齐家、治国、平天下"的儒家思想就可以了。也就是说,存在于中国社会的佛教思想不是单纯教条的神学思想,它是通过儒家、道家同化了的思想,这是中国宗教的一大亮点。在中国社会从奴隶制向封建制的转型上,体现了中国传统文化中"天人合一"的精神,它是在自然中完成的。

第六章　人类封建形态感悟

第一节　人类封建化感悟

在走过了数千年奴隶制强暴、刚性、外征的风暴之后，由于社会生产力本身的发展和宗教、礼教思想的引导，国家机器的运转陆续有了一个新的模式——封疆独立、思想内治内建。即它们进入封建的时代。也就是说，从公元5世纪至15世纪欧洲文艺复兴之前的一千年中，世界人类社会进入一个相对安静的内治时代。

或许有人会认为"世界人类进入封建时代"是一个模糊的命题，因为在我们所设想的"世界封建期"许许多多世界社会地域还没有国家组织存在，许多国家组织还是奴隶制形态，因而就难以存在"世界封建期"。但是从社会学的角度看，我们可以将大多数的国家形态看作是从奴隶制进入封建制形态的，或者说它们从原始游牧（半农耕）的形态过渡到了封建的形态。

确实，在对人类封建期的认知上存在着两种困惑：一是国家组织本身的存在数目。从目前来看，世界上有200多个国家分割了大约1.03亿平方千米的陆地地域，成为200多个社会单元。但在我们所说的"封建"时空中，世界上早期只有不超过20个完整意义的国家组织，它们主要就出现在中东、南亚、远东三大文明地域里。二是各国家组织进入封建期的时序相距甚远。因此我们分析人类封建时态的生存状态，以时间段为客体，把时间定为公元5~15世纪。

中国封建化的持续性和稳定性是令世人瞩目的。因为这个文明体不仅在一千年时空中毫无外力的影响和破坏，而且在持续稳定的创建中具有明确的思想体系和活力。因此，在这一千年时空中，主观认知和客观改造的状态都是超前的。

在南亚次大陆，古印度，孔雀王朝阿育王时代基本完成了政权在次大陆的统一，从而创建了封建的基础，"息其战鼓"、尊拜佛教为国教，使外征、内刚走向了封疆内治内建的道路。

古印度封建化与古中国的封建化是完全不同的。虽然与西亚、欧洲的封建化相比，它依然具有较稳定性，但比起中国的封建化就显得松散、曲折了。原因主要有三点：其一，在文明体的自然环境上，与古中国文明体相比，它只能算是半封闭，多次遭受外文明体的破坏；其二，国家组织的发展不如中国那样自然顺势，有着太多的曲折，无法具有中国那种强大的向心力和凝聚力；其三，没有明确稳定、强化巩固的社会传统思想牵引着国家机器和社会思想的发展。例如，印度在宗教思想上就有婆罗门教、佛教、印度教的曲折转换，虽然它们之间的内容实质是大致相同的，但它们却无法在一条持续稳定的轨道上强化统一。

西亚以及欧洲的封建化集中表现为宗教神学。这是一个多元、开放又一体融合的庞大古文明体。疯狂外征、刚性强暴是国家机器运转的特征，也是数千年奴隶制形态塑造出来的社会心态特征。我们所言的千年人类帝国征战，如波斯帝国、亚历山大帝国、罗马帝国、阿拉伯帝国以及后来的安息帝国、贵霜帝国、匈奴帝国、蒙古帝国等，它们的战场几乎就覆盖在这个社会地域。虽然这些帝国的征战也波及了古印度、古中国，但影响要小得多，特别是对古中国影响更小，因为古中国已经有了自身社会稳定的运转模式，外来的武力或许会改变政治权力，但无法改变文化体系。而西亚以及欧洲社会地域在多元、开放的文明结构中根本就难以形成一种社会运转稳定、统一的思维模式，而且在各帝国的疯狂征战中，除了掠夺、占有的欲望外，实难形成稳定、内治的思想。《荷马史诗》和《吉尔加美什史诗》就表明了这个地域社会的心态。因此，这个地域社会无法产生如同古中国社会那种可以贴近生活、人性、现实，能引起共鸣的儒家传统思想。

基督教的诞生，一开始就像烈火遇到了无边无际的干柴，一点即燃，熊熊燃烧着这个地域。其实基督教的成功并不在于教理、教义有什么充分的道理，而是它击中了人性最需要最脆弱的一面——社会不需要战争、仇杀、抢夺，而需要和平、宽容。罗马帝国就是当时这样一个庞大地域最大的统治集团,它把基督教定为国教,意味着西方世界的社会思想开始沿着这个方向运转。可以说,这就是西方社会从奴隶制向封建化转型的最大转折。

公元313年君士坦丁大帝将基督教定为罗马帝国国教使基督教的神学烈火不仅在西亚、中亚燃烧,也在欧洲大地开始熊熊燃烧,并一直根植于社会观念意识之中,直到今天。再说西罗马帝国政教合一的运转方式到公元476年覆灭时,基督教的观念已经根植了快两百年了。所以,欧洲北部日耳曼人的民族大迁徙和南下灭亡西罗马,不是与罗马帝国联姻的基督教的劫难,而恰恰是这一宗教向全欧洲扩散发展的突破口和契机。从政权上看,日耳曼人战胜了罗马人,但从观念、宗教、文化上看,古希腊、古罗马的文明不仅同化了日耳曼人,而且找到了扩散到全欧洲最理想的方式。另外,西罗马虽然在政权上覆灭了,但将基督教开枝散叶传播的罗马教皇的中心权威却没有遭到破坏和置疑,它一直统治了欧洲基督教及王权一千多年。也就是说,欧洲在政权上分裂为多个变化的国家单元组织,但在宗教思想上却一直只有一个中心——罗马教皇,而且这个中心影响和制约着王权。

在以日耳曼人为主体的欧洲民族大迁徙中,社会和国家政权沿用了罗马帝国和基督教的构建模型在欧洲北部、西部建立了十几个国家组织,如意大利、法国、德国等国家雏形。当然,也正是基督教的神学精神在欧洲社会思想中的强大惯性,从公元5世纪后,逐步将原有的和新兴的国家组织都相继引向封建的轨道。

总之,人类是一个充满好斗的生物群体,几千年的原始状态和奴隶制的盲目好斗到了公元5世纪左右已经斗得筋疲力尽了,宗教思想引领他们进入了一个相对安静的境地,于是人类在相对安静的封疆内建中又渡过了一千多年。随后的地理大发现、能源动力革命、工业革命又使世界开始沸腾。

第二节 纯体力消耗的分散社群

同原始的社群状态和奴隶制状态相比,封建社会社群生存的分布和社会流动并没有太大的变化。他们都散落隔离在大自然山水之中,唯一的不同在于散落的社会更有一种较统一、较明确的思想精神体系（例如，古中国是儒、佛、道三位一体思想精神，古印度是佛教或印度教思想精神，欧洲是基督教思想精神，而西亚阿拉伯世界是伊斯兰教精神），而且国家组织政权已经开始走政教合一、封疆内建的经营道路，世界由此显得相对安静。如果从近代、现代的社会形态看待人类一千多年的封建形态，那简直就是一个隔离、分散、孤立、静态的生态社群。没有世界系统大盘的社会流动，社群就如同蜗牛爬动，人类没有整体地域观念，跨地域的社群之间根本没有对方存在的意识……更为重要的是，人类的一切行为活动除了几种自然力的借用而外，全靠体力的消耗。

从封建形态中单一的产业和经济成分，我们或许可以看到一些封建形态特征。农业是封建形态中社会生产的绝对主调，它根据各地域社会的气候、自然环境，辅之以牧业、渔业。为了生活、生产的优化便利，从原始社会开始到封建社会又一直伴随着诸如陶瓷、玻璃、青铜、铁制器件等手工业。到公元15世纪为止，绝大部分的地域社会基本上在沿袭着以家庭为单位的个体经济生产模式，满世界全是些零碎叮当的劳作声。

"自给自足的封建自然经济"是对封建社会形态、封建经济最佳的状态描述。既然这个形态中以个体家庭成员为单位在开展生产活动，而且他们将生产、生活连为一体，土地、房屋、果园、家禽家畜就把他们套牢在一起。自己生产、自己消费，那么他们除了到小集镇去交换一些必要的手工业物件而外，可以说完全就是自给自足了。这种生存状态表明，他们完全可以独处深山几十年而不依赖于外界。当然，只有当乡保民团等"国家公务人员"出现在他们面前要他们交粮纳税时，这才有了"国家""国民"这些概念。而他们之所以会顺从配合"国家公务人员"的诸多要求，是因为他们的家族一直传承着关于战争、国家、国民、神灵等一系列教诲。因此，当自给自足的生产消费形式可以保持他们生存繁衍的生态，而交粮纳赋也可以保证国家养军队、搞文明建设时，这种分散的生态就可以长久保存。

再说封建时代的王都、城镇建设，它集中体现为政权中心功能。

帝都是为帝王家族及国家职能部门的生活和工作建造的，国内城镇是因各地域商业交换和国家职能分级实施兴起的。帝都的规模是与国家税收财物的状况密切联系的。

最早的封建帝都里只住着三种人：帝王家族人员、各职能部门的官员及武装人员（包括他们的家属）、各种形态的劳务人员。后来，常备军配套于此，监狱、法庭配连于此，学校、医院、教堂配连于此，公园景区配连于此，商业贸易配连于此……但是，即便是帝都，其规模依然不大，达到几十万人的大城市，全世界只不过几个。因为封建时代是没有能源动力的时代，大小便、废渣、废水的排放处理以及清洁用水等问题难以解决。而且，身居高雅的上层社会从根本上不愿意同太多的下层平民有什么纠葛。同时，因为封建社会的都市不存在现代城市这种水、电、气、网络工程，所以在建筑物上也没有像现代这种楼挨楼、街连街的紧密性，低矮零星的村落、零散的都市才是封建社会的生态景象。从社会个人行为活动的半径和范围就可以推想封建生态的社会流动景象。

在封建形态的社会中，绝大多数人一生中的行为活动不超过半径一百千米范围。因为绝大多数人的全部生活内容是以家庭为单位的农业生产劳动。他们被土地、房子、牲畜套牢在一片固定的土地上，即便有些走亲访友或外出赶集进行买卖活动也走不了多远。一方面他们外出的方式一般是步行，能够赶着马车或骑马的人太少，显然他们走不了多远。更为重要的是，自给自足的自然经济使他们已经完全习惯于亲近家园那片自然环境，一切远距离的外出都显得多余。

封建时代人们的时间观念状态就能说明那个时代社会生活的节奏和状态。

人类最明确的时间概念就是"一天"这个单位，因为人们最敏感的就是大自然的昼夜交替，就如同自然数单位"1"最终演化出一切数的观念。实际上一些时间观念也是从"一天"中演化出来的。当把"一天"当作单位"1"就产生了月、年的概念，当把这个单位"1"细化就有了如"清晨、上午、正午、下午、黄昏、夜晚、深夜"这一连串时间概念以及时辰、小时、分钟、秒等时间概念。

在人类漫长的封建时空中，人们只有对"一天"这个时间概念是十分明确的。一天中时间的划分大都是一个模糊的概念，几乎没有小时、分钟的划分，更没有一种统一的时间形式。这种状况充分表明，封建形态中社会个体和小群体都处于分散独立的生存活动，他们没有太大的紧密联系，更没有规模统一的合作，因为他们没有时间统一的基础。

或许我们无法确切知晓世界上第一个机械时钟是什么时候制造出来的，但我们能够确定，在欧洲中世纪的城市里，通常是全城共享一个时钟，它被安装在城市中央广场建起的一座高塔上，钟面巨大，这些塔钟几乎从来没有准过。

而到了现在,任何一个家庭,计时装置的数量很可能远远超过某个中世纪国家全国的数量。所以,我们可以想象,封建社会的社会关系与合作几乎与时间无关,它处于分散孤立的静态之中。

出现人类社会统一的时间表是近代工业革命的产物。1880年英国政府立法规定,全英国的时刻表必须以格林尼治天文台的时间为准。这是史上第一次有国家采取了全国统一的时刻表,这也表明人类已经步入快节奏社会生活的时代。

从奴隶制或更原始的社会形态来看人类封建时代,社会流动、信息互动已经迈入了极为乐观的一步。如腓尼基人的航船可以环绕非洲,中国的丝绸、陶瓷可以到达罗马,这好像都是人类社会在整体上的大流动。但历史资料所记载的跨地域通商、外交行为,其实都是有国家组织参与才能发生的行为。历史资料做这样的记载恰恰表明,即便是国家组织之间发生通商、交往也不是太容易。人类封建时代的地域社群是完全被时空阻碍孤立的,他们的交往互动只发生在小地域、小群体内。

人类封建形态的分散、孤立、彼此几乎不知道对方的存在等,都源于一种社会元素的缺失,那就是能将社会实践一切形态在效能、规模、速度、节奏上无限强化的"能源动力"。或者说,一切生存的状态都因为在封建时代人类只有纯体力消耗这种方式。

封建社会中发生战争、冲突所使用的一切兵器被称为"冷兵器",如弓箭、大刀、长矛等。说白了,"冷兵器"就是纯粹靠个人体力消耗才能产生制敌效果的兵器。所以,古代战场的胜负,关键在于使用兵器的人的体力和技巧,而并非兵器。

在封建时代,人们进行的一切实践活动只有几种单一形式的外力借助:风力、水力、浮力等自然力,牛、马、骆驼、狗等畜力。自然力的借助是有条件的,受时空局限,是非常被动的。封建时代运用得最好的是靠着季风航海。显然,自然力是很难与人们现实生活细节相结合的。动物如牛、马、骆驼、狗,虽然在封建时代为人们的出行、搬运提高了效率和速度,但它们都是血肉之躯,在效能、规模、速度上只是比人类稍强一些而已,再说喂养它们依然需要费心费力。所以,封建时代,一切客观改造活动都是靠体力消耗,人们只能在这种消耗形式中寻求巧力了。像古埃及金字塔、中国长城这种浩大的体力工程实属罕见,只有在国家有强大的组织功能时才会出现。本来纯体力劳动就局限了人们活动的形式和范围，再加上分散的自给自足的状态更加确定人们的生存形态呈分散、孤立状态。

另外，社会的生存活动方式是受信息的影响而改变的。但是在孤立分散的社群中几乎一切信息源都被阻断了，我们所熟知的书信往来可能是封建时代信息传递的唯一方式。一方面，封建时代的绝大多数人并不会读书识字，因此书信往来对于社会互动产生不了太大作用；另一方面，封建时代，人们自给自足，各社群完全可以互不依赖而独立存在，没有社会信息流动的需求。所以，封建社会不仅是国土的封疆内治，更是信息在极小地理单元内封闭循环的封建。

直到公元15世纪哥伦布环海航行发现美洲大陆、麦哲伦环球航行之后，西方世界才证实了地球就是个圆球，才有了全球大陆的整体感，而且这种地理地域观念只流行在一定的社会层面。所以，封建时代，任何一个国家组织对于世界其他国家组织以及地域社会的分布存在都是盲目的，更不用说它们之间有密切的关系。当然，社会个人意识就更茫然了。他或许可能清楚如同现代一个乡镇范围内的人和事，除此之外，对于他，很可能就是些传说故事。因此，"世界一体化"这个词，对于近代发达的西欧殖民国而言，19世纪就形成了这一观念；对于落后的国家组织社会上层，在20世纪初才有了明确的这种观念；而对于全世界的地球公民而言，21世纪初，他们才在信息时代中有了这个观念。

第三节　大不列颠的封建形态

国家组织和民族没有优劣之分，感悟历史，只有事物本身进行回顾。

大不列颠——英国，毫无疑问，在人类近代历史舞台上扮演了重要的角色。我们希望从对人类封建形态感观的角度，感悟它为何会成为人类近代历史中的主角。

英国，作为一个国家组织，其历史非常简单短暂，不过一千五百年历史，公元5世纪前称为大不列颠。

大不列颠岛是大西洋中的一个岛屿，隔英吉利海峡与欧洲大陆相望，占地24.41万平方千米。在海陆分布上与日本相似，一个在欧亚大陆西边，一个在欧亚大陆东边。英国属典型的温带海洋性气候。

公元前1世纪之前，大不列颠岛的土著居民为凯尔特人，他们还过着原始部落社会的生活。公元前1世纪，罗马帝国侵入大不列颠岛，将它变为罗马帝国的一个行省，在这个新兴的社会地域中不断植入古希腊、古罗马文明，而后又植入了基督教神学，而且也包含了大量自然科学文化。虽然大不列颠地域社会的演化历史很短，但具有几千年古文明的精华成分都由罗马人以实用主义的方式传输到了这里。尽管经过500多年之后，随着罗马帝国的覆灭和日耳曼人的渗入，社会政权面临了重新洗牌，但古希腊、古罗马文明的精华却留在了这里。

公元5世纪，日耳曼部落的盎格鲁人、撒克逊人横渡英吉利海峡，在大不列颠岛登陆，从此渗入不列颠地域社会。但是，在这个地域社会中，依然是古罗马文明体系和基督教在主导着社会观念。

公元7世纪到公元9世纪，英国就如同中国的春秋战国一样，属于战乱时期，最后于公元9世纪末由阿尔弗烈德及他的后继者建立了不列颠岛较为统一的王国——威塞克斯王国。到了公元10世纪，以国王的宫廷为核心，形成了中央机构。

英国历史的第一大特征是，这个社会地域的文明体系是在一张白纸（大不列颠土著、日耳曼人在社会文明上都如同一张白纸）中的外来文明精华的系统植入。古罗马人在新的地域建立行省管制，输入的一切观念元素都是一个古文明的精华实用部分。它完全有别于一个约定俗成、宗教、习俗浑浊不清的自行发育体。因此，这里的观念更为明确、实用和理性。

英国历史的第二个特征是，英国国王"从天而降"。就像中国真正具有正规意义的王朝应该从秦始皇灭六国建立的国土、文字、货币、度量衡几大统一的秦王朝算起一样，英国真正意义上的国王应该从诺曼王朝的威廉一世算起。这个威廉其实并不是英国人，而是土生土长的法国诺曼底人。不列颠与法国诺曼底一海相隔，威廉与英格兰国王爱德华是表兄弟，爱德华无嗣，曾许诺交王位于威廉继承。但1066年爱德华死后，威塞克斯伯爵哈罗德二世被推选为国王。诺曼底威廉以爱德华曾面许继位为由，召集英外境武装联军对哈罗德发动了战争。联军入侵英国只一个半月，声威夺人，英军战败，哈罗德阵亡，伦敦城不战而降。就这样，威廉获取了王位，解散了联军。"从天而降"这一特征使英国在迈入封建化的第一步就能够最充分展现王权统治的理性。

当我们研究人类社会后世的重要人文历史，会发现，智人社会的最大弱点就是个人的情欲、利益、价值表现与"理性"是矛盾冲突的,要不然智人在事物理性认知上会走得更远。

当我们感悟到佛教、基督教、伊斯兰教、儒教的真正内涵时,就会觉得它们都是在为人类启示一个同样的道理:人的欲望与理性是一对无法调和的矛盾。例如,佛教的四大皆空、四谛,就是在无欲念中获道;基督教、伊斯兰教神学理论中的宽容、服从也是去欲;而程朱理学就是更直接的去欲求理之学。然而,踏入封建化形态中的英国的第一位君主威廉,从异国他乡中空降登上了国家权力的最高宝座,他与这个国家社会的所有人和事原来没有一点关系,不欠任何一个人的情债,不依赖于这个社会任何一个利益集团。这些就是他在此后的君主生涯中将理性的主动权牢牢把握在自我手上的最大优势。

世界上最糟糕的事,并非每一个人情理并存,而是太多的关系依存使"情、欲"将"理"淹没了。例如,威廉同样是一个权力欲望强的人,要不然他就不会漂洋过海夺王位。问题的关键在于,他声威夺人,具有明确的治国理念,却在没有情欲的阻力中自由实施理念。因此,威廉一世所开启的英国封建王朝是完全不同以往的。

其一,威廉实施和完成了世界上最细致、最彻底的居民土地调查、登记、造册工作及赋役调查、登记工作。据说,这项工作持续了将近两年。这一重大举措,确立了英国的封建领地均来自国王的观念。最值得注意的是,这是一项一户一户由王权对每户土地的授权确权登记工作,完全免除了其他封建国家的层层环节,使每一户人都有了王权之下国家公民的平等感觉。这也许就是西方现代物权观念或私有财产的最原始观念。这项举措建立了国家民主公有最直观的感觉。

威廉在如此大规模的土地登记确权中同样要依靠各个层次的官员系统,但在英国的官员系统中没有一个是他的功臣,也没有一个是他的王子、王孙,他们必须执行王意。当然,土地的登记确权按区域划分平行进行,但总有领头的行政官员。因为各级官员原本就家大业大,国王可以为他们确权更宽更大的土地,但绝非层层分封。也就是说,从现象上看,一个大地域被划为若干个小地域,在登记确权上看似级级分封,而实质上是王权与每一户一一对应的登记确权。因而它完全有别于其他国家的层层土地分封,突出了天下之民皆我之封臣,纳税、服役是直接向国王服务。一切土地的转让、兼并都是违法的,封建主之间的私战也是违法的。这样，避免了很多大陆封建国家的土地兼并、内战祸患。

其二，威廉一世通过王室法庭将王权的统治范围扩大到全国范围。全国的任何一个地域法庭都是王室法庭，它们都遵守同一个法律、同一个程序，法庭公务人员循环调动，法律一盘棋调整。威廉一世将教会的审判权严格控制在有关灵魂的案件内，禁止教会插手其他事物。到了亨利二世（1154—1189年）时，王室的司法权又进一步扩大到教会和领主的某些领域。王室法庭审理的范围不仅包括重大案件，一般民事案件也被纳入权限，同时还广泛采用陪审制，使司法审理更趋合理。

其三，虽然，古欧洲的古希腊、古罗马共同文明体具有多元、外向、开放的特征，但上千年的社会演化使社会关系、利益、宗教、政治等因素都会形成错综复杂的制约，特别是罗马教皇的教权一直统治着欧洲大陆，教权已经阻挡了封建化理性的脚步。

关于以上这些，英国都有不同的特征，宽广急流的英吉利海峡将英国同欧洲大陆分离开来，也增强了英国在政权、宗教意识上的独立性。威廉在博学者兰佛朗克的帮助下重组了英国教会，他任命兰佛朗克为坎特伯雷大主教。他与罗马教皇格列高利七世因主教职权问题发生冲突，但还没有决裂。他还建立了许多修道院，引进了希腊和拉丁文学。

公元1200年，英国封建化过程宣告完成。

总之，正如威廉一世所言，英国是"自由人"的国家，比起世界上其他封建国家，英国更具有民主自由的基础。限制王权的《自由大宪章》13世纪在英国出现就是最好的验证。实质上，后来正是英国三权分立的政治制度完善了它具有更超前的创新的社会机制。所以，当欧洲大陆的人类文明演化了数千年，但工业革命的声音却在这个新兴内岛国家中首先响起，这是社会机制的优先准备，人类的自然科技文明在这样的社会机制中才能得到充分的发展和应用。

第四节 古中国封建价值观

华夏文明在人类古文明发展的一千多年时空中，其稳定性、持续性和体系化程度都远远领先于另两大古文明体。拿破仑说中国是远东一头沉睡的猛狮，因为到了近代，它确实"沉睡"了，但它曾经就是一头猛狮。

中国古文明的封闭独大、具有强大的向心力、不受外冲击刺激等特征，在人类古文明的发育期确实具有优势：最具有社会秩序、规范的稳定性；最具有文明体系发展的持续性。人类的文明体系也是从零开始的，习俗、神话传说、宗教是文明体系最原始的基础，社会的百科百业认知是最宝贵的素材，文明体系如同滚雪球在不断地扩展增大。而文字、国家强制规范整合又是文明体发育成形最直接的动力。当然在文明从零散走向体系过渡中，最重要的社会机制就是社会秩序的稳定并具有社会思想共鸣的开局。所以，我们可以想象得到像匈奴、鲜卑等游牧一族如一阵狂风扫过，除了武力改变生态格局外，在认知思想上一无所获，最后被彻底同化和消失了。因此，封疆而治的农业社会更具有稳定性，只有在稳定的秩序形态中才能沉积、收集、整理出认知体系。越稳定越有利于文明的发展，中国的四大发明超前世界几百年，就是稳定的成果和验证。可以说，春秋、战国的百家争鸣是中国古文明最为重要的大气势开局。在封建化中，中国古文明的持续性一方面是由封闭独大的文明特征决定的，因为在不干扰和冲击的状态下，它是最稳定、最持续的。另一方面，儒家学说在封建形态中一直被作为传统文化，一千多年来，中国文明是在同一种思维模式和价值中向前推进的，从来都没有被打断和改变过。

正如同儒学的中庸思想所言，一切事物在中正、中和、不偏不倚中的状态是最佳的，当事物走向了两个极端就会出现被颠覆的危险状况。中国封建化的稳定、持续性在封闭独大的文明体中过了头，它是导致近代中国社会在社会机制、自然科技上落后于西方社会的根本原因。

后世之人能直接感悟到的是中国与西方在自然科技上的差距。为什么会造成这种惊人差距呢？是社会机制在发展自然科技上存在巨大差距。"社会机制"是社会个人、群体在认知、实践改造、发明、创新中所具有的自由自发条件。

当我们将东西方两大文明体在公元15世纪或16世纪封建化状态加以比较，我们会明显发现：

其一，西方是一个多元、外向、开放的文明体，虽然基督教神学在统治和制约着社会思想的发展，但由于它的虚假性人们从一开始就将它作为可以同现实生活、科技创造不对立、分离开来加以信仰的宗教，所以它并没有阻止自然科学前进的步伐。多元、外向、开放的格局就是没有一个统一的、固定的思维模式，所以即便宗教神学在干扰制约思想发展（其实它只是政权、利益争夺的工具），整个社会的认知实践依然是自由宽松的。

　　其二，在华夏古文明体中，虽然春秋战国的百家争鸣为这个东方文明的社会思想开创了一个气势宏大的局面，使这个地域阔大的农耕社会开始拥有共鸣共唱的主观演化局面，但这种强大思想阵容却只不过为一个更强大的主流思想——"罢黜百家，独尊儒术"塑造了一个理想背景。

　　儒家学说的本身是无可厚非的，它同西方的宗教神学相比更自然、更理性，甚至难以让人拒绝。但也正是因为这种因素，它才在与佛、道的共同修饰中成为无可置否的中国传统文化。

　　然而，无论我们怎么看待人类封建形态所具有的进步性，人类封建形态始终处于农耕、半游牧、分散、孤立的纯体力时代，它虽然具有社会思想的灵魂，但其生存状态与原始部落相差无几，只不过它具有国家这个强制机器的框架而已。

第四篇 04
人类近代文明进行曲

第一章　人类能源动力革命

第一节　从体力到蒸汽动力

人类社会的"近代"时空与古代时空并没有什么明确的区分界线。所谓"近代"，一则是距现在非常近了，二则是人类的生命活动、形态、方式有了与以往不同的特征。

距今过去的几百年，是人类生命活动形态、方式发生剧变的几百年。一切变化不仅展现在人类社会日益创新的动态中，也封存在自然科学和社会科学的书山书海之中。

我们通常认为，当人类处于古代生存形态，分散的、封闭的、孤立静态的封建社群存在形式就是人类古代文明的代表画面。那么，这个社会画面为什么会迅速改变并走向了沸腾和颠覆呢？虽然有太多太多的因素，但有一个根本原因就是：人类发明制造出能源动力并一步步更新应用，从而使社会形态、生存活动方式一步步发生改变。即人类近代有力地吹响了能源动力革命的号角，一直吹到了今天。

自人类站到了自然生物链的顶端，就已经在地球自然世界生存得相当自在，可以制造石器、铁器工具，可以种植小麦、水稻、大豆等农作物，可以驯养牛、羊、马、骆驼、狗等动物，可以用牛翻耕地，用马拉车运送货物，用骆驼运货物穿越沙漠。但同近代、现代人类生活相比，这些就如同是蜗牛在活动。一切的生存活动除了消耗自身的体力就是借助了几种驯养的畜力。不管是人自身还是牛、马、骆驼这几种人类忠实的朋友，都是靠血肉之躯在开展着运动和客观改造活动，因而注定了人类活动是低效率、小规模的。

当然，古代的人类活动除了人力、畜力之外，有时还能借助到一些自然力，如风力和水力。像腓尼基人的航海就借助了季风的自然力，当然还需要人力摇橹划桨的配合。而水力主要靠水车取得，用来碾谷子。显然，人类运用自然力在古代是十分有限的，风力要看地域和天气，水力需要靠近河边。

其实，在人类所生存的地球自然世界里到处都是能量物质，只不过人类在相当长的生存时空中无法认知到，或者即便有了一些认知的感觉也不知道如何转换、收聚和应用。例如，在古代，每次家庭主妇和仆人想要烧水泡茶，或者把装满了马铃薯的锅放在炉子上煮的时候，在水煮沸的那一刻，水壶或锅盖会开始跳上跳下，这时，热能就转换为动能。但是人们通常只会觉得这样上下跳动有点烦人，至于一时忘了将水煮干了就更麻烦了，没有人注意到这个现象的真正潜力。

9世纪中国发明火药可以说有了小小的突破，能让热能转换成动能。但长久以来只是拿来制作炸弹，直到后来才终于发明了枪。而要用火药制作火炮，就已经又过去了大约600年。

即便如此，要将热能转化为动能的想法依然是天马行空，所以又过了3个世纪，人类才发明了一种使用热能来移动物体的机器。这项发明是在英国的煤矿里诞生的。随着英国人口的膨胀，森林遭到砍伐，一方面是人类取得木柴作为燃料推动经济成长，一方面也是为了要有居住和农业用地。于是英国逐渐面临木材短缺的问题，人们开始烧煤作为替代。许多煤层位于被水淹的区域，矿工们到不了较低的矿层。为了解决这个问题，人们通过从厨房里感受到的那种"热能转换为动能"的感觉升华，反复试验修正，大约在1700年左右，英国的矿井里开始回荡着一种奇怪的声音，可以说是吹响了工业革命的号角。一开始只是微微的响声，但十年、几十年过去，声音越加雄壮，直到最后整个世界都笼罩在这种震耳欲聋的声响之中，这就是蒸汽机。

1698年，英国工程师萨佛里萨弗里制成了世界上第一台实用的蒸汽提水机。1712年，英国的纽科门发明了效率更高的蒸汽机，可以用活塞将水和冷凝蒸汽隔开。瓦特发明蒸汽机就是从改进纽科门蒸汽机开始的，而他的一系列发明创造使蒸汽机在效能、操作上更加完美，同时又拥有多项专利权，因而人们一提到蒸汽机第一个想到的就是瓦特。

蒸汽机种类繁多，但有一个共同的原理：燃烧某种燃料（例如煤），用产生的热将水煮沸，产生蒸汽，炙热高温的蒸汽在封闭的气缸中使空气压强激增从而推动活塞移动，而连接到活塞的任何装置也就跟着移动，这样热能便转换为动能。在这一转换过程中，"水、空气"都是理想的转换媒介，将热能转换为人类需要的动能。

在随后的几十年里，英国人不断改善蒸汽机的效率，还把它请出了矿井，用在纺棉机、轧棉机上。纺织生产仿佛脱胎换骨，开始能廉价生产越来越多的纺织品。转眼间，英国就取得了世界工厂的地位。但更重要的是，把蒸汽机请出矿井之后，又掀起了一系列蒸汽机在广阔生产领域应用上的革命。

1803年，一个叫富尔顿的美国年轻人第一个将一台8马力的蒸汽机安装在一艘长约21米、宽约2.5米的大船上，在法国巴黎的塞纳河上试航。但在人们的嘲笑中遭到失败。

1807年，富尔顿将蒸汽机安装在一艘长45米，宽4米，没有橹、帆、桅杆，只有一根大烟囱的大船上，在美国纽约的哈德逊河上再次试航，结果以每小时9千米的速度航行了240千米，比一般的帆船顺风航行足足提前了20个小时，他也因此被称为"轮船之父"。

1825年，一名英国工程师将蒸汽机装到了一辆装满煤炭的列车上，让引擎动力将这辆货车沿着轨道将煤炭从矿场送到约20千米外最近的港口。这是史上第一列蒸汽动力火车。

1830年9月15日，第一条商业化铁路开通，连接了利物浦与曼彻斯特，用的同样是与抽水或纺织相同的蒸汽动力。之后短短20年，英国的铁轨长度已达四万千米。

蒸汽机的发明，使机器群可以固定在工厂里轰鸣，同时可以使火车烟囱冒着烟，沿着固定的轨道奔跑，也可以使大型轮船在河里、海里航行得更快、更稳。无疑，蒸汽机的发明是解放人类体力和提高生产效率、优化生活质量所开始的最辉煌的一页，从此人类的生存形态和方式逐步向全球化的方向迈进。

但人类发明蒸汽机只是能源动力革命的开始，从以后的发明创造再来看蒸汽机所发挥的作用，它还是存在局限和缺失的。蒸汽机将燃料（主要是煤）的热能转换为动能，只能在固定的地方（如工厂）加以使用，这无疑是蒸汽机最大的局限。因为蒸汽机既然需要烧煤炉和蒸汽锅炉，其体积、质量都是庞大的。它的燃料几乎就定义在煤炭上，不仅它本身设备的体积、质量是庞大的，而且在它的旁边必须堆放着一大堆碳，同时煤渣、煤灰还会污染空气，使人灰尘满面。所以在使用它及由它产生的动力时不可能全社会全面开花，只能是在工厂、资本、资源的集中区域。因此，蒸汽机无法催生汽车、飞机、坦克、挖掘机、推土机、播种机、施肥机、摩托车这种全方位、川流不息的社会动态情景。从人类工业革命的角度看，蒸汽机单纯应用的时代被称为第一次工业革命。

　　人类第二次工业革命发生在19世纪70年代到20世纪初，其间的工业革命、资本主义发展、自然科学的重大突破形成了互动循环，进入几大事物共振共唱的人类文明黄金时代。在这诸多人类文明元素交融汇聚中，最为闪亮耀眼的是内燃机、发电机、电动机和输电网的发明应用。内燃机发明与电力的发明是平行并列开展的，很难分清谁先谁后，而电力的发现、发明、应用更是一个庞大的系统知识积累过程。总之一句话，当人类在18纪初开始了蒸汽机能源动力革命之后，又经历了一个多世纪，人类开始了新一轮能源动力革命，虽然人们对电磁学的认知可以追溯到17世纪，但真正发挥作用就在这个时代。

第二节　内燃机动力革命

　　人类对内燃机引发的能源动力革命，在认知的深刻程度上永远不及"蒸汽机"。其原因很简单，是蒸汽机的发明才拉开了人类能源动力革命的序幕，而"内燃机"的发明可以说是"蒸汽机"发明原理延伸的结果。

　　就如同当人类在慢节奏的封建形态中有烧不完的木柴、植物秸秆时，并不在意那些黑色的石头——"煤"一样，人类在几千年亲近大自然的过程中已经无数次接触和注意到了世界上存在着一种特殊物质——它像糊状的液体物质，如果房子漏水时把它糊上可以堵住漏水，同样如果使用蒸汽动力转动的机器设备抹上它可以润滑保养。但人们一直简单地看待它，甚至有时候人们在大自然发现它时会避而远之，因为只要它一燃烧起来，附近的生物、房屋就可能有灭顶之灾，这个火，人们难以扑灭。它就是石油。

　　当蒸汽机推动着工业革命的巨轮在人类社会越滚越猛之后，煤炭的用量越来越大，煤炭的市场价格也随之上涨。同时，人们会自然而然发出疑问，大自然的煤会不会用完？如果用完了是否一切机器就会瘫痪？于是人们开始寻找像煤这样的能源物质。

在蒸汽机发明之前，人们可能早就知道了大自然里存在着这样一种物质，它可以迅速燃烧、放出巨大的热量，而且还会危及人的生命安全，只是不知道如何将这种巨大的热能收集起来加以利用。再说，这些物质都是人们偶然碰到的，它们究竟深藏在哪里，怎样取出来，又怎样转换利用，这些牵扯到一系列的配套认知和综合的开发应用，如地质勘探、石油采炼、化学工业、空气动力学等。

大约是在19世纪70年代，德国人奥托·戴姆、狄塞尔先后发明了以煤气燃料的四冲程内燃机，以汽油为燃料的内燃机和柴油机。

内燃机是继蒸汽机后的又一人类发明创造出来的能源动力转换机器，它也是将热能转换为动能的机器。其转换的原理与蒸汽机非常相似，但它却省掉了"水"这一能量传导媒体，直接用"空气"传导动力。其原理是：通过燃烧室雾化状汽油、柴油、煤气的燃烧，与燃烧室通连的气缸内空气就会在高温膨胀中剧增气压，这个气压就会冲顶活塞做功运动，从而热能就转换为动能。

当然，最初发明出来的内燃机（发动机）也是粗糙笨大的，经过材料、工艺的不断改进，无论是油路系统、点火系统、燃烧室、活塞气缸都慢慢变得精细。后来在点火燃烧这个细节上又受到了"电火花"的支持，所以一个完善的内燃机是油路系统、电路系统、冷却系统、润滑系统的综合杰作。它是以高燃烧值能源物质——汽油、柴油、煤气为燃料将热能转换为动能，只需油路喷头喷出一束束雾状汽油、柴油、煤气，燃烧室就会迅猛燃烧产生巨大的空气动力。因此这个装置设备可以缩小以至装在几十公斤的摩托车上，同样可以产生理想的动力。这样一来，它就可以摆脱燃烧炉、盛水锅炉那样庞大笨重的装置的束缚。所以，人类就可以将能源动力应用推广普及到各个生产、生活领域，即原有那个集中固定的能源动力应用形态可以扩展到一个全方位的状态。所以紧接着就有了汽车工业革命、交通运输革命、机械运输生产革命。这一切都是源于内燃机引发的社会形态改变，人类在体力上已经得到了极大的解放。

蒸汽机与内燃机是两种人类共鸣共唱、相互配合的能源动力革命形态。煤炭是工业革命的粮食，在一个国家的领域里，煤炭通过蒸汽动力支撑着工厂机器、火车、轮船的运转。因为在19世纪，人类对石油的勘探、开采、提炼还处在初级阶段，大量煤炭不得不通过蒸汽机形式加以应用。所以，即便到20

世纪中末期，在工厂的蒸汽机运转里还依然保留着燃烧煤炭转动机器的形式。但是煤炭的燃烧值是有限的，它不值得运输太远，如果需动能支撑的运输其成本超过了煤炭本身的价值就失去了运输的意义。

如果说蒸汽机只适合装置在固定的工厂里使机器运转，那么内燃机则可以用于更灵活机动的生产、交通运输等领域，可以在广阔的地域川流不息地运动，将人和物不断从农村运到城市，从矿井、田野运到工厂，又从工厂运到市场、商店，源源不断地运送着人、原料、商品……这就是蒸汽机与内燃机联姻的社会动态全景。人们常常将石油称为工业的血液。当人类世界演化到20世纪末时，社会对石油的依赖性达到了最高点，如果世界缺失了石油，工业和社会将马上瘫痪崩溃。也可以这样说，内燃机能源提供动力的方式已经控制了人类。

第三节　电力——能源动力通项式

从能量转换的角度看，我们可以认为，蒸汽机、内燃机、发电机是三种并列的能量转换机器。蒸汽机：煤（或其他燃料）燃烧，将热能通过水蒸气转换为空气动力（动能）。内燃机：石油（煤气）燃烧，产生的热能使气缸内的空气膨胀转换为空气动力（动能）。发电机：动能使绕有金属线圈的机器进行磁力线切割运动从而转换为电能。即蒸汽机使热能转换为动能，内燃机使热能转换为动能，发电机使动能转换为电能。日常生活中，各种类型的直流电池可以使化学能转换为电能。

电力无疑是人类历史上最神奇的能量。可以说，现代人已经无法离开"电力"而开展生存活动了。电力的神奇之处在于它可以像我们存钱一样储存拥有，也可以像花钱一样随意轻松消费。它不需要在一个偌大的地方堆煤，用庞大的锅炉燃煤加热水蒸气，也不用担心汽油燃烧完就停止运动。电力是最灿烂的能源动力革命。

世界上的第一台发电机（正式投入到生产领域的发电机）是1866年由德国人西门子制成的。4年后，比利时的格拉姆发明了电动机。于是，电力作为一种新能源开始用来带动机器。此后，以电为能源的产品迅速被发明出来，如电灯、电车、电话以及电焊技术等。电的广泛使用，造成对电力的需求大增，于是有了法国人马·德普勒关于远距离送电技术的发明。美国发明家爱迪生建成了第一座火力发电站，将输电线路结成网络。制造发电、输电和配电设备的电力工业纷纷建立和发展起来。这是人类能源动力革命最辉煌的一幕，也是第二次人类工业革命最辉煌的一页。

人类踏入电力时代是人类持续认知自然世界的结果，其认知的历程可以追溯到17世纪人类对微观世界的发现和对电磁现象的感知。1600年前后，英国人威廉·吉尔伯发现了天然磁石的磁性，并把"电"一词引入英语。1745年，荷兰莱顿大学发明贮电瓶。当然，我们通常认为，法拉第发现电磁感应并用定律的形式表达出来，才最终将人类推入到电力革命的轨道。

受到奥斯特电可以产生磁的启发，法拉第从1822年就着手研究把磁转化为电的问题。他先设置了如下实验装置：装置的两端中间以导线连接，并设置一个开关，左端为电源（伏特电池），右端为电流指示器。然后进行实验：接通电源（合上开关），电流指示器指针明显偏转，但很快又恢复到原位；断掉开关，切断电源指针也同样发生偏转，继而复原。实验表明，在"开""关"的时点，指针各发生一次偏转，都不能保持。法拉第进而用永久磁铁加以验证。1821年10月17日，他完成了一个具有决定意义的实验：取一圆纸筒，在上面绕8匝铜线圈，再接到安培计上，然后将一条形磁铁从线筒一端放入，发现安培计指针偏转，又将磁铁从另一端抽出，指针再次偏转，只是方向相反。这便是发电机的基本原理，今天各种复杂的发电机都是根据这一原理设计制造的。

在总结实验的基础上，法拉第进行理论分析，他运用磁力线概念对所谓的"电磁感应"进行解释——感应电流的产生是由导体切割磁力所致，电流的方向则取决于磁力线被切割的方向。为了便于现实中的操作，法拉第还以左、右手拇指与其他四指的位置特点设定了左手定则和右手定则，这两个定则至今我们仍在使用。1838年，法拉第又解释了从负电荷或正电荷发出的电力线的感应特点。

法拉第并不满足于已有的贡献，而是进一步将研究领域扩展到电解规律。在这一过程中，他发现了两个重要的比例关系：由相同电量产生的不同电解产物间有当量关系，电解产物的数量与耗电量成正比。这两个规律后来称为法拉第电解定律，在电学工业应用广泛。后来他发现了储存电的方法，继而发现法拉第效应。

法拉第发现的电磁感应原理，连同他的其他贡献共同构成了发电机、电动机发明的基础，使人类从蒸汽时代疾步跨入电气时代。

关于蒸汽机、内燃机、发电机的工作原理和能量转换，当把这三种形式加以比较并深入想象，我们就会发现：在人类所从事的各种能量转换形式中，到目前为止，电力是最理想的形式。

蒸汽机是把实实在在的煤炭热能通过水传导给了封闭的空气制造出空气动力，即热能转换为热动力。内燃机是把实实在在的石油化学能通过燃烧给封闭的空气并加热制造出了空气动力，即热能转换为热动力。那么，发电机是否就是动能到电力的转换呢？一台发电机，无论它是火力、水力、风力发电，其原理都是法拉第的"磁力线切割生电"。在"动能"到"电力"的转换过程中，"磁力线切割生电"，而"电"就是能量物质本身。显然，在发电机发"电"的过程中，其机器设备和导体线圈在运动过程中只有磨损消耗，没有像煤、石油那种实实在在的消耗，而使机器运转的外动力消耗只是动力而已，它怎么就转换成了电力？再说，"动力"转换为"电力"，而如果再将"电力"转换为"动力"消费，前一个"动力"与后一个消费动力是对等的，那么"发电机"的能量转换最多起到了使"动力消费"更便利的效果，其中的制造设备、制造投入岂不是白搭了？但情况绝非如此。自1866年西门子制成发电机，1870年拉格姆发明电动机之后，制造发电、输电和配电等电力工业便如雨后春笋，蓬勃发展，成为人类能源革命的热点和主题曲了。

显然，人类发明的发电机在能量转换上是另含玄机的。在外动力所牵引的磁力线切割中，有无数大自然（空际中）的自由电子流的重组集合参与，才生成了沿着导线运动的电力；发电机工作过程中所生成的电力与外动力牵引的磁切线切割规模、强度、持续时间成正比；电力是能量物质本身，它以电子的形式聚集，既不是外动力的直接转换，也不是发电机金属体、导线的直接转换（除了正常的磨损以外，当它停下来便没有改变），而是一种以发电机运转这种接收组合方式完成的空际能量物质的结集。

也就是说，当我们站在近、现代电学、量子力学的角度再来重新理解人类所发明的发电机电力生成原理时，我们已经能够明白——各种发电机的工作实质就是对空际能量物质（电子流）的接收、重组、整理，根据它的功率、规模、时长，产生了电力能量物质。所以，只要我们有充分的外动力让这种机器转动，无论你将机器置于高原之上还是置于海底之下，它都将产生电力。而当它置于绝对的真空，则无法产生电力。

因此，从发电机所实行的能量守恒转换来看，不能用一个狭小的具体单元加以理解，它已牵扯到一个宏观的大系统。正因为我们有上述的理解认知，人类的电力革命才能真正具有人类创建文明的灿烂光芒。电力革命在生产制造和消费领域具有无比的优越性：

蒸汽动力的生成，其主要原料是煤。内燃机动力的生成，其原料是石油、天然气。而发电机的电力生成，其"原料"就是使机器运转的"动力"。它不是具体的实物，就是"动力"而已，可以是火力、水力、风力、太阳能、核能等。只要是动力形式，只要能变成动力，使磁力线能切割，电力就会产生。所以在电力的制造生成上，它具有有效综合利用各种能量的灵活性和包容性。它包容了蒸汽机、内燃机收集、转换的能量本身，也包含了现在的核能量收集利用形式。所以，当人类走到某一天，如果一切自然世界的能量物质通通都由电力转换，然后再为人类慢慢享用，那将是解决一切环境问题、污染问题、地球变暖问题的最理想状态。

电力的应用就是人类社会生存、生活形态发生美妙变化的一首最雄壮的交响乐。电车、电灯、电报、电话、智能机器人、手机、互联网……都是电力在推动着。一切热能、动能、智能的广泛应用都是"电力"在推动，一切网络化实践都是电力在刻画。很难想象人类若离开了电力，现代社会生活将怎样运转。

第四节　能源动力革命交响乐

三百多年前，人类智人种群的生存活动还停留在靠体力和畜力的状态。蒸汽机的出现，一开始是为了抽出矿井底层的水而发明的，但除了这种特定规模的野外应用外，蒸汽机几乎都是在工厂固定的规模化车间中发挥作用的。另外还有两个例外，一是火车头安装的蒸汽机，二是大轮船安装的蒸汽机。但这两种特例到了20世纪后，由于内燃机、电力的应用也逐步退出历史的舞台。也就是说，在蒸汽机出现后的一百多年里，工厂的机器群已开始轰鸣，但人和物从广阔的乡村、城镇流入工厂，工厂的商品流向市场，除了有限的火车、轮船之外，依然是人力和畜力搬运的慢节奏景象。

显然，在那个时代，蒸汽机要推动工业革命的巨轮必须首先具备将煤运到工厂去的条件。也许我们可以想象就把工厂建在煤矿旁边，但这种想法是有局限的：其一，煤矿往往位于深山之中，工人和生产原料（棉丝、羊毛）积集在一起很难；其二，一个煤矿的储煤量是有限的，难以保障工厂生产的规模扩大和持续性；其三，生产的商品必须进入市场、进入社会消费，货物的运输是一个大问题。所以，工厂群大都建在靠近港口的宽广地域。例如，英国最早的工厂就在曼彻斯特和达林顿城。因此，工厂兴起的核心元素是铁路和海运。

蒸汽机首先在英国发明并应用，再加上英国有多港的优势，它在第一条铁路修建后不到20年的时间就修建了数万千米的铁路网，而它的国土面积只有二十多万平方千米。有了这个先决条件，全国的煤炭资源源源不断地被送到工厂，蒸汽机的运转有了煤能源的支撑，工业革命的巨轮得以往前推动。而且，岛国海路的优势以及它作为航海霸主的地位又决定了生产的原料可以从更大范围被收集运往工厂，而商品通过海洋运往世界市场。就这样，英国成为世界工厂。

因此，当人类处于蒸汽机动力革命时代，人类社会体力还没有获得根本的解放，只是工厂的生产效率在不断提高，资本家的口袋在急剧膨胀，工人看起来获得了体力解放，但工作时间、工作环境、工作节奏并没有使他们轻松，反而更紧张。蒸汽机的声音回响在西欧沿海国家的工厂，但在广大的非洲、亚洲、南美洲还是一片寂静，中国的第一条铁路在20世纪初才建成。没有铁路，没有煤资源，就没有蒸汽机动力。

19世纪70年代至90年代由德国人奥托·戴姆、狄塞尔先后发明的内燃机才真正把人类送入了体力解放、客观改造能力猛增的快车道。与蒸汽机动力配套呼应，人类才能真正进入人、财、物大组合、大流动的变革时代。工业、资本向全球化渗透发展。

有了内燃机动力，石油勘探、开采、炼制业便迅速发展，汽车、飞机、挖掘机、推土机、压路机、播种机、抽水机、脱粒机……所有人们能想到的、省力又提高效率的动力机械设备就如雨后春笋蓬勃发展起来了。

如果说原有的蒸汽动力时代，社会人、物的流动除了体力之外，只有两条效能低下的大动脉——火车、轮船在运行，那么内燃机动力就在这个社会画面中安装了犹如毛细血管那样密集又如沸水那样涌动的动态内涵。这就是人类社会的交通运输革命，也是更广阔意义上的能源动力生产革命。

如果说蒸汽动力引发了大机器生产革命，使人类生产能力有了无法想象的提升，那么内燃机时代的到来，与蒸汽机工业革命配套呼应，在生产原料、要素的采购、集结组合上，在商品、市场的扩充流通上，无疑是最精彩的配合。所以，只有当人类真正踏进内燃机时代，英国工业革命的巨轮才能真正回响在人类世界，传播和复制的社会效益才能来得更猛、更快。当然，这个时候已经到了20世纪。

当然，最辉煌、最持续耀眼的人类能源动力革命是发生在19世纪70年代的人类电力革命。虽然关于电磁的认知也许并不晚于蒸汽动力的认知，而且法拉第的电磁感应理论在1822年就已经比较成熟了，但作为对社会实践具有直接影响力的电力革命应该从西门子于1866年发明的第一台发电机开始。这个时间与人类发明内燃机几乎是同时的，所以连同蒸汽动力，被称为人类能源动力革命的三部交响曲。到今天为止，三者仍然回响在人类社会实践与生存之中。但是要说人类能源动力革命的系统化、网络化、智能信息化，还是电力革命在牵引着全局。只是人类没有必要去消灭、取代蒸汽动力形式，因为煤炭依然是实实在在的好资源，还有许许多多类同于煤（又优越于煤）的资源等待着人类的开发，况且像蕴含着高核巨能的核物质这些也需要蒸汽动力来转换。所以，蒸汽动力还将在相当长的时期内在人类能源动力革命的席位中占有一席之地。而石油、天然气、石岩气这些资源也依然是现代工业的血液，机动、灵活、快捷的特性，几乎是电能源在相当长时间内还无法取代的特性。也许人类到了某一天，电力能够取代蒸汽动力和内燃机动力，全世界统一消费，那就是最彻底的人类能源动力革命了。

第二章　近代人类社会改变与重塑

第一节　奇妙的社会机制

我们常常会为非洲动物大迁徙的动态画面万分感动，实质上，如果我们是有别于人类的生命体，每一幅人类社会的动态画面都会足以让观察者感动万分。不断地认知互动积累，不断地客观改造画面构成了紧密联系、不断翻新的生命流动画卷——人类社会作为大自然的生命群体有了神奇的创造机制。

人类社会机制文明如同一条永远奔腾不息的河流，社会个人就如同这条河流中处于不断蒸发、汇集循环的水分子，他们相继地存在、参与，共同成就了这幅动态的画面。他们因为这个整体而表达出实存的意义，而他们又是这幅画面中的过客。这条壮观的奔腾着的河流看似随波逐流、放纵紊乱，其实有着密切联系的规律：不断循环的互动、传播积累的认知、改造社会的变化、新的机制动力。它像滚动的雪球越来越大，成为体系，引领人类的实践，形成今天的自然科学体系和社会科学体系。也就是说，无论人类的生命活动涉及了多少领域，无论人类的认知包含了多少离奇古怪的故事，也无论争夺、冲突、战争摧毁和创建了多少国家组织，实际上都是在重复做两件事情：不断地认知和不断地改造，而且归于同一过程，并且他们的认知和改造（改变）都可以用两个范畴——客观自然和自身群体的行为关系来表达。而一切的认知和改造提炼出了最有价值的成分，那就是自然科学体系（自然客观认知和改造的结晶）和社会科学体系（对自身群类行为关系认知、改造的结晶），而且二者的形成都在人类生命活动的同一过程。

>>> 第四篇 人类近代文明进行曲

我们可以将人类社会的发展看作一个人身体机能的发育成长。科学研究表明,一个正常人的毛细血管可以游离到十万千米长,围绕地球赤道两圈半。人类社会就是这样一个有机成长体。我们或者并不能彻底清楚自然科学体系和社会科学体系是怎样在这永远处于动态、变化的人类社会中创建出来的,但一切社会个人、社会组织的认知实践就如同细胞一样成为密布在社会中的毛细血管,动脉血管和静脉血管就类似人类社会机制创建的两大认知、改造体系——自然科学(动脉)、社会科学(静脉)。一切社会个人、社会组织都是社会机体组织中某个部位的处于新陈代谢中的毛细血管细胞而已。因此,我们没有可能回答,哪个细胞更重要,哪个细胞不重要,也不能令人满意地说出"血"是怎样生成,怎样在动脉、静脉、肌体中循环的,因为这完全就是一个整体机能的存在形式。当我们有雅兴去深入探究人类的文明发展脉络,常常是去看一些综合性的历史书籍,实际上那些书籍内容更多的是用国家、战争、改革、人物绘制出来的人类发展时空坐标,真正文明的演化藏于细致入微的学科分类的书海之中,但我们又如何细读?所以,人类文明的发展脉络不是读出来的,而是感悟出来的,它就是社会机制本身的不断强大和成熟。

用人的身体机能来比喻社会发展机制是有局限的。人的生命周期是短暂的,从发展壮大很快会走向衰老。而人类社会的发展存在本身是一个可以无限延伸的轨迹,只要地球自然生命存在的条件不归于消亡,这种循环互动、积累传播的社会机制就无法被破坏。例如,社会习惯了爱迪生发明的电灯照明就不可能再回复到煤油灯和蜡烛的时代,只有依此不断精进。

包含着人类社会机制的文明总是处于体系的不断优化之中,这就是智人社会的必然特征。而这种不断优化刷新的机制既然是一个持续不断的过程,它就有实现和生成的诸多结点,或许我们的认知就只能集中于这些过往的结点。当然,我们应该非常清楚,除了这些光芒四射的结点外,实际上就如同人全身的毛细血管一样,每时每刻都在运动变化,保持着生命整体运动存在的意义。

在感悟人类生命运动过往的闪光结点中,无疑智人种群的用火,"夜空火光效应"塑造了人类社会,使人类从"生物人类"向"社会人类"飞跃,成为第一个伟大的生命活动节点。它大约发生在五六万年前。

在约1万年前,当人类在丛林生态中不断以血缘家族的形式扩散、迁徙分布已经达到狩猎、采集形式的饱和状态时,或已经有了生存危机时,开展了农

223

业革命并伴随着新石器制造和第一场人类认知革命。这可以说又是人类社会机制成长的一个伟大结点。

约6000年前至5000年前，人类文字、国家组织在尼罗河三角洲首先出现，相继伴随进入金属器时代，它既是第二场具有明确、规范互动传播意义的认知革命，又是一场更有实践效益的农业革命。我们常常将它定义为人类文明的真正起点，所以，它是人类生命活动及社会认知改造的又一伟大结点。

文字、国家两大人类社会事物都在全方位使人类的认知、改造在互动循环、传播积累上具有了社会机制上的真正意义，例如，人的思维活动的内容、形式有了文字客观、规范表达的形式才具有活动本身以及互动、传播、积累的真正意义。所以，我们看待人类文明时代的真正开始，应从这个时空算起。而在此后的奴隶制、封建制时空中，人类文明基本上处于一种特征或状态在发展。无论生产工具有什么变化，无论武器有什么提升，无论各行各业在怎样悄然形成更大的体系，社会形态、分布、特征都处于量变之中。人们凭借体力和畜力在各自分散地进行生存活动。虽然在国家强大的组织功能驱使下，人们可以共同完成如金字塔、古长城、空中花园这种浩大的工程，但社会同处于用血肉之躯的体力、脑力认知和改造着这个客观的世界。我们可以将时空推移至公元十五世纪，即人类能源动力革命发生，推动社会剧烈改变和重塑的时代，我们称之为人类"近代"。

感悟人类"近代"之前，我们可以先盘点一下人类古代文明存在的几大事理逻辑：人类文明是从几大小块文明体发育出来的，总是从不平衡走向平衡，又从新不平衡转向新平衡的发展轨迹。没有永远处于绝对优势的社会地域，因为从本质上讲，古代社会和近代社会依然是一个大系统，只不过这个大系统存在时空阻隔而已。"近代"的序幕无疑是从西方社会揭开的，但这样并不意味着地域文明存在着永恒的优势或劣势。特别是世界人类的生命活动不仅在创建文明体系，又在向更加紧密联系的全球一体化步步推进，所以都在演绎着从不平衡转向平衡的循环过程。

第二节　平衡与不平衡的追想

人类古文明是从几个小板块地域中发育出来的，文字、国家是共生共存的基因种子，自然、人文是原始的土壤。我们或已早早熟知"古埃及、古巴比伦、古印度、古中国"是人类最早的发源地，后来又增添了"古希腊、古罗马"文明地域，而且使用了一连串诸如苏美尔文明、迈锡尼文明、克里特文明、哈拉帕文明等称谓。后来，我们发现，古埃及、古巴比伦、古希腊、古罗马、苏美尔、克里特、迈锡尼、特洛伊等文明体实际上都处于一个交替共荣、密切联系的社会大地域。它们都经历了波斯帝国、亚历山大帝国、罗马帝国，甚至阿拉伯帝国社会统一构建，政治、经济、文化、宗教统一整合的历史过程，几乎可以说是传播着同样的神灵故事和英雄故事。所以，从古代文明发源起，它们都是一个无法分离的同一文明体。它们处于开放的，水路、陆路交通便利的三洲五海之地。

有了这种认知，我们就能简单明了地用三个板块来表述看起来比较纷繁复杂的人类古文明：西亚共同体古文明、华夏古文明、南亚印度古文明。虽然在世界上还曾经有个美洲玛雅文明，但它在历史中消失了。我们可以想象，原本只占欧洲地中海沿岸一隅的西亚共同体古文明扩展出欧洲全境文明，继而又影响了美洲文明的发展。华夏古文明在封闭广阔的东亚、东南亚地域中独大、稳定、持续地内向发展，创塑了世界东方文明。而南亚次大陆古印度以相对的封闭内向独立塑造了较为饱和的次大陆文明。这就是世界古文明较为完整的故事。

从三大板块的人类古文明发育过程来看，如果将时空返回到公元5世纪之前，我们或许可以得出这样的结论：华夏古文明在极强的持续、稳定发育中，文明水平远远超前，南亚次大陆古文明也是持续繁荣的文明景象，而逐步向着欧洲全境推进发育的西亚共同体古文明却只是一幅混乱、残缺不堪的景象。

如果从现代角度来看待西亚共同体古文明自然环境、人文环境的特征（多元、开放、外向），似乎认为那是一块充满活力、创造力的文明发育地。但结论恰恰相反，在那仅凭血肉之躯开展着农耕的文明时代，社会稳定的规范秩序和统一的社会精神思想才是那个幼嫩文明体的最佳良方。古中国独大内向的文明开端就决定了它具有天然的持续的稳定的秩序，而儒、佛、道思想的统一，无疑又为文明的持续和稳定加上了一道牢靠的保险。再说，无论古印度社会在婆罗门教、佛教、印度教之间存在几多演变的玄机，也无论种姓制度在后世看来有多么不合理，但古印度社会在社会思想、文化认知上无疑形成了一波紧接一波的共鸣共唱和统一，所以它有持续稳定的生态环境，古文明同样辉煌。但西亚共同体古文明中，多元在不断碰撞，外向演化成争夺的帝国征战规模，自由多神又为各自帝国梦开辟想象，战火一直不断。所以，那个时空的古文明究竟会如何辉煌只不过是后人反推的想象。例如，被誉为最有文学价值的《荷马史诗》以及人们推崇的《吉尔伽美什》都是对战争英雄的赞歌。它们有价值，只是在后世的回顾中才有意义。也就是说，公元5世纪前，中东古文明永远不会有东方文明的繁荣景象。

公元5世纪也许正是西亚共同体古文明向欧洲推进并塑造西方文明的最重要转折点，也是它逐步赶上东方文明并首先拉开"近代"序幕的开始。

在公元5世纪左右，西亚共同体古文明中发生了三件大事：一是基督教（一神教）被确立为罗马帝国国教，并以雨后春笋般的生长态势在帝国全境迅速传播，它成为统一社会思想最有力的工具；二是以日耳曼民族为主的民族大迁徙在欧洲全境开展，西罗马帝国在日耳曼人的冲击下瓦解，意味着西亚共同体古文明的基因，特别是古希腊、古罗马的文明基因已经开始在全欧洲地域社会渗透，当然也包括基督教的全面融入；三是公元5世纪之后，欧洲各国家组织在基督教的整合下相继进入封建时代，从此这个帝国碰撞、战乱不断的大社会地域进入了一个相对安宁、稳定有序的封疆治国时代。

如果我们从欧洲文艺复兴的立场上看，由基督教一神神学统治社会思想肯定是阻碍社会科学发展的，但公元313年君士坦丁将基督教引入欧洲并定为国教却是办了一件伟大的事。

基督教、伊斯兰教都是从阿拉伯半岛某个角落发明出来的，它们的一神精神适应了战乱中社会思想价值需要统一的社会需要。基督教被引入东罗马帝国并很快在欧洲生了根，而它处于西亚、北非的传播领域后来被阿拉伯帝国发明出来的伊斯兰教所占领。于是欧洲社会文明逐步与中东阿拉伯、北非领地文明脱离独立。在中东阿拉伯世界里，无论是从古文明的共鸣共唱，还是对宗教的共同信仰与分裂，都蕴藏着莫名其妙的情感和纠结。

从西亚共同体古文明演化而来的欧洲文明与东方文明比较，二者趋于平衡水平,看起来是从十五六世纪表现出来的。但原有那种惊人的差距实际上是公元5世纪后就开始缩小了,当然在中国唐宋时期,中国文明已经达到了高峰。

为什么公元5世纪之后,欧洲文明有了比东方文明更强的创建活力呢(虽然从基础水平上它还有所不及)?关键在于,在基督教思想的统一下,国家组织的封建构建有了稳定、安静的秩序。这时,它的开放、多元、外向已经不是战争混乱的制导劣势而是社会实践趋向于理性的优势:基督教一神崇尚统一,看起来阻止了多神自由崇拜的想象,实际上它在统一社会思想上发挥了极大功效。西方的宗教信仰实际上并没有限制多元、开放的社会机制,它只是一种论证君权神授、社会制度合理的工具而已。只要不触及王权、教权的根基和利益,宗教、自然科学发现是混同或自由并存着的。当然,在一定时期也有所限制。

在古中国社会运转实践中,社会思想的统一或统治是最为持续、稳固和有效的。在孔子、孟子等儒家思想创建者对华夏上古文明的整理塑造下,我们看到,这个封闭独大的文明体,从其发源开始就是如此稳定、持续和有序——夏制礼传于商,商有更新又传于周,夏、商、周礼一体化。炎、黄、尧、舜、禹、成汤、周公……圣贤祖先,排列有序。春秋战国在社会思想创建上百家争鸣,而汉武帝"罢黜百家,独尊儒术"使中国社会思想形成了更大的稳固统一。佛、道成为中国传统文化的合理成分是因为二者都成为儒家思想有力的呼应和论证回应,于是有了以儒家思想为核心的儒、佛、道中国传统文化。

西方社会思想因引入基督教而得到的统一是松散的统一,虽然它使社会更安静地相继进入封建化,但没有东方文化的那种持续和稳定。东方儒家思想本身更接近于生活、实际和人性需要,如"修身、齐家、治国、平天下"都可以成为社会个人乐于接受的人生公式,而"仁、爱、礼、孝、善"又是人们无法否定的品质,于是《六经》《论语》《孟子》等标准都容易成为中国人行为实践的指针。

所以,从公元5世纪一直到公元15世纪左右这一千年的时空中,古中国文明一直保持着持续、稳定、更体系化发展的文明优势,而西方文明却在松散、断断续续的状态中演化文明,它并不带有优势,但在重新塑造着优势。

从西亚共同体古文明体演化而来的欧洲文明体,也许经过5个世纪的封建化调整之后,即公元10世纪左右,它创建文明的社会机制已经优越于东方文明体了。多元、开放、外向的欧洲文明体并没有被基督教神学所束缚住,社会机制在封建化的调整中已经修改了混乱无序的格局，从10世纪起，实际上它已经到了致力于自然科学自由发展体系化的黄金期，如西方科学和思辨思想的发展、西欧城市的自治、欧洲银行的起源、欧洲大学的兴起。

但是，中国社会实践，虽然在整体文明水平上高于欧洲地域，但整个社会实践活动已经被形式化、格式化的传统思想牢牢束缚住。它依然在封闭、内向中转动，因此失去了在更宽、更广、更自由的框架中去创建自然科学体系的活力和可能性。于是，到了公元15世纪，中国文明水平与西方持平，而16世纪之后就已经落后于西方了。

第三节　欧洲地理大发现

欧洲"地理大发现"是对包括美洲新大陆在内的地球自然总面貌的发现和地理体系的建立，特别是麦哲伦环球航行的圆满完成证实了地球是球形的这一古老命题。

欧洲地理大发现是资本主义萌芽、文艺复兴上演的驱动器，同时沟通了东西两半球及局部地区彼此的经济交往，它为人类能源动力革命在西欧的发生提供了精神动力。

显然，欧洲地理大发现是航海技术和经济利益驱动力的结合与发展的最终结果。生活在紧挨着地中海、直布罗陀海峡、大西洋的葡萄牙人、西班牙人成为地理大发现的急先锋。

15世纪，为了避开阿拉伯人和意大利商人控制的东方贸易路线，直接同亚洲做生意，欧洲人决定开辟新航路。

公元1385年打败西班牙而独立的葡萄牙首先进入非洲。同时国王若奥一世命令儿子恩利凯为寻找新航路组织舰队。公元1445年恩利凯率水兵到达西部非洲的塞内加尔，公元1471年到达加纳，公元1488年到达非洲好望角。公元1497—1498年由达伽马率船队从非洲东海岸北上到达印度。

葡萄牙当局热烈支持航海事业，往往不惜提供大量资金。因此，当时最杰出的航海家和地图绘制者，纷纷前来里斯本共襄盛举。葡萄牙人在沙格尔建立天文台、图书馆和航海学校。那时中国的指南针在葡萄牙人的航海中也发挥了巨大作用。

当然，作为邻居的西班牙人不可能在葡萄牙人掀起如此热闹的航海浪潮时清闲着，它同样在航海殖民的道路上不停奔走。

事有凑巧，葡萄牙掀起的航海高潮中，出生于意大利的热亚那亚城的哥伦布在西班牙王室的支持下完成了发现美洲新大陆的创举。

15—16世纪的欧洲，地圆学说已广为传播。人们相信从欧洲海岸出发一直向西，便可以到达东方。《马可·波罗游记》把东方描写为遍地是黄金和香料的天堂。当时的欧洲，随着商品经济的发展和资本主义萌芽，发生了所谓的"货币危机"，即作为币材的黄金、白银严重匮乏。许多欧洲人狂热地想到东方去攫取黄金，以圆自己的发财梦，哥伦布便是其中的代表人物。

梦想归梦想，去东方在当时可不是一件容易的事。传统的东西之间的陆上贸易通道已被奥斯曼土耳其帝国隔绝，地中海上的通路又为阿拉伯人把持。欧洲人要圆自己的梦，必须开辟新航路。可喜的是中国的指南针业已传入欧洲，而欧洲的造船业也已达到相当的水平。这时年富力强的哥伦布认为条件已经成熟，决定进行一次远航。

第一次航行并不顺利，首要的问题是找不到赞助支持者。1486年，哥伦布就向西班牙王室提出了自己的设想，直到1492年才获批准。在西班牙王室的支持下，哥伦布于当年8月3日率领3艘帆船和87名水手从巴罗士港出发，向正西驶去。经过2个多月的颠簸，哥伦布一行终于发现了一片绿地，草木葱茏，他们欣喜地上岸，并将其命名为圣萨尔瓦多，意为救世主。这个岛屿就是巴哈马群岛中的一个，现名为华特霖岛。这时哥伦布犯了一个错误，他以为到了印度。就没有再向西，而是转道向南，沿着海岸线，陆续到达了今天的古巴和海地。他称这一带的土著居民为印第安人（即印度人），并了解了他们的风土人情，只是没有找到大量的黄金。

虽然没有直接获取黄金、香料，但哥伦布也不虚此行。他一上岸就与当地的土著进行欺诈性贸易，以各种废旧的物品换取他们的珍奇、贵重物品。而善良的土著人待之如上宾，主动帮助他们适应当地的生活方式，如建筑房屋、采集和狩猎等。这些野心勃勃的殖民者却在站稳脚跟之后，对当地人进行疯狂掠夺和残酷的压榨。临走的时候，还掳走了10多名印第安人。就这样，哥伦布及其团队于1493年3月15日回到出发地巴罗士港，向人们宣布他已找到去东方的新航路。哥伦布因此受到国王的嘉奖，平步青云地跻身于贵族行列。

哥伦布发现了美洲新大陆，但到死都认为自己到了印度，今天的西印度群岛的名称即来源于此。美洲的发现开拓了人们的眼界，使世界逐步连为一体，对于扩大世界范围的交流和推动人类文明进步有巨大的意义。

紧接下来，葡萄牙贵族出身的麦哲伦又举行了具有伟大意义的环球航行，最终证实了这个广袤的地球世界真正是个球形。

贵族出身的麦哲伦10岁左右时就被父亲送入王宫服役，1492年成为王后的侍从。16岁时，他进入葡萄牙国家航海事务厅，因而熟悉航海事务的各项工作。1505年，麦哲伦参加了一支前往印度探险的远征队，不久因心理素质好、组织能力强，被推举为船长。从此后，麦哲伦带领船队多次到东南亚一带探险游历，积累了丰富的航海知识和航海经验。他根据古希腊人所提出的关于地球是圆形的说法，坚信穿过美洲（当时哥伦布已经发现）东面的大洋就能到达东南亚，于是决定做一次环球航行。

但是，麦哲伦向葡萄牙王室的求助请求没有得到回应，他转而向西班牙国王请求资助。西班牙国王查理虽然在口头上表示坚决支持麦哲伦的探险计划，但实际上并不慷慨，只给了他少量的资金。由于资金短缺，麦哲伦只购买了5艘破旧不堪的船只，最大的载重量只有120吨，最小的仅有75吨。这些航船很难经受住大风大浪的考验，被人们戏称为"漂浮的棺材"，但这些并没有破坏麦哲伦环球航行的计划。

麦哲伦率领一支由5艘帆船和来自9个国家近270名水手组成的船队，于1519年9月20日从西班牙塞维利亚港出发，向西驶入大西洋。6天后到达特内里费岛，稍做休整，10月3日继续向巴西远航，途中曾在几内亚海岸停靠，终于在11月29日驶抵圣奥古斯丁角西南方27里处。之后，船队继续向南，次年的3月到达阿根廷南部的圣朱利波港。当时的自然条件对航海极为不利，寒冷的天气使得缺衣少食的船员们开始怀疑此行的价值，人心不稳，最终发生了3名船长叛乱事件。麦哲伦凭其卓越的领导才能，果断地平息了叛乱，处死了肇事者。船队在圣朱利安港一直待到这一年8月，为的是等待气候的好转。船队于1520年8月24日离开圣朱利安港南下，10月21日绕过维京角进入了智利南端的一道海峡（后被命名为麦哲伦海峡）。由于该海峡水流湍急，麦哲伦的船队只得小心探索前进，经过20多天他们才驶出海峡。在此期间，有两条船沉没。10月28日，麦哲伦等人出了海峡西口进入"南面的海"，有趣的是在这片海域的10天航行期间竟然没有遇上过巨浪，故而船员称之为"太平洋"。由于长时间的暴晒，船上的柏油融化，饮用水蒸发殆尽，食物也变质甚至生了蛆虫，船员无奈之下只得以牛皮绳和舱中的老鼠充饥。

经过严重的减员之后，麦哲伦船队于1521年3月抵达马里亚纳群岛中的关岛。在这里船员们获得了梦寐以求的新鲜食物，他们感觉自己好像进入了天堂。他们停下来休息了一段时间后继续向西航行，到达了菲律宾群岛。

在登上菲律宾群岛后不久，这些殖民者的本来面目就显露出来了。麦哲伦妄图利用岛上两部落的矛盾来控制这块富饶的土地，但在帮助其中一个部落不断进攻另一个部落时，被土著杀死。

麦哲伦死后，他手下的一位船长艾尔·卡塔控制住局面，使远征队免于全军覆没的后果。1522年9月6日，维多利亚号奄奄一息地回到西班牙，船上只剩下18人。"我们驶进了圣·卡卡湾……自从驶出圣·卡卡湾以来，我们已航行了31 240海里（约合57 840千米），自东向西绕地球一圈。"这是欧洲人首次环行地球，也是头一遭穿越太平洋，更是地理探险史上的一次壮举。在西、葡两国争夺世界霸权和香料之路的竞赛中，麦哲伦的远征具有重要意义。西班牙航海家在麦哲伦去世后，一起继续探险，直到16世纪末。麦哲伦去世50年后，西班牙成为全球的首强国家，帝国的势力范围从美洲一直扩展到菲律宾群岛。

葡萄牙的航海殖民集中于亚洲、非洲。1497年7月至1499年5月，达·伽马首航亚洲获得成功，为欧洲开辟了通往亚洲的新航路。葡萄牙国王授予他"印度洋海军上将"和"阁下"称号。1502—1503年，达·伽马第二次赴印度，炮轰卡利库特城，一度击溃阿拉伯船队。1524年被任命为葡萄牙驻印度总督。

在由葡萄牙、西班牙人主导完成的地理大发现中，葡萄牙扩张殖民地的主要方向是非洲和亚洲诸国，1500年，葡萄牙一支远征队准备去印度，但在途中因赤道海流的冲击而偏离轨道，漂流到了巴西。这样，巴西就成了葡萄牙的殖民地。

西班牙在海外建立的殖民地，要比葡萄牙的殖民地大得多，整个美洲大陆一直延伸到菲律宾群岛，只有巴西是个例外。

地理大发现引发了"商业革命"和"价格革命"。

商业革命的主要内容是：形成世界市场，增加了商品种类和商品的流通量，商路和商业中心的转移以及商业经营方式的发展。

地理大发现之后，随着西欧商人的贸易范围扩大，欧洲与亚洲、非洲、美洲之间建立了直接的商业联系，东西半球及其局部地区彼此隔绝，不相往来的状况得到根本改变。同时世界市场开始形成，从而为新兴资产阶级开辟了更广阔的活动空间。欧洲市场上汇集了来自各大洲的商品，如美洲的可可、烟草，非洲的象牙、咖啡，亚洲的茶叶、香料、丝绸。商品不仅种类繁多，而且流通量大增。

主要商路和国际贸易中心地中海商业城市逐渐衰落，与此同时，大西洋沿岸的里斯本、塞维利亚、安特卫普、伦敦取而代之。

此外，商业经营方式也发生变化，股份公司、证券交易所、银行信贷业、保险业等相继兴起，使已萌芽的资本主义得以迅速发展。

"价格革命"是指欧洲的殖民主义者从殖民地，特别是从美洲掠夺了大量金银，使欧洲市场上的货币流通量剧增，从而导致物价上涨。据资料记载：在一个世纪内，西欧的黄金数量增加了117%，白银增加了206%，西欧各国的物价平均上涨2倍左右，西班牙则高达4.5倍。

"价格革命"使新兴的工商业资产阶级以及与市场有联系的贵族谋取了暴利，赚得了巨额资本，而收取定额货币地租的封建贵族的实际收入则大大减少，经济地位每况愈下。"价格革命"是资本原始积累的因素之一，它加速了西欧封建制的衰落与资本主义的发展。

从整个人类历史进程来看，地理大发现开辟了欧洲人的海上新时代，人类活动空间从大陆转向海洋，改变了东西半球相对隔离互不往来的格局。这样，由地理大发现引发的商业革命，通过以西欧为中心的世界贸易网把原先封闭、半封闭的地区经济联系起来，形成资本主义的世界市场，在人类历史上第一次出现了东西半球多种文明的汇合与全球一体化的新进程。

第四节　欧洲文艺复兴

欧洲文艺复兴与欧洲地理大发现几乎发生在欧洲封建化社会思想开始变得动摇的同一过程。

西欧社会从特征上讲是一个多元、开放、外向型的文明社会。虽然基督教将它引入了一个相对安静的封建期,但经过几百年,甚至上千年的稳定创建之后,它多元、外向、活跃的一面没有改变。而且王权与教权的矛盾、平民与统治阶层的矛盾又非常容易使这种外向和活跃的特性被放大。特别是一直处于无政府状态的罗马地域社会,是一切思想发生变化的燃烧土地。9世纪,中国人又发明了活字印刷术,它是社会思想传播积累的最理想的利器。活字印刷术大约在14世纪传到欧洲,又经德国人改进为铅字印刷,从而成为西欧社会思想传播、更新和发展的最有力武器。欧洲文艺复兴就是在这样的背景和社会条件下发生。

14世纪前后,意大利半岛出现了一些城市国家,如佛罗伦萨、威尼斯、热那亚等。这些城市国家有发达的商业和手工工场,是欧洲经济最发达的地区,产生了商人和工场场主等新兴的资产阶级。他们渴望摆脱中世纪神学对人们精神的控制,要求以人为中心,而不是以神为中心,渴望享受世俗的快乐,追求人生的幸福。

14世纪末,奥斯曼帝国攻陷了东罗马帝国的首都君士坦丁堡,东罗马帝国灭亡。许多东罗马的学者带着大批的古希腊、古罗马文学、历史、哲学等书籍和艺术品,逃往西欧避难,其中有很多逃到了意大利。一些逃到佛罗伦萨的东罗马学者在当地开办了一所叫"希腊学院"的学校,专门讲授古希腊的辉煌文明和文化,这让当时只知道《圣经》的佛罗伦萨人耳目一新。后来意大利和欧洲其他地区也开办了很多类似的学校。欧洲人发现古希腊文明的一切竟然那么美好,中世纪的一切那么丑恶,因此许多学者呼吁复兴古希腊、古罗马的文化艺术,得到了新兴资产阶级的支持,欧洲掀起了一场声势浩大的"希腊热"浪潮。当时人们把这场运动称之为"文艺复兴"。

文艺复兴之所以首先发生在意大利,一则是因为意大利在地理、文化上是古罗马的继承者,古罗马文明在意大利保存得最多也最完整;二则是因为罗马长期为国际商贸中心,外向开放,又经历了多次"共和运动",社会思想中有较多民主成分,思想活跃。

欧洲文艺复兴运动是一场由社会机制自然引发的社会思想观念反思重塑运动。我们常常从它反对和摆脱封建宗教神学和开拓自然科学发展的意义上去理解它(当然这也是非常必要的),但是当我们要从中真正获得近、现代欧洲社会迅速发展的根源时,首先应该感悟到——在这一古老的人类社会地域,像这一运动本身能轰轰烈烈发生并取得成功和发生广泛的社会影响力，才是我们值得深思的要点。为什么14世纪、15世纪的欧洲社会成功掀起辉煌的文艺复兴，而古印度、古中国就不可能出现这种成功、辉煌的社会思想运动呢？

欧洲文明是由西亚共同体古文明演化而又相对独立而成。伊斯兰教与基督教的对立（其实它们的本质都是相同的）使欧洲与西亚有了相对的独立和距离。而我们都知道，"西亚共同体古文明"具有多元、外向、开放的特征，基督教是一个彻底的一神论神宗教，它只是人们精神信仰的寄托。它从本质上并没有与人们的现实生活实践紧密联系，即对基督教的信奉并不影响对自然科学本身的发现，如有许多如同牛顿这样的自然科学家都是基督教的信徒。

我们想在此表达一个惊人的观点：欧洲文艺复兴的成功和极具影响力表明，虽然基督教统治了社会思想近千年，但社会思想多元、外向、开放的特征并没有改变，基督教神学只是在社会利益、权力的分配上发挥了作用而已，欧洲人的思想观念没有遭受到形式化、格式化的禁锢。

反过来，我们就得到了一个关于古印度、古中国（14世纪、15世纪）社会思想特征的观点：14世纪至16世纪的古印度、古中国不可能发生像"文艺复兴"这样的社会思想运动，因为它们的社会思想一直处于封闭、一元化的演化中。形式化、格式化是它们的特征。古印度社会的婆罗门教、佛教、印度教虽然有不同的内容和形式，但都是换汤不换药的观念形式，再与挥之不去的种姓制观念相结合，就形成了内向化的一元制社会观念体系，所以就无法产生新的观念发生如同欧洲文艺复兴那种强烈的自省、重塑运动了。古中国社会就更是如此了。儒、佛、道有机结合的传统思想文化牢牢统治中国社会思想近两千年之久，名为传统，又可谓单纯一元。这样，中国社会的现实生活、价值观念与这种传统思想牢牢结合为一体了。所以，明清时代中国人的思想摆脱不了被传统思想的束缚，因为它已经是那样严密内向、一元牢固的价值观念体系。所以，像欧洲那种"文艺复兴"运动就不可能在14世纪、15世纪的中国社会开展。所以，感悟欧洲文艺复兴运动除了其本身的内容、精神、意义而外，我们更应该为之感动的却是那个时空欧洲社会所拥有的社会机制活力本身。

实际上，欧洲"文艺复兴"运动的到来，正是西方社会在文明水平上落后中反超东方文明的分水岭，又是欧洲社会在完成"文艺复兴"、地理大发现、能源动力革命三部曲中迈入近代的新起点。

欧洲文艺复兴是反对基督神学，倡导恢复思想自由的复兴运动。其中反对神权、主张人权、反对封建神学、开拓自然科学等都是其核心内容。但丁、薄伽丘、彼特拉克三位是文艺复兴的文学先驱，而达·芬奇、拉斐尔、米开朗琪罗被称为文艺复兴美术三杰，哥白尼、伽利略、开普勒、培根皆为文艺复兴时期涌现出来的自然科学精英。文艺复兴逐渐从意大利向欧洲其他国家扩展，文艺复兴的领域由原来的文学扩展到美术、医学、天文学、航海等，极大地促进了欧洲的发展。而文艺复兴与人类地理大发现处于同一时代。我们可以认为，欧洲文艺复兴为欧洲航海竞赛与地理大发现注入了丰富的思想动力。

第五节　近代工业革命起源于英国

人类生命活动的飞跃性改变总是从人们无从想象但后世又可以理解的具体时空地域开始的。例如，东非大草原很有可能是"生物人类"转化为"社会人类"的最早人类生存地域，尼罗河三角洲是人类社会最先发明文字、国家的社会地域，黄河流域是远东人群发源文明的地域，基督教和伊斯兰教都在阿拉伯半岛某个角落被创建。人类近代历史告诉我们，英国这个岛国才是拉开人类近代序幕的使者。"近代"只是一个相对的概念，能源动力是"近代化"最重要的标志。

人类的生命活动一直靠着自身体力的消耗或借助畜力来开展，因而人类发明文字、国家以来，社会分布格局、实践活动形式、社会交往流动状态等基本处于一个模式。不管社会意识形态怎样改变，都只是微弱的变化，分散零落的农耕、手工业是生产的主题曲。这就定下了人类生存形态的基调，即人类发明制造出能持续存在，灵活使用的"外动力"（不是体力作为动力）是人类社会分布格局、生存形态发生剧变的根源。

人类发明制造出来的这种"外动力"是区别于风力、水力、浮力等这些自然力的。道理很简单，像风力、水力是具有利用上的时间、地点限制的，要靠天气和运气，人们在利用中处于被动状态，它不可能被人类主动、持续地掌控运用。

英国与美国在19—20世纪科技发展发挥了较重要的作用，但是，这种状况绝不能否定人类文明体系是在严格的传播积累中发展起来的这一人类社会认知改造规律。那么,英国、美国的文明认知体系源于何处?它们为什么反而如此高效?

我们似乎难以用语言回答这一深沉的人类文明演化发展现象,但在这种现象所包含的复杂事理逻辑中一定包含着这样一个核心关键的成分:人类古文明的精华被合理移植到了这个新兴的地域社会,并且被高效地组合应用,从而创生成更具辉煌的文明。

前面我们已经论述过,人类的生命活动看起来如此复杂,是因为这种活动是伴随着思维活动互动循环在开展演化,具有比动物完全不同的生态联系意义。但看起来如此复杂的活动实质上在同一时空过程中推演着两类认知事物——对自然客体的不断认知积累并优化于客观改造(包括身体本身);对群类行为关系事物的不断认知改造(以利益、情感为核心),包括战争、宗教、分工、改革等事物。人类在自然世界整体生存能力的提升优化,主要来自对客观自然事物认知的深入和理性体系化,即自然科学的发展。人类生命体恰恰又注定了人类是群内争夺利益资源的生物种群,战争、冲突成为人们无法躲避的形态。就这样,任何处于国家组织状态中的地域社会种群,一方面他们在不断开展着对于客观自然的认知改造活动,另一方面他们时时刻刻都在思考着社会行为关系(特别是权力、利益)的建造活动。这或许就是马克思所说的社会生产力和生产关系之类的状态。在一个古老的文明社会地域里,人们的一些认知总是混合着习俗、宗教、利益关系网络、文化价值观念共生共长的。影响和塑造着人们思维方式、生存形态的因素绝不是单纯的客观事物认知观念本身,习俗、宗教、利益关系网络、文化价值观念都在同时制约着他们。而恰恰是新兴的,没有习俗、利益关系网络、传统价值观念束缚的地域社会、自然科学、社会科学常识最容易得到有效传播和高效应用,就如同新开垦的土壤没有杂草、虫害的破坏,反而对庄稼的生长最有利一样。当人们不需要考虑习俗,不需要考虑关系、利益、情感时,社会实践可以去维护客观自然的理性和社会利益分配自然的公平规则。

英国就是一个人文历史非常简单、单纯的国家。在公元前1世纪初它还只是一个原始状态的社会;罗马帝国于公元前1世纪入侵将它变成罗马帝国的一个行省,从此,古希腊、古罗马文明的精华开始被高效地植入这个地域社会

（因为罗马帝国在这里构建社会不可能将习俗、社会关系意识都带入进来，除非是社会整体搬迁，只能带入最有用有效的客观改造认知、技能以及社会权力、利益分布、分配的常识原则）。不列颠地域就如同一块新兴的人类文明移植地，几千年的人类文明认知精华很快被输入到了这里，而把欧洲大陆各国家组织都非常头痛的习俗、宗教、利益、情感关系网络都挡在了外面。公元5世纪时，罗马帝国遭到了日耳曼人的入侵打击，不列颠社会也就骤增了文明基础如一张白纸的日耳曼公民。失去了罗马帝国行政主导的不列颠社会陷入了战乱，但依然是古罗马的文明体系在维系着这个社会体系，没有烦琐的习俗，没有密切的利益关系网络，一切都还处于新的认知体系平台的重建之中。在公元5世纪至公元11世纪之间，英国社会处于战乱之中，还没有达成过如同中国秦汉那种统一的格局，当然也无法形成较稳定统一的习俗、关系网络。该社会除了有效有用的客观自然认知改造技能的传播应用而外，几乎就是自然的生态。罗马教皇的宗教影响只是可以与现实生活本身相分离独立的纯信仰而已，而且信与不信并没有强制的社会功能存在。

最令人惊喜的是，实际将英国地域社会推向统一并建立英国历史上诺曼王朝的国王——威廉一世是从法国"空降"到英国来的，他与一切国民、军队、社会组织原来没有一点儿关系。这种"空降"实际上成为英国政权历史独具特色、政权统治下的社会独具机制的崭新开始。它避开了欧洲大陆国家社会，特别是东方国家社会最致命的政权管理矛盾：任何一个国家政权集团在政权管理运行中都面对着相互依存的复杂利益、情感关系网络，而这些关系网络是在政权获取之前就存在的，并且它们曾经在政权的获取中发挥了关键作用。因此，新的政权一开始运行时，这种关系网络中的人和事必然成为特权而破坏政权运转中的理性，国家政权就注定了在权力争夺的漩涡中演化，社会实践的精力、方向就会因此而消磨和迷失。

不仅威廉一世的"空降"偶然难求，更可贵的是他在权力使用上也具有创造性。威廉一世从公元1066年登基至1086年，几乎用了近20年的时间持续开展了一项具有稳定社会、巩固王权深远意义的土地分封工作。在人类封建社会，甚至整个近代农业社会，土地的所有权问题可以说是一个社会能否持续健康稳定发展的根本问题。"空降"的国王已经全部排除了一切社会利益关系网络对土地确权的干扰，这表明威廉一世只要主观意识清楚就不会允许发生诸如

237

其他国家社会土地层层分封和兼并的现象。这已经是这个封建制国家最大的特色。英国的土地确权、登记、造册工作持续了20年时间足可见其是世界上最细致、真实、客观的确权工程，它就是全国各地、各家各户由王权——授权的登记制度，这一重大举措确立了英国封建领地均来自国王的观念，同时表明各家各户都是在王权之下平等的。

在英国封建化的过程中，王权得到了极大的巩固，罗马教皇的统治影响力被极大削弱，这样的社会更有利于自然科学的发展应用。一句话，在英国封建化的社会中，从威廉一世开始的社会政治生态，大小官员已经非常类似于现代意义的国家公务人员，他们在法律的框架中难于滋生特权，国王也不容忍他们具有特权，所以社会利益、权力关系网络更难于破坏这一国土的社会机制。

当我们有了这些认知，就不奇怪，英国为什么成为首先拉开人类近代序幕的使者。地理大发现的航海竞赛首先是葡萄牙、西班牙所主导的，两国一度分别成为世界海洋的霸主。但这两个国家的社会机制永远没有英国这种稳定、活跃、务实的基础。在1588年的海战中，英国海军在英吉利海峡将西班牙"无敌舰队"全军覆灭，从此成为海上霸主。

再说欧洲文艺复兴首先在意大利兴起，然后传播到了整个欧洲，大不列颠岛几乎成为文艺复兴运动传播的末端。文艺复兴运动是以反对神学、神权，主张科学、人权为核心思想的。显然，文艺复兴运动是在欧洲社会多元、开放、外向型的机制中才能熊熊燃烧起来的，它极为有利于自然科学的发明应用，同时与航海竞赛、地理大发现形成了双重互动推进的社会效益。英国地域社会处于与欧洲大陆相对隔离的岛屿，看起来与文艺复兴关系不大，但实际上这场欧洲大陆所掀起的轰轰烈烈的社会思想运动恰恰验证了几个世纪来英国封建社会实践的理性和正确——从威廉一世开始就在极力限制教会权力。可以说，巩固王权、摆脱教权、反对神权已经是英国政权运行的传统。所以，欧洲文艺复兴所提倡和反对的几乎已经是英国社会在实践中早已展现的。像"自由大宪章""牛津条例""议会政治"都是英国首创的政治制度，它们是比欧洲文艺复兴思潮更具体、更确切地反对神权、君权的人权宣言。

另外，我们在感悟英国社会机制的优良性时，我们思维的方法依然要集中于：这是一个没有被习俗、观念、关系所羁绊和左右的社会，人们对自然、社会的认知顺应着理性深入发展，从而才最先具有了近代文明的光环。

当我们从最直接的事理逻辑来看待英国的近代辉煌时,发明应用"蒸汽动力"就是最直观的例证。但为什么它能最先发明出神奇的"蒸汽动力"并将这种"动力"的应用推向世界中心的高潮?这个问题需要我们从大框架事物中加以理解。

欧洲地理大发现和新航路的开辟,使海外贸易逐渐增大,人们对毛绒的需求日益增加,毛纺织业开始繁荣。随着毛纺织业的迅速发展,对羊毛的需求量越来越大,羊毛的价格飞涨。为了获取高额利润,越来越多的人开始养羊。这是西欧社会在16世纪到18世纪所面对的世界市场行情。

除了毛纺织业这一明显的市场行情外,自地理大发现以来所发生的价格革命(黄金、白银、货币量随着殖民掠夺在西欧社会剧增),使西欧社会的传统农业受到无情冲击。这是英国发生圈地运动的大背景。

英国是位于大西洋上的一个岛国,气候湿润、雨量丰沛、草木繁盛,所以是天然的养羊牧场。既然农业遭受了"价格革命"的致命冲击,羊毛价格又在飞涨,英国地域又是如此地适合养羊,"圈地养羊"就应该是天经地义的事。而如果这个地域社会还会继续保持着传统农业,那才是不可思议的事。无数的农民看起来在"圈地运动"中破产,以至于四处流浪,但根本的原因并不是贵族们圈了他们的地,即便不圈地,他们也无法继续农耕下去了,因为他们的利益实质上是被西欧海外殖民和价格革命那阵势不可挡的狂风卷走了。

英国的圈地运动从15世纪70年代开始,一直持续到18世纪末期。英国有一半以上的土地变成了牧场。可以说当英国在彻底变成世界工厂之前,首先变成了世界绝无仅有的世界毛纺织工厂。

英国社会呈现如此景象,除这个地域更适合养羊外,更为重要的因素还在于它海上霸权的获取、海外殖民体系的建立,以及伦敦演变为世界贸易的中心等。

当然,在英国圈地运动的过程中,作为"自由宪章""议会制度"的始祖,英国政府对这种无法阻挡的社会现象并不是没有担心和抵抗。例如,英国国王爱德华六世就颁布过一些企图限制圈地运动的法令,但这些法令对于强大的世界市场潮流根本就没有作用。到了后来,为了阻止失地农民的流浪泛滥,政府干脆制定法律,将流民赶入工厂。这也许就是英国进入近代最大的社会阵痛,农民起义反抗的声音一浪高过一浪。

经过几个世纪的社会阵痛,英国积累了大量的原始资本和廉价劳动力,为资本主义的发展开创了条件。也就是说，英国在工业革命到来之前，实际上已经变成一个彻底的国家商业工厂——养羊的人已经是牧业工人，而几乎所有的农民不是牧业工人就是纺织厂中的工人。

在英国圈地运动和毛纺织业轰轰烈烈的开展过程中，不断圈下的地域内，各种树林遭到砍伐而进行精细规划。工厂、住宅的占地也在扩增，同时因为变成了世界商贸中心，人口也在激增。这几个因素都在大量消耗着燃烧的木柴，在这种燃料紧张的情况下，英国人首先找到了燃烧的替代品——煤炭。英国科学家们发现，这种燃料大量存在，只不过深埋在地下，需要挖掘。如果在地下深层挖煤这件事放到其他任何一个国家，或许因为它的难度，会被放置到一边去，但在那个时代的英国却不可能放——因为短缺燃料生火做饭，集中在工厂的工人也只能被解散流浪，而在英吉利海峡的另一边用船运柴火过来简直是商业的大忌，所以英国人必须开发地下的煤炭。地下的煤炭往往在地下水的淹没中，或者说人们挖出的取煤通道，几乎都会出现在被地下水浸没而人无法通过的地方，于是将地下水排走成了当务之急。十分幸运，英国人在对厨房烧开水的观察感悟中，发明了蒸汽机动力。蒸汽机动力一开始是用来抽取煤矿井下的地下水的。后来，蒸汽机作为工厂纺织机的动力机器，煤炭作为动力能源，纺织才成为真正的工业行业。

再后来，蒸汽机成了众多传统手工行业的动力机器，这些原有手工行业将大机器集中于工厂，工业革命的巨轮由此开启。再后来，蒸汽机被安到了火车、轮船上，英国有了更强的运输原料、产品的能力，在19世纪它成为超级帝国，拥有了庞大的市场、殖民体系，成为世界的主导。

第六节　人类社会的金钱动力

人类社会生命个体之间的交流互动行为中，利益的依存和交换是一个核心内容。我们知道，当人类种群的生命演化达到了自然生物链的顶端以后，其他一切生命物的存在在人类面前就只不过是自然资源而已，人类退出了与生命物本身的自然竞争进而转向群类利益和自然资源的竞争，当然这种竞争也包含着观念、关系所演化出来的矛盾斗争。

从国家演化、战争轮回、社会变革的角度看，我们似乎会认为人类社会几乎处于资源利益的抢夺中，但实质上，当我们仔细放大社会生活的画面，人类社会个人之间的利益关系在绝大多数情况下处于依存和交换的状态。

人类思维认知的发展必然会走向发明数学和数学发展的道路。虽然说印度人、阿拉伯人走在这个发明的前面，但其实人类的思维认知必然会走到这个层面。不管是人类走过的农业革命，还是认知革命，其根本点都在于人类的思维机器在不断将自然客体和社会事物客体逐步加以分解并逐步建立概念。所以，"数"本身是人类最敏感的事物属性，只是很长时期人们不知该怎样表达而已。

数学或自然科学的发展来源于人们现实生活的需要，不管人们是要搞清楚事物存在与变化的状态还是要明确具体的财物利益关系，数字或数学都是最彻底的表达方式。所以一切对自然客观的认知如果没有数学的表达形式就算不上是自然科学。

人们的利益依存与交换是从数字开始的，随着时空的推移才变得越来越细、越来越明确。但依存与交换的方式，一开始非常原始（物、物交换），互动的频率、范围非常狭小，它们只是自给自足状态的一种补充形式。

在人类历史上对货币的起源，银行、股票的形成，经济学家们早有极为透彻的研究，而且马克思在《资本论》中已经将劳动价值理论阐述得深刻、明确。其实一切经济学、社会学理论都在表达着如下共同的意义：

利益的依存、交换、互补是社会化最核心的动力。封闭自给自足的形态决定了社会化的缓慢，金钱和货币在分散独立的社会形态中原本只有小社会契约意义，但正是这种共同想象的发明才为小社会并连为大社会打开了通道。金钱（货币）不是简单的劳动价值符号，它是社会化和社会形态所发生变化的催化剂和黏合剂。人类对金钱（货币、银行、股票）的发明，是人类社会化和社会形态发生变化的最成功、最重要的发明。它是人类文明推进中最有力的因素，只有它才最成功、最彻底地挖掘出人类文明创建最大的潜力。当然，只有当人类社会解冻了小社会自给自足的状态，当货币真正成为资本之后，社会化的进程才能加速。

无论是小社会的互动、流动，还是社会地域之间的互动、流动，金钱（货币）的流动才是一切流动的核心。只有金钱（货币）才是最有力、有效的联系合作形式，它可以穿透一切习俗、语言、宗教的壁垒，使社会体现出互补通连

241

的理性优化。

从具体的群体和个人来看，金钱货币甚至令人恐惧，因为一切战争、冲突都是以争夺它为焦点，同时总以为自身没有占有最大化的份额。但认真细想，正因为我们的共同想象发明了它，人类社会才有了围绕它积极展开实践的动力。要不然，社会化的进程不可能如此奇妙，从小社会演化到了全球化的格局。也就是说，因为人类发明了货币的形式（当然后来是银行、股票、公司），人类有了孜孜不倦地进行全球化合作的格局。

金钱是有效的社会通行证和生存的资源，因为它是社会价值的通用形式，这种通用形式就如同语言体系本身一样，任何力量都无法使它在短期内改变。

货币是劳动价值的符号通用形式，它是社会商品流通交换的标尺，只要达成了社会契约，货币的形式并不重要，贝壳、羊角、铜钱、银圆、纸币等都可以作为货币形式。但黄金、白银是最理想的形式，因为它们是最能穿透社会地域与地域之间的货币体系。它们的珍贵除了表达社会契约的功能外，还在于它本身就是价值的存在形式。

前面我们已经讲到，金钱（货币）作为人类社会化的动力，在一开始的小社会中作用是微弱的。人类社会处于自给自足的状态，交换顶多只是一种补充，而且这种"契约"是一种并没有严格规范和政府参与的习俗形式。一个地域社会、一个国家组织下的社会，如果政府已经将货币的统一作为头等大事，就表明这个国家组织社会已经有了较发达的社会化了。当然，统一文字，统一货币、度量衡都必然成为国家的头等大事。所以，我们都将"国家"作为人类文明的标志。当我们回首历史时，总不会忘记写上一笔，"秦始皇统一文字、货币、度量衡"这一历史功绩，它表明了中国在秦汉时期已经处于高度的社会化状态。

世界上的银行最早出现在公元11世纪左右的意大利。11世纪，随着城市的逐渐兴起，欧洲形成了以意大利为中心和以波罗的海与北海为中心的两个主要商业区，银行就在这两个中心发展起来。当时欧洲货币种类繁多，国家之间、各个封建领地之间，甚至各个城市之间的货币都不相同，而且铸造货币还成为攫取暴利的手段。一些人在货币中掺杂大量的杂质，使得市集上劣币、伪币流行。因此，商人在做买卖之前，必须首先分辨货币的真伪和质量。于是，在市场上就出现了专门以鉴定、估量、兑换货币为职业的钱商，称为兑换人。

最初，这些兑换人只负责兑换业务，收取各种货币、鉴定货币真假、按比例兑换成当地流通的货币。可是，商人携带大量的硬币极不方便，于是，商人们就采取一个变通的方法，把大批货币交给兑换人，由兑换人开出凭据，商人据此到预定经商地点兑换其所需要的当地货币（显然这些兑换人在开展业务的地点设立了网点），这就是现代汇票制度的起源。随着贸易的发展，一些兑换人还开展了借款业务，借款人出具期票给兑换人，按规定的日期归还，并付给利息。这样，兑换人通过经营汇兑和借贷业务而获得高额利润，久而久之就成了银行家，银钱兑换业逐渐发展成了银行。

人类发明银行可以说是金钱推动人类社会化的第二次高潮。它不仅解决了社会地域与地域之间的合作形式，而且还通过"借贷"使资金产生规模效应。例如，有经验、势力和想法的人，通过银行融资这种形式就可能使商业、产业的规模效益增大。这种现象看起来只是资本家自己的事情，实际上是社会化的又一特征。

当然，当人类到了11世纪，有了银行发明，社会化就获得了变化的根本动力。银行的发明只是顺应了社会的需要而已。金钱的动力是由社会形态、社会需求决定的，在自给自足的封建形态中产生了银行业只是发出了社会需求微弱的信号以及为今后的社会变化做了准备。

人类社会形态剧烈变化的开始可以追溯到14世纪、15世纪西方社会的航海竞赛和地理大发现。葡萄牙人和西班牙人是航海竞赛与地理大发现的先锋，葡萄牙人的航海路线在非洲、亚洲，所以他们在非洲、亚洲建立了较密集的殖民体系。美洲新大陆的发现和麦哲伦环球航行都是在西班牙王室支持下完成的，所以西班牙的殖民体系在南北美洲地区。虽然"地理大发现"对于人类的认知思想有很大震动，但其社会形态本身依然没有产生大的影响，只不过强烈刺激了西方人的神经，特别是提醒了富有野心的人们——世界上有很宽广的地域和取之不尽的资源。这种"发现"已经成为后来英国工业革命、资本扩张的原始动力。

西班牙人、葡萄牙人在一二百年中对亚、非、美洲地区的殖民活动是与后来英国的殖民方式有本质区别的：西班牙、葡萄牙人的殖民是直接野蛮的侵略、掠夺行为，也是对这些地区封建化加深以及自身封建化加深的行为，它们无助于近代化和社会化，也丝毫没有发挥金钱货币的社会动力。只不过西班

243

牙、葡萄牙语系在这些地区留下了历史的痕迹。而英国的殖民虽然带着野蛮、掠夺的本性，但在客观上却传输了近代文明的基因。

我们在对人类社会历史的回顾中，对于强大的国家组织常常冠之以"帝国"。如果说波斯帝国、亚历山大帝国、罗马帝国可以堪称"帝国"，那只能算是武力、军事帝国，而英国才能真正算得上是那个时空中的经济、军事帝国。前面那些帝国只不过是用武力进行征服，而英国对世界的征服靠的不只是武力，而是金钱和近似于文明的帝国势力。或者说，18世纪、19世纪中，英国能源动力革命、工业革命，资本主义道路的种种政治、经济、军事的优势格局就像一个天然强大的磁场影响和主导了世界人类社会的生态格局。

在感悟人类社会近代变化时，我们应该始终清醒和明确，无论在15世纪以后欧洲社会发生了多少重大变化（航海竞赛、地理大发现、文艺复兴、资产阶级思潮），都不能与英国首创的"能源动力革命"（蒸汽动力）对于人类社会的影响相提并论。道理非常简单，因为只有这种"革命"才第一次解放了人类的"体力"，才将人类规模化生产改造提上了生存形式的日程。英国开始的规模化生产的工厂制度意味着什么？意味着对农村劳动力的瓦解和向工厂、城市集中，意味着人类社会开始走向与传统分散独立形态完全不同的道路。所以，无论15—16世纪以来西方有多少骚动的思想和声音，揭开近代历史序幕的使者就诞生在不列颠的土地上。

在英国发明了第一台蒸汽机后的几十年间，英国人改善了蒸汽机的效率，把它请出了矿坑，用在纺织机和轧布机上。纺织生产仿佛脱胎换骨，开始能廉价生产越来越大量的纺织品。转眼之间，英国就取得了世界工厂的地位。

1825年，一名英国工程师将蒸汽机装到了一辆载满煤炭的列车上，让引擎将这辆货车沿着铁轨，将煤炭从矿场送到了20千米外最近的港口，这是史上第一列蒸汽火车。1830年9月15日，第一条商业化铁路开通，连接了利物浦与曼彻斯特。在不过短短20年后，英国的铁轨长度已达数万千米。显然，19世纪的英国用惊人的速度，在工业革命的巨轮下独领风骚地奔跑，而整个世界都是它的原材料基地和市场。

现在我们来细细品味一下，英国成为19世纪世界超级帝国的必然性：

1. 庞大的世界殖民体系。英国不仅搭上了西方文明发展的顺风车（它较为高效地取得了古希腊、古罗马文明的精华却没有习俗、观念、关系上的包袂），而且在航海、争霸世界的道路上搭上了葡萄牙人、西班牙人、荷兰人的顺风车，并用更强劲的蒸汽动力船加以武装。

1588年，英国在与西班牙在英吉利海峡的海战中获胜，取得了海上的霸权，从此，英国更正式地开始建立美、亚、非殖民体系。

1620年9月，英国清教徒领袖布雷德领导的"五月花"号登上了美洲大陆，标志着英国殖民网络在美洲开始建立，后来在殖民体系的创建中打造出一个强大的美利坚合众国。当然，我们不能说美利坚合众国是英国的，它就是一个人类社会的国家组织。只不过我们不能否定，英国的发展推演和影响着这个地域社会。

1700年左右，英国建立了东印度公司，这是帝国建立世界殖民体系，特别是东方殖民体系的重大举措。"东印度公司"是英帝国的财团建立的海外公司，它的经营业务就是开发亚洲的市场，挖掘亚洲的资源，使之与帝国的经济、军事、政治构成一个庞大的体系。在印度较大的港口设立工厂或商栈，建立商贸中心，以此使帝国更有利影响、塑造南亚、东亚、东南亚。

2. 工业革命的优势是无法阻挡的世界洪流和扩张力量。英国最早应社会强烈需要发明了蒸汽动力将它装到了煤井抽水机上、纺织机、轧棉机上、火车上，在强有力的社会机制催化下，它很快成为世界的工厂。从现代的角度好像难于想象，五洲四海的人力、资源处处皆有，为什么它就成为唯一的世界工厂呢？其实很简单，因为在公元18世纪，除了它之外，世界就再也没有使用能源动力的工厂。工厂动力机器所生产出的商品既廉价又优质、规整、适用，这种产品在很短的时间内传播到全世界，因为优化生活是智人人性的本质。"工业革命"就是自人类文明创建以来最令人陶醉的生产方式，因为它在充分满足社会需求中节约、解放了人的体力。所以，英国成为19世纪最强的世界帝国，其关键在于掌握、保持和充分应用了最先进的理性技术。

3. 能源工业动力、金钱动力、殖民体系的有机结合，才使英国成了19世纪的超级帝国。在15—16世纪可以说是西班牙、葡萄牙殖民掠夺集聚的资源财富最多，它们的行为或成为欧洲"价格革命"最直接的因素，但它们再多的钱财都只是在加深封建化程度而已，根本就没有与"能源动力革命"这一事物结合。英国则完全不同，一方面它在逐步获得海上霸权的过程中掠夺积累社会财富和建立海外殖民体系（有许多重要地域从葡萄牙、西班牙手中夺过），另一方面它又如饥似渴地推进能源动力革命。国内的工业革命就如同跳动的心泵，海外殖民网络就如同人体动、静脉及毛细血管一样，而产品的输出、原材料、财富的流动就如同人体血液的循环流动。英国在世界的存在就形成了这种完美的机制。当然，在英国工业革命的前期，工业的大本营就在英国本土，因为那时国内才有配套基础。后来它将工厂制度逐步复制移向了海外殖民网络的关键点，如"东印度公司"等。

站在具体的国家民族的情感立场上，对英国的扩张或许会感到无比的阵痛，但站在整体人类的高度，其实这就是人类社会的大洗牌、大重塑。我们或者早已感觉到，人类自进入近代，社会形态、生存方式已开始发生巨变，松散、孤立的社群已开始沿着一种无形的、强烈的逻辑磁场在越来越紧密地联系和连接。

第七节　近代工业革命塑造魔力

我们习惯用"工业革命"来表达近代人类社会最根本的变革。一是因为这场大变革主要是以工人集中于工厂操作机器群运转开始的；二是因为这场变革与几千上万年前发生的"农业革命"遥相呼应。

近代人类社会之所以会发生如此巨大、持久、波澜壮阔的社会变革，源于人类破天荒地制造和应用了一系列"能源动力革命"，蒸汽机、内燃机、发电机频频问世。只有这些在过去时代匪夷所思的"外动力"（来自体力之外的动力）源源不断涌现并为人类广泛应用时，人类的生产、生活形态才随之日新月异。所以，其实仅"工业革命"一词涵盖不了这种社会大变革的内涵，我们在认知这场最重大的变革中，如果要以"工业革命"来加以概括，这个词已经有了更丰富的内涵，它包含了其中的产业革命、商业革命、交通运输革命、科学技术革命、社会流动革命等。当然，在论述中，我们依然称之为"工业革命"。

"工业革命"在人类社会的爆发就如同一颗原子弹突然在不列颠岛爆炸一样，它不是以核辐射、冲击波的形式影响着这个岛国社会从而震惊世界，而是以无数个系列的逻辑磁场征服了岛国社会和世界社会的思想，从而成为人类近代社会重新洗牌、塑造的开始。

在理解"工业革命"对于人类社会塑造的深刻影响之前，我们不妨再重温一下"农业革命"对于人类社会生命活动的影响，因为二者是人类时空中遥相呼应最明显的一对：从农业革命最直接的意义上讲，它将人类周而复始采集、狩猎在丛林中的游牧生活形态改写为在宽广、平坦河套、平野地域中的农耕定居生活。当然，丛林的一切依然是他们的自然资源范围。

农业革命对于人类社会生命活动更深层次的影响在于：它由此引发了人类的认知革命，从而将人类的生命活动赶入文明创建的通道；没有人类的农业革命，生存在丛林中的智人种群就没有必要和可能开展认知革命，也就不会产生文字、国家、主观思想体系，人类种群就无文明可言。所以，农业革命是人类认知革命开展的土壤和载体，有了这种生存的形态，人类才有可能背负压力和动力不断去分解认知植物、动物、天气、土壤、社会关系等事物，从而建立认知体系。

人类农业革命直接催生了人类新石器时代。在以往的认知中，我们都非常清楚，人类的石器时代包含旧石器时代和新石器时代，但对这两种时代的界线区分非常模糊。其实很简单，当人类始终处于采集、狩猎的生存形态时，最为重要的工具是弓箭、木棒，石头只是在敲碎坚果或情急时才派得上用场，通常所言的品类繁多、制作精细的"新石器"与这种生存形态没有关系。所以，新石器只有在农业革命开始时才成为人类的需要。

一万年前左右，人类开始了轰轰烈烈的农业革命，从山野丛林中走出来，进入河套、平原、水草丰饶的地域，如尼罗河三角洲、两河流域等。于是，人类开始了对以前的生存生态的否定。生存资源越来越丰富了，人口越来越多了，他们开始了更强烈地争夺、战争，并开始了文字、国家、文明的创建……总之，农业革命是人类理性的起点，一旦开始，人类就再也无法脱离这种形式，并一直持续到今天。

人类"工业革命"这一社会变革，从人类演化的整体过程看，是与"农业革命"并列的，但它却是以"农业革命"所创建的文明体系为背景的，它对于社会形态的改变、塑造又是另一番完全不同的景象。它的到来就如同在近代社会的思想与需求观念面前爆炸了一颗足以将一切思想需求征服的原子弹。

用机器运转的动力来取代人的体力是每一个智人都无法抗拒的，更何况机器的运转会源源不断产生出又快又好的需要结果。这就是人类所开展的"工业革命"最原本的征服力量。

蒸汽动力武装之下的纺织机,在生产线上,毛衣一件件在眨眼的工夫就会从机器的另一端口被生产出来。在此之前,人们从纺线到一针一线地织衣,速度要慢得多,而且与工业品比较,在规整度、花色上都要逊色。久而久之,人们就会认为用那么长的时间手工制作一件毛衣是不划算的。如果把这个"时间"花到工厂做工上,领到的工资完全可以在市场上买回一堆毛衣。所以,在靠近工业革命的市场地域里,传统手工业就会被瓦解。

也许工业产品一开始出现的时候是奢侈品,但随着产品数量的增多以及其本身的理性征服力,慢慢地人们对它们产生了需求的依赖性进而成为必需品。社会传统的生存方式就这样被近代工业取代。

能源动力所推动的近代工业就是改变传统农耕社会生存形态的磁力场:

一旦工业革命拉开序幕,资本、市场需求、原材料、劳动力是它开展的几大要素。因为它是由"能源动力"所推动的,在理性、效益、速度上具有传统生产方式无可比拟的优势。它从诞生的那天起,就从资本、市场需求、原材料、劳动力四大范畴一层一层、一波一波地影响着这个社会。看起来这几大范畴都只不过是工业革命推进的必备环节,但实质上这四大范畴一波一波地扩充影响,就如同原子弹冲击波、核辐射一样在影响、重组、塑造着原有的社会。

从工业运转的现代意义来看,似乎工业的生命力和生存全取决于市场的需求,但由英国所开启的原始工业并不遵从这一点。原始工业以"能源动力"无可比拟的优势改变了传统需要的满足形式并塑造出无数系列的需要形式。也就是说,在人类原始工业的社会背景中,因为既然称之为"原始",实际上就没有"工业"意义的竞争者,它的任务或使命就是对传统生存的合理改造,从而为社会设计制造理性优化的需求模型。当然,人类社会的原始需求虽然是简单幼稚的,但依然可以用衣、食、住、行、生产、社交这几大方面加以表达。工业革命就是沿着这几大类型将传统的社会需求加以细化、包装、改造。而且,机器生产的效益、速度、规整、适用、时尚是原有的传统形式所无力抗拒的。所以,原始工业的使命无须去寻求市场需求,而是用工业产品无可争议的优势和诱惑力去塑造和更新社会的需求。

我们完全相信,处于工业革命策源地的英国社会,工业产品就如同决堤的洪水一样,每天都会以最快的速度浸透到每一个社会家庭。至于远离西欧工业营地的亚、非、美社会,社会的上层和贵族也会很快用新的时尚工业品翻新自我的需求,而广大的中、下层社会同样会像传神话一样传播着新产品的信息。英国的殖民体系是那么庞大,或者说在庞大的殖民体系中,英国的工业产品又如闪亮的名片震撼着世界,所以无论从资本、原料、流通、市场几大元素上分析,英国都会成为世界的工厂和帝国的中心。

"原始工业革命改变和重塑了社会需求"这个命题在西欧社会是一个显而易见的真理命题。但这个命题若在19世纪用到亚、非、拉落后地域社会就没有什么意义。这并非表明,工业产品的理性和征服力在这些落后的地域社群中就失去了光芒和效力,而恰恰表明这些广大的人类社会地域完全没有可能高度社会化的机制。再好、再理性的产品只能是奢侈品的存在形式,要将"奢侈品"变为"必需品"还有一个漫长的社会生态机制创建历程。事实表明,当又经历了一个世纪之后,原有那些亚、非、拉的广大社会家庭,每一个家庭都将工业产品当成了生活的必需品。

在西欧,看起来工业革命只是资本家个人的行为,因为他们越来越多地成为暴发户,人们因此而愤恨。但这种社会现象却是全社会、全人类无可抗拒的,就如同"农业革命"筑起的那条通道一样,人类生态必然要被卷入这个漩涡里去。

在原始工业的前沿时空,亚、非、拉广大地域社会并没有改变和卷进去,但恰恰是因为没有入列其中,才成为近代被打击的对象。中国如此,印度如此,众多地域皆如此。不是西欧人如何强大,而是"工业革命"的理性和魔力就是社会生态的法则,就如同那些抗拒"农业革命"的游牧民族,最后必然被农业社会所同化和取代。当然,这个世界上,当工业革命的声音响起之后,实际上并没有一个国家组织会拒绝这种美妙的"革命",问题的关键还是在于它们缺失了社会机制条件,所以,一个多世纪后,这些国家仍需要将"工业化"的声音喊得最响。

从工业革命加工制造业的范畴来看,当源源不断的制造品渗透到了每一个社会家庭(当初更多的是农业家庭),这些产品充分的理性适用再加上社会化的时尚潮流,久而久之就成为这些家庭生存的必需品。当然,一切产品都要用金钱货币来购买,如果你只是单纯用农业初级产品(如鸡蛋、谷物、蔬菜)来交换,很可能不久你就会成为负债的穷人。因为你用体力劳动的所得无论如何

249

都比不过大集团、大机器生产。再加上当你周围的土地都被原有的工业资本家收购改造为农业庄园，机械化生产管理，你拿着锄头耕地能生存下去吗？在工业革命的阵营体系中，传统农业必然被瓦解。这个现象可以用马克思的劳动价值理论来解释。所以，工业革命的巨轮必然将传统农业社会的成员赶入后来形成的产业链的形态中。当然，这有可能变成工厂的工人。那么，广大的农村以及广大的大自然农业资源交给谁呢？农业资本家。也许，有许多失去土地的农民因为自身的特点，又会从城市中返回成为农业工人。而且，城市会因产业的发展逐步膨胀，许多农村又与城市连为一体。

从社会个人来看，工业革命是修正、塑造、刷新社会需要最有力的武器。它所塑造的格局将人们变为依赖工业品的消费成员并从而改变了他们的生存形式（必须进入工厂或某个产业网络中去）。从社会宏观的角度看，工业革命就是制造社会越来越纷繁复杂、相互依存产业链的魔力机器。

工业革命，从原来的出发点来看，是为了改善社会满足需要的形式，同时将需要的形式美化、细化。而工业是运用"能源动力"使机器运转起来的，它的工作目标随着人的想象和设计可以是一个爆炸式的纷繁状态，比如蒸汽机被安装在抽水机上、纺织机上，又被安装到火车上、轮船上，而且只要机器能转动起来，这个转动力用来干什么，完全是八仙过海、各显神通。于是，沿着人们衣、食、住、行、生产、社交等大方向就有了各种工业的行业。而且，工业革命这样充满魔力，所以在帝国、金钱的网络中，工厂也会像雨后春笋不断被复制。于是不仅繁多的机器种类需要机器生产出机器，复制的庞大体系更需要机器制造机器。特别是到了内燃机时代，由于石油产生的动力源可以使机器小而简便，人类又推出了汽车工业以及像推土机、挖掘机、抽水机等小型机器，这一系列的机器都需要工厂大机器生产。因此，工业除了直接生产生活产品外，工业又有了繁殖工业并生产各种机器的特性。后来，我们将这些工业称之为重工业，将生产社会生活日用品的工业称之为轻工业。

重工业依然是相互依存的产业链，也许原始工业刚刚开始时，重工业在分类上十分简单，但随着工业革命的深入，工业对于机器类别的需要变得越来越体系繁多，从而使重工业逐步分类复杂，并逐步向专业化迈进。这种越来越发达的专业化分类，表明重工业之间形成了产业链条，它们处于共生共存。

当然，重工业是直接为轻工业服务的，它们的繁杂分类也表明了轻工业分类繁杂，而且在专业化的演化中有了越来越强的相互依存。

商业是工业革命发展的必然表现形式，或许在最初的工业革命中，由于本身的优势和对社会需求的征服力，商业只不过是商品从工厂流向社会的必要环节。但随着后来商品的竞争，它成为越来越重要的业态。如果没有工业革命，自给自足的孤立、分散的社群格局就无法被打破，又何来遍布世界的商业呢？即人类的商业形态是与社会分工、社会化程度密切相关联的。我们或许可以将人类的商贸行为追溯到上万年之前，但那都是在保持农耕生态大前提下的自然互补行为。只有当人类获取"能源动力"推动大机器生产这种神奇形式之后，它才真正具有了改变需求、塑造需求的形式。工业革命的生存动力在哪里？显然在市场需求的支撑。但它发展的神奇之处并不在于它已经面对着庞大现成的市场需求，而是它的强大理性和优势能如巨大的磁场产生和开拓出新的市场的需求。所以，能真正提升社会化程度的人类商业时代的到来就是在近代工业革命开始之后，只有工业革命的钟声才真正开启了将分散、孤立在茫茫地域中的社群纳入一个利益关系紧密相连的大网中这一社会工程。

我们用了很大的篇幅探索人类所发明的"金钱"在人类社会发展的道路上所发挥的惊人作用。但"金钱"货币真正发挥社会化驱动威力的时刻也是由"工业革命"这把金钥匙才真正展示出来的。工业革命巨轮的运转是依靠资本、市场、资源、技术的高效结合和循环所表达出来的。

无论在这个世界上我们具体个人因为利益情感的挫败对金钱的分配流动抱有多少怨言，"金钱货币"都是这个世界上独一无二的组织调动资源、技术、人、物、市场、需求的最佳形式。金钱货币、工业革命联姻就等于人体心脏的跳动与人体血液循环所达成的那种有机联系机制。银行、股票、股份公司、期货、证券等都是金钱货币流动的形式，实际上都是社会上的人、财、物、资源、技术、劳动价值像血液一样循环流动的形式。工业革命的大机器生产在原始工业的时代就如同心脏的跳动一样（它所塑造出来的社会需要所发生的共振共鸣就如同心脏在跳动），在金钱制导的血液循环通道中，血液以巨大的扩张力和收缩力，创建出工业革命时代优良的社会化机制。所以，当我们重新审视近代人类的历史时，"工业革命"才是真正的重头戏。它像魔力一般重新塑造了人类社会的形态、分布和特征属性。工业革命是从英国开始的，也是英国最持续迅猛推进的，所以它主导了19世纪的人类世界一点不奇怪。

"社会化"一词，几乎在我们感悟约五万年前人类由"生物人"转化为"社会人"时就开始使用。人类创造了社会，就意味着开始了"社会化"。但人类在利用"能源动力"开动大机器之前，即在"工业革命"时代之前的"社会化"与此后的"社会化"是完全不同的。在此之前的绝大部分社群都分散、孤立在山水云雾的农业社会里，自给自足是最大特征。社会上层与下层的联系基本上就是交租纳赋和战争冲突时才会形成。所以，"社会化"只处于小微社群之间，他们靠着习俗认知在一代一代繁衍着生命。大地域社会之间的联系主要是政治、战争和社群之间的主观认知的自然传播。商贸的往来，由于时空与交通工具的局限，在数量、频率上十分有限。因此，传统的"社会化"没有生存需求网络依存的牵引，社会的存在是分散、孤立的。

工业革命不仅制造出源源不断的工业产品，不仅制造出人类社会色彩缤纷的"需要"形态，更为重要的是它制造了一个巨大无形的"需求"依存网络，使社会个人不得不告别那个自给自足、分散、独立的状态，从而进入一个密切依存的网络中。

工业革命不仅不断修正、塑造出与传统社会完全不同的生存需求体系，而且制造出千姿百态又紧密配套依存的产业链，社会个人根据自我劳动技能的特点纷纷走出农村进入以工厂为主的网状产业链中。因此，工业革命不仅颠覆性改变了社会个人需求的格局，而且彻底改变了他们的生存内容和方式——到工厂和城市的各种业态网络中去，形成一种密切依存的关系。

英国首先开始了工业革命，在庞大海外殖民体系的配套下，在帝国金钱货币资本扩张、收缩的武装中，实际上，我们所理解的"工业革命推动社会化"的意义，从本土的发酵扩充到了整个世界中。也许，我们会因固执而困惑，为什么众多的近代国家组织是在英国殖民的方式中"近代化"的呢？那是因为英国首先拥有最能保持和发挥"工业革命"这一神奇的理性方式。

第八节　近代工业革命中的美国

历史考古挖掘表明，美洲大陆是人类种群出现得最晚的大陆。约1.5万年前，亚洲人类越过白令海峡进入美洲大陆，从而开始了美洲人类演化的历史。

而且，向美洲迁徙的人种是黄色人种，这表明，这些人种是已经经过了黄河流域中心的肤色塑造定型后才向美洲迁徙的，印第安人就是最好的例证。

印第安人（或古亚洲迁徙种群）的一个分支——玛雅人于约公元1世纪开始在中美洲、南美洲创建了光彩夺目的玛雅文明，11世纪至12世纪达到了顶点，后来西班牙殖民主义者摧毁了这个文明体系。

发现美洲新大陆的第一批西方人是由西班牙王室支持的哥伦布航海队。他们于约1492年10月，经过两个多月航海，登上了美洲巴哈马群岛中的一个岛屿，现名为华特霖岛。当然，哥伦布到死都以为他航海到了"印度"而并没有发现什么"新大陆"。他的航海没继续西进，而是转道向南，沿着海岸线，陆续到达了今天的古巴和海地。

美洲大陆真正完全暴露在西欧人的视野之中是在哥伦布去世（1506年）后的近十年。由西班牙王室支持下的麦哲伦环球航行（1519年9月20日从西班牙塞维利亚港出发），历时三年多取得成功，使西班牙人完全深入美洲的殖民活动。由此，美洲大陆的社会格局和文明生态遭到了改变。可以说，在公元16世纪、17世纪，以至于18世纪上半叶，都是美洲大陆人类社会组织重新塑型的时代。西欧社会除西班牙、英国以国家组织和国家经济财团的名义对美洲地域社会进行着规模的殖民洗牌而外，其他国家也以社会各经济财团的名义蜂拥到这一大陆进行开发。所以，后来美洲所出现的国家组织的格局基本上是在殖民与反殖民的多重社会运动中塑造起来的，除墨西哥是玛雅文明的老基地而外，几乎都是世界三大人种、多种族的共同塑造。

1588年，英国海军重创西班牙海军之后，逐渐成为新的海上霸主，特别是从西欧到美洲一线的海上霸权。又过了近30年，1620年9月，清教徒领袖布雷德率领101名同伴登上了一艘帆船——"五月花"号，经过66天的航行后，抵达北美大陆的科德角，就是今天美国马萨诸塞州的普利茅斯港。从此，英国清教徒不断移民，实力不断壮大，不断抢夺印第安人土地，开始了塑造北美社会的历史。

在美洲，无论是南美还是北美，地域社会的成员都由三大类人种组成：黄色人种，最早从亚洲跨越白令海峡而来的美洲土著居民，从哥伦布称之为"印第安人"；白色人种，以西班牙、英国为主的西欧社会移民，他们大都出自贵族、财团上层，是美洲大陆的开发者和统治者，后来繁衍出了美洲大陆社会的中、上层；黑色人种，从16世纪开始由葡萄牙、西班牙、荷兰、丹麦、法国、英国等殖民主义者从非洲贩卖到美洲去的黑人奴隶，最后繁衍而成社会公民。所以，后来的美洲大陆各国家组织，都是经过殖民者、被殖民者之间、各利益阶层之间，利益追逐较量后的最终格局。18世纪英国开始了工业革命，在经济、军事势力上成为全球的首富首强，所以英国除在非洲、亚洲建立了强大的殖民体系外，在北美又建立了强大的殖民体系，后来演化为美国。

1776年华盛顿领导下的美国独立战争乘胜前进，大陆会议通过的《独立宣言》成为战争的精神食粮，1783年美国宣告独立。所以，美国的历史是如此简单，只有二百多年。它就是从18世纪英国政治、经济、文化的胎体中生下的婴儿，但婴儿的身体中流淌着白、黄、黑三大人种的血液。我们可以认为，由英国人殖民整合出来的美利坚合众国，作为国家组织在自然地理、地域上是十分理想和优越的。在这个世界的众多国家中，除了中国而外，再无其他——温带广大、横跨三带、濒临大西洋、太平洋，实用耕地面积居世界第一，水草丰茂、港湾众多优良，与英国隔洋相望。

当1620年英国"五月花"号登上美洲大陆时，这里还是一片蛮荒之地，时隔一百多年，这里就有了较浓的工业革命气息。所以，我们完全可以想象，在这一百多年间，虽然英国在这个庞大的社会地域里始终扮演着政权、文化主导的角色，但西方各国家组织的冒险家、经济财团以及优秀的有志之士都参与了这个大社会的开发整合。在这一百多年里，实用、有效的西欧文明，特别是最适用于客观改造的西欧自然科学认知体系中的精华部分，被冒险家、政治家、科学家们注入这个新生的大社会中来。这个时代的美利坚社会吸收了西欧古文明的精华，又不带任何习俗、利益情感关系网络的包袱，在多元化开放中迅速成长。它经历了西欧近代化的共同喜悦和亢奋，但它毫无思想的困惑和纠结，像一个自由人一样在实用主义的跑道上前进。

实际上，我们可以看到，工业革命的巨轮在英国社会滚动时，美国地域几乎是处于同步。例如，关于英国蒸汽动力的发明应用，英国社会公民与美国社会公民都处于社会流动应用中（他们之间虽然隔着大西洋，但都是一脉同宗、走亲访友的关系，而且创新都是共同的好事），把蒸汽机安装到轮船上去就是一个叫富尔顿的美国年轻人的杰作。而且，轮船蒸汽动力的实验操作，一次在法国巴黎塞纳河试航，一次在美国纽约的哈德逊河试航。所以，我们可以看到，工业革命的试验场所几乎打破了国界本身。

当然，英国与美国以及法国、德国、荷兰、比利时等国家组织，在工业革命这一社会变革上几乎同步开展，但19世纪的世界为什么基本掌控在英国手中？其实道理也很简单：一方面，英国社会具有扩大和巩固工业革命成果更为成熟优良的社会机制；另一方面，英国具有庞大的海外殖民体系和强大的原始资本。看起来它是一个孤小的岛国，实质上它是一个资本、市场全球网络帝国。美国、法国、德国、荷兰等西方国家的社会生产力和财富增值只是单纯的本国增值，而英国的增值是全球化增值，全球的工厂和商店都在为它赢利。所以，19世纪的美国，从表面看来，工业革命的实验场地在美国开展的范围和景象比英国还更繁荣，纽约、华盛顿等沿大西洋东北工业区在19世纪下半叶完全成形。但整个19世纪，美国依然从属在大英帝国的羽翼下快速成长，在两大洋的拥抱中的宽广大平原和优良港湾中成长壮大没有受到战争的干扰、破坏，并且作为英国财团利益分不开的随从逐步进入瓜分亚、非、拉市场和资源的行列中去了。

19世纪末到20世纪初，大英帝国的经济发展和殖民掠夺已经到了衰退期。道理很简单，人类的文明总是从不平衡向平衡驱动的，因为一切科学认知和应用是不可能有绝对国界的。当工业革命的巨轮在英国滚动时，无论是文明本身的自然传播还是英国人本身必然要开展的全球化应用（因为只有将资本、技术全球化才能获得最大化利益），都必然使"工业革命"成为全人类的生存革命。在英国工业革命与资本扩张经历了一百多年之后，原有的老牌利益集团已经演化出分布于全球各地的一代又一代新的利益集团，他们的祖先或许是英国公民，但他们已经成为新兴国家政权的拥有者或财团的实权派，所以原有的殖民体系大蛋糕必然已经分解。所以，"工业革命"不是英国的工业革命，而是全人类共同的工业革命，只不过这种神奇的生产力的发生和社会形态的巨变是从英国开始发生而已。英国开始的工业革命不仅仅是生产力革命，也是一场人类空前的社会化、社会关系革命。它通过资本、技术、资源、市场的必然结合将全人类的社会实践活动置于一个相互依存牵连的巨大网络中，原有那个分散、孤立的社会生态不复存在了。当然，它要经历一二百年的时光，全球社会才能感悟到人类"工业革命"跳动的趋向。

美国是英国首开工业革命的同步理想实验场，英国的社会制度和工业革命模式又能在这里复制。所以，在英国膨胀的时候它也在膨胀壮大，作为第一次世界大战、第二次世界大战的大后方（相对而言），它除了很稳定、有序、安静发展而外，又几乎网罗了近代全球的科学技术精英人才，所以它很快成为20世纪世界发明创造的中心。因而美国在20世纪影响着世界的演化，并成功塑造了人类现代电子信息智能网络革命。

第九节　近代暂时沉沦的中国

在华夏文明庞大的社会地域中，虽然从称谓上出现了多个国家组织，夏、商、周、秦、汉……但因为它们在同一语言、文字、习俗中持续不断地演化，所以我们习惯统称为"中国"。所以，中国就是这样一个在人类古文明体中发育得最久、最持续、最稳定的人类国家组织。上下五千年，它几乎就是同种思维方式、同种价值观念、同种文化的社会构建。作为人类古代，它的存在和演化就是奇迹。但在近代，尽管它人口众多、资源丰富、古文明内涵深厚，在西方文明的冲击下，它一度沉沦，被西方列强凌辱了。

如果人类社会并没有发生英国开启工业革命这件事，西方社会的工业革命、资本、技术并没有向中国这个古老的文明地域扩张、延伸和碰撞，那么就不存在"近代中国沉沦"一说。所以，近代中国社会在国力、经济上不及西方社会就是不争的事实。

如果将东西方这两类文明体系放到公元5世纪之前，我们一定会说东方文明完全优越于西方文明，因为它的持续和稳定有利于社会初始文明认知体系的塑造和构建（人类文明的认知体系是从几千年前才逐步积累起来的）。

但如果把两类文明体的发展放到公元15世纪这个时空，我们就可以明显感觉到，西方文明，特别是自然科学体系的发展正在快速前进，而东方文明体却依然停滞不前。实际上，公元5世纪之后，当欧洲社会纷纷进入封建内治的轨道之后，它已经较好解决了混乱中的不稳定、持续的文明发展问题，已经在快速发展了，当然它依然赶不上唐、宋的繁荣。

而西欧文明是对以古希腊、古罗马为核心的古文明的继承和演化，实际上，后来的西欧文明也同时具有开放、外向、多元的特征。这种文明形态具有不稳定和不持续的劣势，它在奴隶制时期会使社会混乱，文明基础屡遭破坏和摧毁，特别是在一千年的帝国征战中，文明水平远远落后东方。

一神论宗教——基督教的出现和东罗马皇帝君士坦丁将基督教确定为罗马国教并引领欧洲社会进入封建形态，从而使社会文明形态有了稳定有序性。自公元5世纪左右，西方文明开放、多元、外向的属性中渗透了稳定有序的社会机制。这样，西方文明既有了多元共存、开放向前的生机，又有了稳定、持续的有序。

在人类文明的发育、发展演化中，究竟怎样的文明特征和怎样的社会机制才有利于文明体系向纵深发展呢？人类文明的本质就在于人类随着时空的推移展现出一条不断优化、扩大、深入对自然客观事物认知改造的实践道路，而且这条道路完全有利于自我稳定、有序、快乐地生存。如果符合这种生存实践的趋向，社会就会不断前进。所以，要具有这种生存实践的特征，整个生存实践的画面就应该是"活而不死，稳而不僵"，使所有生命的个体都乐于进入亲密大自然、认知感悟大自然的行列。这样社会就会更快、更好地推动自然科学技术的发明应用。虽然公元5世纪的欧洲社会比起中国社会的文明水平相差甚远，但它开放、外向、多元的特征又经过基督教、封建化的调整有序后，正充满着活力和稳定性开始孕育出具有自然科学体系真正意义的人类文明。

中国古文明以稳定、有序著称，从秦王朝的统一到"罢黜百家，独尊儒术"的实施，中国社会机制就逐步稳而僵化了。如果中国社会那时具有"开放、外向、多元"的机制，那么中国社会就有了从"稳"到"活"的新轮回。然而，事物却正是向着相反的方向演化："罢黜百家，独尊儒术"完全符合各朝代君王统治的需要，儒家思想的实质就是借助"祖先""圣贤"巩固和维护一套坚固的社会系统，虽然唐宋时期亦有对外开放，其时的经济和文化都达到了空前繁荣，但总体来说，格式化、形式化的习俗、规范仍是中国古文明的特点。科举考试看起来是选拔人才的社会制度，也可以成为下层社会通往上层社会的一个通道，但"科举考试"的内容却几乎是几百年，甚至上千年的孔、孟编拟好了的内容（虽然这些内容随着时间的推移有了发展，但依然是同一框架、同一宗旨的变化），这使中国社会的文明认知演化偏离了正常逻辑：人们的认知应该是伴随着对自然社会客观事物的观察感悟而逐步传播积累成为体系并加以改造应用的，但中国社会的主流实践却是沿着祖先、圣贤早已制定好的思想体系

257

（"六经"《论语》《孟子》等）在开展注释、自评自省活动。或者说，这样的社会主流思想规范要求社会个人遵从祖先、圣贤制定的程序开展生产活动，而不是去发现和创造另一个新的体系。虽然中国社会在稳定和有序中也有许多令世人吃惊的发明创造，而且这些发明创造也成为社会推动的动力，但社会整体的方向并不在意和鼓励这些发明创造。实际上，纵观中国古代一千多年的发明创造，几乎都是出自民间自发的行为，中国人有重重的行政机构，但很难发现有一个专门研究科学技术的机构存在。

英国、西欧的近代工业革命文明也是人类世界的整体文明，就如同中国的四大发明、印度发明的阿拉伯数字都是人类世界共同的文明一样，所以，完全符合理性文明的"工业革命"必定一步一步在全世界发生影响力和塑造力。显然，一切人类文明的要素总是需要具体的人在具体的时空中开展传播应用的，而具体的人都是有血有肉、有具体利益情感的人，所以他们的文明传播不可能定位在为全人类服务。英国人、西欧人伴随着地理大发现、工业革命行为实践活动，在主观上是殖民掠夺活动，在客观上才是文明传播活动。因此，亚、非、拉地域社会由西方人复制输入的"工业革命"进程是与西方社会本身的进程是有区别的。

近代中国的历史不仅是屈辱的历史，也是中国人民为了民族独立、国家富强而不屈不挠奋斗的历史，还是人类社会整体文明从东西方不平衡向平衡整合的必然过程。自然科学和工业革命的巨轮是人类整体文明的闪光理性，无论世界众多领域愿意不愿意、痛苦不痛苦，这种文明的理性都将以无可阻挡的生命力全面扩张、渗透进来。中国近代社会经过百年的发展，在这个古老的华夏文明体中，在语言、文字、宗教、习俗基本保持不变之下，又成为一个具有活力的新兴文明体。

第十节　塑造近代社会的终极动力

其实，关于人类社会的形态演化我们可以简单地理解，而且简单地理解更符合理性和逻辑。但由于我们在认知人类社会历史时编制和累积了太多太多的具体故事和事物，以至于我们无法割舍、带着个人情感和观点深入其中，久而久之却丢掉了历史整体演化的本源理性逻辑。

近1万年前的人类农业革命可以说是人类古代史的真正开端,因为在此之前虽然已经存在人类社会,但就人类的生存形态而言,都是周而复始的采集、狩猎、迁徙的丛林生活状态。除了用火、制造弓箭而外,人类几乎就没有不断认知自然事物和不断去改进石器工具的任何压力和需要。

当然,是在几万年前至1万年前之间,人类社会血缘家族扩张、复制、迁徙,分布在大自然丛林中的种群数已经达到饱和,已经出现争夺果实、猎物的挨饿危机时,人类原始种群才开始了农业革命。所以,人类对大自然客观事物的认知分解,即展开认知革命和新石器工具制造都是紧紧伴随着农业革命而来的。而且,"人类三大肤色人种"也是伴随着人类从丛林中走出来进入日晒强烈的平原开展农业革命的转型期中被塑造出来的。也就是说,现在全世界的人类都是东非智人的后代,在人种上并没有什么区别,是日照、饮水、空气的黄沙量区分,才有了三种肤色的结果。当然,这都与人类如痴如醉地开展农业革命有关。

如果地球的深山丛林比人类当初采集、狩猎时代再丰富1万倍,或许人类就没有必要开展农业革命,虽然智人群体已经具有了交流互动的思维机制,也许他们就不会开展认知革命。因此,在这个地球自然世界就不会出现什么人类文明的体系和景象,整个世界依然是一个山、水、草、木、江河、海洋的自然世界。

同样,对人类社会形态、分布、特征有深刻影响,可以与人类"农业革命"相提并论的就是人类制造和发明的"能源动力革命"。可以说,就是它将人类社会引入了"近代",或者说,就是它塑造了人类"近代"。按照我们习惯的传统的说法,与"农业革命"相提并论的人类事物叫"工业革命"。但本书以为发生在二百多年前的人类特大事物称之为"能源动力革命"至少有以下几点意义:

其一,用"能源动力革命"来表述这一人类生命活动重大变革将更直接表达出发生变革的根本原因。"工业革命"的内涵不管有多丰富,它终究是"能源动力"推动展开的,没有人类"能源动力"的发明问世,一切工业革命和近代社会事物都是一句空话。所以理解"能源动力革命"或用"能源动力革命"的角度来看待近代社会事物的生成和变化更富有理性逻辑。

其二,虽然"工业革命"与"农业革命"相应,而且内涵丰富,但它很容易使人将其与工厂大机器生产、工厂制度、工业产业链、工业、资本市场、消费、需求等这些具体社会形态变化等同，从而忽略了从"能源动力革命"出现开始的人类社会需求依赖革命、城乡化革命，以及由此引发的全球化关系网革命等十分重要的近代社会变革。

其实，不管用"工业革命"还是用"能源动力革命"来表达二百多年前这场人类社会形态大变革都不重要，重要的是我们要完全明白"能源动力"的应用是这场大变革的最核心因素。或者可以说，当人类有了"能源动力"的发明应用，人类才有了"近代"这个真实的意义，就如同有了"农业革命"才使人类真正进入古代社会一样。

我们知道，人类进行"农业革命"是从种养农作物开始的，由此开始了对植物、动物、天气、土壤、水利、制造石器等广泛的认知，并由此建立了关系较为复杂的农业社会，以至于为了土地、水源、财产的争夺打仗等。同样，人类制造"蒸汽动力"是从观察厨房里火炉上的水壶盖子在水沸时跳动的现象中联想到的，但一经制造出了"蒸汽动力机"就一发不可收拾。蒸汽机用于抽水，应用到纺织机上，应用到火车上、轮船上、工厂机器群的转动共用上……从制造蒸汽动力到内燃机动力，再到电动力、核动力……一句话，当人类到了使用"能源动力"时就开始了"近代史"。而人类近代社会就是贯穿"能源动力"推动、塑造和改变的社会。"能源动力"是近代人类用煤、石油等能量物质通过蒸汽机、内燃机（后来发明了发电机、电动机）产生出来的身体力及畜力之外的"动力"。只要大自然存在大量的煤炭、石油，这种"动力"就会超出人类传统想象源源不断根据需要被制造出来，更何况后来人类又根据水力、风力、火力、核能制造了更为灵活、方便的电动力。所以，只要人类顺着这条思路探索下去，人类可以依据无穷无尽的自然能量物质制造出取之不尽的"能源动力"。

在这个自然世界中，对于人类而言，原本只有靠自身血肉之躯的体力消耗和借助几种畜力（马、牛、骆驼等）进行客观改造生存活动。因而，他们的生产规模基本上是以家庭为单位的个体生产，手工业也是三五个人的小型产业。像修金字塔、空中花园、长城这种浩大的工程，只有国家，而且要在国力强大的情况下才办得到。这样的工程要几十万人花上几年、几十年的时间才能完成。自给自足的封建生态决定了一切我们不断总结的商贸、经济、文化、交流行为都只不过是为这种孤立、分散的社群存在形态增加一点补充。或者可以说，在人类发明"能源动力"应用之前，地域的社群之间都是分散、独立的，他们并没有相互依存的网络关系。当然，除了人力和几种畜力在推动着古代人类的生存活动之外，人们也借助到了一些自然力，如借助季风航海，借助水力碾米。但人类借助自然力是被动的、受时空限制的，所以利用率是低下的。对它的利用是天（自然）在决定，不可能成为一种常态的借用"力"。

"能源动力"来源于大自然能量物质的转换。人类生存在这个世界，其实很早之前就已经在跟煤炭、石油接触了，但真正利用它们参与人类客观世界的改造却有一个极其漫长的过程，要将它们充分利用是需要一个成熟和恰当的社会机制引导的。实际上，最早用煤炭来生火煮饭的是10世纪左右的中国华北农民，后来13世纪时马可·波罗非常惊奇中国人能用黑石头生火做饭，于是这项东方文明才传到了西方社会。英国人在人口增长和圈地运动大量砍伐树木中，烧火做饭的木柴出现了紧缺时才有了煤炭开发的需求。而煤炭浸泡在水中要取出来必须将井矿底下的水抽干才使他们绞尽脑汁地想办法。于是千百年来人们在厨房里早已观察到的炉火上的水壶盖子在水沸时跳动的情景成为英国人制造蒸汽动力机直接的灵感。

人类曾经的农业革命实际上是发明了一种"食物"像滚雪球一样增长储备的形式。在采集、狩猎的状态中，人们都以为大自然的果实和猎物是取之不尽的，所以就自然采用了那种消费享受中寻求、寻求中消费的循环形式。而农业革命就是食物不断增长、储备，同时使人口不断增长的革命。这时，果园里有丰富得再不需要努力寻找的现成的果实，畜牧场里有想吃就吃的现成的猪、牛、羊，而广阔的农田里有一季又一季成熟后被装进粮仓的粮食。所以，农业革命给予了人类一种定居的守土安定、自给自足的社会形态。只不过他们在争夺资源、土地中会发生冲突和战争。所以我们从理解人类农业革命这种意义的角度来感悟人类发明"能源动力"这一创举，就非常清楚——就像农业革命会使人类储备了足以改变生存形态的食物一样，大自然取之不尽的能量物质使人类的"能源动力"储备（或潜存在）在自主、自由的灵活应用中彻底改变了原有的形态而塑造出一种全新的生态格局。

第一种形式的"能源动力"就是由煤炭热能转换而来的蒸汽动力。由于它必须有一个笨重庞大的蒸汽锅炉，所以主要是用于固定地点的机器运转的动力，即工厂里机器群运转的动力。而蒸汽动力用于火车、轮船之上使人类社会的人流、物流发生了惊人的改变。它使工厂的机器群以人们无法想象的规模、速度、效率动起来，并解决了社会大动脉的物流、人流的问题（火车、轮船）。它的"能源动力"就是由石油热能转换而来的内燃机动力。石油（汽油、柴油）优越的燃烧性使它完全甩掉了蒸汽动力装置笨重的包袱，体积小巧、灵活中充分享用"能源动力"是它最大的优势。所以这种形态才带来了人流、物流的交通革命和全方位的生产革命。

第二种形态使整个社会的物流、人流全方位活动起来——汽车、飞机、摩托车……同时使生产的各活动领域被能源动力所武装——播种机、收割机、脱粒机、抽水机、挖掘机、推土机、压路机。

第三种形式的"能源动力"是电力，它是通过电磁感应将各种形态转换而来的通用力。我们所能直接观察到的是使磁力线发生切割的"动力"转换为"电力"，至于这个"动力"来源于何种能量物质不拘一格，可以是火力、风力、水力、太阳能、核能，也可能是我们还不清楚的任何一种能量物质的形式。所以，"电力"是能量物质和能源动力的"通项形式"或"通用形式"。可以说是智人后代最聪明、最成功的发明。

"电力"的最优越之处有两点。其一，人类根据自行设计的需要，想怎么享用就怎么享用，所以在人类的创造发明中，"电器"的种类位居第一。或者说今后的人类用品和工具都会向"电器"靠齐。关于"电力"的"通项、通用"我们应该有这种的认识：它就如同人们对于个人财富都归纳为金钱货币来计算消费一样，一切能量物质都可以转换为这种形态，而这种形态又可以达成任何消费的需要。其二，"电力"是一种人类生态真正意义的清晰网络化革命。现代大城市生活足以使我们深刻理解水、电、气的直观网络特性以及互联网无形的网络信息。当然，当我们感悟"电力"这一能源动力的社会革命性似乎已经超出了对"近代"感悟的范围，人类社会的形态演化到今天，都是这些关键性的社会事物要素在不断推动着。

现在，我们回过头来体会，当人类社会以"能源动力"参与人类生产实践时，即二百多年前在英国拉开"工业革命"序幕以来，人类的社会形态究竟在发生着怎样颠覆性的变化。

史无前例的"蒸汽动力"在英国问世以后马上使广大社会人士挖空心思开展应用，从矿井的抽水机到工厂的纺织机、轧布机，工厂的机器群应运而生，而且很快将蒸汽机安装到了轮船、火车上。一方面，机器群在英国的工厂里轰鸣运转；另一方面，以蒸汽动力武装的轮船、火车作为人流、物流的大动脉不停穿梭在英国国土（不到二十年就建成了几万千米的铁路）和大西洋、印度洋之上。

从表面上看，工厂的机器是在不断生产出社会生活和生产更为理性优化的产品，而实质上它是在重新塑造社会生活的"需要"，从而彻底改变传统自给自足的形态。当然，这种重新塑造社会"需要"的必然趋势就在于这种"能源动力"的生产产品具有对社会个人无可抗拒的诱惑力。例如，机器生产的毛衣或棉衣，不仅具有手工无法比拟的规整、花色、时髦（因为社会个人都无法抗拒时尚潮流），而且比手工制作更划算得多，所以，许许多多的工业品，一开始人们都以为是奢侈品，在社会化的潮流中，一个一个都成为生活的必需品。再如，家用"卫生纸""肥皂""洗衣粉""牙膏"，一开始人们都会认为是奢侈品，但它们是"理性文明"的，而人总是在社会化潮流中前行的，久而久之就成了必需品。至于后来出现的"抽水机""舂米机"就更无法抗拒了。所以，工业革命源源不断制造出来的生产设备和生活用品，实际上是在全面改变和塑造社会生态的需求。工业革命从它一开始到现在的全过程，实际上都是一步步塑造社会个人需要的全过程。

工业革命在英国只开展了数十年就将全社会的社会个人"需要"全方位刷新和改变了。显然，传统的生态需求结构被工业产品的理性优势全面洗牌和征服。从社会化的角度看，这种洗牌和征服有了这样的社会结果：自给自足的生态模式被彻底否定，社会个人的需求满足已经冲破了孤立社群的自身范围，来自大地域工业产业链大系统，即社会的生态系统因工业产品与产业链形成了"需求"上的紧密依存关系。

如果说人类"农业革命"最直接的社会影响结果是由此建立起了一个定居的农耕社会，那么"工业革命"最直接的社会影响结果是由此将自给自足的孤立社群紧紧联系为需求依存的网络社会。虽然这种密切程度是无法与现代工业化社会相比拟的，但其性质和趋向是一致的。

当一个地域的工业生产、生活产品全面渗透于社会时，就表明全社会"需求"的依赖系统已经确立。但每个人口袋里的金钱肯定是各人用各人的。如果你是一个农耕为生的农民，你所需要的一些生产、生活用品当然需要你不断在集市上去卖自己的农副产品换来的钱来支付。工厂是需要用强大的资本才能启动的，所生产出来的工业产品肯定不是社会慈善品，它们凭借理性的优势在为资本家带来暴利，它们的价格不管你是穷人还是富人、农民或工人都是伴随着工业品本身理性优势所打开的市场需求而高高在上。所以，农民卖出农副产品所得到的钱根本就跑不赢要过正常的社会生活所要支付购买工业产品的钱。特别是西欧从海外殖民掠夺来的黄金、白银、资源引起的"价格革命"就使农民口袋里的钱更加可怜。但消费工业产品已经成为依赖了，更何况社会化潮流使每个人必然如此。怎么办呢？将土地卖给农业资本家（农业庄园主）换取一笔钞票小心享用，然后或成为农业工人或成为工厂工人或到社会产业链中任何一个业态中去。

从工业革命塑造社会形态的强大功能的逻辑顺序来看，一方面它如同一枚重型炸弹将原有的生态需要完全粉碎并直接造出需求依存与工业产品对接的大网络关系，另一方面它造出不断开枝散叶的重要产业链业态，使原有农耕社会的社会个人纷纷流向以工厂为主的业态网络中去了。所以，工业革命的步步深入就是将原有孤立、分散社会塑造成一个网络依存、业态百出的城乡一体化社会的理性过程。当然，这样的一个工业化社会生态系统最可怕的就是经济危机，由于这个系统是一个有机依存的系统，经济危机会使这个大系统全面崩溃。

我们知道，人类曾经的"农业革命"虽然是从局部的社会地域中开始的，但它所给予人类的强大恩赐成了全世界各地域社会不可抗拒的选择，要么加入这个被同化的行列，要么被消灭或者逃入深山成为原始族类。同样，用"能源动力"所武装的"工业革命"更是一场从英国静悄悄开始却无坚不摧的人类社会生态革命，西欧社会是这场革命的策源地，逐步沿着殖民体系网络向亚、非、拉全球延伸。

从英国、西欧各国（它们本来都是从同一个文明体演化而来）开始的工业革命，肯定也是人类社会共同将要陆续开展的社会生态革命。但"工业革命"与"农业革命"的推进过程和结果是有根本区别的。当人类发明了"农业革命"，这项社会变革几乎是社群人类用分享式传播普及的，而且尽管各地域开展的前后时间顺序不同，但都可以出现大致相同的社会结局和景象。例如，尼罗河三角洲、两河流域、印度河流域、黄河流域、中美洲地域等都出现了各自繁荣的局面。而"工业革命"的传播、复制却是一个具有中枢神经系统的生产、消费网络革命。这张网络的扩张及复制的程序和进度是由"中枢神经系统"——英国和西欧各国财团来确定的。它们将"工业革命"的模式扩张和复制到全世界殖民体系中去的根本目的是为了自身集团的利益的膨胀，而不是为了单纯传播这种"革命"形式本身。所以，无论这场举世空前的网络扩张到何处，这些地域社会都不可能出现同样的景象。恰恰是这种长期的"工业革命"扩张复制历程（或称之为"资本扩张"）疯狂掠夺和抽干了亚、非、拉的社会资源（用廉价的产品掠夺了社会价值资源）。因此，还在19世纪中期，西欧社会就相继进入了工业化行列，而20世纪末21世纪初，亚、非、拉绝大多数社会地域才开始听到"工业化"的声音。所以，"工业革命"不仅只是一个科学技术本身的应用问题，它还是一个资本和政治问题。当然，工业革命是人类共同的生存、生态革命，无论还需要多少时光才能在全世界像"农业革命"一样常态化普及，它都是一个必然的趋势。

第五篇 05

人类现代生态塑型整合

第一章　现代人类社会标志

第一节　感悟现代

人类生活在"近代"和"现代"究竟有什么区别呢？一般情况下，人们习惯用距今天时间的长短提出"古代""近代""现代"这三个概念。其实并没有错，但"古代""近代""现代"就没有其他的区别吗？或者说，我们为什么不把中国唐朝之前叫"古代"，清朝之后叫"现代"呢？显然，除了"时间距离"外，还存在着另外的划分依据。中国社会的划分与人类整体的划分一致吗？

通常，我们将人类开始使用"能源动力"作为人类进入"近代"社会的标志。这种划分是非常清晰可行的，就如同"农业革命"可以清晰成为人类"上古"和"中古"的标志一样。正因为人类社会的每一项重大事物的出现都只能从某个局部地域开始，所以这种划分"标志"在广大的世界领域是无从感觉的。但是，这无疑就是人类整体社会形态、特征发生新一轮大变革的开始。

然而，人类的整体社会形态要从"近代"中分离独立出"现代"似乎是很难的：一方面，"近代"开始时已经距今不过二百来年；另一方面，自开启由"能源动力"武装的"工业革命"以来，人类社会已经完全是一幅奋勇向前、毫不停息的动态画面。但人类社会的"近代"与"现代"除了让我们有模糊不清的时间界线区别而外，一定要有社会属性特征的区别，我们才能感悟到"现代"的独立意义。

在只有二百年时光的跨度内，人类的"近代"与"现代"几乎成了两幅重叠的动态画面。也就是说,"现代"的属性和特征几乎是"近代"属性、特征的延伸和深入。我们今天所面对和熟悉的现代社会要素几乎是在"近代"能源动力革命一气呵成的深入中同时塑造出来的。但是,二者必然存在区别。

人类社会"古代"与"近代"的区别是足够清晰的,"能源动力革命"和相伴相随的"工业革命"是明显的标志。所以,要抽象概括出"现代"的内涵,我们更有必要感悟出"近代"与"古代"足以区分开来的特征——"能源动力革命"之外的更深层的特征。也许,这种更深层次的"近代"特征属性,当它受某种因素的推动就形成了"现代"独立的内涵特性。

首先在英国拉开序幕的人类"能源动力革命"以空前的力量推动着"工业革命"的巨轮在人类社会的生态画面中翻滚。工业产品、资本、技术、资源、市场的规模结合、扩张、循环流动正在一步步改变着这个人类世界。如果我们能完全排开具体个人利益情感的纠缠加以理性地评判,这无疑是一场与人类"农业革命"并列,但更为猛烈深刻的社会生存形态、格局、结构重新塑型的运动。

如果从辩证的观点看,从人类"农业革命"到人类开始用能源动力进行"工业革命"这个漫长的"古代"期,人类社会完全处于一个社群分散、孤立的静态时代。从小的社群来看,他们有相互之间的一些依存关系,但以个体家庭为生产、消费单元,自给自足。即使是小社群之间也是较为松散、独立的。从大的社会地域看,社群与社群之间的关系处于一个分散、孤立的静态模式。所以,"近代"更深层的特征就是它由此开始,不断在社会机制上建立、塑造人类"网络依存的生态社会"。

我们非常容易理解古代社会农村社群"分散、孤立"的形态,却难于理解古代城市、城镇也具有这种"分散、孤立"的特性。古代的城市规模是不会太大的,而且这种"城市"与近代、现代城市是完全不一样的。看起来在一个面积不大的地域里生活,居住着很多人,但这样的"城市"并不是房挨着房、街连着街的整体系统,它实际上是生态可以独立的一个个小单元隔得不远而已,一般都分布在较开阔的平地。为什么会这样呢?因为它并不存在近代、现代意义的城市水、电、气、网络系统。古代大城市的主要功能还是供国王家族和贵族居住,同时它分布着国家机器的职能部门,当然也配套了各种角色的苦力。城市的生活物资来源是层层交上来的贡品,以及由国家和财团从国际商贸市场源源不断买入的各种物资。也就是说,古代的大城市除了它是国际商贸区外,所居住的人都是与国家政权紧密关联的人以及与这个生态配套的服务人员,而我们常说的手工工商者几乎处于"城市"的外围。看起来"城市"是一个密切的依存生态,但他们依然存在着分散、独立的明显属性。

古代社会形态的总特征用"自给自足"来表达最为贴切。反言之,人类古代社会的发展演化只是一个思想观念、文化、习俗、宗教、政治可以逐步紧密和社会化的社会。城市的故事可以传到广大的农村去讲,但它在价值、利益、需求上依然是一个完全处于分散、孤立的社会。但是,一旦工业革命的巨轮在人类社会中滚动,情况就开始发生改变:大规模源源不断生产的工业产品(生产的和生活的),不管它们出现在城市还是农村,都具有无可抗拒的征服力。塑形出新的社会需求、塑形出各种配套适用的产业链,从而将这个人类的生态社会变成需求依存的网状社会。

当然,并不是说,只要工业革命的巨轮一开始在人类社会滚动,全世界社会大系统的网状依存就已经建成,这只是近代和现代一直在演化发展的趋势。所以,我们应该明确人类"近代"发展演化的社会意义就是它开始塑造人类从小地域到大地域,再到全球化的"网状依存生态社会",而"现代"则正是以一种更为有力的方式促成这样一个全球化大系统的网状依存生态关系。

第二节 现代化准备

不仅是人类"现代化",而且"近代化"都是从自然科学技术革命的认知积累和客观改造中实现的。站在距今五十年前的时空点,对于全世界各社会地域而言,"近代化"基本完成,而"现代化"才刚刚开始或还没有开始。

我们所熟知的人类能源动力革命(蒸汽动力),看起来是由一个偶然的事件(炉子上的水壶盖子在水沸时跳动)引发的,但其实是人类自然科技认知体系及客观改造水平已经处于某一阶段水平中的自然发生。例如,人们如果不能认知到黑石头(煤炭)能够燃烧产生大量的热量又怎么会有蒸汽动力的能源基础呢?而若没有制铁、制钢技术的基础又怎么制造出蒸汽锅炉和转动的机器设备呢?再如,爱迪生火力发电以及电灯的发明制造,如果没有诸如法拉第等一切电磁学认知体系的基础,甚至没有"电"这个概念,他又怎么可能发明出火力发电和电灯来呢?所以,人类在自然科学体系内的发明创造无论多么偶然和神奇,都脱离不了自然科学体系这个最牢靠的认知基础。不管我们是否系统学习过,这个认知体系都完全渗透在生活实践的社会大背景中,从而牵引着我们的一切认知和技能。

自然科技革命从广义上讲,或者说它在人类的"农业革命""认知革命"中就已经相伴相生了,如制造青铜器、铁器工具的过程都包含着自然科技革命的成分。阿拉伯数字和欧几里得几何的应用都表现了人类探索和推动自然科技文明的精神。从狭义上讲,近代物理学,特别是电磁学、量子力学是推动着人类社会形态、机制从近代化深入到现代化的最直接关键因素。

从本质上讲,"近代化"与"现代化"的明确区别界线是不存在的,因为二者都是在以不同的速度、强度将原有的社会塑形整合为一个"网状依存的生态社会"。只不过,"近代化"的最有力武器就是一浪高过一浪并综合应用的"能源动力",它是在利用工业产品、资本、市场、需求的依赖性联系在逐步塑造着一个"网状依存生态社会"。人类社会能达到"现代化"的岸边,我们或许可以认为,正是人类社会在"能源动力"(或工业革命)的惯性改造中增添了更为直接生成社会"网络依存生态"的信息技术革命才有了真正"现代"的意义。即我们可以认为,人类电子计算机的应用以及电子互联网的建立就是人类社会"现代"意义的标志。

显然,电子计算机不是某一天突然从天上掉下来的,它是人类近代自然科学技术延续发展中的升华结晶。从人类传播信息的方式上看,电话、电报可以说都是穿越远距离空间的通信革命,它们相继问世于19世纪末,无疑是为人类远距离的合作联系提供了最先进的方式。但"电话"局限于有线电话,它非常稀少珍贵,除了政府机关和有钱人家中可能装上电话而外,绝大部分的人还是用不到这种传递信息的方式。除了大城市有这种网络线路而外,广大的农村乡镇根本没有。"电报"是用无线电发报机传送信息的,用起来更灵活先进,但价格昂贵得除政府情报机构在使用外,富人也基本不使用。但这种形式又增添了几分人类跨地域的通信合作。

我们已经反复感悟过,人类"近代"的内涵意义就是用各种"能源动力"的特色填写出来的,无论人类在近代将"能源动力革命"(工业革命)开展得多么综合、深入，我们都不能由此说——这就是"现代"的内涵意义。因为这样说没有任何认知意义。我们或者根本不能说，自然科学起源于近代，因为自然科学都是人类生命活动中实践认知积累的结果，社会是一条奔腾流动的河流，它每时每刻都在吸纳千姿百态的支流，这个过程可以上溯至农业革命开启的认知革命源头。但是，要谈到自然科学体系被人类充分有效应用就应该从人类社会公元15世纪前后算起了。因为自此以后，人类社会（特别是西方社会）在"地理大发现""文艺复兴""资产阶级思潮"的鼓动中，对于客观自然世界的认知改造需要变得空前强烈，特别是掌握海上霸权又具有"自由人"社会机制的英国。

大科学家牛顿就生长在这样一个思想激进、狂热的国度中，而他完成的微积分和经典力学，既修复、整合了传统社会那种迷茫、混乱的自然世界观，又给予社会即将开展"能源动力革命"更安静、坚定、有序的思想引导。可以说，牛顿时代后的二百年里，人类所举行的一浪高过一浪的"能源动力"发明应用，正是对"牛顿力学"的坚定信仰在促动着社会实践活动。也许，在近代的自然科学发展中，正因为有了"牛顿力学"自然世界观的共鸣共振，自然科学技术的发明应用才可以排除和压倒诸如神学、封建礼仪等成分，从而成为社会思想实践的主流。原因非常简单，因为这样的社会实践才能拥有最为现实的"牛奶、面包"。

"牛顿力学"的本质在于它能恰到好处地用现实世界可感可知的方法和尺度理解现实事物以及宏观宇宙运动变化的状态，如果人类到了"牛顿力学"应用改造自然世界所得到的理性优化的状态已经完全满足了，人类或许就已经在"近代化"的状态中停下自我生存理性优化的脚步。但人类就是无法停息"思想"的动物，作为社会思想本身的发展变化，它比运动物体的惯性更无法使这种状态保持住绝对的稳定。与"牛顿力学"的应用相伴相生，人类社会的思想认知触及了微观世界的变化运动，并在默默无闻的二百多年间，积累了微观认知体系，并使之成为重新理解宏观运动变化所包含的本质因素的合理尺度。更为重要的是，正是这一范畴的人类行为努力，才使人类世界终于诞生了计算机和电子智能互联网络，从而将人类真正推入到"现代"时空。也就是说，人类的"现代"内涵只有由"电子智能化工具"的应用效能赋予，才是最真实和独立的。

其实，人类社会在牛顿时代之前已经开始了对微观世界的正式认知（对于世界微观的猜想可以追溯到古希腊德谟克利特的"原子论"），15世纪中叶，世界上出现了第一台显微镜，这是这种微观世界认知的正式开始。

1590年，荷兰沙加里亚斯·詹森（1580—1638）发明了复式显微镜。但是，这些早期的显微镜存在放大倍数高时物体成像较模糊的缺点。1610年，伽利略第一个把显微镜有效地用于科学工作。而在这方面走得更远的则是荷兰显微镜学家安东尼·冯·列文虎克（1632—1732），他第一个用显微镜观察到了细菌和原生动物。1665年，列文虎克制成了最大放大倍数为300倍的显微镜。1675年，他第一个用显微镜发现了微生物世界。1680年，他发现了酵母。1684年他发现了红细胞。18世纪末，荷兰出现了消色差透镜。1830年英国业余光学家约瑟夫·杰克逊（1786—1869）对消色差透镜的基础理论进行了阐释。20世纪30年代，德国出现世界上第一台放大倍数为12倍的电子显微镜。目前电子显微镜的放大倍数已经超过了三百万倍，为人类认知微观世界、探索原子奥秘提供了捷径。

用显微镜观察感知微观世界，如发现细菌、微生物、原子、电子等，这只是人类对于微观世界认知的一个方面，这类实践活动将人类原来仅凭感观的"不知"推进到真空"窥之"。但微观世界物质的实有实在是不以人的感官知否为转移的，所以在人类认知微观世界的道路上，不完全是凭借感官和"工具"。认知理解微观世界存在的真实性和规律，还须凭借人类逻辑思维这个最有利的武器，如人类对"空气"和"电磁"的存在性认知靠的就不是仪器，而是逻辑思维本身。

古希腊的恩培多克勒（约前490—前430年）在西西里观察到使用名叫漏壶的工具。它有时被当作长柄勺使用，就是一个球体，顶部有颈，开口，底部有些小孔。把它浸入水中，灌满水，封上瓶颈，可以将漏壶从水中提出而不让水从小孔流下。恩培多克勒注意到，如果在将漏壶浸入前把颈封住，它就不能充水。他推断一定有某种看不见的东西防止水通过小孔进入球内——他发现了我们称为"空气"的物质。

当人们在无意的日常生活场景中将一根玻璃棒用毛皮擦过几下，手中的玻璃棒就会将散落在桌子上的小纸屑吸过来，没有风，没有任何外力参与，竟有这样的事情发生；有一种铁如果做成针的模样，将它平放在一个很小的支点上，使它平衡，它总是自动指向同一个方向……在古代社会，人们或者会认为这些现象是由某种神奇的灵性力量所导致。在公元1600年前后，英国人威廉·吉尔伯特发现了天然磁石的磁性，并把"电"一词引入英语。他生活在机械论思想获胜之前，因此他认为磁性也只是一种神秘的力量，做梦也不曾想到制造可以产生电的机械。但从17世纪后期开始，一些国家的科学家逐渐开始研究起我们所知道的电学来了。1729年，英国人斯蒂芬·格雷证明有些物质可以导电，有些物质不能导电。1745年，荷兰莱顿大学科学家发明了把电贮藏在"莱顿瓶"中的方法。1749年，美国人富兰克林利用风筝线导电，在一次暴风雨中给莱顿瓶充了电，因而能够推断闪电和电是一回事，并由此发明了避雷针……18世纪，社会在对"电"的认知中迅速向前发展，而这些认知几乎发生在人们进行"能源动力革命"的同一实践过程之中。真正能将神秘的"电磁"力量当作"能源动力"为生产实践和生活所用的人，应该说是英国科学家法拉第。1822年左右，他所发表的《电磁感应原理》以及他的其他认知贡献使人类真正走上了发电机、电动机广泛应用的新时代。

人类通过对微观世界的认知，发明发电机、电动机，照理，完全属于人类"能源动力革命"这一范畴，与人类"现代"内涵并不沾边。也许，当人类踏入了电子互联网时代，电子智能化已经全方位渗透到了社会生活，我们虽然在充分享受这些重要的科技成果，却并不知道它们的逻辑。我们更容易理解法拉第《电磁感应原理》应用于发电、电动的实际意义，却无法理解人类正是由于对这种微观能量物质运动变化的研究才达到了今天互联网、智能化的状态。或者说，我们根本无法感受到从法拉第时代出发的电磁学、量子力学是怎样与手机、互联网智能化体系对接的。当然，这并不是说，只有当我们懂得了这些联系之后，才可以尽情享受手机、互联网带给生活的愉悦和快捷。

显然，从普朗克开始，爱因斯坦、玻尔、波恩等一直到今天的霍金，他们对微观能量物质探讨的深度和范围远远超出了现在应用到的人类生活中的范围。我们将现代一切与"电"有关的智能化设施都在它们前面加上了"电"这个定语，"电子计算机""电子互联网"、电子表、电子门、电子锁等。这表明，人类把对微观能量物质的控制应用放在"电子运动"的层面上。我们的电台、网站、基站、远距离的海底光纤、电缆等，在通信这个层面上，它们实质上就是人类掌控应用电子变化运动的一个大平台，它们就像人们修建在地球表面的高速公路网、铁路网一样，只不过它们没有实在实存的肉眼感观。也就是说，在近代，人类发明制造出神奇的但更为感观实在的"能源动力"在不断为社会形态的塑形改造服务。例如，蒸汽机动力、内燃机能力，包括电动力。而当人类到了"现代"，除了人类保持和增长着更为丰富的"能源动力"服务清单之外，又引入了"电子运动"为人类全方位服务，包括对"能源动力革命"服务的重组和综合应用。

无论近代科学家们在电磁学、量子纠缠、量子力学、相对论中怎么分析论证微观和宏观的运动，他们的一切思考、争论和总结都毫无疑问突出和彰显了"微观能量物质运动"这个大的主题，因而现代"计算机""电子互联网络"都是这种思想运动所生下的"金鸡蛋"。虽然它们还只是这种思想论证中最为基础的结晶，但正如科学家们所预言的，在不久的将来，量子计算机的时代就会来到。

人类电子计算机的产生，可以追溯到19世纪20年代，英国一个银行家的儿子名叫巴贝奇的青年的发明制造。

19世纪20年代的英国，工业革命的巨轮之声已经回响在英国社会上空并震动着世界。蒸汽动力不仅早已武装了作为海洋霸主的轮船，而且正在被调试安装在火车上。英国成为世界的工厂已经指日可待。在英国来往于世界各地轮船上货物的数量，以及英国财团管理资本，货物输出、收入的账单在传统的统计计算方式面前已经堆积如山。英国这个庞大的"暴发户"急需另一种更高效的统计计算方式来厘清资本、财务的账单。

巴贝奇这样一个金器商、银行家的儿子就是其中一个对社会最需要什么最为敏感的年轻人。巴贝奇的灵感可追溯到1821年的夏天，当时，他正在帮助他的朋友——天文学家约翰·赫歇耳，检查一系列天文学表格，费力地计算那些让人身心麻木的数字组合。据说巴贝奇大声喊道："我的天，赫歇耳，我多希望可以用蒸汽机执行这些计算！"不久后，巴贝奇设计了一种被称为"差分机"的机器，可以机械地进行这种重复计算。差分机根据一种复杂的齿轮结构制造，在刻度盘上输入一系列数字，从而可以在机器上建立计算。一旦确定了初始值，转动曲柄，最后，敲击另一系列刻度盘就得出了答案。

差分机是20世纪60年代前在办公室和工厂使用的机械计算机的前驱，不要小觑了这些计算机的价值。没有它们，原子弹项目不可能顺利开展。但是，机械计算机速度缓慢，严重受到限制，它们并不是现代意义上的计算机。在机械计算机中，不存在任何与承担行动的硬件分离的程序来控制机器的所作所为，所有的东西都是"硬编码"到装置的物理结构中。所有的数据必须直接输入到一组嵌齿轮上，并从其他的地方读数，这不是真正具有计算机灵活性的通用机械。

巴贝奇在制造"差分机"的过程中，并没有沿着他原有的设计走下去，在中途他突然受到了工厂织布工的织布机启发，从而改变了对差分机的设计方案。将图案织入布中——尤其是采用昂贵、超细的丝线——一直是非常缓慢的痛苦过程，两名职工一整天时间只能织出一英寸材料，这是司空见惯的事情。法国人是欧洲精通丝线编织的大师，他们第一个想到将这种过程自动化。最早的主意来自沃坎逊，他是18世纪40年代法国政府工厂的一名观察员。他设想采用与巨大的音乐盒类似的一种机制，控制进入织布机的丝线。在控制器内，当织出织物时，金属圆筒缓慢旋转，圆筒沿其曲面的长度布置有金属突出物，移动每根丝线的控制，正如音乐盒上的突出部拉动金属钟一样。显然这种装置与手动控制织机相比，迈进了一步，但它仍然存在局限——每个图案都需要制造出一个价格昂贵的圆筒，而且图案只能运行到圆桶周长允许的长度，超过这个长度，它将回到起点，并开始重复。织布图案编织的自动化由一名著名织匠的儿子——杰卡德开辟了新的一页。他的灵感是采用一系列卡片对图案进行编程，对每个卡片打孔，确定某根丝线是否被纳入编织中。卡片按顺序连接在一起（每个卡片采用原设计院的材料与前一张卡片连接），这样，一个连一个的卡片可以编织出无限长的图案。采用杰卡德的织布机，在生产效率方面提高了2300%，而且织出的图案可比任何手工织出的复杂得多。

巴贝奇对杰卡德织布机有万千感想，不仅由2.4万根丝线织成的图片是异常精美的，而且他跳跃的想象力意识到这种相同的机构可用在一种新的、令人难以置信的复杂的计算机上，用于输入数据和程序。他将这种概念装置称为分析机。所以，我们可以说，人类的"数据输入"和"编程"思想直接萌芽于织布机中。

巴贝奇在制造分析机上并没有走多远，在当时的机械精度下，建造这种分析机可能并不实际，但是，在机械计算机的概念设计方面，他确实付出了诸多努力。真正将打孔卡片用于实际计算的人是赫尔曼·霍尔瑞斯。霍尔瑞斯1860年生于美国纽约布法罗，他参加了1880年开始的人口普查数据的手动处理。当过度劳累的书记员埋头于堆积如山的案卷时，显然，整个人口普查工作正处于崩溃的危险之中。要处理的信息增长迅速，人们担心到下一次1890年的人口普查时，系统将达到崩溃点。

赫尔瑞斯熟悉杰卡德织布机，他发现了采用打孔卡片保存数据的潜力。织布机上的每个卡片都提供一组指示——它代表一系列数字。一旦数据在卡片上，它就可以在不同的图案上被反复利用。如果每个信息都打到卡上，同样的卡片就可以为处理人口普查数据提供同样的灵活性，需要的只是一种机器装置，能够根据打孔的位置选择卡片。

起初，霍尔瑞斯的装置所做的工作只是将卡片汇集到不同的箱子中，然后由手工计算。他想出了一种自动筛选人口普查数据的方法。随着时间的推移，穿孔卡片机也能计算卡片，并将收集的数据制成表格。逐渐地，霍尔瑞斯的穿孔卡片制表机演变成了公司的机械计算机，从中发展成了他最初的制表机器公司——国际商业机器公司（IBM）。

从复杂的制表机的发展开始，计算机在20世纪取得了巨大的进步，机械过程被真空电子管代替，然后被晶体管和集成电路代替。电子计算机的发展史非常散乱，正如迈克·哈利在他的《电脑——计算机时代的曙光故事等》中指出，不可能准确地说出最早的计算机是哪一种，在美国和英国的竞争者就有半打，每一种都实现了某些"第一"。人们清楚的是在20世纪40年代和50年代，诞生了真正的、可编程的计算机，可以在存储器中保存数据和程序的冯·诺伊曼系统结构。

如果我们按照上面的线索理解人类发明制造出计算机为我们的计算和生活实践服务，那几乎是等于抛开了计算机最神秘的谜团，或者等于没有表达什么。关于上面的叙述，只是表达了一个问题——人类的生命活动怎样产生了一系列关于提高统计、计算效益的需要以及所进行的各种努力，但计算机如何开展统计、计算和表达人类思想观念的原理还是一个大大的问号。或者说，当我们在回顾人类20世纪所发生的最重大事件——制造应用"计算机"时，并没有将近代伟大的电磁学家，电子、量子力学家们的思想、思路联系其中。也许，正如同"量子纠缠"一样，这种思想原理太微观、太深奥抽象了，不能用简单文字表达，但正是这些思想认知创造了真实的奇迹。

在靠近"现代"的人类时空中，"原子弹""氢弹""计算机""互联网"的发明都是人类对微观世界的认知结果。无论它们如何现实地发生，它们的原理和思想逻辑都远在常人的思想认知之外了。但有一些核心的思想我们还是能够感悟和总结：一切计算机、互联网、智能机器人的发明应用，都是人类有效控制微观能量物质——电子（以后或是量子）为人类服务的行为。当然，如何控制是科学家们的事情。

如果要探讨人类"近代"与"现代"的根本区别，实际上用"电子运动功能"为人类服务就是一个"现代"独立的内涵。当人类处于古代、近代、现代三种时空中，在行为活动的方式上有三种明显不同的"借力"状态：在古代，生存活动最主要的是靠消耗个人体力，最多借助几种常见的畜力——牛、马、骆驼等；在近代，生存活动逐步借助蒸汽动力、内燃机动力、电力等现实形态的力；而在"现代"，除了继续综合应用了各种能源动力之外，关键是引发了"电子智能"，就如同"卤水点豆腐"一样，将人类能源动力应用的散乱格局变成人类共同想象的有机整体。当然，"电子智能"的玄机我们难于彻底感悟。但它正全方位参与为人类服务的行列。

也许，我们非常陌生微观能量物质的运动变化属性是怎样参与现代人类生活，并将社会的形态进行了颠覆性改变，但一幕一幕发生的事件又使我们毫不犹豫、欢欣鼓舞地被牵引着往前走。

无论近代的电磁学、量子力学、相对论等以微观的尺度丈量宏观的种种学术争论开展得多么轰轰烈烈，真正能够影响社会思想层面的依然是学术界本身。这些思想体系虽然无比接近真实，但在原子弹没有爆炸前和第一台计算机没有问世前，人们更多的是将它们当作神话故事。当原子弹爆炸了，许许多多的智能电器出现了，人们才深信不疑——人类已经在成功控制着"电子"的运动，让电子广泛地为人类服务。

第三节　奇怪的机器

人类观察自然，已经根深蒂固以生物与非生物（或有机物与无机物）的观察尺度去看待自然现象。如人们已经完全习惯昆虫、飞鸟的动态或它们发出的各种声音，但如果某一天看见一块平静的石头突然发出声音或动起来，一定会大喊:"不得了!"

我们对于织布机能自动织出精美无比的花色图案并不感到奇怪,那是因为我们已经经历了两个艰难的过程:一是"蒸汽动力"已经使织布机不停转动起来;二是我们已经设计好了形成图案的丝线织入布里的程序。所以,这个比手工快很多倍的自动织布过程,我们完全可以理解。

虽然对于"电磁"的存在我们无法用感官来感知,但"电力"转换为光热或动力,我们时常都在用,所以也有了习惯性的理解——开关一拉,电灯就亮;按钮一按,洗衣机就会自行转动。

至于"电话""电报""手机"的工作原理,我们理解起来就比较模糊了。但我们还是能够简单地理解为是"电子的运动"在为我们传输信息服务。因为毕竟是我们自己在"说话"或手按着发报机的手柄表达我们的信息内容,至于"电子运动"如何被我们控制从而达到我们的目的我们并不关心。

当"电话""电报""手机"陆续出现后,人们在内心上已经足以感觉到与家人、亲朋好友或业务利益团队在传播信息上的轻松,它们为人类的合作联系打破了时空的局限,广漠的世界仿佛在一夜之间被浓缩为一个可以联系互动的村落。虽然如何达成密切互动的方式还有待以后的事物续写,但社会个体思想互动的主动性已经提升到了空前的高度。当然,在人们已经习惯享受这种空前便捷的方式时,也许并没有意识到,正是"电子运动"以光速运行的效能在服务于人类这一古老生物种群的生活。

"电"这个公元1600年左右就为人类开始塑造构建的事物概念,作为能源动力的应用,完全可以归纳为"近代"的属性中去,而且作为"电话""电报"的行为,虽然可以直接成为现代革命的影子,也可以归属于"近代"工业、资本扩张塑造人类"网状依存生态"有力的工具,但"电视""手机"已经包含了太多现代的属性。

我们该如何理解"电子运动为人类服务"所走到的最关键一步,从而揭开了人类"现代"生活的序幕呢?这一关键性的一步是从人类制造机械计算机到电子计算机的飞跃来实现的。

我们将电子计算机又称为"电脑"。就如同人类的大脑能展开自动思维活动一样,我们将这种奇怪的机器用上了一个"脑"字。"电脑"的神奇之处就在于它在没有接上电源时只不过是用塑料、金属拼凑起来的无机物体而已,即便是我们认为"神奇"的芯片,也是大自然制造出来的金属。但是,这样的物件一旦接上电源,只要动动你的手指,不仅在很短的时间内可以得到你想要的统计、计算结果,还可以从中得到源源不断的信息或执行你的思想。关键是它就像书海一样或像放电影的电影库一样储存了太多太多的信息事物。只要动一动你的手指就如同阿里巴巴喊"芝麻开门",马上浮现出你想要的信息为你所用。当然,我们所说的"电脑"还处在未联网的独立形态。

或许我们可以像哲学家一样对计算机做一个抽象概括却并不严密的理解:它就是保障"电子"的运动为我所用的装置,真空电子管、晶体管、集成电路都是导致"电子"沿着人们所设计的编程逻辑运动的设备,"芯片"的本质是无机物质记录,它是管控电子曾经如何运动和自动开启今后运动的中枢功能,集成电路、处理器、储存器有机配合从而如同穿孔卡片与织布机的配合一样,可以自动地表达人的指令。一句话,不管计算机具有多么难以理解的玄机,它都是控制电子运动执行人类思想的机器,当我们拔掉电源,它又回到了塑料和金属的原点。

人类电子计算机(电脑)在20世纪40年代和50年代就在欧美相继问世,以美国伟大的数学家和理论家约翰·冯·诺依曼的名字命名的电子计算机是最响亮的机型。

计算机在各自独立工作的状态中所发挥出来的社会功效当然永远无法与联网时代所发挥出来的功效相提并论。但它已经足以让使用者万分感动:每一台处于封闭独立工作的计算机,只要沿着人的一切社会事物理性发展的需要编出软件,计算机就会沿着你设计的思想以"电子的效能"有序工作。例如,令人头疼的人口普查,虽然还不能达到今天互联网这样快速推进的效果,但十年复杂得令人崩溃的统计工作只需一年的时间就可轻松地完成;银行、金融虽然还不具有转款的功能,但因为有了计算机,银行的资金流动在每一刻都是清晰的,每一个用户的资金存取、用户的动态都无比清楚;政府管理、保险业务都因此变得有趣和轻松;特别是现代大商场的购销形态,因为有了"电脑"对商品、货款的管控,纷纷涌现……"电脑"以储存和运转两大形式将人类海量的事物和思想注入其中,使它不断为人类的想象和优化服务。正如同织布机运用卡片原理可以将织布的效率提升几十倍一样,计算机采取"电子运动"的行为可以将人类记忆、计算统计的能力提升上亿倍。试想,人用1秒钟可能只迈出一米远，而电子1秒钟可以达到30万千米之外。

计算机出现后不久，大约在20世纪60年代，电视机、手机在人类社会相继登场了。

计算机的出现，当它处于单机工作的时代，它所发挥的功效是在人类计算、统计、整理事物信息等白领阶层发生了"脑力"解放革命，使银行、保险、政府、商业的管理达到前所未有的轻松和有序。

电视、手机时代的到来彻底打破了一直阻碍人类文明交流传播的时空局限，信息通信已经跨越了时间、空间的阻隔。电视、手机与计算机相比，虽然又是人类生活形态崭新的无法割舍的方式，但从人类思想认知的发展进程上看，电视、手机的发明问世只是人类计算机发明的思维惯性中的延伸品，因为计算机、电视、手机都有一个共同的工作原理：用"电子的逻辑运动"来完成机主的思想实现。

在人类还没有进入计算机互联网，手机、电视没有智能化的状态下，计算机是在电子内的逻辑运动中实现机主的工作目标，而电视机、手机则是在与对应电台、手机的电波互动中实现机主的目标。看起来，电视、手机比计算机的应用更为复杂，但正如同人类创建内燃机、发电机、电动机，无论他们比蒸汽机多么具有先进性，它们都是受蒸汽动力思想牵引才长大的"孩子"，蒸汽机走了"能源动力革命"划时代关键的一步，计算机也走出了最为关键的一步——"电子运动"为人类服务。

如果我们排除掉电视机、手机所具有的自身功效只在"大系统"（它们要依赖电视台不断发送的电波、通信网络覆盖）依存中发挥作用这一点，无论电视机、手机装置、工作原理本身，其实它们都可以被视为计算机发明思维的派生物。而且，电视台的一切影像信息的制作都是"电脑"在扮演着主角。只不过我们应该清楚一点，电视台与电视之间是经过电视台逻辑整理的电波（电子运动）在联系，而电信网络设施就如同为"电子运动"打开了通道。手机与手机的联系也是相同的原理，它拨出的每一个号码就如同电视机播出的每一个频道，只不过拨打的手机号码所产生的电子运动可以产生出十亿、百亿个如同身份证号码般的区别。

到20世纪90年代，人们已经完全沉浸在计算机、电视、手机应用的便利和喜悦中，由工业革命开始的"网状依存生态"社会因为有了更为猛烈的计算机、电视、手机的推动，人类社会的生态格局已经开始从大地域的网状向跨越国界和洲际延伸了。

第四节　互联网机制　现代标志

人类从生物创建了社会，从采集、狩猎走向了定居农业，从体力改造到应用能源动力，从一种分散、独立地孤存社群演变成一种无可抗拒的网状依存……古代就这样离去，近代就如此开始，而"现代"的意义就是将那"网状依存"的社会生态机制强化到比单纯的"工业机器"大千倍万倍的状态。

当然，无论计算机、电视、手机的广泛应用对人类社会"网状依存生态"产生了多么大的意义，都比不上以下这件人类事物发生的意义：

一位哈佛大学的高才生参加比尔·盖茨的面试。比尔·盖茨问："你是哈佛大学毕业的吗？"他回答说："是的，未来的老板。"比尔·盖茨又问："你很聪明吗？"他说："我是以第一名的成绩毕业的，智商应该不错。""你既然这么聪明的话，那亚马孙河有多长？"那位高才生愣在那里答不上来。比尔·盖茨微微一笑说："显然你不够聪明。"他建议这位哈佛大学的高才生多读一些书再来面试。

可见，在比尔·盖茨心目中，读书是至关重要的一件事，否则就谈不上聪明，更谈不上会取得什么大的成就。盖茨本人就是一个酷爱读书的人。很小的时候，他喜欢读《世界图书百科全书》，经常一看就是几个小时。后来又喜欢上了名人传记和文学作品。广泛的阅读为他积累了丰富的知识，再加上良好的家庭教育，因此他从小就表现出了与同龄人不同的超常智慧。他幼时的同学曾经回忆说，盖茨绝不是那种在同学中无足轻重的角色。

盖茨的超常聪明，不只是从书上来，还得益于他执着于自己的爱好，只要是自己喜欢的东西就一定要学精学透，这一点在他学习编程上就可以看出来。

11岁时，盖茨的父亲送他去了西雅图的湖滨中学，这是西雅图管理最严格的一所学校，以严格的课程要求而著称，专门招收超常男生。在那里，盖茨进入了计算机软件世界。

盖茨和他的一个好朋友保罗·艾伦疯狂地迷上了计算机，他们热衷于解决难题，获得了越来越多的计算机知识。13岁时，盖茨就已经会自己编程了，只不过在当时是为了游戏。1972年，盖茨和保罗搞到了英特尔的8008微处理器芯片，摆弄出了一台机器，成立了交通数据公司。1973年，盖茨从湖滨中学毕业，进入了哈佛大学。在哈佛上学的两年时间里，盖茨把大部分时间用在了编程序和打扑克上面，他还在那里结识了同样爱好计算机的鲍尔默，后者后来成为微软公司的总裁。1974年，世界上第一台微型计算机阿尔塔诞生，这给盖茨和艾伦的交通数据公司提供了编写BASIC的机会，经过两个多月的艰苦奋战，他们编写的BASIC语言在阿尔塔计算机上运行成功。1975年，盖茨对自己的未来发展已明了于心，他最终说服了父母，从哈佛大学退学，和艾伦在阿尔伯克建立了微软公司。1980年，盖茨与IBM公司签订协议，为IBM公司新生产的个人计算机编写操作系统软件，即后来举世闻名的MS-DOS。

盖茨的微软公司达成了与世界最大的计算机制造公司IBM的合作，业务量、品牌知名度都在与日俱增，而编写软件程序的思维创造在当时远比电脑硬件生产神秘，当世界计算机市场这个蛋糕出现多层分割时，"微软"这个大蛋糕却依然在稳定增长之中。

盖茨与艾伦在20世纪70年代至90年代的计算机创业传奇，不是个人财富的剧增留给后世社会的回响，而是他们对电子计算机世界的痴迷与好奇探索为人类又迎来了一个崭新的时代——电子互联网时代。

在20世纪80年代的某一天，这两个年轻人在某一个办公楼上，将两台微型阿尔塔计算机分别安装在相隔数米远的两个办公室里，设置了诸如输送器、分解器、电子邮件服务器之类的电子器件，经过多次实验，奇迹终于发生了——两台电子计算机的终端终于实现了信息共享连接。这是多么神奇的变化，两台本来不相干的封闭独立的机器突然可以达成自由交流对话了。无论多么具有玄机，有一点可以肯定，正是"电子的逻辑运动"让两台计算机产生了共享互动的机制。

聪明的计算机人可以想到，两台计算机可以连在一起，八台、十台就同样可以连在一起，只要制造出同样的平台机制，全世界有多少台计算机，它们都能互联在一起。也许，一开始这件事只是一件令人惊喜的传奇故事，但不久人们就会意识到它充满了更大的商机——因为计算机的互联又是人类社会事物的互联，银行、保险、商业、产业、政府等领域，行业体系之内和体系之外的一切事物都可以用它进行连接管理。所以,从20世纪80年代末开始,计算机互联网就如同一张足以包裹地球人类社会的天网,从欧美开始,伸延至全世界。

在人类互联网革命中,虽然这种信息互联互通的原理和机制只有这方面的专家才能表达清楚,但我们依然可以形成一些共识:一切诸如电信、移动、联通等公司对于这个"互联网络"的运行所做的工作都是建立公共平台使"电子逻辑运动"有通道;一切网络运营商都是在这个"公共平台"的基础上以自我的特色编辑、整理富有体系、使用价值、受用户关注的信息源,然后就像商品一样储存其中供用户选用;在互联网的世界里,各种网站的信息体系就如同摆在庞大自然商场的货物,每一个网站的信息源体系都被希望打造为奇货。

在互联网中,互联网站之间虽然具有商业单元的独立性和内容体系的各自性,但它们本身都是互联的和商业开放的。因而实质上也包含着无法阻止的"共享",就如同地中海的水系,虽然我们认为它是一个独立的单元,而实质上它也连通着印度洋、大西洋水系。同时,看起来,各计算机是网络运营商的用户,但它们之间的关系绝不同于电视机与电台那种被动关系。每一台计算机,除了它是"用户"而外,实际上它也是"信息"的创造者,网络运营商的信息源绝大部分来源于网络互动信息的编辑整理。

在网络世界中,所有的计算机都是平等的关系,它们都是互联互通的天网中的一个结点,显然它们不像电视机那样只是接收信息,而是在不断的互动中注入社会、自然的动态信息。它们在使用、制造信息上都具有平等地位。可以想象,人类社会天网世界中,几十亿人就有几十亿个天网的结点。这个庞大的网络,每一天,每一个时刻都被不断注入新的自然社会动态信息,从而实现着信息观念的流动循环,这是何等壮观的人类故事。

在人类互联网络推动的进程中伴随着"电子智能化"的过程。抛开各种电子器件"智能化"的原理和细节(这些是科学家们的工作),我们感受它们在社会应用上的功效:当人类"电子智能化"的社会应用推进到一定的程度,仿佛在我们的各个生活领域都渗透了如同神话传说中"芝麻开门"那么神奇的社会机制。自动洗衣机、自动电子门、自动无人机、自动机器人……仿佛满世界都在自动地组合和改造中。当然,让我们感受最深刻的还是电视机、手机所注入的"智能"功能,"手机"已经成为天网结点中最灵活自由的"结点"。

"电子智能化"表明,人类像驯服牛、羊为人服务一样,将电子的运动"驯服"得已经达到了全方位服务的程度。当然，人类所发射的通信卫星对电子的"驯服"利用起到了至关重要的作用。

如果我们能理解"量子纠缠"在无穷大的宇宙中的亲密感应，再回过头来看在地球这个只有5.1亿平方千米的地域上的电子智能化这件事，就会认为这只是人类现在发生的平凡故事。或许今后的某一天，人类会利用"量子行为"为我们服务，那又将是一个全新的境界。

总之，人类生存形态的变化，"能源动力革命"才拉开了"近代"的序幕，无论汽车、火车、飞机以及电话、电报、计算机怎样改变人类的生态，真正足以塑造"现代"内涵的应该是人类进入电子互联网时代。

第二章 现代人类社会特征

"能源动力革命"推动着"工业革命"的巨轮不断向前滚动，就是人类"近代化"的那幅情景图，而"电子技术"应用加入"近代化"那幅动态图中去就成为"现代"的标志。或者我们可以这样理解：当人类有了"能源动力"的实践形式，我们的体力解放了，近代由此开始；当人类有了"电子技术"的实践形式，我们的脑力解放了，现代由此开始。再或者我们可以这样认为：因为有"能源动力"服务于人类，才有了人类近代一切精彩的内容和形式；因为有"电子技术"服务于人类，它不仅解放和扩充了人类的脑力，还将这种形式渗透于"能源动力"应用的综合之中，所以才有了现代完全颠覆于过去的精彩，即现代人类获得了双重解放，从而获得了综合的生存力量。

关于"电子技术"一词，应该不是现代人的专利，它是人类从17世纪左右一直延伸到现代的认知主线。例如，"莱顿瓶"、富兰克的避雷针、法拉第的电磁感应，以及电话、电报等。但我们要用辩证的思想看待问题，在人类电子计算机没有出现之前，无论人类对"电子技术"认知到什么层面，一切的应用都局限在"电力"的应用层面。它属于解放人的体力，推动工业机器运转的层面（当然，一切不绝对化，电话、电报就有信息革命的功能）。

如果从"飞鸽传书"的原始信息传播手段看，电话、电报一定是不得了的信息革命，但电话、电报所能传播的信息内容是非常单一的，它们根本还谈不上解放了人的脑力。真正让"电子技术"能在解放人类"脑力"上发挥巨大作用的是20世纪四五十年代发明制造出来的电子计算机，而最能广泛推广应用从而发挥巨大社会效能的，应该是1974年诞生的阿尔塔微型电脑。或许，我们可以以此作为人类进入"现代"的标志。

在近代，人类用"电"发热、发光和转换为"动力"来为人类服务。而现代"电子技术"不管多么玄妙，它们从本质上就是控制"电子"遵照人类的思想开展"逻辑运动"。虽然人类控制和设计了"它"们，但"电子"的运动具有匪夷所思的功效——在它们面前，一切时间和空间已经失去了长短和大小的意义，所以称之为"电脑"。显然，"电脑"具有的编辑、整理、储藏、发送海量般的事物信息的能力都是"电子"的运动、存在属性所赋予的。我们只有无限地感叹，像人类这样的生命物，从"打孔卡片"这一逻辑思维出发能捕捉到"电子"通过逻辑运动来为人类开展处理事物信息服务，是何等重大的进步！

接下来，当人类应用"电子运动的逻辑"武装了计算机、计算机互联网，并赋予电视、手机、洗衣机、开门锁等物件"电子智能"的属性，人类便开始尽情地享用这道"电子智能"所开创的物质、精神有机共融的大餐。

第一节　信息海洋共创共享

"信息"就是一切事物（自然事物、人类行为关系事物）进入人类思想世界的总和。"信息"的循环就是一切事物的状态在人类思想认知中的循环。显然"信息"是伴随着事物动态格局的变化和认知体系、方位的变化在不断变化，所以"信息"的循环不是一个重复的过程，而是一个重组重生的刷新过程。

人类社会发展的历史，从社会机制和文明本质的角度看，也可以视为一部"信息"互动从分散、孤立向共享逐步向前推进的历史。因此，无论我们将人类近代之前的过去时代的文明、商贸、宗教、习俗等元素的交流传播互动描绘成多么密切的状态，实际上，由于交通、通信、社会流动方式的局限以及"自给自足"生态的固守，"信息"的循环都发生在孤立、分散的狭小的社群单元中。世界大循环的信息量太小太小，它们主要以国家组织之间的政治外交功能或以地域大利益集团之间的商贸联系，表达着那些仅有的循环信息，即从国家政治或核心的文明元素形成世界影响的角度，我们或许也可以将古代人类世界称为"互动一体"，但距"生态一体"、社会个人"思想一体"就太远、太远。

人类近代的"能源工业革命"一直在步步推动着地域社会"生态一体化"，

它也是使人类"信息"循环从小单元转向大单元的利器。尽管"电子技术"完全塑造了人类"信息"全球大循环的机制,但"工业化"(它在"电子技术"武装下)依然发挥着"生态一体化"的推动功能。

如何来理解和想象现代人类"信息共创共享"的壮观景象呢?在智能互联网络之下的所有计算机、手机、网站(其实也是计算机在专业化工作),都是这张天网中的一个结点。它们又是这张天网中循环信息的共享者,因为每一个结点在天网中有 N 个通道(人们都在惊叹围棋在落子布局上可以有上亿种可能的方案,而全世界几十亿台计算机、手机就如同天网上的几十亿颗棋子)。现代的人类信息已经成为全球循环的共同,尽管有些国家集团有信息的机密,但这些仅仅是用短暂时间包裹的"机密",都是共同的形式。就如全世界在共同使用着太平洋的水一样,全世界的人实际上已经在共同享用着如同海洋般宏大的同一套信息库。更为奇妙和重要的机制是,几十亿个天网中的结点不仅是"循环信息源"的平等共享者,而且是自主自动的"信息"平等共创者,就如同千万河流共汇大海一样,正因为每一个分别位居全球的"结点"在点点滴滴将自身面临的自然事物的动态以及自身新的认知不断创新注入这个网络,才汇集成了这个永远循环着的信息汪洋大海。这就是现代人的信息共享共创的壮美奇观。

第二节　网状依存共同生命体

互联网时代就是一切事物信息共享共创的时代。在认知、思想观念上,人类已经进入一个共同的体系;而在行为实践上,他们也同样进入一个密切的依存大系统中去了。信息的循环共同就是事物紧密联系的共同,也就是人们社会实践密切联系的共同。既然是网状依存生态格局,那就真正是一种"我就是你,你就是我"的人类共同生命体意义。

现代的社会个人在能源动力和电子智能技术的武装下行为能力究竟到了什么程度,谁也无法准确描述。但我们已经可以确信,整个世界都可能是每个个体行为活动潜在的公共平台,而所有的公共资源都可能为他利用,并且他行为活动的方式都会在不断地利用着网络平台。特别是手中掌握着社会公共权力的人，个人活动的能量将在这个网络世界中无限增大。

正因为现代社会的社会组织和个人行为活动的公共平台是已经用能源动力和电子智能技术塑造好的"网状高速轨道"，一切行为活动所表现出来的系统状态就绝不可能是分散分割的形态，它一定是一个自发有机的大系统。从国家政权管理的角度，它似乎一直在分割着这个有机的大系统，如关税，但从经济价值规律、文明传播来看，它又是无法阻隔的。也就是说，一切金融、商业、产业在互联网信息循环中，它们密切联系的有机系统是全球化的，而不是以地域和国家为单元的。关于这一点，即便是近代工业革命时代，世界地域社会的业态都已经向着这个方向迈进，如英国一度成为世界的工厂。但是，正因为近代没有互联网这种全球信息互动循环机制，所以可存的世界大系统是"供求"关系引导出来的模糊无形形式。只有互联网下的人类合作形式才是如此规范清晰的大系统形式。

世界金融、银行、股票、证券业的现有发展格局更有力地表明，世界的社会事物已经完全处于一个无法分割的大系统中。社会的资金在全球金融系统中不断海量般地循环流动。"银联卡"是银行的通用卡，当你的资金存入某一确定的银行，你可以在任何地方、任何一家银行中取走或进行转账。这足以表明，从客户和银行的关系而言，世界所有银行的存在就等于是"一家银行"的存在。它们都在不断开展着客户资金确权业务，用"电子智能运动"进行着确权，用数字的跳跃闪现表现着资金所有人现金流存的状态。当然，股票、证券也是在每时每刻用电子技术闪现着分属于个人所有权的状态。也就是说，当我们认真感悟现代金融、银行、证券所表现的状态，就能够深切感悟到，世界的所有个人资金所有权其实都处于一个循环的大系统之中。一切金融、银行、证券机构都是社会产业、商业以及个人利益的中枢纽带，它们的全球大系统循环存在确定了一切社会产业、商业、个人利益都必将被纳入这个全球大系统之中。

非常至关重要的是"电子智能"在驱使着这些"态"在大系统中循环演绎，一切的发生都彻底打破了传统时空局限的意义。例如，各行业产业在技术上的专业化和综合性已经不可能是某个国家组织内的专业化产业链以及综合发展，而是世界的专业化产业链。因为一切产业竞争合作的顺序只有在世界大系统中开展才具有生存意义，互联网信息的全球循环机制决定了这一点。现代商业

（是产业竞争的前沿阵地）发展的态势就更演绎了世界事物归于一个大系统的真理。无论国家组织之间的"关税"有多少限制，商业在商品价值理性的优势都具有强大的穿透力，特别是"电子商务"为"商品"打开的通道已经完全改写了传统交易的意义。"电商"就是现代商业的特征，当商品与消费者互动的完成足可以用"互联网"实现，货款的支付用网上支付可轻松完成之时，为什么人们还要固守传统费时费力的方式呢？现代的商业实体经济正在经受着"电商"的冲击，就如同人类采用能源动力武装的大机器生产必然会冲击人力手工业一样，"电商"具有理性必然的发展趋势。通过"电商"我们可以感受到现代社会的人、财、物、事、人流、物流、技术、业态都在以"电子运动"的组合方式否定传统，向着全球一体化的格局发展。

如果从传统的认知观来看，一个地区、一个国家、一个大陆，已经是无限宽广的舞台，但"电子互联网"中的地球世界只是一个只需1秒钟就足以互联互通的世界，它是非常狭小的。这注定了人类社会一切事物的存在和发生只能以这个"地球村"为唯一的系统所开展。再说，不断传播积累，以及不断从不平衡走向平衡，是人类文明机制的理性。在"互联网"的催化震荡中，人类社会只能存在这样一个全球化的系统体系，即现代人类社会已经完全是一个大系统的网状依存生态，这就是地球人类生命共同体的本质。

在这样一个无可抗拒、无可逃避的大系统全球网状依存机制中，任何国家组织的存在都只是人类大系统运行中的单元驿站。国家组织的管理功能只是为人类大系统运行提供规范服务，而不是去分割和阻碍这个大系统的规范运行。

第三节 现代国家功能

在工业革命和电子互联网络的双重催化和整合下，人类社会的一切事物（观念、资金、技术、商业、产业、资源、利益等）都无可避免地、自然、自发地归于一个全球化的大循环系统中去了。也就是说，就人类社会事务的"链条"（本来是网状链）依存关系而言，只能存在这样一个全球化的系统。现代人类社会事物的紧密网状依存性决定了一切的社会分工、专业化、技术合作、利益依存就只能在"世界"这个大系统中才具有真正的意义。

在过去，我们常常用"我中有你""你中有我"来表达跨地域之间的社会事物关系。而现在，用这一句来表达"关系"已经失效了，应该是"我就是你，你就是我"，因为一切社会事物的紧密依存，已经完全没有了"你"和"我"的独立存在——我的"脚"很可能就是你的"手"，而你的"心脏"很可能就是我的"头"。例如，金融危机往往是从某一个具体的地域引发的，但它震荡的是全球经济；恐怖行动看起来总是在具体的某一个点发生，但它是全人类共同的危险（互联网络机制社会使"恐怖"以难以预料的方式蔓延）。假如某一颗原子弹再在某一个城市爆炸，它炸掉的将是全球共同的生命和利益（个体生命的社会流动，全球都是舞台；商业、产业的舞台也在全球）。

这样，我们足可以想象，现代林立于人类社会中的国家组织，在功能上应该全力服务维护全球大系统网状有序的生态。或者说，当现代林立的国家组织要成为全球大系统网状生态中最为理性的单元格，它们都应该成为执行大系统规范中最有利的生态流动驿站。

在人类社会过往的历史中，"国家组织"是人类社会发明出来的最成功、最理性的社会"单元格"。除了人类文字的自发发生为人类文明的形成创建了必不可少的条件之外，"国家"的产生既是文明的最重要标志，也是人类文明体系可以在有序、持续的生态中发育的孵化器。当我们寻求人类古文明的实存，首先我们就要确立"国家"存在的身影，因为它是确保一个单元地域社会可以在规范、有序、持续的生态中不断开展认知、改造的唯一可靠机器。

几乎每一个社会个体都生活于一个具体的"国家"社会之中，过往的战争和冲突使他们产生了对国家、国土无限的热爱和依恋。所以，即便"工业革命"和"互联网"已经在彻底洗牌传统国家组织的功能意义，人们怀旧的情感也无法相信这种变化的事实。

国家组织的功能本质是什么？用三个词来表达就是——强制、规范、独立。一个国家组织首先是因为具有"强制"的功能才可能存在，军队、检察、监狱就是这种"强制"的硬件。它的"强制"性，无论是处于怎样的政权体制，从国家意志上讲，总是要求在它管辖的单元格社会是稳定和有序的。而形成稳定、有序的社会机制就是用法律、法庭、监狱、检察来"强制"从而达到"规范"。所以，国家通过"强制"来实现"内容"的稳定、有序的"规范"，而国家也只有通过军队和国力的强制性对"外"实现"独立"。也就是说，传统意义的国家组织，就是通过强制、规范、独立三大功能的发挥，维护、保障自我的存在和发展。

显然，如果说我们要认为现代国家已经丧失了这三大功能，那是非常荒谬的言论，但如果我们要认为现代国家的这三大功能正在被分化和衰退，却是中肯的。在人类的过去时代，地域、社群都是分散、自成一体的，自然资源（或社会资源）的"蛋糕"是各归各的，所以它们总是有太多的原因发生大规模、多层级的冲突和争夺。虽然今天的人类还在不断为石油、军火、信仰而战，但"战"到某一程度，大家都在喊"停、停、停"。为什么呢？因为人类利益的"蛋糕"已经完全被这个互联网时代揉到了一起，战争，就等于自己在打自己。观乎现代战争，更多发生战争的因素在于政客霸权思维的惯性和政权选举的刺激表演。当然，这也表明，虽然人类的利益已经集于一体，但政治的舞台生态还十分薄弱。

第四节　现代社会事物的整体循环机制

人类社会从分散、孤立的社群慢慢演化为一个无法分割的有机整体，一切人类生命活动所塑造的事物只能用整体循环机制才能完整确切地展现和表达。即从人类社会事物联系循环的体系、周期、范围来看，只有用"生命共同体"来描述才是存在逻辑的。如果我们用一个健康人体的生命活动来比喻现代人类社会事物循环机制的"整体性"，或许更能感悟到"生命共同体"的真正内涵。人体生命活动的延续和存在是因为人体一切组织、器官、细胞共生共存形成了诸如神经系统、血液循环系统、呼吸系统、消化系统、免疫系统……生命之所以健康鲜活存在，不只是因为有"头"的存在，或肝的存在或心脏的存在。一切的单独存在都毫无意义，只有一切组织、器官、细胞在这个有机体中的共生共存，才能形成整体生命活动的机制。显然，如果将人体分解为任何小单元的形式，只要有"分解"发生，生命就失去意义。所以，人体生命只有在一切单元共生共存，完成整体机能的表达才具有生命意义。

"整体循环存在"是互联网之下的人类社会事物最明显的特征。当我们无法预知人类社会将会发生何种匪夷所思的事件时，我们却非常明白——就如同一滴滴水汇于大海一样，一切人类社会事物正在无可抗拒地被纳入一个大系统中，构成一个"整体循环存在"的机体（或机制）。为什么社会事物就一定会这样演化发展呢？这是由智人思维的属性或人类文明演化的本质决定的。智人思维的属性决定了他们的一切生存活动总是处在不断优化自身的认知和客观改造中。从制造石器工具、铁器工具到能源动力机器，再到计算机、互联网都是他们不断优化认知、客观改造的轨迹和结果。什么是不断升华的人类文明？那就是更具效益、规模、快捷、和谐的生命活动形式。当体力、脑力被轻松解放，就会迎来一个无限宽广的生命活动舞台，这就是人类生命活动希望表达的方式。电子智能化互联网在极短的时间内以其极大的功效为智人的思维惯性和文明演化的洪流提供了一切可以激情舒展的条件，就如同千川万流汇于大海一样，一切社会事物的发展演化很快归于人类"整体循环存在"这一机体。就如同我们并不需要去理解、回答——身体中的一些细胞、器官、组织等为什么作为大自然的物质会长到一起并且塑造成一个有机体，只需要去理解生命体的遗传基因机制就够了。我们也不需要去理解互联网为什么催生了人类社会事物整体循环存在的细节，只要我们能理解它独特的机制就足够了。

互联网是一张覆盖全球的天网，几十亿智人分布于全世界每一个角落，他们手中的计算机或手机"入网"就是天网中的一个"结点"。他们以绝对平等的地位共生共存在这个天网中。每一个"结点"不仅共享着这互联互通循环在天网中的信息，而且他们都是"信息"的注入者，就像一点一滴的水，注入循环，汇成天网循环的信息海洋。这种天网信息"共存共生共享"的机制犹如人机体的整体存在共同，分不出独立的毫不关联的"你、我、他"，而且正是智人思维的本性和人类文明演化的本质在促进一切事物向整体的有机结合。

在"互联网"与人类文明属性的有机结合中，互联网本身的机制正在将事物自动整编到一个整体有机循环的大系统中，"信息"就是一切具体事物互动循环的"通用"。"信息"的互联互通循环就是资金、资源、技术、人流、物流、产业、商业等一切可以用"信息"表达出来的事物处在通联合作、无限分解组合的方式中。所以，电子互联网之下的人类社会事物，从"互联网"的机制本质来看，就是一台以全球整体为系统的整编一切社会事物的功能机器。因此，不管你是权威独霸的政客，还是资源财富极度贫乏的君主，都无法抗拒互联网将你管辖的社会事物整编到这样一个整体循环的大系统中。

电子互联网带来的人类社会生存形态革命，我们很难在局部的时空事物中感悟到。但如果我们已经有了这种"整体循环存在"的观察思想，再回过头来仔细体会，这种人类社会事物发展演化属性就完全展现在我们眼前，其中世界的银行、金融、证券、股票等领域的社会事物最为充分地展现了"世界事物处于整体循环"这一特性。

互联网电子商务中的人类利益交往互动行为已经达到了惊人的地步，而且只能用大系统整体循环互动才能表达这种行为。显然，也只能是"电子行为"才能实现这种海量的互动行为，并且保证每一笔都很精准。也就是说，虽然电子互联网下的人类金钱货币流动额与传统的发生额相比，就像大海和水池，但清晰的程度却是前者优越于后者。可以说，现代的资金流动循环额尽管是汪洋大海，每一笔就如同大海里的一根针，但互联网电子商务的机制可以在极短的时间内回放并找到这根针。

如同天网上的每一个"结点"都可以平等地创生和享用天网整体循环中的信息资源，世界上所有的银行对于个人而言已经完全是一家银行的存在形态。银行变成社会个人资金确权的工具，闪动的电波就是所有权数字的增减。所以一切交往互动的行为可以忽略时空的要素，"电商""网购"也就不足为奇。

银行、金融、股票等资金流动的背后是产业、商业、人流、物流交往互动的循环变化，它们也完全排列在全球循环互动的网状链条中。没有一种商业、产业、物流可以自行封闭在自我定义的系统中独立存在。例如，飞机是世界产业、商业链中的飞机，尽管可以被称为国产的飞机，但制造飞机的零部件以及零部件的零部件，一定会归于全球的行业大系统中，要不然这就不是高度分工和高度专业化的社会，或者这架"国产制造"的飞机根本就不能在国际系统中称之为"飞机"。

总之，当互联网络闯入了我们的生活，或者说我们的生活被互联网武装和塑造之后，我们行为活动的方式已经完全可以抛开"事物发生时空局限"的包袱，有了看似颠覆性却卓有成效的局面。开在美国华尔街的银行与你家门口的银行是同一家银行，只不过你可以视其为银行的"1号"和"2号"窗口而已；你到牛津大学读书或到哈佛大学读书，与你在家乡的某所普通大学读书，学校为你展示的知识体系的本质都是相同的，因为如欧几里得的几何、牛顿的经典力学等知识体系是不会因为大学的不同而改变的。特别是现代，人类都是在同一个互联网之下读同一部整体的天书。

第五节 从人类社会能力演化看现代文明

我们在第二篇仔细分析过人类生命种群与动物世界生命种群明显的生态演化界线。看起来非常具有互动联系和团队合作精神的狼群（人们谈团队精神常常以"狼群"为榜样）以及许许多多的动物群体，它们千百万年以来却一直在重复着同一生态格局。因而社会学家、生物学家为这种一直保持不变的生态取名为"本能"。既然是"本能"，就不能将这种"合作精神"称为自觉关系互动。道理很简单，如果狼群有"自觉关系互动"就必然发生生态优化的改变，为什么千百万年来却保持不变呢？如果狼群有"自觉关系互动"，首先站到自然生物链顶端的也许就不是人类，而是狼族。所以，一切动物世界都是以"本能"（自然）演化着生命群类而不是有自觉关系的群类。但人类自引用了"火"就成了"关系互动"的群类，即有无"自觉关系互动"成为动物世界与人类生态区别的界线。因此，从这种意义上说，人类文明的发展史也可以视为是人类生命种群"自觉关系互动"从而不断优化自我行为的历史。

人类在地球自然世界的一切所作所为可以概括为两个方面：一是不断与大自然打交道，从而不断认知改造自然以利己生存；二是不断认知改造自我种群行为关系，从而塑造新的社会关系格局。也就是说，人类具有认知改造自然和认知改造自我关系的双重性。当然，这种双重性是在人类生命活动的同一过程中实现的。人类是思维活动支配行为活动的动物，他想到什么才会做什么。在他们所有的思维活动中可以划分出两类客体：一是自然事物属性动态；二是自身种群行为关系。显然二者是不能彻底分离的，在思考"物"时常常伴随"人"，而思考"人"时必然牵扯"物"。后来，人类将这两种思维活动形成的认知体系中具有理性价值的部分用了"自然科学体系"和"社会科学体系"来加以称谓。

我们可以这样说：自然科学就是人类认知客观自然事物（包括自身身体）属性、特征、联系变化逻辑的理性化体系；社会科学就是人类认知总结自身行为关系发展变化规律的理性化体系。或者，我们可以这样认为：人类的一切行为活动就是不断认知自然、自身,从而不断开展优化改造的生命活动,他们的成果就是发展和推动了自然科学和社会科学。也就是说,人类社会文明创建的过程,就是提升对客观自然认知改造能力的过程和提升对自我行为关系认知改造能力的过程。我们把这两种行为能力的前者称之为人类"外行为能力",后者称之为"内行为能力"。显然,二者皆为人类行为重要的行为能力。我们也可以将人类行为的这两种能力看作是人类生命活动中的"两只脚"。显然,在人类文明演化中这"两只脚"的行为能力都处于不断地增长与平衡调节中。

如果我们以这种方式看待人类的行为能力(生存能力),那我们一定能感悟出人类这"两只脚"在成长中的秘密:认知、改造客观自然的"那只脚"在毫无曲折地增长,它的"毛细血管"似乎已经根植于人类社会的沃土中,通连了每个过往于社会的个人神经。因此,它是在不放过每一滴人类思想养分下所塑造出来的人类整体行为能力。例如,古中国的四大发明汇于这个体系,印度人的阿拉伯数字汇聚于这个体系,欧几里得的几何汇于这个体系,瓦特的蒸汽动力、法拉第的电磁感应、牛顿的经典力学、爱因斯坦的相对论、波尔的量子力学……毫不例外,全部汇聚于这个体系。人类对于自然科学体系的认知实践道路是全人类利益共同一致的实践道路,所以一切的推广应用和积累传播都是全人类共鸣共振的通力合作。例如,一旦爱迪生发明了电灯,就注定了这一光明会在全世界闪烁。

从理论讲,人类的"另一只脚"——认知、调整自身行为关系平衡度的"内行为能力",在整个人类社会时空中都只不过是一幅混乱的图像。如果我们将人类在认知、总结、累积自身行为关系平衡调整的一切观念、理念称为"社会科学",那么这种"科学"只能作为观念常识,它根本就不存在具有自然科学体系那种体系的历史承传中刷新和普遍的使用性。因为我们所谓的"社会科学"就是认知与调整人类行为关系、情感利益的学说,人类社会的情感利益本来就是一个永远矛盾冲突的生态,所以不可能创造出完全没有人反对的理论。当人类创建了"社会",就站到了自然生物链的顶端,实际上就退出了自然生命竞争的行列(把动物世界与自然物作为资源对待),转而进入群类斗争的状态。当然,一开始自然世界资源对于人类种群而言是一个无限广袤的存在,"争斗"是极其微弱的。人类为什么会开展农业革命?从根本上讲,是因为原始人类在采集、狩猎的丛林生存"争夺"中已经感觉到了"挨饿"的危机,所以才开始了一种新的生存形式。总之，人类社会行为关系处于永恒矛盾斗争的动态，它只有自动调节的机制，没有可以表达的永恒理论。

在人类自然科学体系和社会科学体系的创建道路上，自然科学体系是以滚雪球一样的方式或严密的逻辑联系承传汇聚于人类的思想世界中的（当然也就渗透到客观改造实践中），而社会科学体系的认知实践根本就不可能存在一个持续传承的理念体系，它只是在不同社会机制动态中解说着独立篇章。人类社会的"内行为能力"是一种如同"价值规律""市场机制"一样，处于无形的、自动自发的调节机制，它无法像自然科学体系那样用一种具有严密数理逻辑的方式来表达。它对社会发生的作用，无形包含在一切社会组织、规范、形态的变化中。例如，个体家庭、国家、法律、军队、监狱等的生成，战争、宗教、政权变更的发生，都是人类行为关系调节机制的表现。哲学、逻辑学是人类专属于思维认知规律的科学，它既在牵引着自然科学发展的进程，又在推动着社会科学如何为社会实践发挥作用。心理学、教育学、伦理学、政治学、社会学等都是人类"内行为能力"在社会机制中发挥作用的总结性笔录。它们是散乱的存在，却是社会科学最广泛的实在和实有。

虽然人类的"内行为能力"在人类的生命活动中无时无刻不发挥作用，但它总是在支持一群人的情感利益的同时又在限制另一部分人的情感利益，所以它永远是一个"争议"中的存在。而且，在人类开始工业革命之前，人类社会的绝大部分地域还处于分散、孤立的生态中，对于优化改造客观环境的愿望更为强烈，而对如何调整自我群类的行为关系并没有意识和要求。所以，在漫长的人类古代社会，人类认知改造自然的能力（外行为能力）与认知改造自我行为关系的能力（内行为能力）是非常平衡的，且对客观自然的认知改造更为迫切。

公元15世纪左右，西欧世界开启的几乎同时并行的两项社会运动——航海竞赛"地理大发现"和欧洲"文艺复兴"，如同给人类行为能力的"两只脚"分别注入了大剂量的兴奋剂。一是在认知改造客观自然中有了开拓和创建的强大动力，因为自然世界突然"变得"庞大起来，而且黄金、丝绸、宝藏遍地都是；二是在认真改造自身行为关系上已经有了强烈的意识和思想体系。人权已经摆到了神权之上，民主、自由的资产阶级思潮已经开始对封建专制等级秩序提出抗议。也就是说，公元15世纪之后的西欧社会，在"内、外"行为能力上都在迅猛增长，已经从根本上开始改变原有的封建农耕生态。当然，亚、非、美洲依然保持着原有的生态。但是，西欧社会"地理大发现"也好，文艺复兴也罢，对社会行为能力的提升只是增强了"想法"而已，因为那只是处于依赖人的纯体力消耗改造客观自然的时代。真正能提升社会行为能力的时空是人类进入用蒸汽动力推动工业革命巨轮的岁月。

工业革命的声音首先在英国响起，并很快传播到整个西欧地域。因为无论从文明、观念、宗教、利益联系，整个西欧社会都是一个系统。所以，随着"工业革命"的持续，英国成为经济帝国的中心，西欧社会成为受益的盟友。工业革命能在西欧社会连为一片地开展，是与"地理大发现"和"文艺复兴"所进行的社会机制准备分不开的。从传统认知习惯上，我们会以为英国在"工业革命"开展20年左右之后，独立成为世界的工厂。而实际上是以英国社会为主体的西欧社会经济利益财团在共同主导着人类最早的"工业革命"并共同布置了庞大的世界工业、资本殖民体系。为什么可以这样认为呢？一方面西欧社会原本就是社会流动、联系非常紧密的共同文明体；另一方面其地域范围加起来也不足半个中国或半个印度那么大，有那么强大的理性优势——"工业革命"发生，为什么富人集团不可能聚集起来？所以，相对于整个世界庞大的社会系统而言，近代西欧社会已经在行为能力上处于这个庞大系统中的"高原区"，它们足可以俯视世界。

由西欧社会利益集团推动的近代工业革命，非常自然地将北美洲（以美国为主体）这个地域广大、资源富饶的单纯社会培养成了"工业革命"实验的基地（后来它成为世界强国）。而广大亚、非、拉地域并非它们想要开发与西欧社会同等文明的基地，这些地域只不过是它们"工业革命"倾销市场、资源最为理想的提供地。所以就整个人类近代社会而言，除欧美地域社会在"内外"行为能力上在全面平衡提升之外，广大世界社会地域的社会行为能力依然处于低水平的双平衡。例如，英国在18世纪末就响起了工业革命的声音，但即便是到了20世纪末，亚、非、拉广大社会地域依然是自给自足的农耕生态景象，"工业化"依然是一个奢侈的梦想。

20世纪70年代微型计算机的诞生以及后来电子互联网的建立，看起来都只是发生在西方社会的故事，但它们的先进性、传播性却是能源工业革命无法比拟的，一旦诞生，不到20年就遍及全球。也就是说，电子互联网时代之前的人类工业革命时代，人类社会处于多元、多层次的社会生态单元。西欧、北美作为工业革命的大本营，绝大部分地域社会已经在工业化、城市化的步伐中，将社会塑造成"网状依存"的生态社会，即发达的社会分工已经将社会个人的全部生活安置到了紧密依存的网状业态中。当然，它们能够高速、平稳地运转，除了"工业革命"本身的理性优势而外，更在于它们有庞大世界殖民体系在资源市场上的支撑（当然，在这个欧美庞大体系中也有富人和穷人，贵族和平民之分）。而在更广大的亚、非、拉人类世界里，除了少数国家独立自强外，虽然也布局着许多"工业革命"的网点，但每一个网点都是一台抽取殖民地资源、财富的"抽水机"，除了工业革命的观念给予这些地区的启蒙教育外，他们没有得到什么实惠。所以，作为"半殖民、半封建"的广大地域，其生态依然沿袭着原有的自给自足分散、孤立的独立存在。"工业化"很难，资本、技术市场都匮乏，即使有了一些市场，也很快被西方世界侵吞，因为他们的资本、技术与西方没有可比性。也就是说，电子互联网时代之前，西方欧美与广大的世界社会在社会形态上是完全有区别的，一个是网状依存的生态社会，一个是孤立、分散、自给自足的农耕等级制社会。

电子互联网革命是对全人类最真诚、最公正、最彻底的生态塑形革命。它就如同太阳普照大地，从不讲究你是富人还是穷人、西方人还是东方人、权威还是平民，以任何人、任何社会组织、任何思想观念都无法抵抗的方式，势如闪电，对我们传统的生活进行全面洗牌。

在电子互联网络之下，每一个人都置身于产业态、商业态、社会事物态的网状依存生态中去了。"电商"业的发展足以表明，人类社会事物的时空属性正在消失，西方与东方的界线、农村和城市的区别、沿海与内陆的差异都在弱化，而且社会分工的行业属性、权威与职员的地位等变得模糊。为什么会这样演化呢？这是由互联网的内涵本质决定的，它以"电子逻辑运动"的智能推翻了一切阻碍事物密切联系的"围墙"。一切原有的社会事物之所以存在诸多无法动摇的特性，就在于这个世界不存在可以改变它们的方式和机制。而"电子智能化互联网"将它们全部毫无保留地纳入一个整体循环互动的系统中，它们就必须成为平等的元素被改变。

电子互联网技术具有解放人类"体力"和"脑力"的双重奇效。在互联网络的平台上，工厂不再靠简单的行业信息、市场原始调研盲目独立地运转，它已经置身于产业、商业、市场、金融的大系统更细致的动态中了。当人类进入电子互联网时代之后，让人们感悟至深的是它海量般流动循环的信息将自身带入一个彩色斑斓的世界中去了，而且自己从此变得渊博，并且也足以感受到一切社会事务的管理功能变得强大，即电子互联网在全方位解放体力的同时又武装了人的"脑力"。

实际上，电子互联网所释放出来的功能已经充分承担着人类社会宏观经济调控的主角色。没有它的应用，无法想象这个世界生产会出现多么严重的盲目性。显然，一切自然科技在分解、组合上的变化也是它在承担着魔力般的主角色。人类正沿着由它的机制自发、自由生成组合的理性道路不断前进。我们可以这样认为，电子互联网对于人类自然科学技术发展的推动力（即对人类"外行为能力"的提升）远远大于由于它的出现，人类在自身行为关系管控能力的提升。因为电子互联网络所引发的社会行为关系的变化以及自然科学技术惊人的发展，完全超越了人类思想意识的想象。

电子互联网络革命正在以惊人的效率和速度持续完成着人类"工业革命"在二百年时光中并没有多大起色的世界"工业化"这一人类理性生存课题。从人类社会生态改变的逻辑顺序来理解，一个地域的"工业化"才能拉动"城市化"，从而塑造出全社会"网状依存"的生态结构。但电子互联网的社会功效打破了这一传统的逻辑：一旦互联网机制确定，全球的一切社会事物马上就变成了"网状依存生态"事物，一切都自动流动到了网状中。例如，农村的一只"鸡"不再是自然的"鸡"，它的"价值"必须由市场网络来衡量；农民种的"粮食"不再是自给自足的"粮食"，它的"价值"也必须通过"市场"来确定，而且也必须通过这个庞大的"市场系统"来确定农民是否能继续坚守在土地上或是跳到社会大系统的网状业态中去。显然，正是互联网络的功能将一切商业、产业有机结合在了一起，并且这种动态信息同时覆盖到了广大的农村，才在全社会发生了网状生态革命。所以，对于广大的亚、非、拉社会地域，虽然没有享受到工业化所带来的社会繁荣的共同，却能同时拥有信息资源的共享共同。世界能够同步进入一个奇妙的一体化网状依存生态中，本身就是向"工业化""城市化"的最佳靠近。

"工业化"的核心本质是什么？是人类"体力"的最彻底解放。在传统时代，"工业化"是必须通过人口众多、交通发达的大城市作为窗口（或基地）才能表达的，因为一切事物的发生都存在必然的时空局限。同时，"工业化"

的社会地域范围是通过工业基地以及它所拉动的网状生态来定义的。传统的工业在塑形社会网状生态的能力上是有限的，所以尽管许多地方工厂林立，但并非都是"工业化"社会。电子智能化互联网络下的"工业化"又有了完全不同的特征，除了工业自身的运行完全可以置于产业、商业、资源有效的系统牵引中而外，它们也可以分散置于成本效益最大化的网点中体现整体有机的存在，即工业在互联网络中可以采用最佳的手段分解隐形存在并产生巨大的效益。当然，在一个庞大的国家组织中，形成一个完全"工业化"的"网状依存生态"社会，最重要的条件就是交通网络和人流、物流硬件本身，即现代"工业化"已经并不需要大城市、大工业区的窗口形式，只需要交通网络硬件的发达即可。"城市化"是一个社会生态名词，什么是"城市化"呢？可能一般人会认为，"城市化"就是通过国家对于城市户口人数的统计来表达的。其实，一个国家的"城市化"应该是处于社会"网状依存生态"中的社会地域及人口的总称。所以，"城市化"就是地域社会"网状依存生态"所表达的状态。这种状态与现代社会的生态格局本身是矛盾的。电子互联网所引发的"网状依存生态"是发生在网络和观念上的，虽然它确实已经达成了一些"网状依存"的状态，但不是稳定的、可靠的，处于易变状态。其关键是，在广大的原有落后社会地域里，商业、产业、政治等都没有达到网状依存的生态结构。例如，中国有几亿农民工，从农村奔向城市，看起来他们被纳入网状的业态中，但他们的就业、生存还不稳定，所以不能称之为被"城市化"了。而且他们的流动使广大的农村土地荒废，留下了老人和小孩，这并非一种"工业化"网状生存的结构。只有达到城乡一体化，工业、农业连为一体，建立了足以使整个社会产业链、商业链、生产、人居融为一体的网状结构，才是被真正"工业化"和"城市化"了。

最后，我们来谈论电子互联网下的"人类行为能力"。最能产生社会共鸣共识的就是对"电子互联网"的讨论，因为现代人已经离不开"网络"了。我们对人类现代社会特征的认知，实际上都必须集中到"电子互联网"上面来，因为"电子互联网"就是定义"现代"的标志。

"电子互联网"神奇的全部秘密在于它是以"电子逻辑运动"行为颠覆和消除了一切人类社会事物联系变化的时空域（时空局限取消了）。"时空观念"是一切事物发生演化的必然要素。人类的进步，从生存效益层面上讲，也可以理解为，完成同样一件事情在时间、体力消耗上节省的进步。假如完成同样一件事，花的时间最少、消耗的体力最少，就是最理想的状态。例如，从A地到B地，假如步行，需要大量时间又需要大量体力，这就是时空局限，因而也限制了人流、物流以及事物联系。当然，汽车、火车、轮船、飞机都会使这种局限得以改观，从而使人类行为活动的时空局限减小、社会的联系加强、社会个体的行为活动范围扩大。虽然这些进步和变化改善了时空的局限，但"时间"和"空间"的阻隔依然存在，而且我们选择最理想的改善方式（坐飞机）又需要支付更多的金钱。所以即便我们可以看到这些改善方式的存在，实际上对绝大多数人和社会生态在联系组合改变上并不会发生奇效。因此，正是基于我们有了对传统事物中"A"与"B"相互联系所存在的时空局限（怎样消耗了人类的时间、体力、金钱），才可能真正感悟到"电子互联网"所具有的对一切事物联系组合在时空局限上颠覆性的改变（取消）从而引发了现代社会机制。

"电子互联网"相当于一夜之间推倒了一切阻隔着事物之间的"围墙"并打破了一切"空间"阻隔，使事物马上站到了"思想人"的面前。虽然这一"事物"并不会产生出"拥抱、亲吻"的实际感觉，但它们总能按照"思想"发生联系组合的关系，这就是"电子互联网"所赐予人类社会最神奇的事物组合联系机制。因此现代社会的联系组合方式已经否决和颠覆了传统事物受制于时空的全部意义，它完全取决于"思想宿主"个人的思想设计。例如，一个中国姑娘与一个非洲小伙儿，即便没有在同一个城市见面，远隔万里却可能发生"网恋"故事。他们之间的交流互动已经消除了时空局限，他们的"恋爱"完全取决于他们互动的进程。一切神奇美妙的事物组合联系的玄机，都在于"电子运动"的行为塑造了这一切。如果像科学家们所设想的"量子运动"行为可以将电子计算机改成微"量子计算机"，必定会更神奇和美妙。

现在的人已经习惯用"网络"的思维方式看待和推动自身事物与世界事物的联系，并没有认真推想人类社会这种持续的状态将会演化出怎样惊人的社会生态结果。假如你是汽车制造业的老总或精英团队成员，你将会怎样做？显然，你将会以全球汽车制造业为思维主体，不断在网络中寻求一些关于汽车制造业在技术更新、市场变化、材料成本变化等一系列动态，而且你的思想会触及金融、政府宏观政策以及一切配套产业链、商业链。所以，你的一切思维活动都是以"世界"作为系统展开的，你所做的质量、技术比较也是以"世界"

作为系统开展的,你的市场布局也是以"世界"作为系统的。一切的事物组合联系都离不开世界全球化属性。

当你的经营行为只发生在一个极小的业态中,你可能感觉不到这个极小的业态也是世界大系统的一个"质点",一切行业的涨价、跌价、政府政策、金融波动、失业就业都会牵扯到这个业态。而实际上,我们可以推想到的惊人结果是一切社会组织,包括国家组织的独立性已经不复存在,即一切社会事物的联系、组合、逻辑排序都只能以"世界"作为整体来开展。因此,电子互联网,推倒了阻隔一切事物的"围墙",从而使事物失去了发展演化的传统独立性,只有这样一个循环存在的系统——人类社会。

从人类整体行为能力来看,"电子互联网"无疑使人类的内、外行为能力都得到了成千上万倍的双向提升。人类对自然客观的认知改造注入了"电子智能运动"元素之后,工厂不再是独立的工厂,所有的工厂都是有机联系的工厂群;商业不是以社群为单元分离独立的商业,它们是互动联系的商业群;银行不是一所所独立的银行,面对客户,全世界的所有银行就等于一家银行……全世界所有人的行为活动是在一个有机的自由系统中开展的。全世界七十多亿人口,就具有七十多亿个自主自动的头脑在开展创造,问题的关键就在于这七十多亿主体能在互联网的机制下自动置身于有机的网络中,所以才有了惊人的创造能力。

如果我们将全世界电子互联网引导下所实现的人流、物流的总流动额放到没有"电子互联网"引导的传统方式来完成,恐怕用尽世界上所有的石油和煤炭能量也达不到如此平衡的效果。"电子互联网"使人类的行为活动在组合的规模、效益、速度以及精准性、有效性上全方位增长,所以在行为能力上无论对"物"的认知改造力还是对"人"的管控力都有无穷的双向提升。

第三章　人类大系统规范工程

第一节　人类社会关系新思考

纵观人类演化发展道路，人类在地球自然世界进化的最大意义在于创建了"社会"，从而使"生物人"转化为"社会人"；古代人类生存发展的突破在于开展了"农业革命"并伴随引发了认知革命；近代人类生存发展的闪光点就是以能源动力革命的方式聚积资源、劳动力和技术，扩大了生产规模，增加了效益并解放了人的体力；现代人类文明的全部光环则在于"电子互联网"使一切社会事物的联系互动能沿着"电子逻辑运动"的分解、组合方式高效、准确地开展，"体力"和"脑力"都获得全方位的解放。

可以肯定的是，但凡我们要思考一切现代社会问题，就离不开"电子互联网"这个标志性要素，因为它的机制统领和塑造着社会事物发展演化的一切细节、过程和趋向，即我们关于现代社会的一切思考都必须要归纳到"电子互联网"机制的框架中来。

我们曾经以为，在西方工业革命的大本营中，产业、商业链高度形成以及社会分工的发达所塑造出来的社会生态就是较理想的"网状依存生态"。但它至少存在以下严重局限。

首先，这种"网状依存生态"具有模糊、盲目和不稳定性。"工业革命"的声音在以英国为首的西欧社会响彻，工业产品以极强的理性优势塑造了社会需求、产业链、商业链并将地域内的社会个人调动到以工厂为主的产业、商业链中去了。所以在"工业革命"强势的大本营中，就形成了"网状依存"的社会生态。但是，一切就业、招工、生产、市场都是沿着感觉在运行，是模糊和盲目的，其问题的症结在于无法掌握事物的动态信息。当"工业革命"开展到一定程度，资源和市场的竞争就完全可能出现更盲目的状态。所以产业链、商业链、就业、用工所形成的"网状依存"生态是不稳定的。我们可以从关于西方资本主义发展的历史书籍中了解到1929年爆发了世界经济危机，但实际上在西方资本主义的发展史中，又岂会只存在这一次经济危机呢？

其次，理解西方"工业革命"主导下"网状依存生态"的模糊、盲目和不稳定性，应该将它放到近代世界的大格局中加以深入。近代西方"工业革命"及"网状依存生态"的塑造依赖于世界资源、市场这个大系统。近代西方社会在整个世界有着庞大的殖民体系，它们的贸易像毛细血管一样在源源不断地吸取殖民地的资源、市场养分。这个殖民体系是在争夺、瓜分中处于变化的。所以，西方"工业革命"大本营的产业、商业链体系是寄托在殖民体系基础之上的，除了它们本身的运行具有模糊、盲目性之外，这又是一个不稳定的因素。

在近代西方社会思想史上，关于社会生态的讨论是非常激烈和热闹的，出现了一系列的"主义"——"空想社会主义""达尔文主义""马克思主义"……他们都站在不同阶级利益的立场上分析着那个社会并同时表达着他们所希望的发展方向。显然，这一系列"主义"作为一种"具体表达"的思想会受到"具体时空事物"的限制，但卡尔·马克思和恩格斯创建的以《资本论》为核心的劳动价值理论、政治经济学原理，无疑是对这个"社会生态"最深刻的剖析。同时，他们所创建的哲学体系无疑也是对人类思维认知规律最全面的总结。而且，在西方社会工业革命的运行中，"劳资矛盾"和"经济危机"也确实就是这一社会生态中最顽固的症核。

当工业革命在人类社会运行了二百年后（主要是欧美社会在开展），我们已经可以理解，"矛盾斗争"是人类社会的本性决定的。因为社会个人不是一台台规范化的机器，他们总是在家庭、社会、环境、经历、角色等一切元素上都有差异，这些差异又集中表现为利益情感上的差异。所以"矛盾斗争"是人类社会生态必然伴随的，关键是要有国家功能的管控和调节。在人类近代二百多年的时空中，人类社会大致存在两种不同的社会生态：一是网状依存的生态社会；一是分散、孤立的农耕社会。前者是工业革命成熟状态下的社会，后者是封建等级制或奴隶制状态下的自给自足的社会。当然，一切都不是绝对的，后者也存在工商产业的补充成分。那么我们应该怎样来理解人类社会生存状态的理性呢？

人类在近代创建了能源动力革命的思维，从而开始了"工业革命"。所以，"工业革命"是人类共同的"工业革命"，是人类认知改造客观自然积累到一定程度的结晶，它的先进性、逻辑理性是永远存在的（如它包含着中国四大发明的理性元素、包含着古希腊文明中的自然理性成分等）。"工业革命"这个人类生存形式主题虽然经历了二百多年的推动依然没有能在全球普遍展开，但这个主题一定会更加精炼地进行下去，因为它本身的发展就是人类文明至高至上的逻辑理性。

从近代到现代的二百多年，无论是因为西方资本主义的殖民狡诈，还是因为世界封建社会本身的顽固或者社会基础本身的无奈，"工业化""城市化"对于广大的亚非拉社会来说都还是比较奢侈的课题。

"网状依存生态"就是"工业革命"所要完成的社会生态杰作，无论它存在多少模糊、盲目、不稳定的局限，都是合理的存在。而"工业化""城市化""城乡一体化"就是这种"网状依存生态"最充分的保证。

其次，人类文明发展的全部秘密都在"互动机制"上面。我们定义人类从"生物人"转化为"社会人"，其根本点就在于"夜空火光效应"使人类种群具有了"自觉互动"的机制。人类语言文字的发展，其实质就是人类群体的"自觉互动"具有了规范、统一的内容和形式。人类一切行为活动都可以表达为在不断开展着人与自然、人与人之间自觉互动的过程，而任何时空中的社会生态格局都是通过这种不断地自觉互动来完成和表达的。那么，对于人类文明体而言，怎样的自觉互动机制才是一种最高、最优化的境界呢？其实，历史上的政治家、哲学家、思想家们都在不同的思想体系中表达了对这种思想的理解和愿望，如柏拉图的"理想国"、马克思的"科学社会主义"等。一切思想理论，当褪去其阶级、利益情感的成分，都可以还原或归纳于"自觉互动的图案"。无论是社会改革、战争、宗教，其运行发生后的客观结果，都是从一种社会事物"自觉互动"的格局转化为另一种格局。

那么，无论是单纯依靠体力的运动，还是可以凭借能源动力的运动，人类究竟在追求什么？其运动的客观趋向又是什么？只有思想家可以舍去具体的个人情感利益，人类整体的追求是无法表达的，而社会的人流只会沿着各自思想利益的轨道，但客观的趋向都是共鸣共振的动态图。

在理解人类社会生态"自觉互动"机制所开展的动态演化时，如果我们用精准的规律、尺度去推演它们产生的一层层结果，往往会使我们的认知变得混乱。问题的实质很简单，社会个人、社会组织的"自觉互动"只服从于社会机制，一切的运动过程和细节都是自然的，不需要再去理解因果链条，就如同人体细胞的新陈代谢，我们没有必要去理解它们为什么。

第二节 互联网引发全球互动

"电子互联网"对于社会个人、社会组织意味着什么呢？意味着一切世界的事物动态都装到了每一个人、每一个社会组织的"盒子"里，可以任意抽取，根据自我的思想愿望，发生"对接""组合"。所以，"电子互联网"以"电子的逻辑运动"实现了人类梦想、幻想的"自觉互动"情景，使社会生态有了颠覆性的改变。

人类一直以来的"互动"常常只发生在具体的社群场景中，就是因为"互动"有时空的局限。当具体的场景消失，一切"互动联系"就消失了，一切事物之间（从人的感觉而言）都处于茫然的状态。因此，"电子互联网"所恩赐给人类的实惠，完全不限于为个人的好奇、谈情说爱的方便打开了天窗，它取消了一切事物互动中时空的限制。

"电子互联网"机制出现在这个人类社会就像阳光和空气，它是每个人都可以共享共用的，特别是它塑造了平等、自主的个人思想主体。我们每一个人都可以享受海量信息（世界事物的动态格局），就是因为"电子互联网"机制给予了每一个人共享共创的权利。几十亿个思想宿主，每一天都在不断将自身社会、自然环境的动态事物注入天网之中，成就了信息的海洋。当然，像GPS、北斗这种智能卫星系统工作就更是细化、整理人类认知思想的法宝。

"电子互联网"机制的革命性还在于它对一切社会事物具有惊人的有机性连接塑造能力。它以海量的大数据将世界事物的动态呈列于每一个思想者的面前，供其根据自我的需要选择组合，然后又以"电子逻辑运动"的惊人智能为其"组合对接"。所以，它将人类社会事物的联系塑造推入了一个精准、高效、有机的理想层面。例如，中国社会一年的"电商"快递业务量已经有了几万亿，这远比十万个亿的工业产值更有意义，因为它是更为有效的供求精准对接，而不是将"十万亿"的货物摆在工厂、库房、商场的环节当中。或许，我们还不能完全意识到"电子互联网"对事物有机对接组合的能力，但银行的资金流动状态以及"电商"快递的景象就是最好的证实。

"电子互联网"机制是一种处于自然、自觉互动的机制，这种自觉互动的状态究竟是一种怎样不可抗拒的趋势呢？一方面，它必然是以全球作为循环互动单元的，如果在太阳系中还有如同地球这样同种同宗的人类生命体存在，那么这个循环单元就会把他们一起作为整体单元。道理很简单，全球一切事物的动态信息都已经共享给每个思想者了，他们组合联系事物的思维方式肯定是以"全球"这个系统为整体的。也就是说，联系发展事物的思想方式放到全球范围内来开展已经不仅仅是总统、外交部、大型企业集团才考虑的事情，每一个人都会认真考虑，因为"电子互联网"已经取消了时空的局限。另一方面，世界人类事物的发展一定是向整体有机循环的方向迈进。有了"电子互联网"的精准引导，社会事物的组合连接会变得越来越清晰，社会分工也会越来越细，而且有了快速在网状中调整的自有机能。它们就如同互联互通的天网一样，具有共享共创的自由自主性。一切事物在整体中循环，但一切事物的依存循环并不存在，如同"资本"不是在压迫中开展，而是在"机制"中自发地展开。

第三节　互联网络塑造全新网状生态

自从"电子互联网"诞生，一切人类社会事物的孤立独存性就开始受到震荡，20年过去，它们全部被震荡到网状机制中。

我们曾经分析过，在"电子互联网"时代到来之前，世界上大致存在着两种社会生态：一种是"工业化""城市化""城乡一体化"包围中的"网状依存生态"社会；一种是以广大自给自足农耕，星星点点工厂、城市所构成的分散、孤立的社群组合社会。而且，"网状依存生态"是有多重局限的，它是模糊的、盲目的、易变的，不可能具有"互联网"中所显示出来的那种清晰逻辑。所以，

"劳资矛盾"和"过剩生产"总是无可回避的基本社会问题,而且这个生态体系又完全依赖于整个世界的殖民体系。

西方世界之所以可以塑造这样一种"网状依存生态"具有两大其他地域世界难以具有的优势——工业革命技术像滚雪球一样在西方社会中被应用;全世界殖民体系中的市场资源都在支撑着这个强大的工业体系。显然,对于除欧美外的任何一个社会地域而言,即便"工业技术"可以到位,也没有支撑工业运转的市场。它们面对着自给自足的农耕群体,工业产品只能作为生活中的补充,没有足够的产业链、商业链业态,农民不可能成为工人,工厂没有市场就无法运转,农民没有工厂就无法就业。同时,西方世界寄托在整个世界之上的那个"网状依存生态"是非常不稳定的,除了自身的"劳资冲突""经济危机"而外,世界市场、资源格局的变化都会形成极大的震荡。第一次、第二次世界大战的发生就是因为西方的工业革命和社会生态已经牵连了整个世界全局。也就是说,我们所想象的在电子互联网时代到来之前,那种在"工业化""城市化""城乡一体化"包围中塑造出来的"网状依存生态"是非常不可靠的。

正如爱因斯坦所言,这个世界最不能理解的就是它是可以被理解的。只要我们沿着"电子运动"行为,再来观察理解现代社会事物的发展演化格局,我们就会发现,正是"电子行为"在不断改造着我们的思维,并推动着我们的一切所作所为。

在这个时代,我们有两种极其深刻的感悟:一是人类社会行为关系事物比过去复杂得多,而且这种行为关系事物处于全球盘综错节的大系统中;二是社会个人和社会组织,对行为关系事物的认知和管控能力变得非常强大,这种行为关系格局虽然越来越复杂,但反而变得越来越清晰明了。

如果把我们的思想放到对过去人类社会事物的审视中去,就会发现:原有那些简单、单纯的社会事务完全散落在极其狭小、孤立的社群单元中,而且还是一些无法厘清的糊涂账。例如,一个银行只能用手工记录客户的存款、贷款,要了解客户的存款或欠款状况或资金收支的平衡状况,就要翻查一大堆卷宗。又如,一个国家的人口普查,必须要用上三五年的时间,而且其结果也只不过是成堆成堆的资料记录,如果要从中抽取出新的统计项目就必须慢慢地在堆积如山的纸堆中去"大概"寻找。所以,在现代看似非常简单的社会事物面前,过去时代的人几乎只能在盲目的感觉中进行社会实践。显然,是"电子互联网"才能带来这种颠覆性的机制变化。当人类的一切认知思想都用"电子逻辑运动"来武装，一切事物才可能向无比复杂又无比清晰的方向发展。

现代社会事物的发展演化之所以必然向更加复杂化、清晰化、全球整体化的方向运行，是由"电子互联网"机制的本质和人类文明演化的本质共同决定的。"电子互联网"就是将全球的一切社会事物都网络其中，并全方位为它们创造出清晰、精准、有效的互动机制，更为关键的是这种有机精准结合的方式已经取消了一切时空的限制。所以，一切社会事务的结合已经不可能是传统那种孤立的发生，而是全球大系统整体的事情。在传统的社会机制中，世界是无限庞大的，除了有限的国家组织行为和几大资本集团可以促成跨地域事物的线线连接，其他的一切联系都停留在单纯观念文化的层面。而"电子互联网"使这个世界的事物之间的联系没有了时间和距离的限制。人类文明演化的本质就是将人类群体自觉互动、积累传播、认知改造的能力不断提升。战争、宗教、社会体制改革等实践，其实质都是在致力于这种社会化高度发展的方向。所以，"电子互联网"的机制与人类文明演化的方向是如此合拍，在"电子互联网"机制催化整合人类社会不到20年，人类社会，就全球生态而言，实质上已经有了令人惊讶的结果——塑造了一个全球大系统"网状依存的生态社会"。

现代的任何一个"产业态"都处于一个非常庞大清晰的产业、商业、资源、市场动态格局的理性支持中，它作为"互联网络"中的一个结点，可以全面细致观察到与它牵连的一切。所以，它有足够的理性数据决定其生存发展或解体消亡。同时，它能够观察到事物变化的一切，而社会的一切事物（特别是就业、产业、商业联合）也足以观察到它的存在和特色。因此，现代的"产业态"可以在理性的支持中决定自我的生死。

现代社会个人的需要不仅仅是西方社会，包括最为广大的亚、非、拉社会，其思想和事务都被纳入了庞大细密的"网络"中，"需要"已经处于交叉共振的"工业"塑造中了，即现代人的生活已经被层出不穷的工业产品所包围和渗透。虽然说非洲和拉丁美洲的一些地区，经济、产业都还有一些单一，但"互联网"机制下工业产品的理性化已经影响到了每一个家庭和他们生活中的每一个细节。

"电子互联网"机制在人类工业产品塑造和改变人类传统社会的"需要"上有魔力般的功效。

我们一般都会认为，传统自给自足的农耕社会生态是难以改变的，"工业产品"只能成为极为有限的补充而已。所以，就算"工业革命"的声音在这个世界已响了二百多年，在有些地域这些社会生态仍然没有改变。在21世纪初，当人类陆续进入互联网时代时，工业信息化改革已成为第三世界国家的潮流，互联网时代与工业信息化改革几乎在并行，所以许多亚、非、拉国家也建立了星星点点的现代工业。在互联网的催化之下，处于自给自足的社群逐步出现了打工潮，他们来到城镇受到了"工业产品"的社会化，而他们又影响到了家庭的消费。久而久之，广大的农村生活也逐步渗透了工业产品。最后，工业产品日益成为农村生活的必需品，这个传统的社会生态被彻底改造了。当工业产品成为农村社群的必需品之后，"工业"的市场就被打开了。在一个较大的社会地域里，有了工业品的消费市场，工厂就会不断出现，农民就会成为工人。当然，这样理解社会生态的变化是比较传统的逻辑，但它更符合人的想象。实际上电子互联网无论有多么强大的功能，它对广大落后国家的影响都是从国家组织的决策层开始的。世界观念在"电子互联网"的推动下推倒了阻隔的围墙。当国家之间的社会生产力有了惊人的差距，改革的洪流就会势不可挡。因此，电子互联网首先就是国家功能调整转换的催化剂，打破原有那个封闭、分散的生态，引进外资和先进技术，将广大的劳动力引到工业上来并用工业品改造原有的生态需求。

电子互联网和国家的改革开放政策是两把改造原有自给自足封闭生态的利剑，它们的共振共鸣用不足十年的光阴就完成了近代能源动力革命二百年也没有完成的生态改造课题。所以，到今天为止，即使是在蛮荒偏远的地域社会，也几乎被同化为"网状依存"的生态社会。道理很简单，只要这些社会的"劳动力"（成年人在"互联网"机制中就会跑到外界的业态中去）被外界业态拉动，"工业产品"的理性就会砸开那个自给自足的生态。

什么是全新的"网状依存生态"社会？当所有人类社会生态都被"工业革命"的产品、设施所改造和包装，工业品成为依赖品、必需品，整个社会的行为、价值就必然归入一个产业、商业网状的大系统中去，这个大系统不是一个地区、一个国家组织独立的，而是全球的。这就是全新的"网状依存生态"社会。

可能听起来会令人费解，近代西方工业革命二百年也只能在其大本营建立起飘摇不定的"网状依存"生态社会，世界又怎么可能在如此短暂的时间内形成"网状依存"的全球化生态呢？但电子互联网的机制本身就是令人匪夷所思的，特别是它将一切社会事物互动联系的时空局限取消了，这就是我们不能以传统的思维逻辑来理解当前事物的全部根源。就如同我们无法用牛顿经典力学的理论去理解量子行为推动着的物理变化一样，电子互联网机制所引发的一切人类事物变化无法用我们传统逻辑推理的尺度来衡量。但是有一点可以肯定：电子互联网机制所引发的一切事物变化都是通过执行人的思想并影响塑造人的思想来开展的。也就是说，再神奇的电子互联网机制，离开了"人"这个思想宿主的参与也会消失。所以，电子互联网的神奇之处就是通过"电子逻辑运动"将所有社会个体的思想像天网一样互联互通到一个无限大循环的网状整体中来，形成一个匪夷所思的思想交流互动大集会，即"电子互联网"为人类开辟了一个全球思想盛大集会的机制，而且这种机制一旦形成，只要人类生命种群存在，它就将无限循环下去。它形成了人类思想的海洋，就如同地球自然世界的水循环是以海洋为主体开展，千川万流都要归海，人类社会的一切思想都要归回并依附于这个"海洋"。

每一个社会个人都是居于这个天网上某个结点的思想宿主，全世界有几十亿人，就有几十亿个"共享、共生、共创"者。"天网"上的每一个"结点"都是平淡无奇的，但如果将这种"平淡无奇"统统去掉，整体的意义就会消失，所以"共生、共创、共享"就是互联网机制的全部意义。就像大海里的每一滴水与"大海"的关系："每一滴水"平淡无奇，但如果大海里的"每一滴水"都消失了，大海也就消失了。

这个天网中的每一个"结点"是绝对平等的，任何人都是以"结点"的形式参与到这个机制中来的，这个"集会"的机制与一切身份、地位、国家、党派毫不相干。所以，这个机制神奇、高效地主导着事物的连接组合，往往能实现最大的历史突破——突破情感、利益、阴谋的围追堵截，用最直接的方式和最理性的手段表达着事物的连接组合（当然利益的纷争永远是伴随着人类生态的主题）。也就是说，关于"电子互联网"神奇发动了人类社会事物无数层级的自发自动、自由组合的机制，都是通过人的"思想"来实现的，如果不是人的"思想"的参与，一切都要恢复到生物时代自然流淌的画面中去。

可以想象，全世界几十亿个思想者，他们合理分布在世界每个适合人居的角落里，每一个人都面对着类似又不同的自然、社会环境，以自身的情感、利益、观点观察理解着一切事物并且总是在以自身的行为推动着事物沿着思想走。"电子互联网"的机制就是将每个人的"思想"连在了一起，也就是将一切事物的联系、分解、组合汇集成一体。因而我们可以想象，在思想的共生、共创、共鸣、共振中会发生什么，或者说事物的联系组合会发生什么景象。显然，获得利益以满足需要，是从人类本性演化而来的思想行为动机。所以，电子互联网机制必然使人类社会的生存行为不断地、无休止地用"思想的互动"排列出一条条网状分布的利益依存链长龙，而且这些"网状长龙"不属于任何一个国家或地区，是全球整体的网状存在。因为"电子互联网"机制引发的是全球社会事物的互动组合，它无法在一个国家单元组织中开展，除非某一台国家机器能绝对阻止本土内的一切人、财、物、思想行为的外流动。

为什么在"电子互联网"机制下，世界的事物体系必然以全球的大系统来排列生成呢？如果从人类发展演化的过往看，无论人类社会被自然地理分割出千山万水阻隔的格局，他们都是智人的后代，他们读着和创作着同样一本自然科学体系天书，也上演着类似的婚姻家庭、社会行为关系故事，都是以穿衣、吃饭、住、行的方式在满足需要、开展生活。所以，他们有关产业、商业、资本、技术、市场、就业等行为模式的发生都是完全可以统一的。而且，自从能源动力革命以来，虽然无数的工业产业并没有通畅地分布延伸，但分门别类的工业体系、行业观念已经成为共同想象和创造的理念，如重工业、轻工业，汽车制造业、飞机制造业、家电制造业等都是全人类认知改造的共同想象设计。所以电子互联网机制就必然将这些共同想象和追求的事物联结在一起。或者我们可以这样说，这些行业的发展和演化就是人类关于一切思想事物联系、组合的参照或模本，而这些行业就如同功率巨大的吸尘器一样，将一切社会个人的创造想象都吸入其中，无论这些创造想象以后会如何改造原有的参照或模本。

电子互联网机制就是一台最大功率的社会化、社会分工机器，在它的催化塑造中，社会个人及其自身希望获得优化改造的事物被"行业系统"通通吸入其中，发生自发自然的组合。每个行业的体系就如同一条盘旋在全球的长龙，任何一个地区和国家都不可能装得下它，它只有作为全球整体才有完整存在的意义。有多少个行业就有多少条长龙，而且，行业与行业之间就如同万物共生必然要共同依赖阳光、土壤、水分一样，它们又共同依赖着资金、资源、劳动力、思想脑力共生共创的推动，从而形成密切的网状依存关系。

第四节　网状生态黄金支点——规范

"全球网状依存生态"就是"人类共同生命体"的直观表达形式。电子互联网机制将人类社会生态塑造成共鸣共振、共生共享共创的网状依存形态。也许若干年后，当人类再回首走过的道路时，会将"人类开始用火""农业革命""工业革命""电子互联网"并列在一起，它们被称为人类进化发展道路中的四大里程碑。而人类用"电子互联网"机制塑造出"网状依存社会生态"堪称人类文明的绝响。也许，若干年后，人类"量子互联网"时代，"量子行为"会使人类网状依存的生态在更精准、更高效的事物组合动态中延续跳动，或许人类的生命在"量子智能"中又塑造了与地球生命世界同样精彩的另一星球。

电子互联网机制以人类无法想象的速度将社会生态推入这个全球网状依存的格局中，传统的单元分散、孤立的社群生态从本质上讲已经彻底消失了，人们都处于一个无限依存的大网之中了。显然，无论是社会个人，还是各种领域、行业的各级社会组织，因为"互联网"机制发生作用来得太猛太快，一切观念、关系都还无法反应和适应，再加上它们都处于激情活跃的高峰，所以一切状态都处于混乱、无序之中。例如，许许多多的个人和社会组织还固守着传统的产业、商业，当遭到了一连串的失败就会变得恐慌和无助；丰富的社会思想观念和混乱固执的社会观念都在震荡着这个网状依存的生态。

电子互联网机制已经无限放大了社会个人自由、自主的属性，并完全给予他们自发创新的空间。所以，人类自然科学体系的发展已经是一匹脱缰的野马，人们毫不担心它高速发展的可能性，而是担心人类是否有足够的能力掌控这匹脱缰的野马，如电子智能技术的金融破坏犯罪、无人机犯罪、智能机器人犯罪、生化武器犯罪等。在现代自然科学技术的平台上，社会个人或小社会组织群体可以拥有利用庞大社会资源的力量，他们分布于人们无法想象的地域角落里，他们可以迅速制造出各种致命武器，但对于强大的国家功能而言，他们就如同跳蚤一样。

在这张现代网状依存的全球大网中，有一类极其混乱、无序的因素。一切正常人、正常组织必然骚动的本性，电子互联网机制实质上是促使一切社会个人、组织快速跳动、自由组合的机制，这种正常的运动我们称之为"竞争"。任何国家、组织、个人都在沿着它们自身的利益不断演化，但这种"竞争"又是在历史格局和惯性中展开的，充满着毫无理性的矛盾；所以，维持这个全球网状依存生态的有序、平衡、稳定才是当今人类社会的最大课题。

"全球网状依存生态"就是生命共同体生态。怎样理解这种"共同"呢？这是利益无法分割的共同，危机无法躲避的共同，"你就是我，我就是你"的共同。一切人类社会产业、商业、金融、资源、生态，已完全成为在世界大系统中盘旋的长龙，社会个人的生命活动就在这些长龙中展开。但是，对于电子互联网机制下的"全球网状依存生态"而言，有两大无法克服的矛盾。一方面，"电子互联网"机制在不可抗拒和不可逆转地创造这种事物有机结合在利益依存上的共同，而原有的和现存的霸权、保守观念以及社会组织权力实际上都在从各种形式阻止着这种"共同"。人类的行为总是矛盾和复杂的，即使从理论上可以表明整体利益的共同性，但一切个人、社会组织的行为，因为他们总是以更小的具体的单元表达着他们具体的利益，所以又会有多少个人或组织在完全服从于整体的共同呢？他们都可以义正词严地说，为了国家、民族、阶层的利益和信仰在无私地奋斗。另一方面，虽然我们能如此肯定现代国家组织的功能在"网状依存生态"的有序、稳定上带有很强的负面破坏力，因为它们必然本能地坚持着"国家主义"。但在这个"全球网状依存生态"的维护中，如果作为人类社会地域单元格的国家强制规范的功能消失了，人类又用什么形式的强制力来维护这个网状大系统的运转？显然，维护这个全球网状依存生态大系统是霸权武力无法解决的。"霸权武力"只能在这个网状的大系统中激起反抗的大浪，看起来"霸权武力"无比强大，但在网状的机制中一定会反振出使人类难以捕捉的巨浪，最后的结局是这个生态大网本身的无序、不安、混乱。维护这个全球网状依存生态大系统仅仅依靠某些慈善宽容的精神也是无济于事的，它就如同在众多的世界宗教元素中增添了一个宗教元素而已，无法触动网状格局本身。

因此，为这个全球网状依存生态建立一个习惯性的、稳定统一的"规范"系统才是一种根本性的生态思想。"规范"是什么？"规范"就是统一采用的尺度和标准。如果说得通俗和明确一些，就是我们共同习惯接受和服从的游戏规则的统一"格式"。既然已经达到了"共生、共享、共创"的生态境地，一切行为实践的"统一尺度、标准"才是最根本的维护机制,如"红灯停,绿灯行"就是最通俗可行的"规范"。而且,我们所要崇尚的"规范",不是因为它具有相对稳定的属性,而是因为它具有统一的尺度和标准。哪怕这种统一性的格式只保留了一个月或一天,但只要它的修改、调整是在统一中转换的,"统一性"就没有变,改变的只是"格式"而已。所以,我们常常以为"规范"带有主观随意性,是没有抓住"规范"的真正内涵——尺度标准的统一性,而只停留在它的具体"格式"上了。

在现代社会,电子互联网机制已经全面催化了社会事物的自发联系,社会分工完全可以根据社会事物本身的动态无穷分解下去但又相互依存为一个网状有机体,即社会分工会越来越精密。所以,能推动、制衡一切业态、生态平衡有序运行的是这些业态、生态本身自发形成的"规范"体系。国家的强制机器并不是要强制制定出一套"规范",而是要用强制性保护它们自然生成并且消除因为权力、法治运行的缺失所带来的不公平影响。

一个现代国家组织的文明程度已经不能仅仅停留在"工业化""城市化"的指标之上,还必须取决于它所新发育的业态、生态在行业领域"规范"常态化、习惯化的培养状态上。

一个现代国家组织,如果它管辖的各行各业都是在畅通的"规范"运行中,没有人试图用侥幸方式违反"规范"或者动用政治权力来混淆"规范",这就是最佳的社会生态。现代国家组织已经是人类生态大系统中的一个单元驿站,全世界的盘龙系统都从这个"驿站"经过,它出色完成了这个"驿站"维护大系统的使命。我们通常会这样理解——"社会规范"是由国家政权制定的,并用强制力加以执行维护。当然,法律规范是社会规范的核心,也是国家强制力执行维护的核心。

其实,一切社会规范起源于约定俗成的社会契约,而且在不断改头换面,国家组织出现在它之后。所以,社会规范起源于社会生态各行业领域约定俗成的社会契约,国家组织又根据国家意志修改、调整着这种社会契约。

过去的一切社会形态都处于较分散、独立的小单元系统,各自的社会契约自成一体,即人类社会分布的状态决定了大单元之间并不需要在"社会规范"上形成某种程度的统一。当然,人类文明的本性决定了各种文明体系总是处在不断传播、积累的融合之中,而"融合"的实质就是统一。

电子互联网机制下的人类事物（包括各单元的社会规范）是在一个全球网状依存的大系统中，沿着各行业、各领域自身形成的"规范"开展的，所以，社会事物向着体系化发展的"规范"是一个自然而然形成的过程，或者说是由社会机制决定的。但它们之间的联系组合显然对社会规范的统一性、稳定性有了更高的、完全不同的要求。所以，我们需要塑造一个现代社会"规范"的新定义，因为现代社会一切事物联系组合的方式、范围已经完全冲破了时空的局限，同时当事人（事物发生的执行者）有了更充分的自主、平等。

一切社会事物的组合连接总是在一个具体的国家组织内的某一个具体地点发生的，但"这些事物"已经完全是全球事物在发生组合（看起来都是当地人、当地事，实际上它们已经是世界大系统的分支细流）。所以，如果同一类的社会事物在不同的地区、不同的国家组织中发生时，社会规范对它们的要求差异太大，就无法体现出大系统的畅通，这就是我们通常所说的"与世界接轨"。显然，电子互联网机制下全球社会事物在大系统中互动演化这一特征是无法改变的，那么，这种"大差异"现象就必然会被全球大机制加以调整和改变。如果各领域、各行业的事物在某一个国家组织体系内发生都出现了"社会规范"的巨大差异，那么这个国家组织管辖的社会就可能成为现代人类社会的"世界孤岛"。当然，这个社会生态会严重老化受损，并终将被同化。所以，我们所看到或感受到的社会现实中的众多行业"规范"，看起来都有国家行政或法律的影子，但它们如同市场价值、价格规律一样，都是社会机制的生成物而不是国家强制生成物，即一切社会事物发展演化中的"规范"是事物本身发展演化的要求，国家组织功能只起到调整、配合的作用。如果一个国家组织在关税上或行政上将一个国家的产业、商业封闭起来，看起来一切"规范"都出自政权，实际上是将国家组织管辖内的生态推向"世界孤岛"的境地。

在"电子互联网"的机制下，人类社会各行业领域事物都在全球大系统中发生联系组合，所以一切规则、规范都是这个大系统机制自然自发形成的。虽然各种强制组织对它们的发展演化会造成影响，但不是这种强制力本身决定的。我们没有必要去厘清一切社会事物组合连接过程和细节中，"规范"是怎样在机制中形成的，我们只需要理解，在这个网状依存的大系统中，正是这些"规范体系"本身在支撑着平衡、有序和稳定就可以了。

电子互联网机制使社会事物的联系组合跨越了时空的局限，从而呈现出全球这个大系统，国家组织之间也随之将国际合作安置到了这个整体大平台之上。这个"大盘机制"并不是国家组织的功能赋予的，它是电子互联网机制赋予的，它的功能也在电子互联网机制的重新定义中。但国家组织功能的变化（它们成为整体网状中的"驿站"，使合作更高效）又能促进国际社会事物联系互动"规范"的诞生。例如，联合国、世贸组织、欧盟、北约、东盟、"G20""亚太""上合""金砖五国"等都是世界社会事物形成新"规范"体系的合理框架。

总之，在电子互联网机制下，世界已经被塑造成"网状依存生态"大系统，虽然"工业化""城市化"依然还是广大地域奢侈的课题，但世界人类正在这个课题中提速，而且"工业化""城市化"又有了不同格局的新含义。用"规范"体系来维护网状大生态的有序和稳定，是现在人类最重要、最伟大的社会工程。

第五节 自然科学与社会科学共融共同

在人类时空的推移中，人类对于客观自然的认知改造在"利益"上是共同一致的，它的发展是优先的、畅通的，它在不断开创新的生态方式和格局，例如，从旧石器时代到新石器时代再到金属器时代、能源动力时代、电子互联网时代。而当人类认知改造客观自然达到一个新的时代，就会引发人类社会形成新的行为关系格局，在这个方面的认知改造上又会达到一个新的局面。这就是类同于"社会生产力"与"生产关系"那样的循环关系。

我们将人类对于客观自然的认知改造能力称之为"外行为能力"，对自我内部行为关系的认知改造能力称之为"内行为能力"。在理解人类的生命活动过程或理解人类行为时，我们习惯将这个"过程"看成"人类"一方面在不断认知改造客观自然物，一方面又不断认知改造着自我的行为关系。但其实这是一个"同一过程"，因为"人"和"物"不可分割的互动才有了这个"过程"。只不过在看待这个"过程"时，前者是以"物"为主，后者是以"人"的关系互动为主。对"物"的认知改造是实现这一"过程"的必然，而对"人"关系互动的认知改造也是为了实现这一"过程"。所以，"自然科学""社会科学"就是同一过程无法分离的人类生命活动属性。

在同一过程中，自然科学体系可以真实地存在和展现，而"社会科学"却只能作为无法统一（它本身就是对于"关系矛盾"的调适）的无形推手而存在。我们不需要去分别掂量自然科学、社会科学这两个体系哪个体系发挥的作用更大，因为二者是驱动人类发展的两个无法分离的车轮，任何一项缺失，生命活动的过程就无法表达。所以，人类生命活动对客观自然的认知改造优化及对自身行为关系的认知改造优化，总是处在共振共鸣中。这种共振现象塑造了人类文明体系的社会机制，因而人类总是越来越强大。

对于同样一个人，我们从性别上可以建立一系列特征，从年龄上也可以建立一系列特征，但不管怎么样他（她）都是同样一个人。同样，我们将人类的行为活动产生出来的格局，使用了"自然科学"和"社会科学"分别加以描述，其实只是使用了不同的描述方式（一个是以客观自然物为客体对象，一个是以人的行为关系为对象）。也就是说，人类的生命活动过程既包含人类对于客观自然物不断认知改造优化的过程，也包含人类对自身行为关系不断认知改造（调整）优化的过程。自然科学一次又一次开拓社会生态的新局面，而社会科学工作者又在新局面中塑造出社会行为关系的新格局，从而调整优化这个局面。

如果从现代的角度来看人类"自然科学"的起源，它是以人类文明起源为基础的，"文字"是必需的基础。如果我们将人类认知改造客观自然的行为都纳入其中，也可以认为一万年前人类农业革命的行为也是自然科学的起源。

其实人类的"农业革命""认知革命""新石器制造"都是同步的（当然并非世界各社会地域的同步，而是"尼罗河三角洲""新月沃地"等这些代表地域在这三项上的同步）。在这些代表性地域里，当"采集、狩猎"的生存方式不足以维持生计时，驯养动、植物就成了人类的课题。原始人类必须在千万种动、植物中去筛选合适的动、植物。所以，这个课题决定了进行"农业革命"就必须进行"认知革命"，而且这种"认知"不仅限于对动、植物的生长、生存习性、规律的认知，还必须延伸至气候、土壤、水利等自然气候环境。我们知道人类的石器时代分为旧石器时代和新石器时代，那么人类是怎么进入新石器时代的呢？只有"农业革命"才引发了这个新石器时代的到来。我们可以将原始人类的"农业革命"看成是人类对客观自然认知改造优化的第一次大行动。这次大革命引发了生存形态的大变化——刀耕火种、定居守土、社会大分工、形成氏族组织。如果我们将这一变革过程看作社会行为关系的推动变化，从血缘家族到母系氏族，再到父系氏族、个体家庭、农业社会、部落，就是一个把社会行为关系从一个血缘、利益笼统模糊的状态引向更清晰化并充满活力的过程。所以我们所理解的认知改造客观自然的过程与认知改造行为关系的过程总是重叠在一起的。

大约6000年前，人类开展农业、认知革命和制造新石器，又经历了四五千年，认知改造的持续深入将人类推入到金属器时代。

金属器（铜器、青铜器、铁器）作为人类生命活动的工具有太多的优越性——坚硬、锋利、可塑性强等。所以，使用金属工具在一些代表性的地域社会有了这样的客观结果：它使有些人群的生产力猛增并有了私有财产；在部落之间有了冲突，并在长期的冲突中产生了国家组织。

金属器，特别是铁器引发了人类社会生态力量的不平衡并引发了冲突。国家组织既是制暴的平衡结果，又是更强暴、碰撞的新起点。

在那个人类时代，部落首领通常会认为他们制造的暴力武器是最有力的，他们的认知是最有理性的，他们可以尽情征服无限宽广的自然世界。当然，这种组织的征战一直持续到一个再也不能继续的平衡点——建立王国为止。

人类奴隶制国家的征战经历了两千年之久，如在西亚共同体古文明中最后演化出波斯帝国、亚历山大帝国、罗马帝国、阿拉伯帝国等，在黄河流域上演了春秋、战国时代、秦、汉帝国。

在这数千年中，人类自身的行为关系认知调配能力（或机制）是怎样表达的呢？人类在调整国家机器组织的职能，整合有关文字、语言、习俗的社会公共平台，但一切都在战争的碰撞震荡中断断续续地进行。社群是分散、孤立的。

如果说人类在认知改造自身行为关系上有过最为成功的创举，那就是人类在公元元年前后几个世纪发明了可以触动、统一社会思想的基督教、佛教、伊斯兰教等宗教以及中国的儒家礼教。可以说，是它们的出现，将被战争的硝烟拖得疲困的人类社会陆陆续续安置到了相对安静平稳的封疆内建的国家组织单元里。也许，没有多少人会认同人类历史存在这样的逻辑（或者说文艺复兴的内容之一就是反对宗教神学），但人类社会在公元5世纪之后尽管自然科学技术使社会个人的能力在增强，社会却处于更为安静的状态。

当然，由"蒸汽动力"开始的人类能源动力革命（工业革命）将人类的社会生态引入一个新的境地，人类对自然客观认知改造进入一个新的平台。这个新平台的实质就是能源动力制导的社会化大生产，需要劳动力集中进行规模生产，需要资源、技术、资金结合开展规模生产，同时需要改造社会生态的需求为"工业品"开拓市场，需要一个网状的产业、商业链条使生产有持续循环的社会机制。所以，当人类在一个极小的社会地域（英国）发生了这种具有绝对理性优势的行为，就注定了人类社会必将上演一系列的社会生态变化故事。有时候我们会感到"社会科学"抽象空洞，实质上，人类创造出来的生存价值理性优势（如"农业革命""工业革命"）主导了社会必然演化的趋向，它们本身就是社会科学。

"电子互联网"是自然科学技术发展的产物，但它的闪光点却是对人类脑力的解放和扩增。它是人类认知改造客观事物的结果，但它不是直接表现在客观物改造的规模、效益、速度上（虽然也有这一范畴的表现），而是首先表现在人类对于行为关系事物的管控、开拓、扩建上。所以，电子互联网机制是社会科学发展的模板展示，即自然科学与社会科学在电子互联网机制中已经有机结合了。

计算机+"电子互联网"颠覆性地提升了人类改造客观自然的能力。除了智能化使众多的行业领域的机器运转处于自动化的状态而外，关键是它还能使人类各行业系统的客观改造活动可以在清晰明确的预期计划中连接为有机的一片。在电子互联网机制中，不仅一切的客观改造在速度、规模上全面提升了，而且更为重要的是它可以使人类客观改造的实践行为排除传统的盲目性，它是有效的、精准的、综合的系统。如果说能源动力革命解放了人类的体力和做大做强了客观改造的规模，那么电子互联网机制是在此基础上有效、精准地连接了这些小板块规模并将它们引入一个有机的系统中，使脑力获得了解放，而且把一切行为都放置到了计划、系统的框架中。

电子互联网机制是一把双刃剑，它的出现使社会个人思想观念变得更丰富混乱，使个人能力的操控影响范围可以触及全球，因而假如他是一个极端分子，对社会的破坏力会非常强大，而且极端分子行动集结的平台也是全球，电子互联网机制消除时空局限同样会助力他们的行为。但是，电子互联网机制对人类社会自身行为关系管控能力的颠覆性提升却是最主要的。从本质上讲，电子互联网就是一张社会事物有机排序、有效组织的"天网"。它的有序、有效性就在于一切事物的动态信息能明确、清晰地进入人的主观世界,而且它形成了打破时空的互动组合机制。电子互联网机制正在或必将使全人类的社会生态塑造为一个全球一体化的网状依存生态,全人类的生命和利益都将结为一个有机的共同体。所以,全人类的利益总是向一致和共同迈进。这样,从总体来看,电子互联网强大的整合控制功能就牢牢掌控在人类整体利益的维护之中。虽然一些极端分子也以新兴高科技与电子互联网机制的结合为武器,不时实施人们难以意料的极端恐怖行为,但是他们可以利用的一切资源都不可能有持续发展、综合、系统的良性循环机制。特别是他们只是少数人的臆想、发泄(甚至连明确的"利益"都谈不上),所以只能存在阴暗的角落里,不断被人类整体利益的正能量所清扫。

从"电子互联网"机制的社会驱动效应中我们可以看到:人类的两种行为能力(客观认知改造能力和行为关系认识调控能力)正在合流和颠覆性地双增长。在传统的观点中,人类认知改造客观自然的能力(自然科学发展)才是直线飞跃,认知改造自身行为关系的能力(社会科学发展)是散乱无序的(因为利益无法一致和统一)。但电子互联网机制就是一台功率强大的"社会科学"的驱动器,它可以将一切行为关系管控在与"客观"毫无区别的格式里。

如果不是人类自己在观察和思考自我的行为,而是外星人在天上的某块云端上观察、思考人类的所作所为,那么,人类社会的一切事物现象也是同老虎、狮子毫无差异的客观现象。所以,长期迷惑着人类的"客观"与"主观"之别,就是人类有了各种思想模型之后,将"我的想法"与一切客观自身的存在贴上了"主观"与"客观"的标签。当然"我的想法"与"我的脑袋"确实是有区别的,"我的想法"是"我的脑袋"的属性而已,离开了"我的脑袋","我的想法"就不存在了。但我们在观察狮子的生命活动时,我们会连同猴子的机灵以及"叽叽呱呱的语言"都当作一种客观的现象。也许,正因为人类头脑的机能以及他们互动的机制完全有别于动物,所以才会有这样一个精彩的人类社会。故此,才有了"主观"与"客观"的划分。

人类对"主观"的怀疑和担忧是长期的,因为个人的思想总是伴随着各自具体的情感利益在演化,每个人的情感利益总是有差异的,所以是无法真正统一的。因此,人们可以对一切"主观"表示怀疑。但是,对于人类社会、人类文明、人类社会事物，如果要除去一切"主观"，就只能剩下自然流动的荒蛮，怎么可能有人类文明体系、卫星、互联网呢？所以，一切"主观"置疑实质上是我们在利益纷争中产生了"主观"忧虑症，而并非人类建立的"主观"体系本身出了问题。例如，自然科学体系虽然来源于人类对自然客观的认知改造过程，但它用"思想"表达出来，也是"主观"，为什么人们不会反对它而是津津有味地享受它呢？是因为这种"主观"没有利益的分歧。但关于社会分工、分配、社会组织、社会规范等社会行为关系的"主观"表达就不同了，因为利益总是不一致的。因此，当电子互联网机制发生，人们同样会兴高采烈地享受这种轻松、快捷、高效的社会生态，对自然科学本身充满崇尚的激情，但对社会权力、利益的分配同样牢骚满腹。这就是自然"主观"与人文"主观"在人心中的必然区别。

然而，电子互联网机制是一个最伟大、最神奇的魔术师，它不仅颠覆性地改变了人类社会事物联系、分解、组合的秩序，而且颠覆性打破了人们传统"主观"与"客观"的界线，并使许许多多的"主观管控"置于客观管控的格式中，使人类的行为关系置于必须服从的客观格式之中。例如，人类的利益交往已经置于清晰可辨、可回放的电子商务中；"电子的逻辑运动"海量般轻松记录着人类的一切行为；电子监控将一切口舌争辩的过往放置于客观的图像；指纹、掌纹、DNA 都成为记录过往的客观信息。

我们完全可以感受到，电子互联网机制中，社会个体的人格、人权已经实现了更充分的能动、平等、独立。"自然科学"已经与"社会科学"合流，成就了人类对自身行为关系管控能力的无限剧增，原有的一切"主观"判断已经具有了客观明确的判断力量。人类社会生态秩序正伴随"电子互联网"主导的强大机制向着系统、有序、稳定、规范的网状大盘挺进。

第四章　现代人类命运共同体的危机及其整合

现代人类社会有危机吗？我们对社会生态秩序常处于困惑和不安之中，这就是危机。这种困惑和不安并不来源于会以为某一天地球自然世界发生毁灭性灾难，因为几百万年的人类史也不过是地球在宇宙天体格局中存续的一个瞬间；这种困惑和不安也不来自人类行为关系之外的生物，因为人类已经是地球生物链中绝对的霸主。因此，现代人类社会中的困惑和不安一定来源于现代人类行为关系本身。

为什么现代人类社会会出现令人困惑不安的行为关系危机呢？现代人类社会又将怎样凭借自我机制破解这种危机？

第一节　现代人类社会危机

"地球村"是对现代人类社会形态特征最形象的表达，它充分表明，现代人类生态已经处在如同村落一样狭小的地球自然世界了。

显然，今天这个地球世界依然是原来那个地球世界，只是人类生命活动在形态、方式上以及它与这个地球世界的相对关系上发生了颠覆性的改变。在这个时代里，人类生命活动的影响力（主观认知、客观改造、行为关系覆盖）在地球自然世界中爆胀放大，使这个世界相对饱和、透明和浓缩了。在人类强大的改造能力、敏锐的认知能力、密集的行为关系面前，地球自然世界就如同是一个狭小透明的村落一样。而正是人类能源动力革命和电子互联网机制的综合发力将人类的行为能力、行为关系推入爆胀的现代人文境地。

"人类生命共同体"是另一个对现代人类社会生态特征更形象直观的概括。"生命共同"不是密切联系中"你中有我，我中有你"的共同，而是有机依存、共生共消、"你就是我，我就是你"的生命共同。现代社会危机就是这种人类生命共同体中所折射出来的社会行为关系混乱的危机。其实质是现代人类社会在行为关系、利益关系上已经进入共生共存共享的生命共同时代，但人们在思想、情感、心态上却无法在短时间内形成这种客观的共识，更无法达成可以共振共鸣的情感信念，即人类生态在真实的共同中，而社会心态却处于真实的各异中。我们可以从现代社会个人、现代国家功能、现代人类社会整体三个层面进行分析。

现代社会中的个人是行为能力被现代科技应用充分武装了的超能人，而且每个现代人都处于用高科技打造出来的社会公共平台之上，每一个人都有纵横穿行这个地球世界的潜在能力。所以，如果除去多重受社会分工利益情感影响的因素，现代人在行为活动本身已经有了充分的全面发展潜力。

现代社会的个人是思想得到全面解放的个人。每个人作为互联网上的一个循环互动结点已经获得了无差别的平等。每一个人都将个人的头脑浸泡到了世界循环观念的海洋之中，因此世界观念信息海洋已经成为每个人都实际拥有的"大库房"。这样，每一个人都有极其丰富的思想，在实际生活中他们都在充分地表明自己是一个优秀的演说家和评论家。所以，他们都成了个性鲜明、思想丰富且自信的现代个人。他们总试图去演讲、评说人，但他们都很难被人说服。但现代个人其实是思想在世界观念海洋中漂流并易变、混乱的个体。现代人的头脑每时每刻都在接受世界观念信息的刺激，他们几乎陷入世界思想观念无限循环流动的无底深渊。所以，他们每天所滔滔不绝表达的思想其实只是他们对于"流动思想"随意发挥的组合而已，他们甚至第二天就无法正确地复述出与第一天完全一致的思想观点。因此，他们看似有丰富的思想，实则并没有明确固定的自我思想。只是每一个人很难正视这一点，而且永远保持着自信和固执。

现代社会思想已经从传统思想的山泉涌流变成了今天的汪洋大海。所以社会思想发展变化的最大困惑就在于在混杂涌动的汪洋大海中缺失了主流思想的引领整合。社会个人在海洋观念的漂流中该如何表现自我思想呢？显然只能以每个人具体的利益情感来引领他们形态各异的漂流。所以，现代个人主义常常作为个人本性的存在。

现代个人的思想每时每刻都在接受世界观念信息的刺激，他们也在厌恨自我思想的混乱、矛盾。现代人感到精神空虚、烦躁、紧张、压力巨大甚至抑郁，其根源就在于没有自我牢固的思想情感和信仰意志。

现代个人的自信、固执以及鲜明的个人主义都不是社会危机的因素，在国家强制规范牵引整合中，这些属性都是社会生机活力的基因。如果我们认为现代个人思想行为中包含社会危机的基因，那就是鲜明的个人主义在向两个极端演变：一是鲜明个人主义处于社会下层，被种族矛盾、宗教矛盾、社会体制矛盾激化，可能发展为极端个人主义，进一步受邪教组织的诱惑可能演化为极端恐怖主义。二是鲜明个人主义处于社会权力层，因特权机制的滋生可能会发展为极端个人主义，进而演变为破坏公共权力的贪腐主义。当然，我们所感觉到的一切社会个人危机因素都必将装入到现代强大的国家强制规范功能的盒子里，只要国家机器具有力量，我们的担忧就是多余的。例如，对于现代核电站，如果我们总是去感觉涌动的核裂变、核辐射危机，就会认为核电站不应该存在，但实际上，核电站是最清洁、安全的能源设施。

人类国家组织是人类文明最重要的标志。国家是承载人类社会单元在稳定、持续中实现认知改造理性积累最理想最坚固的"航空母舰"。没有人类国家组织，人类文明就无法发展出庞大的科学体系，因为生态的恶性冲突和混乱不会为人类留下创建积累认知体系的持续时空。

现代国家是人类生命共同体中的有机单元组织。对于全人类而言，现代国家就如同一个整体运动场划分出无数个单元格中的一个单元格。全人类的社会生态利益都只能用这个"整体运动场"来表达，因为它们紧密依存得如同人的躯体一样无法分割。所以，所有的地球公民每天都活动在这个"整体运动场"内。他们的产业、商业、资金利益、社会关系都如同人体的毛细血管一样密布在这个"大运动场内"。因此，现代的任何一个国家都是全人类共同栖息的国家，它们都是作为人类生命共同体生态大循环的单元"驿站"而存在。所以，这种紧密的共生依存性完全验证了"我就是你，你就是我，我的国家就是你的国家"的现代人类生态理性。现代国家处于人类生命共同体的单元格里，国家功能的理性运转所要体现的就是两个意义：一是单元格内社会生态的稳定、和谐、繁荣、充满人性生机；二是在单元格之间体现出循环、畅通、和谐的大生态平衡。这或许就是人类未来生命共同体文明演化的理性逻辑。

如果从现代人类生命共同体的最优理性来看，现代国家的功能运转的理性状态应该是：它完全拥有国家主权上的独立自主性，所有国家都处于并列平行的平等地位；它完全处于依靠法治精神推动国家功能运转的轨道；它完全处于全球大系统规范，具有成熟化、常态化惯性机制推动运转的格局。显然，在现代人类世界格局中我们还无法看到现代国家拥有理性的状态，或许我们可以由此观察到现代国家所折射出来的社会危机。我们通过对现实国际格局的理性评判知道现代人类社会一大重要问题是存在着强权政治和霸权主义。

同时，现代国家政权腐败也是一大问题，它占据的是国家公共资源，破坏的是国家的公正规范和法治生态，同时也就破坏了一个和谐、稳定、繁荣的社会局面。所以，国家政权腐败是现代社会的严重危机，也是现代国家的普遍社会问题。问题的关键在于现代国家功能的运转都是由具有具体利益情感的人来实施的，而现代社会关系的复杂性以及社会思想观念的复杂性都容易将本能的个人主义引向个人主义的极端。所以无论我们以为国家在权力制衡上有多么健全，公共权力一旦掌握在具有具体利益情感的个人手中就容易发生政权腐败问题。当然，防止国家政权腐败的最有效途径依然是坚守以法治国。同时，强化自然科学技术在法治领域的应用也是一个必然趋势。

第二节　整合危机的强大现代社会机制

社会机制时代化的成熟完善是推动社会向更高文明理性发展的根本动力。

"社会机制"是人类社会化、社会分工、人类文明积累水平的总称。或者说，"社会机制"就是马克思主义所指的"社会生产力"。现代人类社会已彻底被"社会机制"塑型为网状依存的生命共同体。

这个大生态由于能源动力和电子互联网的综合作用在开展着不断的大循环运动。那么，这个大转盘的运动力来源于何处呢？我们不能反过来说能源动力、电子互联网综合应用是全部推动力，因为社会个人、社会组织、国家组织、文化、宗教等都参与其中才构成了这种宏大壮观的大循环运动。所以，这种推动力是更为综合的人类生命活动力,我们将其统称为社会机制的惯性力。

千百年来的社会学家、政治学家已经有了人类生命活动规律的共性解释:利益是人类生命活动形态和指向的最高原则。所以,现代人类生命共同体处于全球化大循环运动的根源就在于现代人类生命活动已经处于全球大系统利益依存之中,只有在大系统大循环中才能充分获得利益最大化。因此,全球人类利益的共生共存就是最显著的现代社会机制,这种强大的机制惯性力足可以压倒一切,从而塑造未来的一切。现代人类生命共同体包含了人类文明至高至上的理性优化,它的理性优化实质就在于全人类的生命活动需求利益得到了最充分的优化。

能源动力革命的广泛应用是社会生态发生巨变的基础,而电子互联网机制与这个基础的全面渗透结合成为塑型人类网络生态将一切事物对接组合的总调度者。世界看起来是无限宽广的,人类行为关系事物是无限纷繁复杂的,但在电子智能化的大数据面前它们又是渺小的。所以,我们只能依赖于对"电子行为"的理解来理解人类生命共同体形成的真实可靠性。

"电子行为"之所以能将人类生态整合为生命共同体,就在于它将全人类的利益整编到一个有机依存的整体之中。电子互联网机制能塑出人类利益依存的生命共同体的关键就在于它完成了对人类社会传统生态的改造。

首先,互联互通的信息传播互动将层出不穷的工业产品传播到人类社会的每一个角落,它实现了现代工业产品对社会生活、生产领域的全面包裹。工业产品成为渗透人们生产、生活的依赖品、必需品,所有社会个人的生产、生活都必须为工业产品、工业设施服务买单。

其次,社会一切农业、工业、产业、商业都被电子信息、互联互通的机制整合成了全球网状依存的结构。也就是说,在电子互联网机制中,任何社会业态都不可能是孤立独存的,它都必然处于全世界排序组合的大系统中,因为这是世界市场价值交换循环的必然规律。

最后,社会个人的一切劳动产品都成了由这个大系统网络中确定价值的商品,而社会个人的劳动都是在这个网状利益依存之中的劳动。

当然,我们所能理解的现代人类生命共同体只是利益网状依存的开始,随着新一轮全球工业化的深入,随着电子互联网机制对这个全球一体化社会生态的进一步塑造,人类生命共同体中利益的依存联系必然会更加紧密。

正如前面我们理解现代人类生命共同体危机时所言，从现代人类社会生态的本质上讲，利益已经共享了，但思想观念却无法统一。所谓利益共享是从社会整体利益来讲的，对于具体的人、具体的事却谈不上共享。所以，如果我们要说，因为现在是人类生命共同体，我们都要放弃竞争，显然是一句十分苍白幼稚的玩笑话。但是现代社会机制对社会的整合原则就不一样了。从整体上讲，人类社会单元格之间、行业之间、行业与个人之间，利益是共同依存的，所以这种沿着通畅、和谐的整体惯性整合都是有效的。因为人类社会机制的惯性运动是不可能去照顾具体的个人具体利益情绪的，它总是为维护整体的理性优化而运动。所以，我们所感觉到的个人主义张扬、个人行为固执、极端个人主义滋生、极端恐怖主义冒出、霸权主义无视人类公理等现代困惑不安的因素，都会在现代人类生命共同体的强大社会机制惯性中被一一消化。所以这种社会机制能够整合危机不是因为我们能制定出一套整合方案，而是它所必然展现出来的未来前景。这种人类社会机制下的未来前景可能还包括以下几个方面：

1. 因为现代社会已经成为人类生命共同体社会，将大系统网状依存生态朝着稳定、和谐、通畅、繁荣方向构塑，一定是人类生命共同体社会机制惯性运动的优化理性。

2. 从现代国家所在单元内建立规范体系，从国家组织之间的通畅、平衡调节中逐步达成常态化的规范体系，从全球大循环的行业系统互动中逐步提炼出常态化的规范体系。国家强制独立的功能逐步弱化，全球大系统规范常态建立。

3. 在未来人类生命共同体自然塑造常态化规范体系的漫长过程中，全球各地域的语言、文字将逐步形成通用形式，习俗、宗教、信仰、文化差异将逐步缩小，而在逐步常态化的全球规范体系塑造过程中，会逐步建立起属于人类生命共同体共振共鸣的情感信仰和道德价值。

人类未来社会将是生命共同体特征更为明显、利益依存更为清晰、行业依存更为紧密的共生共存大生态社会。这个大生态社会运转演化的第一需要就是对这个大生态人类统一合作"规范体系"的建立和实施运行。所以，现代人类社会是开始为人类生命共同体构建共同规范体系的过渡性社会，这种"过渡"是必然的，它折射出现代人类生命共同体强大的社会机制惯性。

怎样构建统一共识的"社会规范体系"呢？这个"构建"的过程是社会机制自然推进的过程，就如同人类农业革命、工业革命，一旦开始就无法停止一样，人类生命体的共同特征一旦形成就必然会不断去形成与之相适应的规范体系。

我们通常理解的国际规范体系主要发生在由国家政权为主体达成的规范体系，但现代人类共同体正在"构建"的有机体规范体系却正在悄然无声地发生在犹如毛细血管密集的社会各行业之间。所以，大系统规范体系的建立、遵守都是在利益相互依存的社会大机制中自然发生。

当然，现代人类社会在思想漂流动荡的格局中要形成共鸣共振的情感信仰和道德价值也是一个非常漫长的社会机制整合过程。我们可以想象这种社会机制的整合过程一定会从某些成熟稳定的思想文化基础开始，因为人类文明的理性发展总是一个不断积累传播的过程。

第五章　人类文明奇观　中华文明

中华文明四千多年前发源于黄河流域，从她发育那天起就一直处于永恒的发展中，从未有丝毫的停息。古埃及文明破碎时，她正在发育之中；哈拉帕文明湮没时，她正在发育之中；苏美尔、古罗马文明被颠覆时，她正在发育之中。她怀念过古希腊文明的遗失；她指责过日耳漫人对罗马文明的粗暴……一切发生的过往都在她的视野之中和成长的岁月里。她就是人类文明理性化的奇观，她就是人类文明永远不古的活化石。

第一节　恒稳、厚重、博大的中华文明

最早发育的人类古文明是古埃及文明。它的发育要比后来者早近千年，然而，当人类进入公元前20多世纪，古埃及所在的地域社会相继出现了多个帝国轮番征战，古埃及文明连同巴比伦文明、古希腊文明、古罗马文明等都遭到了毁灭性破坏，面目全非，支离破碎。

中华文明（华夏文明）几乎是与古印度文明并列第二登上人类古文明舞台的。中华文明于炎黄时代开始孕育，公元前2070年夏王朝的建立可视为中华文明正式创建的最重要标志。

关于中华文明特征、内涵的讨论已经是自孔子时代就开始的千年课题。当然，虽然孔子思想非常精深，但那些时代里他们几乎就没有自然地理整体观、人类古文明分布整体观，所以他们可以塑造出非常理性博大的思想，却难以从

世界整体文明的发展中区别、比较、归纳出中华文明自身的特征、内涵。到了近代和现代，人类社会事物的整体动态信息日益完善了，所以这个论题的学术成果也日益成熟了，中华文明所拥有的持续、稳定、厚重、博大性已经非常明显了。

在这里，我们不想从老思路中重复论证这些特征、内涵的实在实有，而是想从人类古文明发育分布的框架格局中来看这些特征内涵的实在实有，并且重点从中华文明所处自然地理的特殊性中来证实之。

当我们一遍又一遍地从不同的版本中通读完人类文明史，留在脑海里的是一连串古文明体的概念，我们会有无限的感慨，但又难于梳理它们之间的逻辑联系。这期间有许多聪明的学者提出了关于这种课题的认知革命——社会生态政权、经济利益的战争不是文明体之间的碰撞演绎，并得出了"战胜者反为文化战败"的结论。

实际上，同一种语言、同一套文字体系推演出的同一种习俗、文化、宗教所实现的社会主观交流互动公共平台才是一种文明体系像滚雪球式累积发展的关键。也就是说，文明的发展是难于逾过语言、文字体系进行累积发展的。所以，如果一种文明摧毁、破坏了另一种文明，就只能重新开始，缓慢同化整合。那么人类文明在发育的分布框架上是否存在某种规律性呢？本书的结论是：古代人类文明发育非常依赖自然地理环境条件，在数千年的人类古文明发育中，人类古文明在三大系统框架中开展发育：西亚共同体古文明框架系统、南亚次大陆框架系统、中华古文明框架系统。我们非常容易理解远东华夏文明、南亚次大陆印度文明自成一个框架系统，因为自然地理将它们自然独立。但理解西亚共同体古文明框架系统有些困难。

理解北非、西亚、南欧诸多古文明发育的一个综合体——西亚共同体古文明，其认知价值非常大。它是我们看待西方古文明及现代文明特征的关键，也是我们以此为参照来评审中华文明、印度文明的关键。

包括北非、西亚、南欧的社会地域，地处三洲五海之地，面积不大（远小于古中国、古印度），水路、陆路交通便利，完全是一个社会大生态的有机大系统。优越的自然条件使这个本来是有机的生态大系统发育出多种灿烂的古文明体系——古埃及文明、苏美尔文明、巴比伦文明、特洛伊文明、克里特文明、迈锡尼文明、古希腊文明、古罗马文明，等等。特别是自公元前20多世纪以后，出现了多个帝国——波斯帝国、亚历山大帝国、罗马帝国、阿拉伯帝国，它们相继在这个地域征战千年，都是以这个地域为战场（有时拓展到了西欧、北欧），客观上整合了这个地域的政治、经济、文化和各项文明成果。实际上，在这个地域社会中，虽然有多重文明，但这里的语言、习俗、宗教、文化都处于相互渗透的有机联系中，如一切文学作品、戏剧、史诗等都是以这个大单元的人和事为对象客体。所以，在这个地域，不可能独立衍生出文明体，各种文明体（古埃及文明、巴比伦文明、克里特文明等）总是在此消彼长的形式中互相影响。这里只存在一个古文明综合体，它以多元、外向、开放、碰撞的方式演绎着文明。

这样，我们可以认为，数千年的人类古文明发育，实际上都发生在三个系统框架内：西亚共同古文明、南亚次大陆古文明、中华古文明。中华文明在几千年文明演化中都是以世界三面大旗之一的地位存在。三大古文明遥相呼应，共同谱写了人类古文明历史。

那么，究竟是什么因素塑造了中华文明优秀的内涵特质呢？是中华大地独特的自然环境和独特的人文特色塑造了优秀的中华文明。我们用四个词表达其自然和人文的特征：封闭、广阔、独大、独演。前两个词为自然特征，后两个词为人文特征。实际上，要能真切理解"封闭、广阔"的自然特征，更有赖于充分理解"独大、独演"的人文特征。中华文明在其发展演化中怎样彰显出独大、独演的特征呢？

现在世界上的人类都为智人后代，所谓黑、黄、白三大人种，实际上只是肤色的区别。在这个地球自然世界里，不是人类一在这个世界诞生就有了黑、黄、白三色人种之分，这是自然环境在稳定的时间里以特殊的方式对人的身体肌肤塑造的结果。人类是在什么时候塑造了黑、黄、白三种肤色呢？没有确定的时空域，我们或可以推想，是地球自然世界中光、热、水孕育了特定地域内智人后代肤色的基因。可能是地球变暖后，当时空推移至2万年前，智人们大迁徙分布已经达到饱和，他们开始走出丛林，即将开展农业革命。从此，大自然的光、热、水对智人肤色有了一个重新塑造的过程。

就东亚、北亚、东南亚的黄色人种而言，最合理的推想是：1万多年前，这里的智人集中生活在黄土高原。他们走出丛林，日光的照射越来越强烈，而带有黄沙的空气终年沐浴着他们，随着年深日久的塑造，他们就有了黄色皮肤的基因。"一把黄土塑成千万个你我"就是这样富有逻辑的推想。顺延着这种推想，我们就可以揭开东亚、北亚、东南亚远古社会生态的事理逻辑：黄土高原一万多年前就是东亚、北亚、东南亚最理想的智人生存地域，所有的智人种群（当然是东亚、北亚、东南亚这个大地理单元的智人）都在这里生活，不久开展了农业革命。又经历了漫长的时间，也许是因为斗争冲突，失败者才逐步被边缘化了，在中南半岛、朝鲜半岛、日本群岛、蒙古高原才逐步有了稀少的游牧社群。在极长的时空中东亚、东南亚、北亚都是黄色人种，这表明他们都是从黄土高原被塑造后再分布出去的子孙。所以，整个地理大单元，黄土高原就是社会生态的中心。

几千年文明史中这个东亚、北亚、东南亚的社会生态实况表明，除了中华大地极早出现了成熟的汉文字及完整强大的国家组织而外，在周围几乎不存在国家组织（新罗、日本只是一千多年前出现的），更不用说存在可以持续使用的文字体系。这就决定了中华文明在发育上的独大独演性。也就是说，无论我们从黄色人种的塑造中心看，还是从这个大生态地域中华文明的独大独演看，都能彰显出中华古文明特征。

中华文明成为东亚、北亚、东南亚相连地理大单元的独有独大文明，也取决于这个地理大单元的自然封闭性。帕米尔高原、青藏高原、喜马拉雅弧形山脉，高耸入云，纵贯数千千米，成为阻隔这个地理大单元通往西亚、南亚的天然屏障；西伯利亚高原、山地、河流、荒漠的天寒地冻又成为这个大生态地域北部天然的屏障；从东北到东部再到东南数万千米的海岸线所环绕大陆的太平洋水域使这个大地域有了更完善的封闭独立性。在这个封闭的广大地域里，中华文明所处的这块东亚大陆既是这个大地理单元中优越自然资源的绝对主体，又是人种塑型的中心、农业革命的中心、社会人文的中心。所以，中华文明，在这个无限广阔又近似封闭的大生态单元里，几千年完全是在独大独演着自身文明故事，几乎没有受到外文明的干扰冲击。这就是中华文明如此持续、稳定、厚重、博大的根源。人类古文明发育成长最需要的就是有一个独立、稳定、有序的社会环境以保障文明能在持续、深入的状态中发展。所以，同西方文明相比较，中华文明就有这样得天独厚的地理自然和人文环境。

在封闭、独大、广阔中就肯定可以自然持续、稳定，也就必然铸就厚重、博大精深的文明体。古中国四大发明对世界的贡献代表了中华文明的优良特征。中华文明足足影响了过去世界文明的发展，也足足有吸纳天下文明优秀灵气的机制。

第二节　独具匠心的中华文明

中华文明的持续、稳定、厚重、博大是由这个文明体的强大向心力和深厚内涵塑造出来的。优越独特的自然环境是塑就中华文明的自然之因，深厚的内涵和强大的向心力是塑就中华文明的人文之因。这人文之因是什么呢？或许我们可以称之为中华国学。

也许我们从近代自然科学发展轨迹确实难以看到中华文明惯有的优势。那是因为西方外向、多元、开放的文明突然产生了极强的爆发力——文艺复兴、地理大发现、能源动力革命，西方社会生态的影响力席卷了世界。中国和亚、非、拉世界在西方世界面前由此沉默了。

西方外向、多元、开放的文明，虽然在近代自然科学发展上非常有效，但它的文明向心力始终存在问题。自然科学是不可能存在长久的区域固守性的，世界在迅速获取新的平衡，而中华文明在不到二百年后又重新崛起。她就像海绵体，迅速吸收了自然科学的精华养分，而自身在社会科学上依然保持住了向心力。

在过去很长时间，人类社会思想里很难认可在这个世界上存在着具有强大社会机制效应的社会科学。因为自然科学太有吸引力了，社会科学却隐晦得很难让人感知。但中华文明能一直持续、稳定地存在，在沉沦不过二百年之后依然像泰山一般屹立于世界东方，稳定、有序、繁荣，如果没有强大的向心力和凝聚力就不可能做到。

中国孔子提出的"儒家思想"主导了中国社会思想两千多年，也深深影响和推动了中国社会生态格局两千多年，从而成为中国传统文化的核心成分。孔子作为被世界尊奉的伟大思想家、教育家、哲学家，他所创建的思想体系能恒稳地根植于中国社会两千多年，这本身就是并同于中华文明的人类文明奇观。在这个世界上，凡能经历时代风雨洗礼的人类事物都必然存在强大的理性优势，要不然它们早就被历史所遗弃。所以，儒家思想的内涵肯定是已经站到了人类文明理性的制高点,只不过我们未曾理解、发现而已。如果儒家思想没有强大的认知理性,又怎么可能与中华文明配对两千多年?

其一,两千多年中国传统文化传承演化的历程充分表明,作为传统文化核心的儒家思想就如同一个巨型磁场体,梳理、黏合着一切社会生态的逻辑关系,它已经成为最有利于社会思想统一的范式工具。

无论我们在近代中国的落后上、在个人政治利益的情感上,对"儒家思想"会产生多少毁誉不同的感受,儒家思想两千多年强大的存在就是客观存在,能强大存在就有强大的理性,这是人类文明观的逻辑真理。能纵贯古今的存在就表明它最适合与中华文明配对,就表明它所塑型的社会生态格局具有理性优势和强大的向心力。

古今中外无数学者都被中国的儒家思想所吸引,他们都有过反复思索——儒家思想有一种怎样的理性逻辑力量,可以塑造、引领、统一中国社会思想两千多年?无数的中外思想成分被它包容、吸入、同化,争来论去依然在它的框架之内。无论多少千差万别的习俗礼仪都能在儒家思想的梳理、黏合中进入一个合理的框架。所以儒家思想的存在就如同一个巨型磁场体,不仅吸引了错综复杂的社会思想事物,而且将一切事物安置到合理的框架中,它已经成为世界上统一社会思想最有利的范式工具。

其二,孔子将"崇拜祖先、崇拜圣贤"作为儒家思想在信仰和制度上的核心,同时将"仁"作为思想体系所追求的目标。这是孔子所创建儒家思想总揽全局、独具匠心的关键之处。可以说,正是他的这种定位才使儒家思想站到了社会科学的文明理性制高点。

早在夏、商、周三代时形成的中国早期宗法宗教信仰中,祖先崇拜就已经成为宗教制度的中心。作为伟大的思想家,孔子既不愿完全继承这种已经具有根深蒂固基础的社会观念,也无法全盘否定这种社会观念。于是,非常智慧的孔子就增加了一个充分合理的新元素——"圣贤崇拜"。在长期对儒学的理解中,人们往往会以为孔子是一位紧抱"祖宗之法"不变的人,而实际上在他的学说中增添"圣贤崇拜"的内涵是非常深刻的。可以说,"圣贤崇拜"是对过去宗教制度中心"祖先崇拜"最智慧的稀释和淡化。或者说,"圣贤崇拜"的增添本来就是对"祖先崇拜"的含蓄反对。这样,才为后世反对"昏君"、拥护"圣君"打开了思想的大门。所以后世的许多复古主义者和紧抱"祖宗之法

337

不变"者并非真正的儒学者，他们只是在为维护自身利益找借口。

"圣贤崇拜"使古老僵死的宗教制度产生了无穷的活性，因为"圣贤"是被塑造出来的，"塑造"过程本身就是一个变化发展的过程。实际上，孔子的"六经"就是将自我思想理念融入整编典籍之中，塑造"圣贤"的结果，也是他设计规划社会生态理想图的结果。其后的《论语》《孟子》又成为新的塑造结果，而后来儒学、道教、佛教的有机合流又是一个更大的塑造工程。

也就是说，从表面来看，孔子将"崇拜祖先、崇拜圣贤"定为信仰制度的核心，仿佛使该学说成了僵死、教条、形式的宗教，而它实际上既搭乘着历史思想的惯性，又充满着自身的活力。

放下这一制度核心的"活性"不说，单从"崇拜祖先、崇拜圣贤"这面大旗对人性、人心的征服来看，它已经站到了理性的制高点——可以塑造出共振、共鸣的社会思想发展机制。孔子将"仁"作为整个思想体系所要达成的中心目标，又一次站到了文明理性的制高点，而且正如他的"中庸"之说，将中心目标放置于社会生态的中心。

儒家思想体系中的"仁"实际上就是孔子心目中的理想社会状态。"仁"就是和谐、稳定、有序、友善、繁荣的总特征。也就是说，这个"仁"昭示：孔子学说所关注的并非统治政权，而是社会生态秩序本身。当然，这个"仁"的丰富内涵我们完全可以从"六经"、《论语》中感受到。

"仁"作为儒家思想体系的追求目标或中心，孔子将它定位在"社会生态"之上。这就是孔子思想又一次独具匠心的彰显。这种定位，既不偏向统治政权，又不偏向社会平民，体现出不偏不倚的"中庸"精神。这种定位使思想体系在推广传播上具有了普遍特质和广泛性，因而它具有宗教与礼教的双重功效。在这个世界上，能同时成为庞大社会领域宗教精神和礼教文化的思想体系，就只有"儒家思想"了。

一种思想体系能登上宗教圣殿，能成为众生瞩目、几千年承传的体系，这本身就是奇迹，而它要成为具有实在性、真实感、贴近于生活现实的礼教就更是奇迹中的奇迹。中国传统文化演绎的历史表明儒家思想就产生了这种双重的奇迹。它既具有无神宗教征服人心的庄严神威，又有感动教化人心的礼教精神。所以，儒家思想真实地塑造了中华文明、中国传统文化极其强大的社会向心力，因而才有中华文明持续、稳定、有序、厚重、博大的文明特征。

其三，以孔子、孟子为代表的儒家学派创建了世界上最为庞大却又充满人本主义精神的礼教体系。在这个庞大的礼教体系中，社会生态中的每一个角色都能从中找到一份适合自我的人生立志蓝图。所以，它可以激发每个人热爱生活的斗志和激情，从而实现整个社会的稳定、和谐。

"修身、齐家、治国、平天下"是儒家思想体系中社会实践运行和个人人生蓝图的总纲。两千多年的中国封建社会生态在宗法宗教、礼教的黏合构塑中，个人与家庭、家族是很难分离独立的，家与国也是同构同建的。所以，个人"修身"之事也是家事、国事；而"治国、平天下"之事亦为家事、匹夫之事。因此，"修身、齐家、治国、平天下"就是共同的总纲。

"修身""齐家""治国""平天下"，既是四大相对独立的分论题，又是一个富有紧密逻辑联系的大论题，它的终极目标就是达到"仁"的指标。"修身"对于个人而言，是最重要的基本功，也是一个人要在后三项发挥作用（价值）的基础。就社会整体实践而言，"修身"就是强调社会个人素质的重要性，它实质上也在强调以人为本、以民为本的社会思想。"齐家"即"治家"，无疑也在强调只有家庭稳定才能社会稳定，所以"齐家"又是"治国""平天下"的基础。"治国"是"平天下"的直接手段，天下太平仁政必然是"治国"而成的。

儒家思想博大精深的内涵就是从对这四大论题的深入研讨中展现出来的。孔子"六经"、《论语》《孟子》以及后来吸纳的佛经、道德经等著述可谓书山书海，但它们都是围绕着这四大论题展开的。这四大论题的重心集中在"修身"上，因为无论"齐家""治国""平天下"之术多么深奥，最终都是由人去实现的，所以都会归结到人的认知、品质、道德中去。而这个"重心"位置又一次表明儒家思想是理性上乘的礼教。我们可以从两个角度感悟儒家学说怎样树立"修身"理念。

一是儒家思想通过对"圣贤"广泛性、代表性塑造，借圣言、圣行来传达"修身"理念。孔子整编上古典籍著述"六经"是依照上古习俗、文化、宗教、史事线索将自我思想理念注入其中。他的思想目的就是要塑造出各种社会阶层的"圣贤"榜样模范来作为他"礼教"最自然感人的教材。所以，后世儒家思想必须强调"经学为治学之本"。古往今来的太多人对"经学"存有疑问——"经学"就是僵死的教条形式，哪里会存在活性和理性？实际上，孔子的"圣贤"之学本来就是一门活学，儒家思想从来都处于包容其他思想的动态发展中，与佛、道的综合就是最好的实证。至于有人以"祖宗之法不能变"为借口维护自身利益，那并非儒家礼教的本源精神。

二是儒家思想以"以德行修养为安身立命之本""以中庸为基本处世之道""以耕读传家为治家之道""以义利合一为基本价值追求""以经学为治学根本"等方法、原则指导社会个体"修身"。

在孔子看来，要变"天下无道"为"天下有道"，就要求志士仁人在德行修养方面达到仁、智、勇的"三达德"境界。一旦一个人达到了这一德行修养境界，就能做到"知（智）者不惑，仁者不忧，勇者不惧"。中国传统修养理论将"修身"的过程表达为：诚意、正心、格物、致知。

为人处世（做人、做事）也是儒家思想重视的"修身"内容，它最推崇的就是"中庸"之道。按孔子以及后世儒家解释，"中庸"的中，有中正、中和、不偏不倚等义；"庸"字是"用"意，"中庸"即"中用"之意。所以，中庸意即把每个极端统一起来，采取适度的中间立场，既不能过，也不能不及。

在古代中国家国同构的社会结构下，治家之道历来被看得很重。我国古代社会的基本结构是以农养天下，以士治天下。所以，社会个人在修养成长上都负有"耕"与"读"的双重责任。"耕"为农养天下的基础，"读"为"士治天下"的后备，然后就有"学而优则仕"。"读"什么呢？自然就是"经学"。

在个人价值取向上，儒家思想强调要"义利合一"，即在追求"利"上，一定要结合与"义"的统一，绝不能"见利忘义"。

总之，儒家思想以独具匠心、内涵深厚、逻辑清晰的宗教、礼教精神深刻影响、塑造了两千多年中国的文化、习俗、人心、人性的特质。然而，现代社会主观认知很难将"儒家思想"与"封建政治"分开，将"儒家思想"与"官僚主义"分开。所以，中国传统文化的核心——儒家思想，无论它充满了多么强大合理的理性，永远存在贬斥、反对的声音。

近代中国在西方自然科技文明和船坚炮利中走向了沉沦，当然，儒家思想也免不了被批判呵斥。孔子是以中立（中庸）的立场建立儒家思想的，这个思想体系是宗教与礼教的思想体系，它不是政教，或许我们可以认为它成了政权统治的"工具"。但历史告诉我们，在历朝历代它同样起到了代言民众批驳腐败政权的功效。所以，近代中国的落后，其根源是封建政治出了问题，封建社会机制出了问题，而并非作为博大精深的儒家国学出了问题。

中国的儒家思想与古希腊的欧几里得几何虽然处于人类文明两大不同的学科体系（前者在社会科学体系，后者在自然科学体系），但它们在人类文明体中都存在了两千多年。后者对自然科学体系的完善发展就如同砖块、水泥一样起到了坚实基础的作用，而前者在塑形中国文化、习俗、社会规范上也发挥了巨大作用。从这个意义上看，二者都是人类优秀的思想工具。

人类的思想工具总是随着时代在不断丰富发展。例如，人类除了继续应用欧几里得几何外还增添了解析几何、代数、函数。近代中国遭受到西方外文明的强烈冲击，仅仅有"儒家思想"是完全不够的，它必须引入西方的自然科学和更为先进的可以解决政治、社会机制问题的全新社会科学。

第六章　人类未来探望

第一节　新一轮工业革命及其前景

也许，在电子互联网机制中无限纷繁的社会事物已经充斥了我们的思想，以至于我们已经麻木和淡忘了"工业革命"这一人类还没有完成的课题。甚至于能源动力机器的扬尘和噪音会使我们怀疑"工业革命"所拥有的优化理性。其实，这只是"工业革命"的形式和方式在发生转换而已，它并不能否定"工业革命"对于人类生态改造的理性优势。也就是说，"工业革命"依然是全人类生态改造不可抗拒的理性优化课题，而且电子互联网机制恰恰就是将这一最为有意义的人类生存课题引入全球化中开展建立的最佳机制。电子互联网机制是人类工业革命的成果，它的出现会自然而然地将"工业革命"引向全球化并终将使全球生态过渡到"工业化""城市化"这一人类社会生态格局。

在电子互联网机制没有发生之前，广大的亚、非、拉社会地域，"工业革命"在资本、资源、市场、技术的结合配置上是十分困难的，资本集团始终将它们当成资源、市场的供应地，政府始终在维系着封建等级生态秩序，社群始终在固守着自给自足的形态，一切的改变都仅仅是对原有生态的补充调整，而无法打破它们原有的生态模式。从21世纪开始，电子互联网机制开始在人类社会领域迅速发生影响，人类社会的生态事物发生了一系列颠覆性的改变，而"工业革命"这一人类主题获得了全新的内涵和意义。当然，人类"工业革命"的内涵和意义是在"电子互联网"机制中以全方位、多元化的形式驱动的。我们不可能一一列举它发生改变的状态，但有一点可以肯定，它已经在开展中获得了全球化、全方位的发展机制。

电子互联网机制使广大的亚、非、拉社会地域在国家组织政策层面、社会层面、个人需要层面均获得了前所未有的开展"工业革命"的发展条件。

"电子互联网"是一张全球观念、动态循环互动的大网，国家之间观念意识独立的壁垒围墙被彻底推翻，所有与西方世界差异的理性方式一定会进入上层建筑的系统中来，"改革开放"成为不可阻挡的洪流，一切封建等级制的运行方式肯定会被扫荡。所以，过去一切保守的格局都会被改写。

"电子互联网"彻底打破了社会事物联系组合的时空局限，跨地域的社会事物组合成为必然趋势。过去是在盲目的事物组合中寻求利益的互动双赢，且有时空的限制，而在电子互联网机制中却是全方位渗透，就相当于原来的社会肌体只有盲目的动、静脉大血管连接，而现在已经是毛细血管有机生成的血液循环体系。所以，资金、技术、资源、市场的结合在"改革开放"的世界洪流中，已经水到渠成地发生。在亚、非、拉广大社会地域，自21世纪开始，工业的业态已经朝着多元化全面发生。只不过它们原有的交通、原始工业基础太薄弱了，所以工业革命开展需要时间的孕育。特别是电子互联网机制所主导的银行、金融、股市、保险革命，以电子商务形式覆盖整合、循环于全球，完全超出了原有西方资本集团的想象，工业革命的发展机制在全球获得了充分的解放。

电子互联网机制对于人类工业革命的内涵、意义、格局的彻底改变最关键的表现还在于它全方位地改变了社会个体的生活、生态需求，从而为工业革命开创了庞大的市场。

电子互联网机制必然将工业革命、工业产品的理性观念以及工业产品本身像人体毛细血管的血液循环一样，向世界的每一个社群角落全面渗透。"工业产品"的需求市场就如同吹气球一样被创造出来。电子互联网机制创造这个庞大的需求市场是一个自动、自发、多元互动的过程。它自发调动了国家组织"改革开放"，自发调动了跨地域产业、商业等一切社会事物的有机联系，使一切工业理性观念及业态分布都能互联互通，使工业产品的理性观念以及业态的岗位需求进入每个社会个体的头脑，从而使他们的生活、生存、需求被工业产品包围和塑造。

而在电子互联网机制中，不仅一切社群的个人观念完全浸泡在工业产品理性中，而且更重要的是一切产业、商业的业态也在他们的思想世界里，他们纷纷从封闭的农耕中跳向工业业态中去。他们有了工资、有了思想，工业产品快速包装他们的生活，包括他们的整个农村家庭。也就是说，当人类社会在电子互联网机制下，工业革命的理性和工业产品必然渗透和塑造每一个世界角落的社群生活需求，从而使整个人类生态都纳入工业革命的网格中来。

　　人类工业革命车轮的转动，虽然资本、技术都是不可缺失的要素，但只要有巨额的"利益"生成，它们很快就会被塑造而成，最困难的却是"市场需要"本身，没有它，"车轮"就无法循环转动。在盲目的传统人类动态事物中，"市场需要"无法被塑造出来，商业、产业的业态也无法有机合理地分布出来，所以"工业革命"这个本来充满着理性优化的课题二百多年来一直都局限在西方资本集团的羽翼下，世界人类只是奢侈的梦想。而电子互联网机制就会神奇般在事物组合中塑造出市场需求和与工业、商业、市场、资源配套的一切。人类21世纪后，工业革命的车轮能在全球化的社会领域迅猛展开，在理论和实践上毫无悬念。

　　电子互联网机制以我们可以理解到或还难以理解到的方式推动着传统工业革命在全球自发自动展开已经是最壮观的现代人类生态改造前景，如中国倡导的"一带一路"和国际组织的各种活动就是这种自发自动的深度表现。那么，人类新一轮全球化工业革命的前景目标究竟是什么呢？我们可以借用原来的两个习惯性用语"工业化""城市化"来加以表达。

　　什么是"工业化"呢？我们认为某一社会地域已经进入"工业化"，或者需要一系列的人文生态指标参数来表达，但国际社会似乎并不存在这个统一的标尺，而往往是感观印象。因此，我们可以这样理解：当一个社会地域的生态完全被工业能源武装并为工业产品所装饰，从而形成了和谐、有序的网状依存生态就称之为"工业化"。当然，如果这个地域虽然有无数的工商业态，但废水、废气、废渣、垃圾遍地，就谈不上"工业化"，而只处于原始工业的状态。也就是说，"工业化"并非遍地都是工厂，而是人文、自然、工业和谐的布局，既有工业的理性成分，又不失自然的风貌。例如，水、电、气成为覆盖所有生态的网状系统，交通、通信全覆盖，人们的体力脑力充分得到解放。

　　"城市化"是传统工业革命的又一结果。在人类传统局部的工业革命中，只有西方工业革命大本营（包括日本）才具有"城市化"突出的生态现象。任何庞大的或中小城市都是从农耕聚落中发展起来的,政治、商业行为都可以成为它从小到大的因素,当然它自身的自然环境优势也是驱使它壮大的因素。

在传统的城市功能中,政治、经济、商业功能是最集中的表现。作为首都,肯定政治功能居于第一,当然也伴随着经济、商业中心功能。如果它居于港口,商业功能是最突出的。当工业革命的形式还没有传播到这些地域或者后来这些地域只有零星的业态,这些城市的周围有手工业态。但从手工业本质来看,它们规模很小,完全依赖地方自然资源的特色,所以它们都分散存在于各地域单元中,并没有对城市有太大的依赖性。而城市主要承担着产品集中和交换的商业功能,即传统城市是政治、经济、商业的集中地,但并不一定是产业的集中地。当然,如果这些城市处于港口、平原等交通发达地,就会发挥商业的重要功能。也就是说,这样的城市,人口流动很大,宾馆、旅社、餐饮、茶坊会形成较大体系。

我们常以城市常住人口来衡量一个城市规模的大小。显然,一个城市规模的大小取决于这个城市可以常态化拥有的资源。在一个城市里,从生活资源的维系来看,可分为两类人:一类是权贵靠世袭和收取外围社会资源过日子的人,他们用世袭财产或税赋资源来维系生存;一类是靠产业来维系生存的人(商人、苦力、工人、业主)。如果一个城市的产业太少、结构不合理,主要靠税赋、世袭财产维持生态,那么它的规模就不会太大,而且还不稳定。试想,如果产业太少(即就业岗位太少),常住人口就必然少。国家财税资源是有限的,而且不可能会无缘无故地养活人。像陶瓷、纺织等手工业因依赖地方自然资源而无法聚积于大城市,手工业产品作为商品才会聚集于此。所以,如果一个国家组织没有规模化的工业产业,大城市的产业格局、常住人口都会非常局限。因此,古代历史上的帝国都城,实际上拥有二十万人口的城市都十分罕见,更不要说今天的百万、千万人口的大都市了。除了它们缺失"业态生存"这一核心元素外,在处理城市的垃圾、废水、废渣、排水、排污以及水、电、气、网络通用这些方面,它们也办不到。也就是说,只有人类很好地开展了能源动力革命、工业革命,人类社会才能创建出百万、千万的大都市。所以"城市化"与工业革命、"工业化"是紧密相连的。像英国伦敦、美国纽约、日本东京、中国上海等"城市化"都来自它们的"工业化",即只有当人类社会有了大机器生产的工厂群,有了水、电、气网状化形式武装的城市设施,有了分布于城市周围功能区域的连锁产业、商业业态网之后，社会劳动力、资源、资金、技术才会像受到磁场吸引纷纷跳到这个网状生态中来，城市才能在稳定的生态中扩张。因此，"工业化"就是塑造了一个网状依存的稳定生态，而"城市化"也同样是在描述这样一个网状依存的生态。

实际上，通过以上的文字叙述，我们只是在理解人类"工业化""城市化"这两种社会实践行为。我们无法去比较究竟是人类自给自足、分散孤立的社群生态好，还是"网状依存"的"工业化""城市化"生态好。而我们只能这样感悟，一旦人类工业革命这种理性优化（解放体力、做大规模、增强效率、方便快捷）形式在人类社会登场上演，它就如同"农业革命"一样，是人的意志无法阻挡的，它既是一台塑造人类网状生态的"机器"，又是一台优化改造人类生存质量的"机器"。一切尘埃、噪音不是工业革命的本性和结果（因为它没有终结的形式），而是工业革命理性消灭的对象。

显然，正如前文所言，二百多年的人类生活，"工业革命""工业化"只在局部中开展却又存在着很大的局限性，而电子互联网机制才能颠覆性地消灭这些局限。迈入21世纪之后，这个课题正在全球化中被迅猛推进。

"城乡一体化"实际上就是一个社会地域的"城市化""工业化"，是一种"网状依存"的社会生态。怎样才能"城乡一体化"呢？就是要用"工业"的元素武装覆盖整个城乡生态，例如，水、电、气、网络、交通、通信、网络、卫生、文明规范系统等。"城乡一体化"就是没有"城"与"乡"的区分，二者是一个有机整体。所以，如果我们用"城乡一体化"来理解现代意义的"城市化""工业化"就更有新意：当一个社会地域具有稳定的网状业态形式，它可以使一切自然资源与外系统合理地结合，而且一切社会个人都能进入这个业态网络中毫不费力地自在生存，它就是"工业化""城市化"的理想境界。这时，"工业化"不需要GDP指标考核，因为这个社会地域的一切社会所作所为都已经归入整体大系统的畅通循环中了。而"城市化"也不再有城市常住人口的指标，因为"城乡一体化"已经将社会生态置于一个网状依存中。因此，人类社会未来的演化发展趋向就是通过这种全球化工业革命向这种城乡一体化的网状依存生态过渡。也许，有很多人会以为这是一种理想主义者的描述，但本书以为，无论是人类文明演化的本性，还是电子互联网机制，都能看到人类未来发展的这种趋向。

不断优化改造生存环境是人类文明从来都不会改变的本性。用能源动力革命所武装起来的"工业革命"必然锁定人类社会"工业化""城市化"的发展方向。例如，人不可能点煤油灯而拒绝电灯照明，不可能从井里挑水做饭而拒绝用自来水，不可能靠两只脚步行从一个城市走到另一个城市而拒绝乘车……工业革命就是这样以解放体力、提高效率、扩大规模的方式引领着人类的生存，工业产品必然渗透和包裹着人类的一切生命过程。电子互联网机制以它神奇的方式将"工业革命"这一课题从人类局部、时空局限的被动状态中拾起，全方位推入到自发自然境地。特别是它能以明确、精准的大数据结合、生成事物有机联系，在工业革命社会自发自然开展。只要能充分建设人类社会的交通网络，人流、物流能通畅自如，"城"与"乡"的结合就是一盘活棋。

总之，"电子互联网"时代的进入是人类工业革命新一轮的开始，它必然将"工业革命"推向全球化，而且它将一步步把全球社会塑造成网状依存的大生态。当然，这也许是一百年、二百年或一千年以后的人类景象，但无论时间的长短，这种演化的方向不会改变。

第二节 人类未来整体网状生态社会

可能，一般人都会置疑这个"整体网络依存生态"的实在性。仿佛目前全世界的人们都在千山万水的阻隔之中，各种社群都处在各自的单元角落里，"共同整体"何在？"网状依存"何在？

在电子互联网机制发生作用之前，绝大多数世界地域的社会事物是以小单元独立存在的单元之间、跨地域之间、国家组织和洲际之间的事物关系，它们可以用"相互联系"来加以表述。例如，文明的相互传播影响，商贸往来的交换互动，战争、宗教形成的相互影响等。但是有一点可以肯定，它们之间在生态上是完全独立的，这种"互动联系"只是补充改造而已。

电子互联网机制的核心本质就在于它以"电子运动"的惊人速度打破或消灭了一切人类社会事物联系结合的"时空局限"。这样，看起来是遥远、广漠的社会事物动态，实际上就像置身于眼前在开展着互动。例如，电子互联网机制所主导的电子商务使社会产业、商业事务交往的资金流（银行、股市、保险、商场）在电波闪动中海量般地流动。它们表明人类生态利益在不断交换，也表明一切产业、商业事物的联系、组合正在这个有机整体中全面发生。就如同一个人体的血液循环在静脉、动脉、毛细血管组成的有机体中海量发生，这就是"有机共同体"。在电子互联网机制的主导下，社会事物之间的互动联系发生已经失去了固定地域、组织、社群的传统意义，所以已经不存在地域、社群、固定组织的独立固定意义，因此整个生态只能是网状依存。

就如同我们可以成立独立的学科研究人体的"头脑""心脏""肝""肾"一样，但如果我们要进入专科研究之前，就必须先学习人体整体运行机制的基础，因此我们可以从世界人类各行各业的大系统、大循环角度来理解"整体网状依存"。例如，汽车制造业就是一个彻底的世界体系（如果你只去认知观察国内的汽车制造动态已经毫无意义）。实际上，在电子互联网机制下，世界人类社会事物已经完全在按照全球整体大系统发生组合、联系、排序。道理很简单，一切社会各行业、各领域事物都在这个大系统中组合发生。例如，如果要成立一个脱离这个大系统的银行，第一天开业，第二天就会关闭，因为它没有现代银行的功能。再如，任何一个产业都必然是世界体系中的产业，因为"市场"是世界体系产业的"市场"，如果脱离了价格、成本、质量的世界体系参照，这个产业就无法运行。

为了彻底搞明白这种"全球整体网状依存生态"，我们应该集中弄懂两点：其一，工业产品必然渗透全球社会生态；其二，工业产品（包括生产工业产品的一切设施）必然在全球整体大系统中被优化。如果我们能理解以上两点的必然性，就能理解这个"全球整体网状依存生态"。

工业革命开始时，无论西方世界的工业产品具有何等的理性优势，在广大的世界社会地域人们心目中都只能是向往的奢侈品，而且千山万水的时空阻隔以及封闭的自给自足生态会使他们淡忘那些理想的情景。但电子互联网机制已经将全球的事物动态、观念完全归纳为一个大系统海量互动循环中，无论西方工业产品的理念多么神秘，它都已经全面进入任何一个偏远社群的头脑里。不仅"工业产品"的优化理念已经全面进入一切社群的头脑里，而且已经全面开始的产业、商业、劳务、资源世界一体化组织的动态也完全展现到了他们的观念里，同时"改革开放"已经成为必然发生的社会事物。所以，21世纪的"打工潮"，不仅是印度的、非洲的"打工潮"，也是世界的"打工潮"，是由电子互联网机制引发的世界"打工潮"。它最好地诠释了人类社会事物在全球化组合发生的高频率,即社会的生态流动性在突然颠覆性地增大,这就是全球化工业革命节奏的表达。因此,全人类的社会个人已经开始向初步工业革命所形成的网状业态中跳动,原有那种自给自足的生态已不复存在。

或许,在极为偏僻的山区社群,我们还不能看到他们被工业产品所充分渗透和包裹的场景,但"电子互联网"已经将工业产品的理念送到,而且打工往返的人员就如同"毛细血管"一样将工业产品及理念渗透到了这个生态地域。"优化生存"是人类生命的本性,工业产品(工业设施)就是最完美的优化,所以,无论再偏远的社群,也无论从国家责任、社会化责任,还是个人理想追求而言,用工业产品的形态和工业设施的手段来优化生存需求都是必然的事情。

从社会个人来看,"电子互联网"给予了个人充分的工业革命理性和业态动向,个人必然从原有的生态中跳动到适合他的业态网络中去,有了工资或资本,个人就成为用工业产品装饰生活的一员,同时也必然用工业产品装饰他的家庭。从国家改革开放的实践来看,完善交通网络、建设城乡一体化既是工业革命的推进过程,又是富国安民的具体实践。因此,将公路、铁路、水路等交通网络延伸到每一个社群,将水、电、气、网络覆盖到每一个社群家庭,都是今后国家发展中的重要课题。从工业革命市场发展的本质来看,一个社群生态就是一份市场份额,一个地域就是一片资源。所以,工业革命的网络就如同人体毛细血管的发育一样,它不会留下一点盲区。一句话,从目前的人类社会格局看,或许我们还无法看到,工业产品、工业设施已经渗透到了一切社会生态区域,但是电子互联网机制就能这样神奇,它能在人类未来的不远处,用工业产品、工业设施紧密地拥抱每一个人、每一个生态。

当这个世界上的每一个人已经充分地用"工业产品"完全塑造个人需要,当他生活、工作的一切过程和细节都在工业产品、工业设施的包裹之中,实际上他已经进入一个网状依存的世界。因为在人的生命时间坐标中,如果要不断支付工业产品、工业设施消费费用,就必须学会从这个业态跳到另一个业态不断赚钱。当然,如果干不了,有社会保障体系或家人会维持他的生存,而这同样是一个网状依存体系。也就是说,人类未来,工业产品、工业设施必然会包裹住每一个社会人。人们的生存都是付费消费的形式(即便你在村落社群,你的生活同样需要列出一系列的付费清单),所以必须进入"网状依存生态"系统中去。例如，现在农民就遇到这样一个生存问题：如果他仅仅在农村养几头猪、放几只羊、种一些粮食，生存就会很困难。因为他面临着一系列的付费清单：家中的水、电、气要支付（如果仍然挑水吃、点煤油灯、烧柴灶，那会不合潮流而且也很辛苦），穿鞋、穿衣要付费，看病要付费，成家、改造房屋要钱，孩子读书、看病要用钱……他所面对的一切工业产品、工业设施都需要依照社会行业发展付费，他养的猪、种的粮食也是依靠市场大系统来核定价值。所以，他为了更好地生存，只有从一个业态进入另一个业态，他的人生必须归入到一个网状依存大系统中去。

我们知道，从英国获得"蒸汽动力"开始，西方世界就开始了能源工业革命，把体力的客观改造交给了机器动力，工业革命充满了人类无法拒绝的理性优势。工业革命的关键在于资本、技术、资源、市场必须有机结合才能循环推进。在电子互联网机制发生作用之前，一切工业运转元素都在茫然、盲目的状态中开展，一切工业、商业、资金、市场的事物结合只能处于点与点的"线线"连接，而且这种"连接"是在极强的时空局限中缓慢开展的，还要穿过一层层封闭体系。特别是广大的世界地域社会大都被封建等级制的国家单元阻隔，封建的农耕社群都处在自给自足的状态中，工业产品的市场难于形成。一句话，无论工业革命的理性多么优越，过去的人类时代都没有推进工业革命开展的机制。

从电子互联网机制在人类社会发生影响开始，"工业革命"迅猛在全球推进的一切要素都已经充分获得解放，一切社会事物的结合已经进入自然自发的状态，就如同原有的社会是单元完全独立独存的冰块，而现在变成了一锅沸腾、自由流动的开水。银行、股票、股份公司本来是人类很早以前就成功发明的事物，而且对人类社会利益的交换联系发挥了巨大作用。但是，那些形态，在没有计算机、互联网的时候，只不过是一些原始手工操作形式，它们只是为人类今后的"合作""信用"准备了一种最好的形式。如果从"成交额"看，它们不过是一汪塘水，而在电子互联网之下却成了大海。一切社会资金的巨额流动都在充分表明，世界事物的联系组合已经是多么的惊人。

电子互联网机制完全推倒了国家组织之间的隔墙，解冻了"自给自足"农耕社群的冰层，各行各业的事物动态信息在海量般循环流动，资金、技术、市场、资源也都在这张网中闪现，所以工业革命可以迅猛推动。地域社会与地域社会之间的产业组合连接再不是原有"点"与"点"之间的连接，它们如同身体一个部位与另一个部位的联系，是"毛细血管"和动、静脉血管组成的有机联系。所以，国家组织之间、洲际之间以及产业、商业、技术、资金、资源、市场之间的联系就如同人体机能一样已实现了共生共享共创的有机联系。你无法统计，在每一刻，从一个国家伸延至另一个国家的产业、资金、技术、资源、市场的确切数据，这就是"生命共同体"。

自21世纪初，电子互联网机制在人类社会广泛发生影响以来，一切人类地域社会的人类所作所为，实际上都是人类整体系统发生的所作所为，一切的社会实践无法独立在一个固定的国家组织中发生。所以，当今工业革命的发展都是在整个世界大系统中发生的行为，没有任何一种产业、商业可以独立于这个大系统之外，即无论现在世界还存在多大的差异，我们都无法认为是哪些国家组织、哪些资本集团在推进工业革命，它是人类整体的共鸣共唱。所以，电子互联网机制才能魔力般地搭建起这样一个巨大的公共平台，无论多么遥远的事物，都能成为摆放在眼前的事物，如海浪般涌入到这个互联互动的平台中来。银行、金融、股市、保险在支持和执行着它们的优化组合，物流、人流在实施着它们组织发生的过程。地球已经不大了，每一个业态都是以全球为背景，观察着行业的动态，并非常清楚任何行业都受到横向行业的制约，所以考虑问题都是一种全球大系统的思维模式。

在"电子互联网"机制之下，全球社会生态演化成了一个必然依存的网状有机体，而一切社会个人、组织、事物演化成了这个"有机体"里的细胞组织。它们究竟处于怎样的依存联系状态我们没有必要去做"线线联系"理解，我们只能说，它们就是有机体的共生共存。因此，我们可以总结人类未来的生态：电子互联网机制会不断加强，或许某一天就是"量子互联网"机制，一切人类社会事物互动组合的时空局限会向"零"趋近，人类社会更会被塑造为彻底的有机生命共同体。一切生命活动的内容和形式都要用工业产品、工业设施来组装和包裹，人们将成为网状业态中的一个结点，不断支付消费费用，不断在网状业态中生存创造。所以，整个人类社会都是在一张全球化的网状依存生态中演化。

第三节　人类未来没有规模战争

自人类登上了自然生物链顶端，就注定了他们的斗争形式是在种群内开展，因为他们强大得把一切其他生命物类和自然优越条件统统视为自然资源。他们之间的群类矛盾斗争就是争夺自然资源以及由此演化而来的一切生存优势的矛盾斗争。

"利益"是人类矛盾斗争的核心，"利益"的本质就是对一切资源占有、支配和获得满足的存在形态。虽然我们可以将"利益"的具体表现形式列出一系列来，但概括起来就是政治利益和经济利益，而且这两种利益是不能完全分离独存的。所以我们这样理解人类利益：当我们拥有这些资源或争取这些资源时，"利益"就是经济利益；当我们主张如何分配、支配这些资源时，"利益"就表现为政治利益。总之，利益就是以资源的拥有和满足形式为核心的。显然，人类种群的矛盾斗争就是为争夺利益而不断上演的。为地盘而战、为石油而战、为宗教信仰而战，说到底都是为了利益而战。那么，随着时空的推移，人类社会各地域之间，各社群组织之间的矛盾、冲突会越演越烈还是会向和平有序的方向发展呢？

从人类社会发展动态来看，我们仿佛会想象冲突会越演越烈：其一，人类的人口在不断增长而且分布越来越密集，行为关系越来越复杂。其二，人类的行为能力在不断增强，从石器时代到金属器时代，再到动力大机器时代，到计算机、电子时代，每个人的行为能力和各种社会组织的行为能力都在无限增强。其三，从弓箭、大刀长矛到枪炮，再到原子弹、智能电子制导武器等，暴力武器的威力在不断增强。然而，透过一切复杂的关系，我们却能寻求到人类社会向着稳定有序生态演化的社会机制惯性。

本来，"惯性"一词是物质运动的属性，而人类社会的演化运动就如同有"稳定、有序"的演化惯性一样。怎样来理解人类社会发展演化的规律呢？跳过一切具体社会事物的阻隔，我们把认知思维上升到人类社会整个演化过程中，将"人类生命活动"本身当作我们思想的整体对象和客体，就能发现规律性。

人类社会成功地发明（或演化成）国家组织，是人类社会生态能塑造文明体系和稳定有序最关键、最核心的一步。无论我们多么担心人口暴涨、关系复杂、行为能力太强、武器恐怖等，只要"国家组织"产生就解决了生态秩序上的关键问题。因为国家就是强制、规范的社会生态机器，当人类发明了这种社会生态单元格，就意味着人类社会生态被纷纷装入到这种强制、规范、有序的单元格中，再复杂矛盾的社会生态都会得到它的强制、规范、整理。

大约公元前3100年，人类社会建立了第一个国家组织——古埃及王国。后来，在亚、非、欧就相继出现了巴比伦、印度、中国、希腊城邦等国家组织。到公元5世纪，亚、非、欧的绝大多数社会地域都在国家组织的单元格里。而到了20世纪末，绝大部分的世界人类社会生态被装进了国家组织单元里。

史学家们考古研究表明，在没有"国家"机器的早期人类社群生态里，成年男女的死亡率相当高，而他们的死亡大部分因部落氏族之间的冲突引起。也就是说，当人类社会的"国家"组织还没有出现时，社会生态是没有安全和秩序保障的，更谈不上可以在持续、稳定、有序的状态中创建文明体系。所以，"国家"是文明的标志，也是文明的发动机和社会生态向稳定有序发展演化的新起点。关于对人类"国家"的理解认知，人们还存在着局限。我们在记忆人类历史过往时，基本上都是以时间、战争、国家组织更替为线索加以记忆的，因为用"国家组织"单元格来记忆事物会更轻松。但这往往会形成一种误导——"国家"是暴力碰撞或发生战争的机器。而实际上，"国家"在人类社会生态平衡上发挥了极好的调节制衡作用。

人类创建文明显然以人类进入国家时代为前提。我们的生活和思想中的事物大都存在于国家框架中。人类社会的生态如果脱离了"国家"组织这个强制规范功能的制导，就不可能出现那么多系统分工、合作的社会实践，秩序将是恐怖的。一句话，人类社会发明"国家"组织形式是最合理的理性，它使人类社会利益争夺的矛盾得到了最佳处理。至于国家组织的不断更替，正是这种理性趋于平衡调节的需要。

我们知道，人类国家组织在公元前3000年左右开始在亚、非、欧发育，正因为有了这些早期人类国家组织的存在、互动才演化出了人类古文明。到了约公元前5世纪，这些国家组织在争夺自然资源的碰撞中开始发育出了"帝国"。我们常常会将"帝国"视为暴力、战争的象征，但正是它们的出现，才可能将原有散乱的文明整合成较庞大统一的文明体系。近千年的帝国征战虽然给社会民众带来了极大的痛苦，但它们却使三大板块的古文明在整合交融中不仅有了文明统一的基础，而且达到了一种新的平衡。如果我们不去过多体会千年帝国征战中，具体的人和事经历了何等磨难，而从后世人类文明的发展演化客观效果来看，"千年帝国征战"就如同人类文明最有力的文明搅拌器，它塑造了人类文明向着全球化发展演化的社会机制。从人类发展演化的整体来看，国家和帝国，虽然它们的演化都必然伴随着战争，但它们终归还是人类社会生态的平衡器，正因为它们的生生息息存在，才将社会生态归于单元格中并在稳定有序之中向前推进。虽然我们从对历史回顾中可列出无数的战争冲突，但对于具体的人和事而言，更多还是处于稳定、有序的生态中。千年帝国征战使三大板块的人类古文明有了全面的体系整合和扩展。战争使民众疲态，但人类社会机制又创造了另外一个奇迹——发明了基督教、伊斯兰教、佛教、儒教几大宗教，又将人类战乱不安的生态引向了封建内治的境地。所以，人类社会生态机制本身就是这样在为人类种群的生命活动提供着演化的奇迹。它就如同一台智能机器，总是可以在人类生态看起来已经处于不可收拾的危机中创造出合理的格局。

当人类社会演化到21世纪，几乎所有的社会生态都被装入国家机器的单元格中，再复杂的利益斗争、矛盾冲突都在强制规范的国家机器中梳理。所以，人类社会的生态不是越来越恐怖危险的，反而是趋于安全稳定的。

人类社会生态中，当国家组织在各个地域开始相继发育到为数较多，再到将社会生态完全分割完备，以及到后来它们都被电子互联网"一网"覆盖，它们之间的关系经历了这样三个阶段："你就是你，我就是我"；"你中有我，我中有你"；"你就是我，我就是你"。

我们知道，3100年前古埃及王国的诞生是人类的第一个国家组织。后来在亚、非、欧洲及美洲相继诞生了一些国家组织，直到人类工业革命开始之前，一切存在的国家组织，虽然它们都或多或少存在着文化、政治、经济、科技上的互动联系，但它们在生态上是独立存在的，这个互动联系只是相互影响和补充（千山万水阻隔、完全依赖体力方式的联系），所以它们之间的关系就是"你是你，我是我"。

公元18世纪英国的"蒸汽动力"拉开了人类工业革命的序幕，以英国为首的西欧资本集团通过工业产品、资本、市场、殖民体系的全球扩张，塑造了一个以英帝国（包括西欧其他国家资本集团）为中心的全球国家组织网状体系。看起来广大亚、非、拉世界社会地域没有太多的国家组织存在，但这些地域都在西方资本集团的网络单元之中，由于西方资本集团本身的斗争才使这个广大的地域在西方国家组织交叉的网络之中。当然，我们没有必要去过多体会人类近代历史中西方资本殖民的逻辑和动态细节，而是重点感悟——近代人类社会生态在西欧国家组织的强势框架中，世界众多国家组织实际上已经处于"你中有我，我中有你"之中了。

第二次世界大战之后，世界的社会生态文明在向平衡方向迈进。特别是到了20世纪末，亚、非、拉广大地域不仅有了为数较多的国家组织单元，而且世界国家组织之间在产业、商业、政治、经济、文化等领域都有了密切的依存关系。我们用"你中有我，我中有你"来表达这种状态。

人类刚刚跨入21世纪，电子互联网技术就开始进行着史无前例的人类社会生态改造：让工业革命的车轮在精准有效、全方位社会事物组合中运转，让人类的观念、认知、技术、资金、资本、产业、商业、市场、劳动力等在大数据中自由循环流动组合；让工业产品、工业设施去渗透、包装一切的社会个人生活；让全球的社会个人、组织、国家建立起一个大系统的网状依存生态。20年之后，这张网状依存的生态已经基本确立，随着时间的推移，这张网络将会走向平稳、规范、有序。所以，现在这个时代，或者未来不久的人类时代，从国家组织的角度关系看，就会真正是"你就是我，我就是你"的全球有机生命共同体的关系格局。

怎样理解现代和未来人类社会生态中国家组织之间的"你就是我，我就是你"的关系格局呢？显然，电子智能化互联网机制就是塑造这种国家组织关系最有力的智能机器。当人类社会的一切生态事物的要素都在该机制中沿着全球这个大盘系统排列、组合发生，那么，全球这个社会生态系统就是一个完全有机的系统。"国家"仅仅成为理论上独立的单元，它们只是一个有机整体（全人类的社会生态）上的某一块肌体而已，如华尔街的金融危机是全球的金融危机，因为世界的事物已经是大系统网状事物。从每个人的直接感受来看，世界是多么的庞大广袤，而我们自己却隶属于具体的国家组织。但实际上电子互联网机制下的我们、你们、他们已经完全处在同一个有机的生命体之中了，就如同人的"手"与"脚"看起来隔离着，而它们实际上处于同一个血液循环、神经制导、细胞新陈代谢的大系统之中。

总之，电子互联网机制所塑造出来的现代人类社会机制决定了国家组织之间已经是"你就是我，我就是你"这种依存的关系。从国家组织的角度看，已经无法分离出"你"和"我"。

人类战争的根源就是利益的冲突争夺。既然现代人类国家组织之间已经是无法分离出你和我的生命共同体了，未来的人类在国家组织之间还能发生规模战争吗？为什么在人类社会的观念意识中还存在"战争威胁论"呢？

只要人类社会生态存在，人类个体组织之间的需求冲突、矛盾斗争就必然存在。但作为带有强制、规范的国家组织就不一样了，它们完全会受到社会整体机制的控制。也就是说，具体的社会个人总是在现实的政治经济利益中生活，他们并不会去管什么人类生命共同体，而是津津乐道地追求他们更具体的政治经济目标。特别是在多党制政坛中，政客们为了迎合民众的霸权心态或为了突出某些社会焦点，总要搬弄出一些"战争威胁论"的主题出来以讨好社会民众。同时，社会民众天生就是国家主义者或民族主义者，他们都具有霸权的心态，或者说他们中有一些人本来就是在政治中谋利，在军火、战争中谋利的。因此，尽管人类国家单元已经处于无可分割的有机共同体格局，但国际上的矛盾斗争依然激烈。但是，如果人类国家组织之间的规模战争一旦发生，很显然就是人类社会生态集体自杀、自残的行为发生，从智人社会机制本身来讲是不可能没有防御反应的。所以，自人类进入全球真正一体化以来，"恐怖论""战争威胁论"都会存在，但人类未来不可能发生规模战争。

电子互联网机制彻底改变了人类社会的生态格局。社会各领域、各行业的社会事物互动联系、排列组合都是在全球大系统中循环发生，人类社会生态已经成为真正意义的生命共同体。所以，一切个人、社群、各社会组织以及国家组织都只是这一"生命共同体"内的细胞或部件而已。它们在资源、资金、技术、观念、文化、利益、情感等形态上，已经无法独立存在，即在电子互联网机制之下，一切人类社会生态只存在着一个唯一的"大我"，没有可以独立实存的"小我"。也许，我们仍能明确意识到"我、你、他"的自然生命都处于实实在在的独立存在中，国家组织的政治、经济、军事都处于明确的独立运转中，似乎这种"唯一大我"太遥远了，但是这种感觉只是因为我们传统的具体单元意识太深刻了。眼前的一切事物如果我们去一一梳理，就会发现它们都已存在全球大系统循环之中，电子互联网机制已将全球的人类社会事物联结到了一起。

第四节　人类未来可以控制经济危机、金融危机

在人类社会生态中，除了天灾、瘟疫、战争而外，有两种生态病症在纠缠着人类：经济危机和金融危机。

人类社会的认知改造能力随着时空的推移是一步步增强的，"经济水平"或生活水平也是逐步提升的。所以，除了天灾、瘟疫、战争而外，如果人类沿着采集、狩猎、农耕的轨道演化，就不存在其他使"经济水平"下降甚至生态失调的因素。

"经济危机"是人类地域社会进入工业革命后在西方资本主义大本营发生的社会生态疾病。发生这种生态危机有两种因素：一是社会化程度较高，资金、资源、劳动力大量集结于产业网络之上，而且生产的工业产品严重滞销；二是这个地域社会已经是一个网状依存的生态社会。经济危机的表现就是社会生产严重过剩，工厂群在网状连锁的状态中全面被迫关门，商店和其他服务业也相继关门，劳动者普遍处于失业状态，社会生态遭受全面破坏。

显然，"经济危机"是19世纪以后才在西方资本主义大本营开始发生的社会生态现象。1825年，英国第一次发生了经济危机，以后每隔十年左右发生一次经济危机。到了20世纪上半叶，工业革命（或资本主义）的大本营从英国扩展到了大部分的西欧、北美地域，资本集团内部的竞争矛盾也激烈起来。第二次世界大战前爆发了两次大的资本主义世界经济危机，或者我们可以认为，在人类社会所发生的两次世界大战都是由资本主义世界经济危机所引发的，它们就是资本殖民主义重新瓜分殖民地社会资源市场的分赃之战。广大的亚、非、拉世界地域社会没有高度的社会化机制，没有网状依存的产业、商业生态，没有林立的工厂群，也就没有"经济危机"一说。但是，在西方资本世界所发生的经济危机也被殖民者将这种灾难转嫁到了这个广大的世界。

虽然"经济危机"成为人类工业革命伴随的痛苦社会现象，但人类工业革命的优势理性不可能被否定或抛弃。自英国开始工业革命以来，直到今天，人

类都在孜孜不倦地开展着工业革命。

　　站在现在的社会角度我们再来回看近代西方资本主义集团下的社会生态会周期性发生经济危机就一点也不奇怪了：当英国首先进入蒸汽动力时代，不到30年它就成为世界工厂，可想而知，用能源动力推动工业大机器生产，资源、资金、技术、劳动力集结的规模是多么强大。它将社会生态速度高度塑造为网状依存的生态，并且依靠着庞大的世界殖民体系、资源、市场支撑转动着工业革命的巨轮。伴随着英国工业革命的发展，与英国同为一个文明体系的西欧各国相继进入工业革命时代，特别是美国的崛起，已经改变了世界资本市场的格局，即资本市场在进入20世纪之后已经发生了巨大的变化，但资本主义大本营资本的贪婪使它们无法刹住生产规模的惯性运动，所以更大的经济危机一定会爆发。

　　伴随着西方资本扩张的推进，世界地理分布越来越清晰，每个资本家似乎都看到了更广阔的殖民市场，因而它们都对前景十分乐观，加足马力搞生产。然而，对于广大的亚、非、拉半殖民地半封建社会而言，自给自足的自然经济根本就无法被西方资本的运动解冻，这也是世界经济危机爆发的原因之一。

　　"经济危机"的致命伤就在于生产的盲目性。无论是资本贪婪的惯性、市场的改变，还是事物信息动态的茫然都足以造成生产的周期过剩。虽然近代西方资本主义时代有车轮滚滚的物流、规模庞大的工厂群，飞机、火车、轮船的川流不息，但事物的动态格局却并不在人类思想世界的把控之中。一句话，那是一个事物信息动态落后的时代，人类无法统计、预见、把控自我的生产行为，因而无法克服经济危机。换言之，当人类进入电子互联网机制时代，一切人类社会生态事物格局都在发生颠覆性的改变，经济危机这种生态病症完全有了克服的社会机制。电子互联网机制对于社会事物的组合、控制、反应是人类社会生态可以克服"经济危机"的关键要素。

　　电子互联网机制的本质，我们既可以理解为它就是人类认知、统计、梳理社会事物的驱动器，也可以理解为它就是人类使社会事物沿着清晰方向发生组合的平衡器。所以，一旦电子互联网机制在人类社会实践中持续发生作用，人类主观世界对于一切社会事物的动态把控能力将无限增强，社会化大生产完全可以进入理性有序的状态。例如，现代社会的资金流动量已经是过去时代的千万倍，但这种海量的流动反而在人类的主观思想中是无比清晰的，我们可以回放每一个账户在每一时刻的资金流动细节。当然，人类在电子互联网机制中闪烁出来的智慧光芒是无法尽数言表的，电子智能与思维智慧的结合使看似纷繁复杂的社会事物越来越进入人类主观能力的掌控之中，因而"生产过剩"到无可调节平衡的状况是不会出现的。现代"电商"的迅猛发展已经充分展示了电子商务对于社会生产的调节机能，也充分表明人类不可能会倒退到生产的产品大量过剩到无可调节的地步。

"经济危机"是近代西方资本主义殖民运动模式下产生的"生产过剩"危机，而"金融危机"则是现代银行信贷资金流动管道爆裂发生的危机。

人类商贸行为在7000年前就已经发生，货币形式于3000年前就已经形成，银行于公元11世纪时就已经发明……人类的社会化生态行为一直在以金钱（利益）为核心，开展着有效的互动合作实践，从而保持着生态平衡。所以金钱（货币）是人类社会最理想的生态黏合剂，而银行资金的流动管道就保障着这个生态的平衡。在电子互联网时代到来之前，银行的资金流动业务，一方面更局限于地域（当然也包含着一些跨地域业务），另一方面手工操作（或未联网的计算机）限制了发生量和循环范围。所以，即便信用关系遭到破坏，其影响波及的范围也不大。因此，我们所谓的"金融危机"通常是指人类社会进入电子互联网之后所发生的信贷危机。

金融危机是社会资金在紧密依存联系中，大规模的资金通过银行信贷的管道流入泡沫经济实体中（如房产），从而发生资金链断裂的危机。人类生命活动在电子互联网机制下更容易走向高度社会化，而人们谋求高额利润的投资心态难以控制，所以人们即使意识到某些"实体经济"已经具有很大的泡沫，但现实的"价值上涨"总是具有巨大的诱惑力，他们也难以控制这种投资的行为。在经济泡沫中大量的社会资金涌入，如果共同想象的实体价值一路攀升则依然是一派欣欣向荣的景象，但这种攀升总是存在某种极限的，只要在政治、舆论上有一些震动，这个经济泡沫就会像堆积的积木一样崩塌。显然，这个具有庞大资金量的经济泡沫破灭后，就等于银行的信贷管道断裂了，银行、企业、个人的资产所有权进入混乱状态，产业、商业发生瘫痪的连锁反应，同时伴随着岗位人员失业。但金融危机没有经济危机那种工厂倒闭、商店关门、工人普遍失业的直观严重状态，它往往形成社会经济下滑、市场疲软等宏观现象。人类社会在20世纪末爆发了世界性金融危机，2008年又一次爆发了金融危机，它们伴随着电子互联网机制的影响力在全球生态中回荡。

其实，如果我们能站在人类社会生态和社会机制的高度思考和感悟"经济危机"和"金融危机"，或许我们都会庆幸——人类社会机制本身在电子互联网机制中已经获得了"排毒、去除非理性行为"的社会功能。现代社会生产过剩问题、资金向泡沫经济集结问题，因为智能化的电子互联网络使一切社会事物的发展演化动态、趋向都已经在人类十分清晰的管控之中，所以这些非理性的行为完全能够为社会机制所防止和纠正。就如同高速运转的磁悬列车距离轨道面不过几厘米，我们却从不担心它会与地面擦出火焰。现代人类社会正沿着大系统规范前进，无论我们的头脑中留存着多少个人、群体、地域单元组织的情感利益，这种整体共同生命体的属性已经无法改变。人类将迈入更加社会化、更加文明的时代，"经济危机"在高度的自然科学应用中将不复存在。"金融危机"只是"预警排毒"的形式，人类将建立起安全稳定的全球化网状依存生态。

第五节　人类未来的平衡惯性

电子互联网机制在未来的人类社会生态中会更加精准有效地推动大系统的运转。社会个人、组织、国家都会成为这个有机大系统的组织单元和细胞，没有力量能阻止这个大系统的规模循环互动运转。人们会渐渐淡忘原有的单元组织，因为他们不断习惯于在这个大系统中循环互动。例如，我们现在已经逐渐模糊了乡村聚集的情结，也已经淡忘了固定社群的情景，我们的生命活动已经开始了网络群体的集结形式。

人类未来社会生态的平衡力来源于何处？显然，来源于社会机制本身。"大系统网状依存生态"是人类未来生态的特征，这个"网状依存生态"更需要"规范"来维护。这种"规范"不是现代某一群人、某一个国家组织可以制定的，它们只能出自这种社会机制本身的运动平衡惯性。

从一切具体国际事务的线线分析中，我们似乎可以明确一切冲突矛盾的因果关系，好像国际关系格局始终都在为具体的个人意志所左右。但这是一种不成熟的结论，即便是政坛上的核心人物，也只不过是社会机体中的一个细胞，谁也不能左右社会生态的发展演化，真正能推动的是社会机制本身的运动惯性。明确这一点对于我们如何评估人类未来发展趋向至关重要。

当人类社会生态处于地域分割、社群独立状态时，自然没有网状依存的意义，只有工业革命、工业产品设施，以及电子互联网的综合作用才可能塑造出这个"全球网状依存"的大生态。工业产品、工业设施必将渗透、包装、覆盖一切人类社会生态领域，人类未来一定会彻底在全球大系统中建立起网状依存的业态结构，全球"大系统网状依存的生态"将毫无疑问地发生。

在这个世界社会生态大系统中，所谓的"大国""小国"只有在短暂的时空中才有意义，因为"国家"本身就是一个靠共同想象塑造而成的概念。"国大""国小"与社会生态的流动没有实质关系，特别是全球大系统循环互动达到某一阶段后，"国"的功能和独立性就非常微弱了，到时候没有人会去特别强调"国家主义"。

从表面上看，现在各个国家框架内的社会是有强制规范的文明生态社会，而国际社会之间的生态却是一个只能靠舆论维系、没有强制规范的生态。但是，一切国家组织为什么不可能胡作非为呢？因为大系统循环互动的社会机制对他们发生着推力或制约作用，这个惯性力量永远大于任何群体或个人的力量。所以，在人类国际社会的层面上，虽然已经没有了像国家组织那种强制、规范存在，但这个生态大系统依然可以有序地演化，因为这个生态大系统存在着机制本身平衡的惯性力量，那就是它成了有机的生命共同体。

现在国际格局中，大国、强国在人类大系统规范的铸造中起到了制导平衡作用，特别是通力合作将工业革命主题在亚、非、拉广泛的范围内有序开展更是它们发挥作用的所在。

虽然我们无法真实感受到现代人类大系统生态中存在着像国家法律那样的规范体系（其实并没有真正的强制规范），但这种"规范"是伴随着人类生命共同体属性的形成以及运动的惯性而存在的。例如，大小国家之间不可能发生盲目的冲突，因为它们的利益和生态已经结合到了一起。

现在，每一天都在开展着多元化、多层级的国际合作，联合国、北约、欧盟、东盟、亚太、上合、金砖四国、亚投行、一带一路等都是合作的形态，也都是建立大系统规范的过程。如果说在电子互联网对人类社会生产发生作用前，各社群之间、各组织之间、各地域社会之间并没有那么多联系和互动，那么电子互联网机制广泛发生作用之后，它们之间就如同人体密密麻麻的毛细血管那样发生着有机的联系。我们常常会放心某种明确的强制规范——国家机器对社会生态安全、秩序的保障，但国际社会生态缺失了强制规范（没有一种力量能强制国家行为）力量，我们会十分担心这个大生态体系会无序混乱。所以，未来的人类社会能否成为无规模战争，无经济、金融危机的和平阳光社会，似乎还是一个问题，而问题的全部症结就在于我们是否能够感悟人类未来已经是一个有机生命共同体。例如，作为一个有机整体的人体，它的生命活动过程（身体内运动过程）无法用"外规范体系"去强制，它总是处于有序的运动之中，这就是"机制"本身的平衡运动。未来人类社会生态在电子互联网机制以及新兴科技的作用中已经是一个彻底的有机整体，它的事物循环互动完全缘于其本身机能的平衡惯性，我们所习惯依赖的"强制规范"已经内化为它本身的惯性机能了，即人类世界就如同只有"一个人"存在一样，一切个人社群、国家组织都变成了生态运转中的细胞、组织。

我们推想的这种社会生态之所以会非常合理地出现，是因为未来人类的认知、客观改造能力已经完全不会为能源、石油、粮食而发生冲突。网状生态富有稳定性，人类完全可以在更为理性的状态中和谐生存。

参考文献

[1] 善瑶主编.《世界通史（上、下）》.北京：中国华侨出版社，2012年.

[2][以色列]尤尼尔·赫拉利.《人类简史》.林俊宏译.北京：中信出版社，2017年.

[3][印度]K.M.潘尼迦.《印度简史》.广州：新世纪出版社，2014年.

[4]伍思源主编.《欧洲史》.北京：北京联合出版社，2015年.

[5][英国]查尔斯·罗伯特·达尔文.《物种起源》.南京：译林出版社，2016年.

[6]张小荣、雷根虎、易宏军编著.《中国传统文化及其现代价值》.西安：西安出版社，2010年.

[7]史蒂芬·霍金.《时间简史》.许明贤、吴忠超译.长沙：湖南科学技术出版社，2018年.

[8]史蒂芬·霍金.《果壳中的宇宙》.吴忠超译.长沙：湖南科学技术出版社，2012年.

[9][美]肯尼斯.W.福特.《量子世界》.王菲译.北京：外语教学与研究出版社，2008年.

[10]史蒂芬·霍金.《大设计》.长沙：湖南科学技术出版社，2011年.

[11][美]阿尔伯特·爱因斯坦.《相对论》.南京：凤凰出版传媒集团江苏人民出版社，2011年.

[12][英]布莱恩·克莱格.《量子纠缠》.刘先珍译.重庆：重庆出版社，2011年.